CHINA'S FINANCIAL SECTOR INSIDER'S GUIDE AND CAREERS

Choose China's Finance Sector, Choose Opportunities

CHINA'S FINANCIAL SECTOR INSIDER'S GUIDE AND CAREERS
Choose China's Finance Sector, Choose Opportunities

中國金融行業
關鍵內情和入職指南

金融小夥伴　著

PORTICO PUBLISHING COMPANY

Portico Publishing Company

中國金融行業：關鍵內情和入職指南
CHINA'S FINANCIAL SECTOR:INSIDER'S GUIDE AND CAREERS
Choose China's Finance Sector, Choose Opportunities

Published in United States by

Portico Publishing Company

2109 Dublin Lane

Diamond Bar California 91765

USA

ISBN 978-1-60633-565-9

Printed in China

本書編寫組

編　委

鄒永勝：華東政法大學金融法碩士，現就職於中泰證券投行委資本市場部。

陳利俊：南開大學金融碩士，現就職於中泰證券投行委併購部。

段小剛：北京大學經濟學碩士，現就職於中信建投證券債券承銷部。

黃懿傑：清華大學經濟學碩士，現就職於光大安石投資。

李海榮：上海交通大學金融碩士，現就職於中國人保資產管理股份有限公司。

彭波：華南理工大學生物醫學工程碩士，現就職於前海聯合基金研究部。

吳普云：中國社會科學院稅務碩士，現就職於中信建投證券債券承銷部。

鄧凱迪：南開大學金融碩士，現就職於天風證券併購融資部。

趙玉松：南開大學經濟學碩士，現就職於中銀國際證券投行部。

特邀作者

于夢洋：復旦大學金融碩士，現就職於上海銀行總行投資銀行部。

胡西輝：北大光華金融碩士，現就職於中國工商銀行總行資管部。

薛雨晴：南開大學金融碩士，現就職於中國農業銀行總行托管部。

梁路平：中國人民大學金融碩士，現就職於民生證券研究所固收組。

邵偉：上海財經大學金融工程碩士，現就職於國海證券研究部傳媒組。

胡葉倩雯：武漢大學會計學碩士，現就職於中信證券研究部。

劉則：清華大學經濟學碩士，現就職於中信證券投資銀行部。

仲丹丹：中國人民大學管理學碩士，現就職於中泰證券投行委併購部。

王榕：華東政法大學法律碩士，現就職於招商證券場外市場部。

王浩：英國伯明罕大學碩士，現就職於中國出口信用保險公司資產管理事業部。

魏雷：中央財經大學財政學碩士，現就職於申萬宏源證券資產管理事業部。

劉年康：重慶大學金融碩士，現就職於九鼎投資。

管清友

民生證券副總裁、研究院院長

如是金融研究院首席經濟學家

國家發展改革委城市與小城鎮中心學術委員

　　小夥伴們常常問我，如何做一名優秀的賣方研究員？先做賣方？還是先做研究？我的回答是：先做自己。其實這不只適用於賣方研究員，對每一個金融從業者來說都是最基本的要求。

　　金融業是離財富最近的地方，正因為如此，才容易讓人遠離自己。資本市場的善變與喧囂，足以淹沒個人的意志。誰也不能保證從不犯錯，研究員尤甚。做自己，就是在市場的驚濤駭浪中不隨波逐流，朝著自己的方向堅持下去。

　　「金融小夥伴」就是一個鮮活的例子。三年前，當耳

邊充斥著各種創業者關於市場痛點的「宏偉藍圖」時，我發現身邊的幾位實習生已經結結實實地抓住市場痛點，組建了一個實習交流平台，逐漸把同學們找工作的需求和工作單位找人才的需求對接了起來。這群「小夥伴」從三五個人做起，逐漸擴散到北京各高校，現在又進一步發展到全國乃至海外，當初小小的公眾號已經成長為完備的金融求職平台，而當初那些只顧喊口號的同類卻早已消失無蹤。從一開始我就鼓勵他們，這是一個學習的機會，最後在這個平台上找到什麼工作不是最重要的，最重要的是你們在這裡可以接觸到各個行業、各種人才，這個交流學習的過程才是最大的財富。三年過去了，他們不僅在不斷地學習，還把學習的成果匯成了這樣一本關於金融求職的手冊，非常了不起。作為一個資本領域的前輩，我由衷地為他們感到高興，也希望借此書與各位即將或已經跨入金融業的同學分享我的建議。

首先，要有獨立思考的勇氣。年輕人有我們這輩人所沒有的新思維，但有時也缺乏獨立思考的勇氣。金融業，尤其是賣方研究，是一個喧囂的行業，誘惑和干擾，質疑和批評，乃至謾罵和詆毀，時刻縈繞在你的周圍；金融業也是一個殘酷的行業，政策的突變，市場的波動，甚而行業的蕭條……一根長陽質疑信仰，一片綠野擊垮信心，是資本市場的常態，更是對人性最大的考驗。大多數人像盲目的羔羊，會向壓力低頭。但我們需要冷靜分析市場與自己判斷相背離的原因，既要不恥於修正自身的邏輯漏洞，也需要頂住壓力的勇氣，挑戰市場偏差，堅守自己的觀點。

回到開頭所說的，選擇從事什麼行業前，首先要做自己，有獨立思考的勇氣，才能夠在市場中不斷成長。

　　其次，要培養專注的力量。年輕人剛入職場，人微言輕，身無長物，如何在行業內嶄露頭角？以我從事的研究行業為例，大部分賣方研究員的從業年限和市場經驗都遠遜於資深的買方客戶，且大部分都沒做過投資，如何證明自己存在的價值呢？我想，答案的核心就是「專注」二字。買方客戶一般要求「全能」，需要涵蓋宏觀政策走勢、行業運行邏輯以及熱點概念等，達到「上知天文、下曉地理」；而要做到全能，就需要大量在各自領域有所專攻的賣方研究員來支持。所以我常常告訴我的小夥伴，不要怕年輕，年輕才能讓你們心無旁騖，專注於一個細分領域，如果你能花上幾個月時間深挖一個領域，完成一篇深度報告，那單就這個領域來說，你完全可以成為大多數資深基金經理的老師，此所謂術業有專攻也。

　　各位同學，「獨立」和「專注」，是我要送給你們的兩個關鍵詞。不論市場如何變化，都希望大家堅持自己的思考，專注自己的領域，對錯自有市場評說。在此以英國詩人雪萊的一句話結尾：「就讓我寫過的東西都付諸流水，任它浮沉」。

張建平

國家發展改革委對外經濟研究所國際合作室主任、研究員

中國社會經濟系統分析研究會副理事長

　　多年來我在國家發展改革委的研究院從事國際經濟合作研究工作，同時也在對外經貿大學、南開大學和首都經貿大學擔任碩士生和博士生導師。這些年來，我看到很多稚嫩懵懂的學生逐漸成長，成了金融行業的中堅力量。

　　常有學生向我咨詢求職相關的問題，選擇金融業的占據了多數。在這些學生中，有的同學目標相對明確，在進入金融行業之後發展得很快；有的同學則一開始不明白自己到底喜歡什麼樣的工作，在職業發展中走了不少彎路。我覺得這和在校期間對自身職業生涯的規畫有關。大多數在校學生多只是就眼前所見，囿於為找一份工作去考慮職業，沒有真正找到自己喜歡並能勝任的職業，也沒有能夠

站得高一些來考慮自己長遠的發展。

市面上有關金融職業規畫的書籍很多都是非國內專業人士抑或工作甚久的人士所寫，往往理論性有餘，但實踐性、時效性和代表性不足。本書由金融行業職場上的眾多新秀共同撰寫而成，較為系統和準確地講述了金融行業的概況，根據當前金融行業求職實戰經驗對學生進行系統指導，可讀性及可操作性較強。誠意推薦本書，希望能夠給求職的學子們帶來幫助。

最後，也給步入職場的年輕人提一些建議。我覺得不管從事什麼行業，在職業生涯的初期都應盡量做到專注，避免頻繁跳槽。專注可以讓人心無旁騖地去精通一個細分領域或行業，從而使人以超越同齡人的速度去成長。金融行業的浮躁，很多時候都會淹沒個人的初心。希望大家還能保留在學校時做學術研究的風格，堅持獨立、冷靜思考問題的精神。

衷心希望莘莘學子都能夠找到理想的職業，成為時代的精英，促進社會進步和市場的變革。

周金濤

中信建投證券首席經濟學家

擔任券商研究所的管理工作已有十餘年，負責新員工招聘是我每年的例行工作。每年在校園招聘中，面試堪稱海量，以每年面試 100~200 名新員工計算，至今我至少面試了千人以上，因此在金融機構的求職和招聘方面，有一些自己的心得。所以當小剛同學邀請我為本書作序時，我欣然答應。我希望能從一個面試官的角度，給想進入金融行業的後輩們提一些建議。

首先，很多機構在新生招聘的時候是有「硬門檻」的，最常見的比如設置院校範圍。小夥伴們最好在投簡歷之前做好功課，瞭解「硬門檻」的信息，因為既然硬門檻是很難突破的，不如把功夫下在自己條件適合的機構身上。其次，每一個面試官最關心的方面可能並不相同，即使是同

一個面試官，他對不同的人關心的方面也可能不一樣。但是，有一點是可以肯定的，對於一個學生，我們並不在意他在專業方面有多優秀，因為院校教育本身就是基礎教育，與金融業的從業要求有很大的距離。我們更在意的是一個人的學習能力、交往能力和表現能力。所以，面試中呈現出的情商很重要，在面試前如果想突擊一下，不如多練習如何與人溝通和交往。再次，一定要在實習環節注意改變自己的學生習慣。實習生到公司實習往往會有一個突出的問題，就是十分謹慎，不敢與指導老師交流，在完成老師交給的任務時，往往由於缺乏交流，容易偏離任務的要求，而變得被動。實習期間要勤於與指導老師交流，這樣才能取得事半功倍的效果。另外，求學期間總會有一些拖沓的習慣。這與學校的生活節奏有關，但實習期間一定要注意自己行為的細節問題，有的指導老師十分注意通過細節來觀察一個人的品行，最簡單的就是，上班一定不能遲到。以面試官的眼光來看，專業水準是可以通過學習來提高的，但是，人的基本品行是很難改變的，所以，你在面試和實習期間表現出的基本素質，才是決定你去留的關鍵。

最後，推薦一下本書。我通讀了這本書，覺得這是一本很實用的金融行業求職的基礎讀物，顯然作者在撰寫本書上是下了很多功夫的。之後的版本中，如果可以加入一些素質教育方面的內容，會更加出色。正如我所述，有時細節就可以決定一個人的去留。

衷心希望金融小夥伴這個平台越辦越好，希望有志於進入金融業的同學們都能夠找到自己滿意的工作。

孫剛

高維資本創始人

招商崑崙原股權投資 CEO

德意志銀行原董事總經理

摩根士丹利原執行董事

　　這本書打動我的地方很多。其中一個，書是由很多正在從事各類金融工作的小夥伴用親身經驗和真誠的心合作寫成的。願意擠出時間把心得告訴別人，是一種快樂的分享。

　　我在倫敦商學院讀金融碩士的時候，特別期待有前輩或師兄指導金融圈的擇業技巧，例如投行、咨詢、PE、對沖基金等行業的比較和什麼樣的人適合什麼樣的機會等。

　　選擇之前很重要的一點是問自己想要做什麼，想成為什麼樣的人，未來三五年內預計達到一個怎樣的目標。我

在投資銀行工作的時候，每年都從國內外名校招人，後來發現出色的夥伴往往都有一個短期目標，他們心中有明確的職業規畫。不知道如何選擇的時候，不妨多試試不同類型的實習環境和業務，通過實踐比較來得出自己的判斷。

在很久以前，畢業後的第一份工作至關重要，甚至能決定你的職業生涯。現在大可不必了，沒有誰應該把自己綁在某個機構一成不變。不久的將來，很有可能憑藉你的技能可以同時自由地在不同機構間穿梭！所以，大膽地去嘗試有活力和新創的業務吧！

雞湯可以沒有，但是強健自己的內心隨時都需要。特別需要知道，面試後被拒絕，往往不是你自己的問題，只是你與機構要找的那個人在那個時點不匹配而已。與機會的博弈是最好的認識自己和市場環境的方式，千萬不要灰心和自卑。

這本書也及時地分享了互聯網金融的機會。未來的平台可能都是一種金融機構，好比現在的阿里和京東等。智能金融和相互金融會不斷改變金融的生態，也會帶來很多有趣的工作機會。建議工作之餘，多和創業公司、研習社、社群組織學習交流，不斷瞭解新的業態和方式。千萬別足不出戶，只顧著手頭的那些事情。

中國將逐步和全球金融市場融合，金融服務行業的機會和挑戰會層出不窮。願我們不忘初心，都能在金融圈有進步和發展。

曹凌松

申萬宏源證券研究所人力資源總監

　　我個人職業生涯的絕大部分時間在兩所金融行業的「黃埔軍校」度過，每年的暑期、校招、春招平均要見到1000多個同學，以至於有時候面試的同學沒說兩句我就能說出他的問題、困惑和經歷，搞得有點算命先生的嫌疑，其實當你們以後見的人多了，再加上一點點總結，就會有和我一樣的感覺。

　　金融是如此具有魅力，一批又一批的青年才俊通過無數次的競爭希望進入這個行業，但當我回頭看看他們的發展軌跡，真可謂感慨萬千。因此，這次金融小夥伴邀請我為這份寶典作序，便欣然應之，也希望將我的感悟和經驗分享給大家。

　　第一個關鍵詞叫「職業理想」。很多同學會疑惑地問：

我們就是找份工作,大家好像都在投金融行業,為什麼我不投呢?
而我經常會反問一個問題:你為什麼要投呢?因為這關乎你的選
擇是用排除法做出的,是根據參照系設定的,還是源自你的理想、
你的愛好。麥肯錫做項目的PPT前兩頁必有一張「Principle」,因
為當你在路徑選擇中感到困惑時,回過來看這頁就會有答案,而
這一頁的完成需要你花費很長的時間去思考、溝通、學習和實踐。

第二個關鍵詞叫「80分」。我相信,那些希望投身金融行業
的同學,智商肯定很高,同時智商很高的情商也不會太差,即使
現在有問題也只是需要時間和催化劑。但我看到更多的是,很多
非常優秀的同學會「因為優秀所以平庸」:拿到80分太輕鬆,但
是要達到95分以上,往往需要花費大量的時間去做最基礎的、重
複的,甚至有些無聊的工作,邊際收益太小而邊際成本太大,太
慢了!而我想說的是,練好基本功沒有捷徑。

第三個關鍵詞叫「點位」。就像二級市場一樣,大部分投資者
是高買低拋,人們在職業生涯的初期也會有類似的經歷,在遇到
困難、問題、挑戰時很容易放棄。「換個環境也許就能做出來了」。
太多同學的經歷告訴我,沒有一個是因為換了環境而做出來的,
只有因為換了「你自己」而成功的。當遇到困難時,其實是你處
在職業生涯的低點,只有邁過去才能迎來階段性的高點,在高點
時你的信心、狀態甚至議價能力都會有所不同,而且邁過一道坎
的經歷會讓你更加與眾不同。

以上談了很多求職之「道」,因為「術」的問題在這份寶典中
已經有了很棒的解答和指導。金融小夥伴是一個很好的平台,無
私地為大家提供了很多經驗交流和分享,所以,祝願有志於進入
金融業的同學們求職順利!

　　驀然回首，金融小夥伴創立已兩年有餘。不圖近利，靜水流深，點滴深扎。一路摸索前行，從未停止思考，究竟如何給予渴望進入金融業的學子們應有的指引與鼓勵。本書正是我們的誠意之作，希望能把前人對金融行業從業的認識、感悟分享給大家，帶領大家更加順利地踏上金融之路。

　　金融崗位所涉及的工作內容、發展路徑、招募標準、面試技巧……大家想知道的實在太多，然而當今網絡時代知識零散而冗雜，需要用有限的精力面對近乎海量的信息。而且市面上專注於國內金融類的求職書籍少之又少，許多有志投身金融業的學子對金融市場的認識甚至停留在部分資料中所描述的——外資金融機構是「華爾街之狼」，這是片面的，不夠貼近真實的中國金融業的情況。國內金融業求職市場也是日新月異，即便你擁有名校的學歷和優異的成績，如果沒有對行業的充分的認識以及充足的準備，

也難以輕易尋獲自己心儀的工作。條條大路通羅馬，你首先需要的就是打通對行業認知的「任督二脈」，剩下的就是專注於自己，腳踏實地，仰望星空。

本書分為行業篇、求職篇、故事篇，涵蓋金融各行業概況、求職技巧及從業感悟等信息，為你娓娓道來、答疑解惑。行業篇主要包括金融業總體概況及行業分類，如銀行、證券（後文均稱「券商」）、基金、信託等多個板塊。求職篇系統地總結了發現求職信息的渠道、金融業素質培養、筆試與面試技能提升等內容。故事篇則主要源自一些相關行業從業人員的感悟。

本書由就職於各大金融機構核心崗位的新秀合力撰寫而成。各位作者分別撰寫其擅長領域的相關章節，並分享了他們學習、工作過程中的故事和感悟。希望本書能為讀者解析最真實的中國本土金融市場情況，提供第一手的金融求職信息，幫助讀者在這片精英的海洋中，更早地駛向成功的彼岸。

本書雖由眾多優秀的金融界人士合力撰寫而成，但相關內容肯定還有提高的空間，有待商榷之處歡迎大家在閱讀過程中及時提出，以促使這本求職寶典日臻完善，編撰團隊在此表示不勝感激。

金融小夥伴編撰團隊

二〇一六年九月

行業篇

03 資本運作弄潮兒之投行業解讀

04　投資家最佳起點之研究員解讀

求職篇

07　入門：金融職業的 N 項修煉

08　八面玲瓏：金融業求職渠道建設

故事篇

11　糾結的你，該不該選擇銀行業

12　風雨投行路

CHINA'S FINANCIAL SECTOR: INSIDER'S GUIDE AND CAREERS

Choose China's Finance Sector,
Choose Opportunities

行業篇

01

大格局：金融業概況及子行業簡介

在現代經濟中，金融業已成為衡量一個國家綜合國力、現代化程度和經濟成果的重要標誌。然而，金融到底是什麼？在貨幣銀行學教材的開篇中，多數會將金融解釋為「資金的融通」，即金融業是通過資金的調配，進行資源配置的優化。但這個簡單的概括，恐怕很難讓讀者認識到金融這個概念到底有著多麼深厚的內涵。從最初的貨幣保管和兌換，到後來的資金借貸，發展到如今具備多樣融資功能的資本市場，金融行業的概念和內涵都發生了巨大的變遷和升級。

二○一五年可以說是中國資本市場充滿戲劇性的一年，中國股市在這一年裡，經歷了短暫的牛市[1]與熊市的切換。這一輪過山車式的震盪行情，對金融業影響巨大。從職場方面也能反映出此情況，在二○一五年上半年樂觀的資本市場環境下，金融機構均陸續大規模「招兵買馬」，整個金融業的崗位需求劇增。但下半年資本市場環境的驟變，致使各大金融機構遭受了巨大衝擊，招募崗位驟減。

---

[1] 牛市：預料股市行情看漲、前景樂觀的專門術語；熊市：預料股市行情看跌、前景悲觀的專門術語。

這令二〇一六年立志從事金融業的應屆畢業生們措手不及，一度相當悲觀。

實際上，每年金融行業的核心崗位需求總數都非常有限，其中又有相當大部分只通過社會招聘進行。求職者如果想要進入金融機構從事核心崗位工作，將面臨的競爭可想而知。求職者的研究生學歷、「985」教育背景、知名機構實習經歷、相關證書技能等，很多時候僅僅成了入門的基礎標準。究竟如何才能有的放矢做準備，在如此激烈的競爭中殺出一條血路，值得我們深深思考。

知己知彼，百戰不殆

在很多人眼中，金融行業有著非常獨特的行業魅力。進入金融行業就意味著「高大上的工作環境、遠超其他行業的平均薪資、良好的交際圈」，出差是「飛機往返、高級賓館」，交往的「不是富豪就是高管」。西裝革履、揮金如土的形象更是在《華爾街》、《華爾街之狼》、《親密敵人》等電影中得到了藝術性的放大，也成了每一個金融行業求職者美好的願景。

然而，真實的中國金融行業到底如何？本書將會為讀者揭解真實的金融工作狀態、入行途徑及求職規畫要點，幫助讀者準確定位自我，選擇最適合自身的部門和崗位。希望每一個求職者盡早規畫征程，從起跑線開始笑傲職場。

在進一步瞭解各大金融子行業具體信息前，首先你需要能夠更全面地剖析自己。正所謂知彼知己，百戰不殆。本書從求職角度來議議那個熱門的哲學問題，從經典的「哲學三問」，又或是俗話說的入門「保安三問」講述如何自我剖析：你是誰？你從哪裡來？你要到哪兒去？

你是誰：入行前的自我剖析

1. 衣帶漸寬應不悔

在頂級金融機構的面試中，求職者常常會被問到「你為什麼想從事金融業？」

前輩紛紛教導說千萬別提「薪酬」，即便你心目中真的如此認為。其實細想之下，這確實是一種不成熟的回答。有時候求職者只看到了動輒年薪百萬、華麗光鮮的外表，卻不知道背後需要付出的艱辛——出差勤、強度高、壓力大的生活是常態。捫心自問，在經歷過一切之後你是否還能不忘初心？

所以在面試中，面試官會希望你有更遠大的抱負、更強烈的動機，說服他相信你能夠在這個行業堅持下去。一個很好的驗證辦法就是盡早開始實習，在度過了新鮮期後，每天早上再走進辦公室時還能懷著最初的激情嗎？這個辦法簡單而有效，因為實習工作一般而言簡單、枯燥且物質回報有限。如果你在堅持很長一段時間後，仍然能夠激情滿滿，那麼你已經做好了從事這個行業的準備。

2. 選擇最適合自己的

在已經確信自己從事金融業的決心後，下一步地工作就是思考自己更適合做哪一個細分職業，以便提前、有序地進行針對性的準備。雖然金融行業包羅萬象，但從大類上還是能夠提前判斷自己的性格適合哪一個方向的。

如果你具備活潑開朗、喜歡與別人打交道的性格，可能更適合承擔業績壓力、接觸客戶的前台工作；如果你是成熟內斂、嚴謹細心的性格，可能更適合中後台的崗位。從發展角度上說，不同崗位之間並無高低之分，重要的是分析清楚自己的性格，看自己更適合、更擅長哪一個方向。具體崗位的分類和解析將會在後文予以展開闡述。

你從哪裡來：關於學校與專業的思考

1. 英雄也問出處

非常遺憾，金融業是非常典型的「論出身」的行業。雖說有才之人終歸能出人頭地，但學校背景無疑會對職業起點和之後的發展產生影響。比如是否就讀「目標院校」，或職業生涯中「相關行業」第一份工作的選擇，將很大程度上影響求職者的職業生涯。細究下來，其實學問很多。

關於金融機構的目標院校，涉及主流高校在金融方面的就業競爭力比較，歷來都是頗有爭議的焦點。若悉數歷年在金融業的就業數據及校友數量，究竟哪家稱得上是金融界的「黃埔軍校」，這個問題恐怕難下定論，但清華大學、北京大學、中國人民大學、中央財經大學、對外經濟貿易大學、上海交通大學、復旦大學、上海財經大學、浙江大學、南京大學、南開大學、廈門大學、武漢大學[1]等一直都是金融專業領域的佼佼者。如果有機會，請努力進入這些高校，這會使你在金融業求職的路途阻力大為減小。

假若不是就讀於這些目標院校呢？其實也無須氣餒，實踐中金融業的知名從業人員中非上述名校出身的大有人在。不過這就更需要你努力和拚搏，在選擇工作和實習時更需要有長遠的考慮。舉個例子，如果無法以應屆生身分進入投資銀行部，那麼可以通過律師及會計師的工作、實習經歷進行彌補。令人眼前一亮的從業經歷、有含金量的職業證書，通過「Networking」[2]獲得內部推薦等方式，都是學歷以外的重要的敲門磚。「硬件」上會有所差距，但在「軟件」上可以做到無懈可擊，相信命運不會辜負每一個努力奮鬥的人。

所以，不論目前就讀於哪所學校，希望你在開篇之初，做好奮鬥的心理準備。有一句話說得好，「不忘初心，方得始終」，堅持初衷、抓住重點、不屈不撓，這些個人品質事實上比學校背景更加重要。

2. 專業背景各有千秋

從事金融行業的必備條件之一是掌握相關的專業知識與技能，這包括對整個金融行業的宏觀認識，專業的經濟、財務、會計、法律知識，細分行業的業務種類及其發展趨勢等。

不過，金融業本身就是一個知識密集型行業，面試官也並不期待求職者完全

---

[1] 爲方便閱讀，在不引起歧義的前提下，本書盡可能採用大學的簡稱，例如清華、北大、人大、中財、對外經貿、上海交大、復旦、上財、浙大、南開、廈大、武大等。

[2] Networking，指以人際關係拓展爲目的的社交。

具備這些知識，而是希望求職者能有快速學習的能力和潛力。所以，最重要的並非知識本身，而是學習能力。當然，僅僅具備相關知識遠遠不夠，還需要敏銳掌握市場信息並詮釋加工，形成分析思路，提供解決方案，以最終滿足客戶的需求。因此，金融機構尋找的是那些既具備豐富理論功底，又能夠在強烈的熱情和好奇心的驅使下不斷努力學習的人才。

進一步說，金融行業對各種行業的知識及技能都有需求，因其服務的對象是國民經濟中的各類實體企業，對專業並無嚴格的要求，反而由於與其他行業交融甚深，而更青睞擁有理工科、財務、法律背景的人士。眾多的投資銀行家出身於數理化及工科等專業，由律師、會計師轉行而來的更是數不勝數。無論一級市場還是二級市場，研究崗位還是投資崗位，從實業企業工作多年轉行而來的，也為數不少。從聘用非金融專業人才角度分析，財務、法律、醫藥、工程、物理、化學、數學等學科較多。除了原先專業或行業的經驗，更多時候是這些專業出身的人才學習能力較強，對於金融業務也可以觸類旁通，可以通過快速學習提升專業知識及實踐操作能力。

總之，金融行業整體實操性較強，不論是標準的金融產品，例如股票、債券、基金等，還是眾多非標準化的產品，都需要從業人員能夠靜下心來，既進行宏觀環境分析和中觀的行業分析，也在微觀層面對企業做細緻的研究和總結；既從書本、法條中尋找理論依據，也要去項目實地考察。其間涉及之廣，不論哪一類背景，都能找到自身優勢，也會發現諸多不足之處。譬如，非金融學科的學生，優勢在於產業背景和基礎紮實，而劣勢在於對金融整個大行業缺乏理解。總之，無論研修哪個專業，都必須做好心理準備，一定要努力並持續積澱，才能創造出別人無法替代的自身價值。

你要到哪兒去：最終職業發展方向

金融行業崗位種類繁多，從出差頻率、與外部客戶接觸程度、工作強度、是

否直接創收等方面分類，大體劃分為前台、中台和後台業務。

前台的涵義，在不同金融崗位之間有很大的差異。在一些機構，前台是指直接創造利潤和價值的崗位。從這個角度看，投資崗位可以歸入前台部門。針對投資公司或者「買方」，相對來說投資類業務線是前台業務，主要承擔各種投資決策和投資管理，具體包括銀行的資金部門，保險公司的資產管理（以下簡稱「資管」）部門，基金、證券公司（以下簡稱「券商」）的資管和自營部門。針對提供服務的機構或者「賣方」，前台主要是直接面對客戶，提供相關專業服務的人員，具體包括券商的投資銀行部、資本市場部、研究所等。投資銀行（以下簡稱「投行」）是典型的前台業務，其業務技巧性很強，對綜合能力要求很高。除了掌握紮實的專業知識，從業人員還應具備強大的溝通協調、處理複雜事務的能力，以及高強度工作的能力，包括高頻且長期的出差。

對於其他金融分支機構來說，前台的崗位更多的是銷售類，比如客戶經理。另外，在券商營業部為尋找客戶推薦理財產品，在銀行賣基金產品，在保險公司銷售保單，這類角色都直接為公司創收，可稱為前台部門。總體而言，前台崗位通用的能力包括較強的溝通技巧和心理承受能力以及出色的觀察能力。

中台業務線在不同的公司的劃分也不盡相同，一般包括風險控制（簡稱「風控」）、稽核、合規、法務、產品條線等。在部分公司中，不直接接觸客戶的承做崗位也會被列為中台。中台部門本身不是單獨的利潤中心，主要為了保障前台部門業務和為項目提供支持，相對而言更重視專業能力。一般認為中台部門比較適合女性，一方面具有較大的職業上升空間，另一方面更容易在家庭和事業之間取得平衡。一般而言，中台部門因為沒有對外拓展的業務壓力，因此工作節奏較平穩，但也不代表工作非常輕鬆。碰上年度審計或者項目出現問題，熬夜加班甚至出差也在所難免。

後台業務線主要是為前台和中台等提供支持，提供公司整體運營服務，包括財務、信息、人力等，由於與其他非金融機構類似崗位並無鮮明的差異，在此不

再贅述。

金融求職中大家常問的問題之一是「金融機構內部前中後台哪一個部門最好」？其實這樣的問題是沒有答案的。各崗位並無好壞之分，只有適合與否。「最好」的評價標準是主觀感受，不同的行業、公司會有區別，相對而言，最終的目標是找到「合適」的工作。「合適」評價的是求職者的個人目標和工作的匹配程度，這需要基於行業特點與個人的成長環境、學習經歷、生活與工作期待等因素來加以判斷。因此，挑選合適的工作，必須對不同的行業、不同的公司、不同的崗位有一個相對瞭解，才可以基於基本的信息來做出相對準確的判斷。

由於金融業不同領域部門過多，差異巨大，詳細內容將在行業篇展開，在此處僅進行概括性描述。

商業銀行。想追求較高的生活質量和較舒適的生活狀態，銀行或許是好的選擇。銀行業包括外資銀行、國有銀行、股份制銀行、城市商業銀行（以下簡稱「城商行」）、農村商業銀行（以下簡稱「農商行」）等。不少求職者最初投身於國有四大銀行或者大型股份制商業銀行，在積累了足夠多的經驗和資源後，跳槽至其他城商行、股份制商行成為中堅力量。

對應屆生來說，銀行的各種管理培訓生（以下簡稱「管培生」）、非定向類等仍是主要應徵信的方向，招聘數量每年都在數萬以上。在此類崗位上，剛開始都需要進行一段時間的輪崗，從櫃員到對公、對私的客戶經理，再通過內部競聘等走向分支機構管理層或分行業務崗位。相對來說門檻稍低，每年解決了巨量的經濟管理類（以下簡稱「經管」）專業畢業生就業問題。

投資銀行 / 賣方研究所。如果追求短期內職業技能得到最大的磨練，可以考慮從券商投行部、研究所入行。券商的投行部是連接資本市場與實業的重要通道，一般承擔著證券發行與承銷、兼併和收購（以下簡稱「併購」）、再融資等業務，從業人員的工作內容主要是投行項目承攬、承做及承銷，最終為企業提供直接融資服務。券商研究所的主要工作是對上市公司進行研究，對外向各種買方發布相

關研究報告。券商投行及研究所是典型的賣方部門，其在人員使用上奉行「精英路線」，工作強度大，個人產出高。人力成本往往是前台部門的主要支出，因而相對來說獎金可觀；同時，上述崗位對專業方面要求較高，一般需要系統學習過金融、投資、財務、法律等專業知識，同時具備較強的人際溝通能力。

買方機構投資研究（以下簡稱「投研」）。包括公募基金、保險投資研究、自營投資等部門，是培養投資家的良好起點。買方投研與賣方研究的相同點在於，都是針對股票和債券等投資標的，展開宏觀、策略和行業研究；但是買方研究員的關注面不如賣方細緻，可能每人覆蓋幾個相關的行業，更多的時候會借助賣方的力量。同時，買方投研還需要做出實實在在的投資決策，選取投資組合，制定投資策略。整體而言，相對於賣方研究而言，買方投研中服務性質的工作會少一些，因而自由度較高，工作強度也相對低一些。

資管機構。大資管時代下，信託公司、券商資管、基金子公司等資管機構成為熱門。如果希望職業快速發展，專業方面亦有所建樹，又不想像投行及賣方研究所那樣從事工作強度過高的職業，上述機構是非常不錯的選擇。

信託公司的資產管理規模在二〇一〇～二〇一二年因歷史性機遇出現飆升，拉開了大資管的序幕，因其牌照的萬能性，在金融幾大行業的規模排名中一舉攀升至第二，僅次於銀行；而良好的激勵機制帶來的各種創富神話也吸引了許多其他子行業優秀從業人員湧入。但是隨著利率下行及公司債放開，市場陷入「資產荒」狀態，信託公司的傳統業務空間不斷受到壓縮，目前不少機構在謀求轉型。一個重要的轉型方向是資本市場投資，但因信託公司自身投研實力相對較弱，整體而言近年來發展速度明顯下降。

大中型券商資管、基金專戶等主動管理相關崗位，對於個人的投資能力有一定的要求，同時也需要有一定的市場分析能力和與證券研究員交流的能力。此外，以收益率為核心的考核、末位淘汰制度等帶來的壓力也不容小覷。

　　四大資產管理公司[1]也是目前資管中的一道風景。目前其主營業務除了不良資產處置之外，還涉及非標及部分資本市場的投資。在成立之初，它們主要肩負政策性功能，但通過多年發展已經轉向市場化、多元化金融集團戰略和國際化戰略。如華融資管在香港 H 股首次公開募股(Initial Public Offerings，簡稱「IPO」)。這一資產規模最大、盈利能力最強、淨利潤最多、平均股權回報率最高的資產管理公司的發展代表了該行業的前景。目前，華融資管旗下擁有銀行、證券、金融租賃、信託、期貨、基金、置業等多牌照子公司。

　　此外，金融租賃、擔保等行業的發展也非常迅速，工作內容和其他資管行業相似。

　　保險公司。保險業目前也處於上升趨勢。保險公司的工作強度及內容可以參照對商業銀行的分析。在國內股份制保險機構迅速成長、外資保險機構進入的契機下，若具備紮實的營銷及風險管理經驗，個人發展大有可為。具體而言，社保中心以及財政審計部門等穩定有餘、靈動不足；而保險精算、保險資管、險資投資崗是保險業的核心崗位。保險業的巨量資金一直是各大機構覬覦的低成本資金來源，近年來保險資金與地產、基礎設施融資以及資本市場正不斷擦出新的火花。

　　私募基金。如 PE (私募股權投資，Private Equity)、VC (風險投資，Venture Capital)、HF (對沖基金，Hedge Fund) 等。相對而言，不管是從事一級市場投資 (企業進行股票發行的，以企業、券商和申購股票的機構或個人投資者為主要參與對象的市場) 還是二級市場投資 (機構或個人投資者在證券交易所進行的股票轉讓，以投資者、券商為主體對象的市場) 的私募基金，因機構本身人數較少，培養機制會較為匱乏，因而更加看重求職者的綜合素質及實際操作的經驗，所以對應屆畢業生 (以下簡稱「應屆生」) 的招聘需求較少。如私募股

[1]　四大資產管理公司：中國華融資產管理股份有限公司、中國信達資產管理股份有限公司、中國長城資產管理公司、中國東方資產管理公司。以下簡稱「華融資管」、「信達資管」、「長城資管」、「東方資管」。

權投資要求從業人員具備對專業技術、商業模式、商業邏輯的判斷能力,應屆生沒有工作經歷和閱歷,一般而言難以勝任。整體而言,雖然私募基金的規範程度弱於傳統金融機構,但是更加自由靈活,激勵機制頗具吸引力。

實業集團的投融資部。設立這種機構的主要集中於上市公司或一些大型的國企集團等。上市公司先天橫跨資本市場及實業產業,因此在資本市場的發展就有立腳點。如果能夠全程參與企業的 IPO/ 再融資工作,對未來的職業生涯將更加有益。國企等大型企業集團具備雄厚的資金實力,在資本市場中的地位較高。但與強度很大的金融機構核心崗位相比,對個人的成長而言,此類崗位未必如金融機構那樣提升明顯,需要自己具備很強的自學能力及驅動力。

互聯網金融。現代金融業的發展離不開金融創新,如果說金融信息化是金融創新的源動力之一,互聯網金融就是金融創新的一個熱點。互聯網行業所需要的人才主要分為四類:「典型」的傳統金融人才、金融產品研發人才、互聯網技術人才和運營推廣人才。傳統金融人才主要是為互聯網金融平台提供更多的底端傳統金融資產,金融產品研發人才需精於金融風控建模等,互聯網技術人才需要掌握硬件端、移動端、產品端的研發,運營推廣人才則需要具備利用互聯網渠道進行創新營銷的能力。

金融監督管理 / 事業單位。這也是部分對金融業感興趣又想從政的求職者的首選。監管機構崗位的優勢在於熟悉和瞭解中國的金融監管規則,積累相關人脈資源,思考甚至制定創新的金融業務規範,因而能夠為個人發展提供較大的空間。但其局限在於,每年監管機構總部招聘規模較小,要通過層層考試和面試,難度較大;另外,監管機構的薪酬待遇受限較大,無法與市場化的金融機構相提並論。

勿忘初衷：為何想進入金融業

似乎一旦進入金融業就「錢景」無限

為什麼如此多的求職者想要從事金融行業工作？相信良好的薪酬待遇是不可忽略的驅動力量。根據國家統計局公布的數據，二〇一四年全國城鎮單位就業人員平均工資中，金融業就業人員平均工資達 10.8 萬元／年，在所有行業中高居第一，是平均工資的近 2 倍。同時，二〇〇五～二〇一四年，金融業就業人員平均工資年均複合增長率達到 15.7%，在所有行業中仍然高居第一。

另外，金融業常常給求職者以「高大上」的刻板印象——工作地點是國際甲級寫字樓，出差待遇是頭等艙和五星級酒店等。同時，金融行業工作也可能帶來社會地位的提升，尤其是四大銀行或者券商基金的工作人員，在社交的時候經常會被人「高看」一眼。這也是眾人對金融追捧有加的一個因素。

因此，金融業成為高校在校學生的擇業首選，主要體現為在所有專業中，經濟、管理類專業[1]的人數最多[2]，二〇〇二～二〇一四年複合增長率達約 12%。按照同等增長速度推斷，預計二〇一六年經濟、管理類專業在校本科、研究生人數總和將超過 510 萬人，二〇一八年預計將超過 640 萬人。

最初的夢想：過來人如何看

大家選擇進入金融業拚搏，有著各式各樣的理由，除了前述金融業的優點之

---

[1]　根據我國學科的相關定義，經濟學一級學科下包括各類經濟學、財政學（包括保險）、金融學、國際貿易等；管理學一級學科下包括管理科學與工程、會計學、公共管理等。

[2]　根據國家統計局數據，二〇一四年末經濟、管理類學科大學生在校人數和畢業人數分別占總數的 17.9% 和 15.1%，研究生則占比均超過 20%。特別是，在校人數占比高於畢業人數占比，說明經濟、管理類學科招生規模仍在擴大。

外，還有哪些因素呢？下面是一些往年的求職者的觀點分享，或樸實，或激情，但確有很多思考。

◆ 理工科出身的研究員

放棄理工專業科後，我立志做一名金融民工。為什麼選擇金融業？有兩個反向原因和一個正向原因。第一個反向原因是我認為國內的產業界不景氣，宏觀環境影響了就業市場，而製造業首當其衝。本科畢業曾在某外資製造型企業工作過，工資勉強可以養活自己，後放棄工作決定考研。第二個反向原因是對科研無太大興趣。雖然有著七年工科的背景，但內心無法適應國內複雜的科研環境。正向原因是：金融領域的工作給我帶來很大的滿足感，同時金融業與製造業的薪資差距甚遠，金融業的漲薪速度也明顯高於其他行業。而興趣是最大的動力，為了實習，可以免費，可以堅持每週廣深兩地跑，可以熬夜應付科研，我所承擔的工作讓我信心滿滿。最終進入一家公募基金從事買方研究工作，回首過去，充滿了感動。

◆ 一心進入投行的同學

從一開始，投行就是我的目標。大學時選擇了金融專業，在浩瀚的資本市場理論學習中領略到金融的魅力，那種通過各種手法變魔術般進行資本的騰挪變幻的魅力，讓我一直夢想著能夠進入投行。然而真正到了投行後，感覺從業者中優秀人員實在太多，而自己需要學習的東西也太多太多。

我在投行主要做了兩類工作：一是挖掘行業和企業的亮點，用專業的術語表達出來；二是不斷地協調項目推進，不僅要與發行人高管溝通，還要與各類中介機構（如會計師事務所、律師事務所、評估機構）溝通。最終問題的解決方案都是我們來拍板的，這也正好詮釋了投行工作為何需要優秀的財務和法律技能。所以，在投行工作不僅僅需要高智力，還需要高情商，溝通能力會在很大程度上影響項目的進度。投行的一大好處就是相對自由，沒有領導管你坐班的事情，時間靈活度大，一切以在 deadline 之前完成項目為準。但是出差和加班確實是家常便飯，長期下來可能會對健康有所影響。即便如此，我還是會選擇投行，因為它

總是給我新的東西，我喜歡這種感覺。

◆ **法律背景出身的資管從業人員**

誤入金融業，情定大資管。最初也是想著到投行開始自己的職業生涯，但是後來聽說了大資管時代。感謝職業生涯第一份在資管行業的實習，每天大量的學習，使我可以感覺到自己每天都在進步。資管工作性質的問題，讓我主動地去研究和留意金融業的很多子行業的業務模式及最新動態，著實獲益良多。

之所以一直想要在金融業發展的一個很重要的理由是，我想成為一個既有專業，又有意思的人：牛頓算得出來天體物理，卻算不出股票的規律；金融業是一個無窮無盡的領域。行業內部紛繁複雜，各子行業截然不同，各種專業知識日新月異，產品創新層出不窮，我覺得只要在這個行業，就永遠有學不完的東西。如果自己不每天進步，就可能被淘汰。然則，在金融業的這種相對不那麼刻板的工作環境中，我也以相對自由的態度做一個有趣的人，給身邊的人帶來樂趣。

總結來看，一路遇到了非常多的貴人，許多大牛、老師都給過我很多很好的建議。至於回歸到對金融業「執著而堅持」的理由，我再補充幾句。仍記得電影中的一句名言：「其實戰場上，支持戰士們勇猛地向前衝的，不是國家也不是榮耀，而是隔壁戰壕裡的戰友」。

所以，對金融業的執著，也許並不在於金融業的財富與光環，而在於大家在追求夢想的過程中努力的付出。正因為在金融業裡熬過夜，加過班，受過挫折，也獲得過成功，所以我們才如此深愛這個行業。正如當初我們愛著那個姑娘，或許不是因為她多美麗、多善良，而是因為我們付出的那些熱血的青春！

金融業很大，子行業繁多

傳統意義上，金融業有「五大業」的一個說法。為什麼這麼說呢？

為何金融有「五大業」

網易財經發布的二〇一五年「中國金融 500 強」榜單中，各類銀行、保險公司、證券公司、信託公司、資產管理公司、金融租賃公司等都活躍在榜單上。中國金融機構排行榜以各金融機構淨資產總額排名為依據，各類金融機構上榜數量及占比詳見表 1-1。

表 1-1　二〇一五年「中國金融 500 強」結構

排名前 100 位的公司類型	数　量	占　比
銀行	238	48%
保險公司	97	19%
證券公司	95	19%
信託公司	57	11%
資產管理公司	5	1%
政策性金融機構	3	1%
其他	5	1%
公司總數	500	100%

通過表中數據可以看出，銀行、保險、證券、信託、資管、政策性金融機構等都在前 100 位的排行榜中占據一席之地，尤以銀行為甚。在排名第 100~400 位的金融機構中，信託公司占據很大一部分的比例。總體而言，銀行、信託、保險、證券在金融業中的占比均排在前列。

再來關注中國的資本市場資產規模，截至二〇一五年底，中國資本市場總資產超過 230 萬億元（如無特殊說明，本書貨幣單位均為人民幣元）。第一板塊是銀行業，總資產 194.17 萬億元，占金融業總資產的 80% 左右；第二板塊是信託業，總資產 16.3 萬億元；第三板塊是保險業，總資產 12.4 萬億元；第四板塊是基金業，總資產 8.4 萬億元；第五板塊是證券業，總資產 8.27 萬億元。

　　單從管理的資產規模看，根據基金業協會公布的《證券期貨經營機構資產管理業務統計數據》，截至二〇一五年底，信託行業管理的信託資產規模為 16.3 萬億元，銀行理財餘額接近 20 萬億元，保險資管規模約 10.4 萬億元，基金管理公司管理公募基金規模 8.40 萬億元，基金管理公司及其子公司專戶業務規模 12.6 萬億元，證券公司資產管理業務規模 11.89 萬億元，期貨公司資產管理業務規模 1 045 億元，私募基金管理機構資產管理規模 5.21 萬億元。

　　國家統計局對金融業的分類包括 66 大類 ~69 大類，分別是：66. 貨幣金融服務，此處以各類銀行服務為代表；67. 資本市場服務，以證券期貨和基金服務為代表；68. 保險業，以保險服務為主要代表；69. 其他金融業，以信託和其他未列明金融業為代表。

　　綜合考慮，本書將重點分析銀行、信託、保險、證券、基金五大行業及其他金融業。

金融五大業及其他子行業的分類邏輯

　　銀行業。 在我國銀行業主要包括國有商業銀行、股份制商業銀行、城商行、農商行、非銀行金融機構、政策性銀行及其他。

　　信託業。 信託與銀行、證券、保險並稱為金融業的四大支柱。信託的本來涵義是「受人之托、代人理財」，指委託人基於對受託人的信任，將其財產權委託至受託人，由受託人按委託人的意願以自己的名義，為受益人的利益或者特定目的，進行管理或者處分的行為。行業內的主要金融機構主體是信託公司，目前已經衍生出了很多類型的投融資業務，在金融市場中有著舉足輕重的地位。

　　證券業。 證券業指從事證券發行和交易服務的專門行業，是證券市場的基本組成要素之一，主要由證券交易所、證券公司、證券協會及金融機構組成，並為雙方證券交易提供服務，促使證券發行與流通高效地進行，並維持證券市場的運轉秩序。行業內主要金融機構是證券公司，可以說是資本市場中最活躍的

主體之一。

保險業。保險業是指將通過契約形式集中起來的資金，用以補償被保險人的經濟利益業務的行業。保險是指投保人根據合同約定，向保險人支付保險費，保險人對於合同約定的財產或人身出現事故承擔賠償保險金責任。行業的主要金融機構是保險公司，保險公司因其資金性質的優勢，一直是金融市場的買方主力，在西方國家更是最成熟、最大的機構投資者。

基金業。基金業指的是從事證券投資基金管理業務的行業。行業內最主要的主體是基金管理公司（公募），截至二〇一五年九月底，我國境內共有基金管理公司 100 家。其中合資公司 45 家，內資公司 55 家；取得公募基金管理資格的證券公司 9 家，保險資管公司 1 家。以上機構管理的公募基金資產合計為 6.69 萬億元。

其他金融子行業。其他金融子行業包括中國人民銀行、銀行業監督管理委員會、證券業監督管理委員會、保險業監督管理委員會及其下屬監管機構，這是金融業的監督管理機構；其他還包括金融控股集團，四大資產管理公司，期貨、金融租賃、擔保公司、互聯網金融公司等。

02

金融航母之銀行業解讀

為何將銀行業比作金融航母？原因主要有以下幾個方面：一是銀行業作為現代金融業的主體，主要有發行信用貨幣、管理貨幣流通、調劑資金供求、辦理貨幣存貸與結算等功能，是負責經營貨幣和信用業務的金融機構；二是銀行業在各金融機構中扮演著橋樑的角色，為各類金融機構提供相應的金融服務，以保證各金融投資與融資相關的業務有序進行；三是規模龐大，中央銀行、政策性銀行、國有商業銀行、股份制商業銀行等各類銀行種類繁多，數量極大，資產總規模已超 190 萬億元，高居各大金融子行業榜首。同時銀行業從業人員數量最多，分支機構深入大街小巷，是廣大居民和企業接觸最多的金融機構，與人們的生活息息相關。

與其他金融機構對比，銀行絕對是「龐然大物」。二〇一五年「中國金融 500 強」上榜企業中有 238 家銀行（不含政策性銀行），總資產超過 160 萬億元，占 500 家上榜企業總資產的 80%。其中，人們熟悉的中國工商銀行、中國建設銀行、中國農業銀行及中國銀行四大行總資產均超過 16 萬億元。從規模上看，

商業銀行無疑是金融業霸主。

目前，我國銀行業已初步形成了多元化的銀行體系，包括大型國有商業銀行、全國性股份制商業銀行、城市商業銀行、農村商業銀行和其他類金融機構。截至二〇一四年末，我國銀行業共有法人機構 4 091 家。同時，銀行體系不斷豐富，已經開展民營銀行試點工作，首批 5 家民營銀行已獲得批復並籌辦開業（深圳前海微眾銀行、溫州民商銀行、上海華瑞銀行、天津金城銀行和浙江網商銀行）。

此外，已有 100 餘家中小商業銀行股權結構中，民間資本占比超過 50%，部分中小商業銀行的民間資本占比甚至為 100%；全國農村合作金融機構股權結構中，民間資本占比超過 90%；村鎮銀行股權結構中，民間資本占比超過 72%；已開業民營控股非銀行業金融機構 43 家，其中 6 家為二〇一四年新增，不同種類的銀行在金融市場上各放異彩。

本章筆者將結合自身經驗，圍繞銀行業概況及現狀、崗位和業務分類、薪酬待遇、對應屆生的要求等方面為讀者揭開金融航母的面紗。

銀行業的前世今生

銀行業的概況

中國銀行體系由中央銀行、監管機構、自律組織和銀行業金融機構組成。

1. 中央銀行、監管機構與自律組織

中央銀行（以下簡稱「央行」）: 我國的央行是中國人民銀行。中國人民銀行根據《中華人民共和國中國人民銀行法》的規定，在國務院的領導下依法獨立執行貨幣政策，履行職責，開展業務，不受地方政府、各級政府部門、社會團體和個人的干涉。央行的涵義非常廣泛，簡而言之，中國人民銀行就是銀行的銀行，是實施監管的銀行，也是發布各種貨幣政策的銀行。中國人民銀行總部位於北京

金融街（北京市西城區成方街 32 號），並於二〇〇五年八月十日在上海設立了中國人民銀行上海總部。

監管機構：我國銀行業的監管機構是中國銀行業監督管理委員會（以下簡稱「銀監會」），成立於二〇〇三年，位於北京市西城區金融大街甲 15 號。銀監會為國務院直屬正部級事業單位，統一監督管理銀行、金融資產公司、信託投資公司及其他存款類金融機構。在二〇一五年一月的銀監會機構大調整過程中，專門設立了審慎規制局、現場檢查局和銀行業普惠金融工作部三個部門。尤其需要提到的是，曾經一度烽火燎原的 P2P 網貸平台也由普惠金融工作部負責牽頭管理。

行業自律組織：我國的銀行行業自律組織是中國銀行業協會。中國銀行業協會成立於二〇〇〇年，是由中華人民共和國境內註冊的各商業銀行、政策性銀行自願結成的非營利性社會團體，經中國人民銀行批准並在民政部門登記註冊，是我國銀行業的自律組織。該協會及其業務接受中國人民銀行的指導、監督和民政部的管理。二〇〇三年中國銀監會成立後，中國銀行業協會的主管單位由中國人民銀行變更為中國銀監會。

2. 銀行業金融機構

◆ 政策性銀行

我國的政策性銀行包括三家：國家開發銀行（以下簡稱「國開行」或「CDB」）、中國進出口銀行和中國農業發展銀行。由於政策性銀行不以營利為目的且無個人存貸業務，因此人們日常生活中很少接觸，分支機構也很少。由於國開行整體規模較大，近年來多元化金融板塊佈局較為迅速，而且轉型為開發性金融機構較為成功，此處重點介紹國開行。

國家開發銀行於一九九四年三月成立，直屬國務院領導。目前在全國設有 38 家分行、2 家代表處及其他分支機構。國家開發銀行的主要任務是為國家基礎設施、基礎產業和支柱產業提供長期資金支持，引導社會資金投向，緩解經濟發展瓶頸制約。電力、公路、鐵路、石油石化、煤炭、郵電通訊、農林水利、公

共基礎設施等始終是國家開發銀行的主要業務領域和貸款支持重點。國開行一般採用發行國開行金融債的方式來吸收資金，然後向大型投資項目發放長期低利率貸款，用於實現國家的產業支持政策。國開行的發展較為迅速，近年來逐步轉型，定位轉換為直屬國務院的開發性金融機構，旗下成立了國開證券、國開金融、國銀金租、中非基金等子公司，加大拓展證券、租賃、基金和 PE 等業務板塊的力度。

◆ 國有商業銀行

國有商業銀行是指由國家（財政部、中央匯金公司）直接管控的商業銀行，其特點體現為所有的國有商業銀行都是由國家投資控股的，是國有金融企業。目前我國國有商業銀行有中國工商銀行、中國農業銀行、中國銀行、中國建設銀行和交通銀行 5 家，也即大家所熟悉的「五大行」，此處不再贅述。

◆ 股份制商業銀行

與國有商業銀行的公有制性質不同，股份制商業銀行屬於股份制。我國經銀監會批准成立的股份制商業銀行共有 12 家，包括：招商銀行、浦發銀行、中信銀行、中國光大銀行、華夏銀行、興業銀行、民生銀行、平安銀行、廣發銀行、恆豐銀行、渤海銀行、浙商銀行。

其中，中信、招行、光大、華夏、興業、浦發、廣發、渤海 8 家銀行股份結構中國有法人持股占多數，屬於國有企業性質；民生、浙商、恆豐 3 家銀行主要由非國有法人持股，屬於民營企業性質。值得一提的是，原國內第一家股份制商業銀行——深圳發展銀行於二〇一〇～二〇一二年被平安保險收購，吸收合併原平安保險旗下平安銀行後，整合成為新的平安銀行。由於平安保險目前的最大股東為匯豐集團，因此平安銀行本質上也屬民營企業性質。

◆ 城市商業銀行

城市商業銀行是中國銀行業的重要組成部分，也是其中的特殊群體，其前身是二十世紀八〇年代設立的城市信用社，當時的業務定位是為中小企業提供金融支持，為地方經濟搭橋鋪路。從八〇年代初到九〇年代，全國各地的城市信用社

發展到了 5 000 多家。然而，隨著中國金融事業的發展，城市信用社在發展過程中逐漸暴露出許多風險管理方面的問題，很多城市信用社逐步轉變為城市商業銀行，為地方經濟發展及地方居民提供金融服務。

第一家城市信用社是一九七九年成立的河南駐馬店信用社。二〇〇六年六月，上海銀行寧波分行開業，打響了城市商業銀行跨區域經營的第一槍。城市商業銀行是中央金融主管部門整肅城市信用社、化解地方金融風險的產物。部分城市商業銀行已經具有相當的規模和行業知名度。截至二〇一四年末，北京銀行資產規模達到 1.5 萬億元，成為城商行中當之無愧的「巨無霸」；上海銀行、江蘇銀行的資產規模也超過萬億元；南京銀行、寧波銀行的資產規模邁過 5 000 億元大關，資產年均增速均達到 10% 以上；此外，徽商銀行、青島銀行以及鄭州銀行等也實現了資產規模的較快增長，多數城商行呈現逆勢增長的發展態勢。

◆ 農村金融機構

目前，我國農村銀行類金融機構可以劃分為四類，共九種，分別是政策性銀行中的農業發展銀行（見前文），商業銀行中的農業銀行和中國郵政儲蓄銀行（後文將單獨介紹），農村合作金融機構中的農村信用社、農村商業銀行和農村合作銀行，以及新型農村金融機構中的村鎮銀行、農村貸款公司和農村資金互助社。下文提到的中國郵政儲蓄銀行也有部分農村金融業務。

農村合作金融機構（包括農村信用社、農村商業銀行和農村合作銀行）、農業銀行、村鎮銀行、貸款公司等都屬於商業性銀行業金融機構，主要是按照商業原則依據監管部門核定的業務範圍為「三農」提供各類農村金融服務，這一業務範圍的優勢在中國人民銀行定向降準的政策中經常會得以體現。其中，依據有關法律法規規定，貸款公司不能吸收社會公眾存款。近年來，農村商業銀行無論是資產規模還是盈利能力，發展速度均大大加快，更有一部分領軍者已經開始衝刺資本市場。自二〇一〇年重慶農村商業銀行在香港成功上市，成為首家成功 IPO 的農村商業銀行以來，多家農村商業銀行都在積極謀求上市。廣州農村商業銀行

已經啟動 IPO 和上市前的準備工作，上海農村商業銀行、張家港農村商業銀行、天津濱海新區農村商業銀行都在積極開展上市衝刺工作。[1] 二〇一六年以來，已有江蘇常熟農商行、江蘇江陰農商行、無錫農商行、江蘇吳江農商行等多家農商行順利通過證監會的 IPO 發審會。

農村資金互助社是按照銀監會調整放寬農村地區銀行業金融機構准入政策試點組建的合作性金融組織，主要是為入股的社員提供金融服務。

◆ 中國郵政儲蓄銀行

中國郵政儲蓄銀行於二〇〇七年三月二十日正式掛牌成立，是在改革郵政儲蓄管理體制的基礎上組建的商業銀行。中國郵政儲蓄銀行承繼原國家郵政局、中國郵政集團公司經營的郵政金融業務及因此而形成的資產和負債，並將繼續從事原經營範圍和業務許可文件批准、核准的業務。中國郵政儲蓄銀行於二〇一二年一月二十一日依法整體變更為中國郵政儲蓄銀行股份有限公司，目前中國郵政儲蓄銀行的營業網點為行業內最多，全國約有 3.9 萬家。

◆ 外資銀行

目前銀監會已批准 20 家外國銀行將其中國境內分行改制為外資法人銀行，其中 12 家外資法人銀行已完成改制並開業，全面從事外匯和人民幣業務，包括對中國境內公民的人民幣業務。這 12 家外資法人銀行分別是：匯豐銀行、渣打銀行、東亞銀行、花旗銀行、恆生銀行、新加坡華僑銀行、日本三菱東京日聯銀行、新加坡星展銀行、荷蘭銀行、永亨銀行、日本瑞穗實業銀行、美國摩根大通銀行。

銀行業的發展現狀

1. 全方位覆蓋

截至二〇一四年末，中國銀行業的金融機構網點總數達到 21.71 萬個，在全

---

[1] 見《農村商業銀行市場調研報告：二〇一四年中國農村商業銀行行業現狀調研及發展趨勢預測報告》，見中國產業調研網。

國 49 個金融機構空白鄉鎮、2 308 個城鎮社區和 318 個小微企業集中地區均增設了銀行網點，50 多萬個行政村實現了基礎金融服務全覆蓋。

2. 業務模式轉型

隨著利率市場化改革的逐步深入，商業銀行依靠存貸差躺著賺錢的日子已一去不復返，國內商業銀行均在積極謀求轉型，尋找新的利潤增長點。其中，投行業務及資管業務是商業銀行的重要轉型方向。商業銀行投行業務主要包括債券業務、併購和財務顧問、CLO 等，在大力拓展現有業務的基礎上，各類商業銀行也在尋求與券商的深度合作，不斷壯大財務顧問收入。近年來伴隨著銀行資產配置的選擇多樣化，大資管業務逐漸豐富壯大。

尤其是自二〇一四年下半年以來開啟的股票牛市，使得銀行資管的客戶對於權益市場的投資意願加大。眾多商業銀行已通過定增配資、專門的淨值型產品、「打新」基金等方式投資直接融資市場，提升了投資收益。在大資管視野下，商業銀行更加注重跨界投資，尋找標的涵蓋存款、理財、保險、信託、實物資產等，同時銀行更加強調投資研究能力，發揮集團銀行、投行、基金、保險的多牌照優勢，針對養老、消費、教育、財富傳承等多元化的客戶需求匹配不同的產品。部分商業銀行已瞄準直接融資市場、混合所有制改革領域、境外人民幣投資市場等新型投資領域，醞釀新的產品形態。

3. 互聯網銀行興起

二〇一四年下半年，深圳前海微眾銀行和浙江網商銀行兩家民營銀行陸續獲得批復，開始籌建。二〇一五年年初，隨著國務院總理李克強按下按鍵，我國首家互聯網銀行——深圳前海微眾銀行第一筆貸款發放；同年六月，浙江網商銀行正式開業。緊接著，微眾銀行、網商銀行 APP 相繼上線。互聯網銀行方興未艾，成為銀行業中的新生力量。互聯網銀行對傳統銀行的衝擊，一方面在於人才的吸引，另一方面在於傳統銀行內部的理念轉化太慢，對於新事物的接受度低，以及機制的僵化，互聯網銀行相比傳統銀行更適應新時代發展潮流，在業務、文化方

面具有更新的活力，因而比較優勢明顯。

4. 交易依舊增長，但是外部競爭壓力巨大

二〇一五年，中國銀行業金融機構離櫃交易達 1 085.74 億筆，比去年略增；離櫃交易金額達 1 762.02 萬億元，同比增長 31.52%；豐富、方便、快捷的離櫃交易，尤其是像支付寶、微信支付等互聯網電子金融服務的興起，受到廣大客戶的歡迎，使銀行業平均離櫃率達到 77.76%，同比提高 9.88 個百分點。

回望二〇一五年，商業銀行依舊面臨著較為嚴峻的外部經營環境，經濟增速進一步下降，經濟下行壓力仍然存在，一系列因素繼續對銀行經營發展構成較大壓力。與此同時，金融傳媒和互聯網金融的快速發展等，都在衝擊著傳統銀行業的經營。但同時，「一帶一路」戰略帶動對外直接投資快速發展，出口保持平穩增長；京津冀協同發展、長江經濟帶等區域戰略重點實施，國有企業改革將迎來實質性推進階段等對於商業銀行經營都是利好信息，商業銀行挑戰與機遇並存。

銀行業的業務及崗位

擇業先擇行業。只有對金融某一行業有一定的瞭解，才能判斷自己是否適合該行業，把握時代發展機遇。以上是對銀行業的宏觀介紹，下面將介紹銀行業具體業務、組織架構與部門設置等與求職更為相關的內容。

商業銀行的負債業務

商業銀行的負債是商業銀行籌措資金，藉以形成資金來源的業務，是商業銀行資產業務和其他業務的基礎。金融行業之所以稱銀行為「金主」，首要的原因便是銀行的資金吸收能力無比強大。

商業銀行負債主要分為儲蓄存款、對公存款、同業存款、同業拆借、向中央銀行借款、金融債券、回購協議等。

在各類負債業務中，存款是最為核心的業務，主要包括對公存款和儲蓄存款。儲蓄存款為銀行帶來了長期穩定的資金流，同業存放、同業拆入、向中國人民銀行借款及債券融資也是重要的資金來源渠道。發行金融債券、大額可轉讓定期存單，以及出售或發行商業票據等新業務也日益成為負債業務發展的增長點。商業銀行負債風險則包括流動性風險、利率風險和清償性風險。總之，銀行資金來源渠道多元化，而且儲蓄存款作為低成本資金來源占比較大。

商業銀行的資產業務

商業銀行資產業務，是指商業銀行運用資金的業務，也就是商業銀行將其吸收的資金貸放或投資出去賺取收益的活動。商業銀行的資產結構具有以下特點：第一，金融資產占據了絕大部分的比重；第二，各項貸款是最重要的盈利性資產；第三，現金類資產是銀行最有意義的資產。商業銀行盈利狀況如何、經營是否成功，很大程度上取決於資金運用的結果，其中以貸款和投資最為重要。金融行業之所以稱銀行為「金主」，銀行的資金投資規模無與倫比也是一大原因。

貸款，即按一定利率和確定的期限貸出貨幣資金的信用活動，是商業銀行資產業務中最重要的項目，在資產業務中所占比重最大，因此存貸款之間的利差是商業銀行最重要的利潤來源之一。常見的貸款形式主要有：信用貸款、普通借款限額、透支貸款、備用貸款承諾、消費者貸款、票據貼現貸款、保證書擔保貸款等。

商業銀行的投資業務按照所投標的類型的不同可以分為標準化資產業務與非標準化資產業務。標準化資產是指在銀行間市場、交易所市場等公開市場發行及轉讓的資產，以債券為典型代表；除此之外均為非標準化資產，例如各種受益權和結構化產品。

商業銀行的中間業務

商業銀行中間業務是指其從事的不在資產負債表內反映的業務，商業銀行中

間業務收入是指各類中間業務所帶來的營業收入。由於中間業務不占用銀行自有資金，經營風險較小、相對可持續發展，中間業務收入及其占營業收入的比重被認為是衡量商業銀行收入結構優劣的重要指標。發達國家商業銀行中間業務收入占其營業收入比重一般在 40% 以上，歐洲一些全能銀行更高達 70% 以上，而我國商業銀行目前一般為 20% 左右，主要原因在於國內商業銀行的盈利模式仍然以傳統的利差收入為主導。當然，國內商業銀行仍然以利差收入為主要盈利模式，一方面是由於商業銀行大多為國有體制背景，缺乏積極創新推動的動力，另一方面是由於我國金融業實行分業經營，銀行拓展業務的空間有限。

中間業務大體上分為支付結算類中間業務、銀行卡業務、代理類中間業務、擔保類中間業務、承諾類中間業務、交易類中間業務、基金托管業務、咨詢顧問類業務和其他類中間業務。

中間業務資本占用少、風險小、客戶忠誠度高、收益穩定性強，其發展水平的高低，很大程度上已成為衡量一家銀行客戶服務能力、市場競爭能力和金融創新能力的顯著標誌。例如，銀行多年的業務經營積累了得天獨厚的客戶資源，通過與券商投行部門的合作，商業銀行參與各類債券的前期承攬與後期的資金監管，可以獲得承銷費分成與資金托管費雙重收入。

商業銀行的崗位分類

商業銀行內部的部門職責是在銀行業務的基礎上劃分的，只是對於部門設置，各家銀行和而不同，本部分內容未必與每家銀行完全一致，只是希望讀者能對商業銀行的體系架構有一個初步的瞭解。

1. 管培生

管培生 (trainee) 制度是企業為了滿足對高級管理人才長遠規畫的需求而實施的一種人才培養制度，類似於大家平時熟知的公務員選調生制度。其基本涵義是：企業集中優勢資源，對具備高層領導者潛質的優秀應屆畢業生進行 1~3 年系

統、全面的管理培訓，包括提供輪崗機會、參與專案管理、接受資深經理為其進行量身定做的職業規畫指導等，使初出茅廬的學生在短期內成為既具有實際的工作經驗，又具有專業技能和系統管理技巧的管理人才。從某種程度上來說，管培生計畫融合了接替規畫、企業內部導師輔導制及人才加速儲備庫計畫的內涵，是一種面向優秀大學畢業生的全面快速培養機制。[1]

在銀行業，管培生計畫更是後備管理人才培養競爭中的「常規武器」，以國內某商業銀行為例，二〇一一年，該銀行正式啟動了「管理培訓生計畫」。計畫遠期目標為加強管理人才隊伍戰略性、梯隊化培養，儲備優秀的金融管理人才；近期目標為通過 3 年的分階段培養，幫助優秀青年人才快速成長，成為該行部門團隊主管、管轄支行行長或某地區直屬支行副行長層級的後備人選。該計畫總共分為 3 個階段，歷時約 3 年。

第一階段為融入與基礎掌握階段。公司將管培生安排至營業部、大中型網點等基層機構鍛鍊，為期 12 個月。輪崗職位包括對私櫃員、對公櫃員、大堂經理、對私客戶經理、對公客戶經理等。通過輪崗讓管培生充分瞭解銀行的產品與業務流程，瞭解相關業務規章制度，掌握與客戶交流的基本技巧，通過為客戶提供咨詢、差異化引導、爭議調解等服務，提高對政策與市場信息的敏感度，提高其客戶服務意識及溝通、協調能力。

第二階段為提升階段。公司將管培生安排至省分行公司業務部與個人金融部崗位鍛鍊，為期 9 個月，並到風控板塊、運營板塊短期輪崗培訓。經過省分行部門崗位鍛鍊，幫助管培生熟悉省分行管理體制與業務流程，對相關條線的業務和管理體系有充分的瞭解；提高業務方向的產品知識、政策與市場信息、客戶管理、市場營銷、風險管理、商務談判等專業知識與能力，初步培養業務管理能力。

第三階段為融合昇華階段。所有人員均安排至大中型二級支行掛職擔任副行

長，為期 15 個月。經過大中型二級支行掛職鍛鍊，使其積累基層管理工作經驗，學習基層機構管理實務、人際關係與團隊建設、高效執行力的鍛造、領導者的情商管理，深入瞭解支行所處的市場環境、客戶服務與市場營銷，網點轉型、情緒管理與壓力緩解及基層網點案例防範等，全面鍛鍊和提高各項業務知識、能力和綜合管理能力。

從網點基層崗位，到省分行核心崗位，再回到網點管理崗位，三個階段環環相扣，步步推進。每個階段都有各自的側重點，在培養目標與培養內容方面存在一定的差異；前一階段是後一階段的基礎，後一階段是前一階段的提升，形成螺旋上升態勢，具有清晰的職業發展路徑，是求職者較好的擇業選擇。

銀行管培生項目是較多求職者的職業目標，從往屆畢業生的調查來看，總體上求職者對銀行管培生項目認可度較高。為了加深求職者對銀行管培生項目的理解，此處以交通銀行的管培生項目為例。交通銀行總行管培生項目定位於培養交行未來高級管理人員。二〇〇五年九月至今，交行已從國內外著名大學的優秀碩士、博士研究生中累計招收 200 餘名管培生。

培養計畫包括三個階段。第一階段：基層輪崗實習（18 個月），入職並經過 1 個月的集中培訓後，前往北京、上海、江蘇、浙江、湖北 5 家分行之一，重點在個金、公司、國際、風控和財會管理等關鍵崗位實習；第二階段：海外實務輪訓（3~5 個月），赴海外參加國際一流金融企業專項培訓，瞭解國際先進銀行的經營理念、業務特點、戰略管理、發展趨勢；初步確定個人專業發展條線，並到交行海外分行的個人銀行、商業信貸、風險控制、財務管理等專業崗位實習鍛鍊，重點學習產品、渠道、市場、風險管理和企業策略、管理工具等；第三階段：總行項目實踐（12 個月），根據管培生培養與考核情況，結合個人專長、業務特點和職業發展志向，安排到總行各條線業務部門，參與業務管理、市場拓展、項目開發、綜合經營等工作實踐，著力提高業務處理和組織管理能力。三年集中培養結束後，根據交行改革發展及人才隊伍建設需要，結合培養期間學習實踐和考核情

況，主要面向重點省直分行基層管理崗位或專業崗位任職。

2. 營業部條線

◆ 大堂經理

銀行大堂經理是銀行業改善金融服務、提高服務質量的一個重要環節，也是大家進入銀行大門所熟知的熱心工作人員。銀行大堂經理崗位涉及的業務內容非常廣泛，要熟悉幾乎所有的銀行服務內容，對綜合素質的要求也較高。工作職責主要包括：

協助管理和督導銀行事務，糾正違反規範化服務標準的現象；收集市場、客戶信息，挖掘重點客戶資源，與重點客戶建立長期穩定的關係；迎送客戶，詢問客戶需求，引導、解答客戶業務，處理客戶意見，化解矛盾，減少客戶投訴；推介銀行金融產品，提供理財建議；保持衛生環境，維持營業秩序，及時報告異常情況，維護銀行和客戶的資金及人身安全；記載工作日誌和客戶資源信息簿（重點客戶情況），安排人員。

◆ 櫃員

銀行櫃員一般指在銀行支行櫃檯裡直接跟顧客接觸的銀行員工，是直接與客戶辦理各項業務的一線員工，有時也被大家戲稱為「桂圓」，工作職責主要包括：

對外辦理存取款、計息業務，包括輸入電腦記賬、打印憑證、存折、存單，收付現金；辦理營業用現金的領解、保管，登記櫃員現金登記簿；辦理營業用存單、存折等重要空白憑證和有價單證的領用與保管，登記重要空白憑證和有價單證登記簿；掌管本櫃檯各種業務用章和個人名章；辦理櫃檯軋賬，打印軋賬單，清理、核對當班庫存現金和結存重要空白憑證和有價單證，收檢業務用章，在綜合櫃員的監督下，共同封箱，辦理交接班手續，憑證等會計資料交綜合櫃員。

櫃員的工作看似簡單、瑣碎，但任何一個細小的疏漏都可能給銀行帶來不可估量的損失，因此櫃員工作期間不僅要集中注意力發現並停止錯誤的交易，而且要保持充沛飽滿的精神狀態，帶給客戶良好的服務體驗。

◆ 客戶經理

銀行客戶經理是在銀行內從事市場分析、客戶關係管理、營銷服務方案策劃與實施，並直接服務於客戶的專業技術人員（銀行作為特殊的企業，其客戶經理有些類似於銀行的銷售人員）。客戶經理作為內涵豐富的金融行業對外業務代表，通過集中商業銀行內部各種可用資源，向目標客戶大力營銷金融產品，提供優質金融服務，搭建起銀企雙方溝通聯繫與關係發展的橋樑。此外，客戶經理也是銀行戰略決策和產品創新的源泉，是實現銀行整體發展戰略與目標的主要執行者。

客戶經理屬於銀行的營銷崗位，分為對私客戶經理（理財客戶經理）、對公客戶經理和個貸客戶經理。

對私客戶經理主要是服務私人客戶，即個人，有的銀行稱為理財客戶經理，工作職責主要是維護老客戶、開發新客戶、拉存款、銷售銀行產品等。對私客戶經理需要具備存款、國債、基金、股票、保險、黃金、外匯、期貨等多種金融理財知識，為客戶提供理財咨詢和建議。對私客戶經理因為面對的是數量龐大個人客戶，所以主要靠熱情、周到、專業的服務來贏得客戶的信賴，繼而銷售銀行產品實現業績增長。

對公客戶經理主要是服務對公客戶，即政府、機關事業單位、企業、公司等，工作職責主要是吸引對公存款、發放對公貸款，要求社交能力強、懂人情世故，應酬相對較多，若有資源則會相對輕鬆。

個貸客戶經理主要負責營銷和辦理個人住房貸款和汽車貸款等個人貸款業務，要求有較強的風險意識，工作內容與以上兩種客戶經理相比更為單一。

3. 零售業務條線

◆ 個人金融部

商業銀行個人金融業務是面向個人客戶開展的業務，首先具有客戶範圍廣、客戶數量多以及客戶數量較穩定的特點，又因為個人業務服務對象分散以及單筆個人業務量小的特點，個人金融業務的風險相對較小。另外，隨著個人金融業務

的發展，商業銀行個人高端客戶不斷增加，財富管理和私人銀行業務不斷擴張，個人金融業務收入在整個銀行業務收入中所占的比重也越來越大。

◆ 信用卡中心

信用卡業務分為前台營銷、中台管理和後台集中運營三個層面。

信用卡前台業務處理主要在分支行網點完成；網點櫃面服務內容包括受理申請表、啟用、掛卡、查詢、補換卡、開銷戶等。

信用卡中台管理包括客戶資信審查、櫃員聯機交易控制、內控檢查審計、系統風險監控等。

信用卡後台業務重點著眼於提高業務集中化處理能力和效率，開展有效、快速的資源配置行動。目前，國內外銀行業流行的做法是：建立後台信用卡業務集中運營中心，這些中心包括資金清算中心、客戶服務中心、賬戶管理中心、卡片管理中心、授權中心等。

◆ 電子銀行部

電子銀行業務作為商業銀行業務發展的新型分銷方式和渠道，是商業銀行未來生存發展必不可少的競爭手段，已經成為各大商業銀行和中小銀行的效益增長點和服務利器，也成為現代商業銀行轉變經營方式、實現戰略轉型的重要組成部分。隨著電子銀行的普及，人們已經減少了去銀行網點辦理日常個人業務的頻率，而是通過手機 APP 來辦理轉賬、匯款、還款等業務。

電子銀行部主要負責全行網上銀行、電話銀行、手機銀行等電子銀行業務的發展規畫、產品開發、管理協調、宣傳營銷和電子銀行中心的業務運作與客戶服務。

4. 資金業務條線

◆ 金融市場部

廣義的金融市場部一般包括銀行資金頭寸管理、銀行間拆借、債券交易、外匯及衍生品交易、貴金屬交易、代客理財池投資運作、同業銷售等，覆蓋範圍較廣，並且規模越小的銀行該部門包含的業務越多，四大行則可能分得較細，該部

門的業務可能會分到其他部門中。其中最重要的業務包括：

金融市場分析。研究宏觀經濟運行狀況，預測經濟發展趨勢，解讀宏觀政策；跟蹤債券市場走勢，對債券投資交易提供建議；開展金融市場業務專題研究等。

投資交易。構建投資交易組合，對投資組合進行日常主動管理；銀行間債券市場詢價、談判和交易業務；債券承銷、分銷業務和結算代理業務等。

同業業務。制定同業業務發展規畫；實施和完善同業業務對內和對外統一授信工作；開拓與同業機構的溝通與合作渠道，開展同業存放、資產配置等同業業務。業務品種包括同業授信、同業存款、債券分銷、理財銷售等，交易對手包括中外資銀行、保險公司、證券公司、基金公司、信託公司、財務公司、金融租賃公司等金融機構。

衍生品及貴金屬交易。收集相關信息，分析和揭示投資機會及風險；具體業務操作，制定實施方案；申請維護貴金屬與衍生品資格等。

商業銀行金融市場部產品一覽見表 2-1。

表 2-1　商業銀行金融市場部產品一覽表

產品 ＼ 利率期限	1~3 個月	3~12 個月	1~2 年	3~5 年	5 年以上
貨幣市場	拆借、回購				
票據市場		票據貼現與回購			
同業市場		同業存款、同業借款、理財產品			
			信託受益權、資產管理計畫		
債券市場			債券		
衍生產品		期貨	利率互換		

◆ 投資銀行部

相比之下，證券公司的投資銀行部是求職者較為熟知的部門，而商業銀行的

投資銀行部卻較少為人所瞭解。近年來，商業銀行投資銀行部是各商業銀行重點發展的部門。商業銀行的投資銀行業務目前也已成為其新的利潤增長點，但其投行部和券商相比還是有一定不同的，受牌照資質的影響，其業務範圍比證券公司更狹窄。不過，伴隨著國內相關法律法規的陸續出台，現階段我國商業銀行除了難以涉足證券交易所內的公募證券承銷、發行和交易，以及金融企業股權投資等業務以外，投行業務的範疇基本可以覆蓋投資銀行的其他主要業務領域。

具體而言，現階段商業銀行開展投行業務主要有以下三個方面的業務。

發行類業務。發行分兩種，一種是幫助企業發行銀行間債券，如短期融資券、中期票據和永續債等在銀行間可以交易的債券；另一種就是目前比較熱門的ABS——資產支持證券。商業銀行可與證券公司合作為企業提供資產支持證券的發行，並對資產進行評估和運營設計。具體而言，該部分業務包括銀行不良資產證券化、基礎設施資產證券化、出口企業應收賬款（硬通貨類）證券化、社會福利基金托管、社保基金托管、企業年金托管等。在發行銀行間債券方面，商業銀行具有絕對的優勢，網點眾多、客戶廣泛、承銷能力較強等特點構成了商業銀行債券投行業務的基礎。

財務顧問類業務。主要包括企業併購、證券承銷、項目融資顧問、集合財務顧問等。其中，財務顧問業務是利用商業銀行的客戶網絡、資金資源、信息資源、人才資源等方面的優勢，為客戶提供資金、風險、投資理財、企業戰略等多方面綜合性的咨詢服務，事實上通常所說的財務顧問業務就是客戶資源承攬業務。商業銀行從事理財顧問業務的動機不僅僅是為了獲取咨詢服務費，更重要的是在此過程中可以瞭解客戶財力和經營狀況，進而為實施高效風險控制提供依據，同時也可以強化與銀行客戶的聯繫，培養客戶群體的忠誠度，推廣其他相關金融服務產品。

槓桿融資類業務。槓桿融資類業務是商業銀行通過為企業提供信貸資金，來滿足企業上市、配股、併購、股份制改造等活動對資金的需求。由於此類信貸資金的規模較大且貸款期限較短，加之近年來我國企業股份制改革發展迅速、企業

間的併購交易頻繁發生，商業銀行開展此類業務可以實現與企業之間的雙贏。不過，由於銀行的風控體系較嚴，因此只能作為優先級收取固定收益。此外，槓桿融資類業務可以促進商業銀行創新，諸如股權資金收款結算、併購咨詢與方案設計、配股項目推薦等，開拓新利潤增長點，同時也是商業銀行強化銀企關係、發展核心客戶、增強核心競爭力的重要選擇。[1]

商業銀行投行部主要產品一覽見表 2-2。

表 2-2　商業銀行投行部主要產品一覽表

債券業務	資產證券化
<ul><li>債務融資工具</li><li>債券策略性投資與交易</li><li>跨境債券融資業務</li></ul>	<ul><li>信貸資產證券化</li><li>企業資產證券化</li><li>探索 REITs 模式，設立房地產投資基金</li><li>探索成立大型 SPV 機構</li></ul>
併購業務	股權業務
<ul><li>併購顧問及併購融資，著重於非上市公司間的併購撮合，以及向券商推薦上市公司併購項目</li><li>併購貸款、併購債券、併購基金、併購直投等併購融資，獲取相應服務收益及融資收益</li><li>探索跨境併購業務</li></ul>	<ul><li>投資定向增發、二級市場等股權業務（配資為主）</li><li>探索股權直投</li><li>國企混改</li><li>產業基金</li></ul>
場外市場業務	創新業務
<ul><li>新三板業務為主，區域性股交所掛牌推薦做補充</li><li>中小企業股權融資、私募債等全方位金融服務</li><li>新三板直投基金</li></ul>	中概股私有化及解紅籌、保險資管綜合金融服務、優先認股權財務顧問等

◆ 資產管理部

我國商業銀行成立資產管理部是銀行理財業務（包括對一般個人客戶、高淨值客戶，以及對公客戶的理財業務）發展到一定階段的必然結果。

---

[1] 張坤 . 商業銀行的投行之路〔J〕. 銀行家，2015（6）：8.

　　資產管理部之前是作為金融市場部的下屬理財科，二〇〇九年工商銀行率先成立資產管理部，之後其他銀行也紛紛成立了自己的資產管理部。二〇一四年，銀監會印發了《關於完善銀行理財業務組織管理體系有關事項的通知》（銀監發〔2014〕35 號），首次對銀行理財事業部制相關規範進行了說明，明確要求銀行設立專門的理財業務經營部門，負責集中統一經營管理全行理財業務，並於二〇一四年九月底前完成理財業務事業部制改革。自此，商業銀行的理財資金和自有資金分離，資產管理部管理的是「代客理財」的資金，資金來源是各種理財產品銷售所得。

　　資產管理部的資金投向包括標準化及非標準化兩類。標準化是指在銀行間市場、交易所市場公開交易的產品，如一些債券；非標準化則與之相對，全稱為非標準化債權，包括收（受）益權、結構化融資、委託貸款、信託計畫等。銀行的理財資金之所以要投標準化以外的非標準化項目，主要是為了通過期限錯配獲得比較高的收益。隨著市場化程度的逐漸提高，目前資產管理部面臨的主要挑戰是如何打破剛性兌付文化，實現理財產品真正向淨值型產品轉型。資產管理部的具體業務流程可參考圖 2-1。

　　商業銀行資產管理部主要產品一覽見表 2-3。

表 2-3　商業銀行資產管理部主要產品一覽表

產品系列	投向範圍
保本低風險系列	債券、回購、同業拆借、同業借款、存款、現金等固定收益工具
非保本中低風險系列	債券、回購、同業拆借、同業借款、存款、現金等固定收益工具，利率互換、貨幣（利率）互換、基金（債券貨幣類）等
	債券、回購、同業拆借、同業借款、存款、現金等固定收益工具，利率互換、貨幣（利率）互換、資產管理計畫、基金（債券貨幣類）等
非保本中高風險系列	債券、回購、同業拆借、同業借款、存款、現金等固定收益工具，衍生品、資產管理計畫、基金、股權類資產等

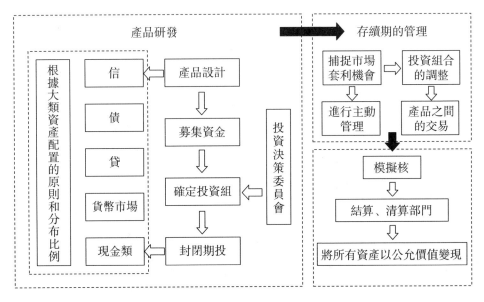

圖 2-1　商業銀行資產管理部業務流程圖

資料來源：馬續田．中國資產管理行業發展報告〔M〕．智信資產管理研究院，2014.

4. 其他業務條線

◆ 公司業務部

公司業務部是銀行的前台部門，覆蓋範圍較廣，是以企業法人、單位等客戶為主體，圍繞對公存款賬戶開展各類支票、匯兌、貸款等業務，具體包括企業電子銀行、單位存款業務、信貸業務、機構業務、國際業務、委託性住房金融、資金清算、中間業務、資產推介、基金托管等。每家銀行的具體業務可能不同。

公司信貸業務：流動資金貸款、固定資產貸款、委託貸款、房地產開發貸款、保函等業務產品，以適應不同類型客戶的融資需求。

對公存款業務：與私人存款業務類似，包括活期、定期、通知存款、協定存款等形式。

外匯業務：外匯存款、結售匯、國際結算、貿易融資、外幣貸款、擔保等業務。

公司業務部的其他職責還包括：收集、整理和分析公司類客戶信息，實施全

行公司業務發展戰略和營銷策略；公司類客戶其他金融產品與服務的綜合營銷；公司類客戶市場需求調研，參與新產品設計、開發和測試；各類票據業務；開發資金池產品為集團客戶搭建多級賬戶體系；對公跨境人民幣結算、貸款、離岸人民幣債券、企業理財及咨詢服務等。

◆ 國際業務部

國際業務部負責處理國際進行的涉及不同貨幣的各種交易，其中主要的三類業務包括國際結算、國際信貸與投資及外匯交易。

國際結算業務。因國際貿易或非貿易往來而發生的債權債務，要用貨幣收付，並在一定形式和條件下結清，國際結算業務應運而生。貨幣的收付形成資金流動，資金流動又須通過各種結算工具傳送來實現，具體有匯款結算、托收結算、信用證結算和擔保業務等。

國際信貸與投資業務。這是國際業務中的資產業務。與國內資產業務有所不同，該業務的對象絕大部分是國外借款者，主要包括進出口融資（為國際貿易提供資金融通，對象包括本國和外國的進出口商）和國際放款。

外匯交易業務。主要包括外匯頭寸、即期外匯買賣、遠期外匯買賣、期權交易、套匯、套利、投機等。

5. 風險管理條線

◆ 信貸審批及管理部

現代銀行都有非常嚴密的信貸審批制度和完善的風險管理機制，因此信貸工作主要分為審批和管理兩大塊。

信貸審批的主要工作就是根據授信政策在相應的權限內審批各種新增、延續和重組貸款，確保審貸分離，保證全行對公資產質量。具體包括信貸審批、授信調查、評審管理、協助制定信貸制度四個方面的工作。

信貸管理則主要負責制定信貸政策和信貸制度，審批涉及信貸風險的產品開發，開發和維護用於風險度量的模型和系統，制定貸後管理制度，負責貸款的評

級分類及準備金計提的管理，監控信貸資產組合併進行適當干預等。具體包括信貸政策、制度制定；產品開發審批；貸後管理；風險管理工具及新資本協議；信貸組合管理；信息管理等。

◆ **法律合規部**

法律合規部是負責全行法律事務、合規管理、審批責任認定等工作的職能部門。

主要職責包括：負責本行日常法律事務、對各業務條線制定合規流程並進行合規審核；對本行制定、修改的各項規章制度、新產品等進行合規審核，對外部合同、重大決策等提出合規性審核意見，對各業務條線風險狀況進行分析控制，參與各類違規行為的責任認定調查等。

◆ **稽核部**

銀行的稽核部門類似於內審部門，主要負責評估內控風險點，實施內部審計，提交審計報告，進行責任認定，分析全行內控情況並提出內控建議等。

主要職責包括：制定審計、稽核工作規章制度並實施，制定內部控制制度，對全行內部控制情況開展調查並提出整改意見，組織實施管理層任期內審計和離任審計，聯繫銀行業監管部門，提供相關數據、配合現場檢查，上報各項許可審核資料等。

◆ **資產保全部**

資產保全部主要負責牽頭全行不良資產的清收，抵債及抵債資產處置，呆賬核銷管理，並與其他相關部門合作進行問題貸款的管理和清收，促進資產質量的提高和不良資產的「雙降」。

6. 綜合管理條線

◆ **計畫財務部**

負責提出銀行各種業務的指標、核算資產負債的成本或利潤率以及資金頭寸、備付等。

◆ 人力資源部

銀行的人力資源部和一般企業的人力資源部相同，主要負責人才招聘、管理、考核、培訓、勞資、員工激勵政策等。

◆ 信息技術部

銀行的 IT 部門除了基層的電腦維修及系統維護人員外，總部 IT 人員的職責與一般軟件公司差不多，為各種系統、程序開發、項目開發、功能模塊等提供 IT 支持。

◆ 辦公室

辦公室是銀行的綜合後勤部門，每家銀行的辦公室職責都不盡相同，並且辦公室一般會負責很多方面的工作，主要可能包括：組織協調本行日常辦公；組織各種會議並整理會議紀要；承辦文書、信息綜合、新聞報道、檔案管理等工作；與支行領導溝通；其他後勤事務等。

銀行業的待遇概覽

銀行業的待遇結構較為公開透明，總的來說，銀行業的工資結構主要是「基本工資 + 績效工資 + 專項獎勵」。基本工資為固定收入，主要就是員工的崗位工資加上履職津貼，基本工資主要由崗位和職級決定，櫃員、客戶經理、部門經理、支行行長崗位和職級不同，相應的崗位工資也不同。

關於績效獎金部分，每家銀行的激勵機制不同，差別較大。但績效獎金的共性有以下幾點：

（1）績效獎金的構成結構一般包括本職崗位的績效薪酬、所屬部門業績完成度的浮動績效薪酬和歸於個人業務的獎勵；

（2）每個部門根據自身業務要求會獲得一套考評指標，其中後台或與主要業務無關的支持性部門的獎金則按以全行平均數為參考的某種方式再做計算。

專項獎勵主要和基層員工相關，包括銷售信用卡、理財、保險、網銀等產品的回傭，這一部分主要依靠個人業績。銀行內部薪酬等級複雜，如某銀行崗位工資分為 16 等 62 級，職級之間的薪酬差別不等，所以簡單地根據上市銀行財務報表計算出的人均薪酬數據並不具有代表性，更不適用於應屆畢業生。故而此處結合筆者的自身體會及所瞭解的行業情況，從前台、中台和後台的角度分別做一個定性的介紹。

毋庸置疑，各家銀行的收入分配趨勢都是向前台傾斜，因為銀行的各項業務營銷和落地都離不開前台業務人員，前台人員是銀行利潤鏈條的起始和開端。前台主要包括櫃員和客戶經理，直接面對客戶，是一家銀行的「窗口」。對於前台業務人員，績效獎勵比基本工資更有意義。績效獎勵金額取決於每月的業務量和指標完成情況，主要看營銷能力，若客戶資源豐富或營銷能力強大，每月僅績效獎勵就可能過萬，但是如果不能完成指標，工資可能還會打折扣。前台人員的工作壓力和強度無疑也是最大的，出差、應酬、拜訪客戶都是日常工作的一部分。

舉一個例子。一個客戶經理管理著 20 個客戶，瞭解每個客戶的需求，可能有 10 個客戶的需求可以通過分行審核，送至總行審核後可能只剩下 5 個客戶，5 個之中還可能遇到客戶臨時違約的情況。所以一個客戶經理的成功率如果能達到 15%~20%，已經算是不錯了。雖然可能只有 15% 的希望，但是前期對於每一個項目都要付出 100% 的努力，所承受的壓力及工作強度可見非同一般。中後台人員的工作特點就是工作時間和強度相對穩定，所處理的事務規律性較強，工作節奏更為平穩。中台與主營業務部門的關聯性較強，後台與業務關係不大，起輔助支撐作用。

所以，中後台人員的薪酬為所在分支機構的平均水平，相對前台業務人員而言薪酬的可預測性更強，每月變動不大。主要是生活質量較高，尤其對於女性或者部分男性而言，每天的下班時間可以自己安排豐富多采的生活計畫。

總而言之，多勞多得、風險收益對等是亙古不變的原則，「錢多事少離家近，

位高權重責任輕」對大多數人而言都是不現實的。市場普遍觀點認為，銀行業最黃金的十年已經過去，各家銀行「躺著賺錢」的時代也一去不復返。與此同時，之前關於銀行種種隱性福利的傳言也在慢慢收緊甚至消失。

建議求職者在職業發展的前期充分發揮主觀能動性，打好基礎。與基金券商相比，銀行業雖然素來不以專業取勝，但是紮實的基本功對於整個職業生涯的發展都將大有裨益。在剛入職的頭兩三年，過多地看重薪資數額意義不大，更多的是要思考現有的平台可以給自己提供怎樣的機會，將平台資源內化為自身的技能，成為自身價值的一部分。有位前輩曾經說過，「前五年不要考慮賺錢的事情，因為前面幾年你不是定位在賺錢，而是在付出，在積累資源和能力；而且換位思考可以發現，前面幾年你也不是不可替代的，因此考慮太多的報酬沒有意義」。在職業發展的中後期，更看重的是資源整合能力，能夠輻射多大的社交範圍、能夠積累多少社會資源並撬動它，如能夠為公司帶來新增資源，薪酬的提升自然是水到渠成。而且目前銀行體系還有一定的級別劃分，存在一定的梯度晉升機制，整體還是在體制內，因此努力做好眼前的工作，在職業生涯後期會有更多的機會和報酬。紮實的基礎是資源整合的根基，資源整合是紮實基礎的昇華，對於應屆生而言，二者均不可放鬆。

銀行業的職業發展空間

銀行業作為傳統的金融行業，經過多年的發展已經形成了一套自有、相對體系化的發展空間，不同的崗位具有不同的職業路徑。應屆生進入銀行一般都是從櫃員做起，大多數人的生活也都是從輪崗開始，時間長短不一，一般 3 個月到半年不等，櫃員基本是每個銀行從業者的起點。

對於應屆生而言，實習期間做得比較多的就是大堂經理、櫃檯櫃員和外匯會計。經過一段時期專業知識和技能的培訓，再根據個人特質以及部門需求定崗。

在區支行層面，新入行的大學生上升路徑主要有三條。

從櫃員起步

櫃員是銀行內部對於在櫃檯工作的人員的統稱。通常分為前台和後台。

前台櫃員的職業發展一般有兩個方向：

（1）在會計條線精耕細作，做成業務標桿，升為櫃長，然後競聘為支行的會計主管，再競聘為支行的副行長，再往上可以到省分行的會計部門做個小領導，然後競聘會計部總經理，再向總行進軍。

（2）轉崗做客戶經理，走營銷條線。一般需要在坐櫃時有較強的營銷意識，轉崗一般需要參加筆試和面試。

從客戶經理起步

客戶經理屬於銀行的營銷崗，分為對私客戶經理（理財客戶經理）、對公客戶經理和個貸客戶經理。

客戶經理的職業發展一般有三條路徑：

（1）一直做客戶經理。客戶經理助理→客戶經理→高級客戶經理助理→高級客戶經理→私人銀行顧問，隨著級別的不斷升高，工資收入也不斷提高，管理的客戶也變得高端起來，主要靠專業知識推動業績增長來增加收入。

（2）競聘支行行長。支行行長的任職期一般為 3 年，有意願的員工在積累了一定的工作經驗之後就有資格參加每年的支行行長競聘。在支行行長的崗位上，員工能夠得到全面的鍛鍊，但同時也承擔著較大的壓力，每年要背負各個條線的數十個指標，指標完成情況直接影響所負責支行的利潤考核。

（3）向省分行的相關部門發展。比如對私客戶經理對口私人金融部，對公客戶經理對口公司業務部，零貸客戶經理對口信貸部，在分行從事相關的管理工作並尋求晉升機會。

從管培生起步

　　關於銀行管培生主要的崗位職責前文已有表述,管培生先要經過大堂經理、儲蓄櫃檯、會計櫃檯、個人客戶經理和對公客戶經理培訓,之後才是拓展業務,創造價值。在這個過程裡,管培生所做所知可以概括為十二個字,即「學規矩、見市面、磊上來、落下去」,之後根據相關的表現進行定崗。管培生作為儲備人才,比櫃員和客戶經理的起點和培養相對要好。

　　在銀行裡是否能夠晉升主要取決於業績表現,只有業績出類拔萃,才可能在競聘中勝出,當然每往上升一級,身上背負的任務也要加一級。如果做前台業務,必須給自己樹立較高的目標,努力提升業績,給自己增加足夠多的籌碼;而如果做後台業務,必須認真靜心工作,把自己的本職工作做好,贏得同事和領導的青睞。無論如何,作為管培生的畢業生,必須把自己的心態擺好,既然選擇了銀行業作為自己奮鬥的目標和方向,就要放低姿態,努力從小事做起,從點滴積累開始,為自己的萬丈高樓職業生涯打好基礎。

　　銀行作為一個經營風險的行業,有很多需要遵守的標準,在職業發展的道路上,參加各種培訓必不可少。銀行的培訓多為業務知識普及,拓展能力方面的培訓不多。新入行的員工一般都要經過一個月左右的集中培訓,然後再分配上崗。到了崗位之後通常會由前輩幫帶,單獨輔導,提高培訓效率,快速上崗。

　　櫃員參加的培訓一般有服務禮儀、業務操作規範、新業務介紹等。客戶經理參加的培訓內容更為豐富,一般每週都會有一到兩次。銀行的理財產品層出不窮,每出一種新產品,就要參加相關的培訓,內容涉及貸款、基金、保險、外匯、信託、信用卡等各方面。除了內部培訓之外,銀行也會安排外部專家就營銷技巧、茶藝、收藏品、奢侈品等特殊專題開展培訓。

銀行人的出路在哪裡

職業路徑一般分為內部路徑和外部路徑，銀行業也不例外。

對於銀行業來說，內部路徑就是在銀行的體系內發展，上文已經有所闡述。外部路徑即從原來的銀行體系中脫離出來，轉向其他銀行或者金融機構。銀行員工的跳槽基礎是其掌握著優質的客戶資源及具有豐富的相關業務經驗，一般主要有以下幾個去向。

證券公司、信託公司等非銀行金融機構

證券公司、信託公司、基金公司的短期回報較高（風險亦大），且激勵機制較為到位，銀行從業人員跳槽到這些機構，一般意味著會伴隨較大幅度的薪資提升。銀行從業人員長期積累的社會關係等資源對於其跳槽後工作的有效展開也極具優勢，因此證券公司、信託公司、基金公司是銀行工作人員跳槽瞄準的主要方向之一。商業銀行網點眾多，所滲透進入的地區涵蓋全國範圍，所服務的客戶涵蓋各個行業各個企業，而通過普通的理財和存貸款業務也可以接觸到更多的高淨值客戶，這些會給跳槽後的業務帶來非常扎實的基礎。銀行本身具有非常明顯的資金優勢，熟悉投行線和產品線的員工跳槽出來，做二級市場業務或者去其他資產管理機構，利用新的平台來助力原有銀行的資金資源，可謂如虎添翼。另外，銀行本身層級眾多，不同層級所服務的客戶主體也有所不同，視角和平台也不盡相同，這一點是其他金融機構難以感受到的，因此，從銀行中成長到一定的級別後跳槽出來，利用自身積累的社會關係，到券商或者信託公司承攬項目會有更加明顯的優勢。

互聯網金融企業

蓬勃興起的互聯網金融行業也吸引了大量銀行人才一展身手。一邊是銀行業

的低迷困境，倒逼銀行高管辭職走人；另一邊是互聯網金融求賢若渴，張開懷抱熱烈歡迎來自銀行各層級的人才，尤其是銀行高管。具有風控、信貸審核部門工作經驗及優質客戶資源的客戶經理，是互聯網公司亟須的人才。

高薪自然是互聯網金融公司挖人的利器，加入創業公司可能還會享有股權激勵。當然，收入不是重新選擇職業方向的全部因素，傳統銀行體制較為僵化，選擇新興活力的互聯網金融機構，也許能打開一片全新的天地。

新型民營銀行

除了互聯網金融公司，民營銀行也在挖角傳統銀行。公開信息顯示，首批 5 家試點民營銀行的高管和中層中有大量傳統銀行重量級人士加盟。而基層員工方面雖然沒有特別明確的數字，但是從招聘信息增多的情況來看，傳統銀行的人才流失恐怕難以避免。

在民營銀行發布的招聘信息中，銀行業的從業經驗依舊是加分項，甚至是必要條件，當然，除了工作經驗之外，更重要的前提是擁有客戶資源。

其 他

上述提及的去向只是銀行從業人員跳槽時較為典型的選擇，筆者身邊也有選擇其他金融機構、考取公務員、獨立創業等實例。總之，只要踏踏實實地積累資源和經驗，另尋一片天地並非難事。

銀行業招聘對應屆生的要求

銀行的支行、分行和總行對應屆生都有一定的需求，只是准入門檻逐漸升高，需求數量逐漸降低。

大多數應屆生會被分至支行鍛鍊，從事櫃員或客戶經理的工作。這類工作雖

然瑣碎但至關重要，也是應屆生瞭解銀行體系的一個良好機會。這類工作對學歷的要求相對不高，更多的是考察與人溝通交流的能力。大體上有如下幾方面的素質和能力要求：（1）有較強的親和力；（2）學歷硬性指標達標，全日制本科及以上；（3）具備一定的解決問題的能力和學習能力，反應速度快；（4）細緻、耐心，有一定的風險控制的意識。

銀行的分行和總行部門也會視情況招收少量應屆生，一般是金融市場部、資產管理部、投行部等部門補充少量新鮮血液。以下內容來自筆者二〇一五年的求職經驗總結，僅供求職者參考。

大型銀行裡，工農中建及招行的金融市場部、資產管理部、投行部有一定的應屆生崗位招聘的需求。

四大行總行一般會與指定高校合作，由校方內部推薦（主要取決於學習成績），進行單獨的筆試面試。筆試面試之後發放錄取通知，崗位主要分為利潤中心和管培輪崗兩類。內部推薦與大規模招聘是分開的，在時間上也要更早，十一月初就會有結果。如果求職者能夠獲得內部推薦的機會，一定要好好準備。

舉幾家銀行的例子。二〇一五年招商銀行招收的管培分為四個方向：金融市場方向、投行方向、私人銀行方向及普通管培。前三個是有明確指向的，而普通管培需要去各業務條線輪崗。前三種管培方向名額比較少，每個方向大概二三十人，要求普遍比較高。

當然，有些銀行的管培生不一定全部包含四個方向，例如廣發銀行的金融市場部是單獨招聘的，校招的時候會發現網申系統裡面有單獨的選項。這個崗位招聘人數只有 6 人，競爭非常激烈。此外，寧波銀行的金融市場部也是單獨網申、單獨筆試和面試，專業性較強，約招收 20 人。此外，上海銀行也有少量此類崗位開放，其招聘模式是先統一招聘，分為管培生和業務崗。業務崗每年招聘規模為 200 人左右，其中約有 20 人會分到總行，還需要參加相關部門的筆試面試，到次年四五月份的時候才知道最終分配結果。

　　一般而言，總分行部門對應屆生的學歷要求較高，一般要求 985 院校或海外名校碩士；在實習經歷方面，更偏向具有相關性強的實習，不僅僅是銀行，券商、基金、信託的經驗均有所幫助；個人素質方面，更看重書面表達能力和口頭表達能力。

　　整體來說，應屆生進入總分行部門並不是沒有任何機會，但是其門檻要比一般崗位高一些。應屆生能否直接進入總分行部門需要辯證地看待。如果能直接進入這些部門，優勢是可以獲得比較高的起點，但是如果畢業直接到核心部門工作，可能會難以清晰地理解整個銀行體系、業務模式和流程，這就需要更嚴格地要求自己，多想多學，補足相應的短板。如果沒有直接進入這些部門，也不代表之後就不再有機會了。就目前情況來說，銀行是一個很講究實力的地方。如果在基層表現很優秀，是可以通過內部招聘從支行、分行調動到這些核心部門的。

　　那麼，如何於在校的時候就做好前期準備呢？

　　第一，多參加相關的實習或者社會實踐活動。銀行實習生是一個非常不錯的選擇，能夠讓自己更加直觀地瞭解銀行相關工作，對銀行工作有更清晰的職業規畫；提升銀行專業知識和技能，增強在銀行業中的就業優勢，為自己的求職簡歷錦上添花；實習期間表現突出者將在秋季校園招聘中優先錄用，這一項在有些實習公告中會明確列出。

　　第二，在校期間認真學習，重視考試成績，積極參與校園活動。爭取獲得獎學金及相關的榮譽證書，所有金融機構的招聘中，銀行招聘相對看重學習成績和在校期間的表現，比如有些銀行青睞學生班級幹部、在學校社團組織中擔任一定職務的幹部。

　　第三，考一些相關的證書。銀行從業資格證、會計從業資格證、CPA、CFA等證書能證明個人的專業素養，助力筆試和面試。

　　第四，合理安排時間複習相關的筆試內容，特別是行測和專業知識。這裡尤其需要說的是行測，可能大家自己單獨做題都覺得非常容易，但是在單位時間內

完成大量的題目而且保證一定的正確率，這個難度就比較大了。

簡而概之，這些要求對畢業生來說並不算高，有些努力只需要平時多花一分鐘就能輕鬆做到，失敗從來不是沒有原因的，別人在努力奮鬥的時候你在迷茫，距離自然會越來越遠。你的專業、背景和認真準備都能幫助你找到一份不錯的職業。

結　語

想必上文已經讓大家對銀行業或多或少有所瞭解，因篇幅有限，部分內容無法詳盡描述。總體來說，我國目前的間接融資市場規模非常巨大，而銀行作為金融業的航母，有著巨量的人才缺口和發展空間，機遇與挑戰並存。可以把銀行比喻成國民經濟的毛細血管，深入滲透到各地，覆蓋居民和企業，所帶給你的舞台也足夠寬廣。在如此廣袤的土地上，精心耕耘會給你帶來更多的資金資源和客戶資源。銀行是機構融資的首選，所以單就客戶資源和資金資源而言，有著其他任何金融機構都無法望其項背的優勢。

願每一個將銀行業作為求職方向的應屆生，都能夠在這裡獲取關於整個銀行業的宏觀認識，在今後的求學和求職生涯中，能夠不斷豐富自身的職業素養和職業技能，踏踏實實地、堅定地走下去。無論選擇在銀行業內平步青雲，還是將銀行作為職業生涯初期的踏板，相信你在銀行業中都能夠得到足夠的成長。

03

資本運作弄潮兒之投行業解讀

　　金融的本質其實就是資金的融通，將資源配置到運用效率最高的地方。而投資銀行（以下簡稱「投行」）的核心就是這個本質的直接體現，通過股權、債權等形式為企業融資，或通過併購重組、財務顧問等形式協助企業的產業投資與升級，加速產業積累和延伸。傳統的投行業務可以分為股權、債權和財務顧問等大類，常見的業務為首次公開發行股票並上市（IPO）、上市公司再融資[1]、併購重組、債券發行等。本書所討論的投資銀行主要指內資券商，與大家在新聞媒體中耳熟能詳的外資投行有所區別。因為無論是求職還是國內的金融實踐，內資券商才是國內當之無愧的主角，也是本書讀者的主要關注點。

　　如本章標題所示，將投資銀行比作資本運作弄潮兒是非常生動的，投行的每一項資本市場運作都讓人心潮澎湃。天文數字般的交易金額、驚心動魄的交易進程、精益求精的交易方案，都令人心生嚮往。筆者將結合自身經驗，圍繞投行業

---

[1]　再融資，指上市公司通過配股、增發和發行可轉換債券等方式在證券市場上進行的直接融資。

的現狀、待遇、業務等方面向讀者介紹內資券商投行的情況，以及整個投行業的資本江湖概況。

投行業的江湖與地位

本節著重為讀者講解我國各家內資投行的情況，並對各家的特色業務加以說明。

大型綜合券商

二〇一六年三月第九屆《新財富》中國本土最佳投行前十名排行榜見表 3-1。

表 3-1　第九屆《新財富》中國本土最佳投行前十名排行榜

排　名	券商名稱	排　名	券商名稱
1	中信證券	6	廣發證券
2	中信建投	7	華泰聯合
3	國泰君安	8	中金公司
4	招商證券	9	國信證券
5	海通證券	10	興業證券

接下來筆者會就排名前十的大型綜合券商進行闡述，內容以筆者自身經歷以及業內消息為主要來源，描述可能並不完全客觀真實，僅供參考。

1. 中信證券

中信證券股份有限公司（以下簡稱「中信證券」或「中信」），素有「大平台」以及「麥子店高盛」之稱，內資投行第一的地位已經多年沒人能夠撼動。中信證券二〇一五年年報顯示，二〇一五年中信共完成 A 股主承銷項目 64 單，主承銷金額 1 773.33 億元，市場份額 10.72%，主承銷數量以及主承銷金額均居市場第

一。其中，IPO 主承銷項目 10 單，主承銷金額 120.95 億元；再融資主承銷項目 54 單，主承銷金額 1 652.38 億元。絕對優秀的公司自然需要絕對優秀的人才，中信證券歷年招收的新員工均為來自國內頂尖名校的頂尖人才。

2. 中信建投

中信建投證券股份有限公司（以下簡稱「中信建投」）是傳說中的「75 分位司」以及「朝陽門巴克萊」，近年來各項業務飛速增長。在二〇一四年投行《新財富》評選中，中信建投投行部的劉乃生先生一舉摘得「最佳投行家」桂冠。二〇一五年，中信建投公司債業務繼續成長，無論是承銷金額、承銷費還是主承銷家數、聯席主承銷家數均居第一，並在二〇一五年上海證券交易所主辦的「優秀公司債券承銷商」評比中榮獲第一名。中信建投也被稱為「朝陽門黃埔軍校」，因為公司投行業務線項目多，任務重，導致員工的流動率較高，但也正因為如此，新員工來到中信建投投行部可以得到迅速的成長。其投行業務線的宗旨「為更好的企業服務，讓客戶成為更好的企業」深深影響了一代又一代的建投人。

3. 國泰君安

雖然國泰君安股份有限公司（以下簡稱「國泰君安」）二〇一五年才登陸主板〔主板市場也稱一板市場，指傳統意義上的證券市場（通常指股票市場），是一個國家或地區證券發行、上市及交易的主要場所〕上市，但實為行業龍頭，各項業務均處於領先地位。投行業務也在行業中位居前列，最近三年，國泰君安股票、可轉債主承銷市場占有率為 6.12%，位列行業第三。根據萬得資訊等統計，最近三年國泰君安境內股票及各類債券主承銷金額分別為 1 085.58 億元、775.15 億元和 1 433.20 億元，主承銷金額累計 3 293.93 億元，主承銷規模位居行業前列。最近三年，公司投資銀行業務淨收入分別為 7.73 億元、7.97 億元及 12.78 億元。國泰君安一般通過留用暑期實習生的方式招聘人才，進入暑期實習有較大概率可以留用。有意向的同學要重點關注國泰君安的暑期實習生計畫。

4. 招商證券

招商證券股份有限公司（以下簡稱「招商證券」）為綜合性大券商，其投行業務處於非常明顯的優勢地位。二〇一五年招商證券主要業務全面爆發，其中投行業務營業收入達到 25.65 億元，同比增長 91.02%，IPO 項目完成 13 個，行業排名第三；融資融券餘額在二〇一五年上半年歷史性地突破 1 000 億元，年末融資融券餘額達到 628 億元，同比增長 8.65%。截至二〇一五年十二月三十一日，招商證券在冊保薦代表人 103 人，累計有 36 個保薦類項目通過中國證監會審核，43 個保薦項目在會審核。根據往屆求職者描述，招商證券部門內部體系分水嶺較為分明，所以造成了高級別的員工福利待遇相對而言會更好，工作壓力也相對較小，而剛入職的新人相對會需要辛苦更長的時間，不過招商證券的福利以及年終獎總體上很可觀。

5. 海通證券

海通證券股份有限公司（以下簡稱「海通證券」）是國內成立最早、綜合實力最強大的券商之一。二〇一五年度海通證券實現營業收入 380.86 億元，同比增長 111.84%。二〇一五年全年海通證券共完成主承銷項目 37 個，承銷金額 508 億元；債券融資業務全年完成主承銷項目 66 個，承銷金額 1 500 億元；併購融資業務完成重大資產重組項目 22 個，併購重組交易金額 1 478 億元；完成新三板掛牌項目 65 個，完成新三板掛牌企業定向增發項目 47 個，定增金額 32.5 億元。海通證券投資銀行業務在 IPO 暫停的情況下，積極挖掘再融資和信用債市場持續擴容、新三板[1] 及場外市場快速發展的市場機遇。近幾年海通證券正積極拓展國際業務，收購了葡萄牙最大投行聖靈投資銀行，開創了本土券商進軍歐美投資銀行業的先河。隨著經濟結構的轉型升級，中國企業正積極「走出去」，佈局全球，海外併購業務的增多為本土投行帶來廣闊的、潛在的業務發展空間。

---

[1] 新三板：新三板市場原指非上市股份有限公司進入代辦股份系統進行轉讓，不同於原轉讓系統內的退市企業及原 STAQ、NET 系統掛牌公司，故形象地稱爲「新三板」。

6. 廣發證券

廣發證券股份有限公司（以下簡稱「廣發證券」）總部位於廣州，最近幾年發展非常快。廣發證券投行部團隊較為穩定，中小項目資源豐富，投行實力較強。股票承銷規模和項目儲備方面均居於行業前列。廣發證券的崛起與二〇〇九年創業板[1]的設立有著密切的聯繫，創業板的設立給南方投行實現跨越式發展帶來了難得的機遇。如今廣發證券正在努力突破華南的地域範圍，重點向江浙滬一帶發展，在已公布的股票承銷數和債券承銷數中有很大一部分是江浙滬企業。

7. 華泰聯合

華泰聯合證券有限責任公司（以下簡稱「華泰聯合」或「華泰」）是近年來突飛猛進的公司。二〇一五年度華泰合併主承銷 102 次，合併主承銷金額 1 150.84 億元，合併主承銷收入 8.84 億元。根據萬得資訊統計數據，二〇一五年度華泰股權承銷業務主承銷家數在行業排名第一。華泰加大行業開發轉型力度，進一步優化投資銀行業務佈局，積極佈局資本中介等創新業務，加大資本介入力度，創新業務增長明顯。從二〇一五年的情況來看，華泰聯合投行暑期留用考核標準較高，對學歷要求較為嚴格。

8. 中金公司

中國國際金融股份有限公司（以下簡稱「中金公司」）擁有貴族血統，其組織架構和整體風格是最貼近外資投行的，一度是國內最「高大上」的形象體現。很多內資券商認為中金公司在「走下坡路」，其實多少有些往日的嫉妒在裡面。中金公司的高端項目儲備、人員素質、專業形象始終沒變，同時中金到目前為止始終堅持不承接小型項目，每年招聘的員工也都是學歷非常高、英語非常好的精英。雖說中金已然不再是國內證券公司的領頭羊，但是其業務能力毋庸置疑，海

---

[1] 創業板：創業板是與主板市場（Main-Board Market）不同的一類證券市場，是專為暫時無法在主板上市的創業型企業、中小企業和高科技產業企業等需要進行融資和發展的企業提供融資途徑和成長空間的證券交易市場，是對主板市場的重要補充，在資本市場有著重要的位置。

外業務和投行業務尤為強大。

9. 國信證券

國信證券股份有限公司（以下簡稱「國信證券」）的投行業務一直具備領先優勢。自二〇一四年上市之後，各項業務得以全面蓬勃發展。二〇一五年度，國信證券投資銀行業務實現營業收入 21.61 億元，同比增長 42.62%；利潤總額 7.21 億元，同比增長 37.08%；其中，完成股票承銷 42 家，同比增長 73%，股票承銷家數市場份額為 5.57%，排名業內第四，其中完成 IPO 項目 22 個，市場份額 10%，排名業內第一；完成股票承銷金額 270.92 億元，市場份額 2.76%。但是，國信證券投行部採用類似合夥人的制度，國信的大投行很像由一個個小的投行組成，活力很強。

10. 興業證券

興業證券股份有限公司（以下簡稱「興業證券」）成立於一九九〇年，總部位於福建福州，並於二〇一〇年十月在上海證券交易所上市。興業證券經過多年的積澱和業務佈局，近幾年取得了長足的發展。二〇一五年度，營業收入同比增長 105.75%，其中投行業務營業收入同比增長 114.18%。股權融資業務完成主承銷 IPO 項目 5 單、定向增發項目 16 單、優先股項目 1 單，實際主承銷金額 224.77 億元。債券融資業務完成主承銷企業債 17 單、公司債 31 單和中小企業私募債 3 單，實際主承銷金額 667.45 億元。處於高速發展中的興業證券，給應屆生帶來的不僅僅是大平台的機會，更多的是職業生涯的長遠發展。

諸多內部信息難以詳盡，更多關於各大券商的資訊可關注小金窩（www.xiaojinwo.com）相關板塊。

各類投行業務的翹楚代表

介紹完上述大型券商後，本部分旨在探究券商最擅長的業務領域。

1. IPO 業務

IPO 全稱是 Initial Public Offerings（即首次公開發行股票並上市，以下均簡稱「IPO」），指股份公司首次向社會公眾公開招股並完成上市的資本運作。

萬得資訊數據庫顯示，二〇一五年全年 A 股市場完成股票發行 754 家，同比增長 61%；承銷金額 10 207 億元，同比增長 90%。其中 IPO 完成 219 家，募集資金 1 580 億元，占比分別為 29% 和 15%；上市公司再融資完成 535 家，募集資金 8 627 億元，占比分別為 71% 和 85%。二〇一五年度 IPO 項目承銷前三名分別是國信證券，22 家；廣發證券，14 家；以及招商證券，13 家。

國信證券二〇一五年度完成 IPO 22 家，其投資銀行業務主要是向機構用戶提供金融服務，包括股票承銷保薦、債券承銷、併購重組和新三板推薦等業務。二〇一五年度，國信證券投資銀行業務實現營業收入 21.61 億元，同比增長 42.62%；利潤總額 7.21 億元，同比增長 37.08%；其中，完成股票承銷 42 家，同比增長 73%，股票承銷家數市場份額為 5.57%，排名業內第四。

二〇一五年廣發證券完成 IPO 14 家，其中投資銀行業務實現營業收入 20.66 億元，同比增長 21.63%；完成股權融資項目 49 個，行業排名第三；主承銷金額 518.66 億元；股票承銷和保薦淨收入 9.43 億元，同比下降 5.99%。

2. 併購業務[1]

併購業務，一般是指兼併（Merger）和收購（Acquisition）方面的業務（以下均簡稱「併購」）。根據普華永道發布的《二〇一五年中國企業併購市場回顧與二〇一六年展望》，由於經濟轉型推動國內戰略併購交易強勁增長，二〇一五年，中國企業的併購交易總數量上升 37%，交易總金額上升 84%，達到 7 340 億美元，併購交易的數量和金額均創下歷史最高紀錄。有 114 筆併購交易的單筆金額超過 10 億美元，創下歷史新高。

---

[1] 張劍 . 中信證券張劍 . 併購大時代序幕開啟〔N/OL〕. 環球網 .（2015-05-11）〔2016-05-13〕. http://finance.huanqiu.com/roll/2015-05/6406401.html.

　　如果說二〇一四年下半年併購政策的鬆綁是溫熱併購市場的「第一把火」，那麼證監會關於併購融資的進一步解綁則是「第二把火」。二〇一五年，併購尤其是跨境併購大面積發酵。異常活躍的併購市場借助持續的政策利好，在併購流程和融資方式上都出現了更多新的機會。同時混合所有制、產業整合、資產證券化[1]、「一帶一路」[2]、新三板等新概念為併購市場燒起了「第三把火」。

　　CVSource 投資數據終端顯示，二〇一五年度共完成併購交易 4 156 起，同比上升 33.16%，是二〇一〇年以來的新高；其中披露交易金額案例 3 312 起，同比上升 21.81%；交易完成規模 3 160.8 億美元，同比增長 56.37%，平均單筆交易金額為 9 543.48 萬美元。二〇一五年併購重組市場的財務顧問機構發生了很大的變化。華泰聯合以服務 30 個項目和 820 億元的交易規模排名第一，而二〇一四年的冠軍西南證券則在二〇一五排名第四。與此同時，中信證券和國泰君安二〇一五年在併購市場也取得了不容忽視的戰績。

　　◆ 華泰聯合雄霸併購

　　華泰聯合併購業務在行業內長期處於領先地位，具體表現為通過中國證監會核准的上市公司併購重組案例數量連續 3 年排名行業第一，承做了大量併購重組案例，積累了豐富的項目執行經驗。華泰聯合證券擔任顧問的多個併購項目成為中國併購市場的經典案例，如掌趣科技、新希望、華夏幸福、立思辰、藍色光標、東華軟件、安源股份、嘉凱城、恆泰艾普、金馬集團和廣日股份等。據統計，二〇一二年至二〇一四年中，華泰聯合共給 51 起併購案擔任財務顧問，其中二〇一二年 11 起、二〇一三年 13 起、二〇一四年 27 起，涉及交易總額 1 186.50 億元；而據同花順 iFinD 數據的不完全統計，二〇一五年（只包括進行中以及完成的併購項目），58 家券商為實施併購重組的公司擔任財務顧問，華泰聯合至少為

---

[1]　資產證券化：指的是以特定資產組合或特定現金流為支持，發行可交易證券的一種融資形式，以下均簡稱為資產證券化。

[2]　一帶一路：「絲綢之路經濟帶」和「二十一世紀海上絲綢之路」的簡稱。

30 家公司擔任併購重組財務顧問，中信證券持有 23 單，廣發證券和中信證券各持有 17 單。尤為經典的案例是掌趣科技和藍色光標。

◆ 老牌中信

中信證券併購部最早於一九九七年成立，二〇〇七年開始從事跨境併購顧問業務，二〇一三～二〇一四年，在已完成的涉及中國企業參與的併購交易全球財務顧問排行榜中，中信證券的交易單數連續兩年排名第一，交易金額亦連續位居前兩位。

現階段中信證券在全球併購市場上採取地區精品戰略，其主要的關注點是做大、做深、做精大中華區的國際併購業務。收購整合里昂證券（CLSA Asia-Pacific Markets，全稱是里昂證券有限公司，以下均簡稱「里昂證券」）之後，亞太地區的國際併購業務將會是中信證券的重心。在中信證券國際與中信里昂證券相關投資銀行業務基礎上整合設立的中信證券國際資本市場，其直投及企業融資業務分布於香港、曼谷、科倫坡、雅加達、馬尼拉、吉隆坡、孟買、新加坡、悉尼以及倫敦等城市，它們均處於「一帶一路」最重要的區域位置。

◆ 西部軍團西南證券

西南證券為國內首批獲得保薦資格的券商之一，投行總部位於北京，目前西南證券投行部擁有從業人員 200 多人，具有保薦代表人資格的近 50 人，在併購業務領域享有「創新軍團」、「實力軍團」和「規模軍團」等美譽。[1]

西南證券有國內最早的專攻上市公司併購重組業務的專業團隊，該併購團隊組建於二〇〇四年。在證監會發布的上市公司併購重組財務顧問業務執業能力排名榜上，西南證券位列行業前三，被評為 A 類券商。

3. 新三板業務

各家券商新三板掛牌數量排名（截至二〇一六年四月十八日）見表 3-2。

---

[1] 崔堅.西南證券承辦「中國影視產業發展論壇」成功舉行〔N/OL〕.證券時報網.（2014-10-13）〔2016-05-13〕.http://kuaixun.stcn.com/2014/1013/11769360.shtml.

表 3-2　券商新三板掛牌數量排名（截至二〇一六年四月十八日）

排名	券商簡稱	掛牌家數	排名	券商簡稱	掛牌家數
1	申萬宏源	513	6	廣發證券	241
2	安信證券	303	7	長江證券	204
3	中泰證券	302	8	國泰君安	203
4	中信建投	256	9	招商證券	201
5	國信證券	250	10	東吳證券	188

截至二〇一五年十二月三十一日，新三板掛牌企業數量已經從二〇一五年四月三十日的 2 343 家發展到 5 129 家，而到二〇一六年四月十八日，新三板掛牌企業數量已達到了 6 604 家。

◆ 保薦龍頭申萬宏源

作為最早進軍新三板市場的券商，申銀萬國證券股份有限公司的龍頭地位一直不可撼動，而申萬與宏源證券完成合併化身而成的申萬宏源更是在市場上遙遙領先。申萬宏源持續督導著數量最多的掛牌企業。數據顯示，截至二〇一六年四月十八日，申萬宏源持續督導的企業數量高達 513 家，占新三板掛牌企業總數量的 7.77%。

◆ 實力派安信證券

安信證券股份有限公司（以下簡稱「安信證券」）成立於二〇〇六年，總部位於深圳。目前股東為中國證券投資者保護基金有限責任公司、深圳市遠致投資有限公司等 13 家，註冊資本 319 999 萬元。二〇〇九年和二〇一〇年，安信證券在行業分類評級中均獲 A 類 A 級，二〇一一年達到行業最高的 A 類 AA 級，二〇一二年維持 A 類 AA 評級。截至二〇一六年四月十八日，安信證券新三板掛牌企業數量達到 303 家，僅次於申萬宏源。

◆ **霸主中泰證券**

中泰（原齊魯）證券股份有限公司（以下簡稱「中泰證券」）成立的做市商業務部門是設置在場外市場業務部的二級業務單元，由專業人員組建團隊；中泰證券注重技術系統上的投入建設，並且根據交易策略，對系統不斷提升。截至二〇一六年四月十八日，中泰證券新三板掛牌企業數量達到 302 家，排名行業第三。[1]

◆ **後起之秀廣州證券**

廣州證券有限責任公司一九八八年三月經中國人民銀行批准設立，是我國首批專業證券公司之一。做市企業數量目前排名第三的廣州證券的做市風格被認為是「穩健型」。廣州證券的新三板業務一直在籌備中，並始終保持著做市數量第一名的行業地位。截至二〇一五年十二月三十一日，廣州證券做市轉讓股票數量達 273 家，位列券商首位。

◆ **「天風模式」天風證券**

天風證券是一家全國性證券公司，總部設於武漢。二〇〇八～二〇一三年，天風證券的註冊資本增長了 861.95%，淨資產增長了 758.51%，淨資本增長了 1 076.09%。

「天風模式」近期引起了市場的較大興趣。天風模式的做市風格是採用在市場買入的方式來儲備做市股票，此後又和公司溝通補充做市。該模式與其他券商選擇的通過直投公司投資的方式不盡相同。[2]

4. 債券融資

債券融資與股票融資一樣，同屬於直接融資，而信貸融資則屬於間接融資。

---

[1] 此處引用萬得資訊二〇一六年四月十八日數據。
[2] 大智慧阿思達克通訊社. 新三板做市商急掃籌碼，多數欲追加做市企業至 50 家〔N/OL〕. 大智慧阿思達克通訊社.（2015-03-12）〔2016-05-13〕.http://www.aastocks.com/sc/stocks/analysis/stock-aafn-content/06837/200000418628/a11.

在介紹債券融資業務之前需要先介紹一下債券品種。從監管主體來看，我國債券市場具有財政部、國家發展改革委、中國證監會、中國人民銀行和中國銀監會「五龍治水」的特點。從品種來看，財政部主管國債和地方政府債，國家發展改革委財經司主管企業債，中國證監會債券部主管公司債、併購債、可轉換公司債券與可交換公司債券，中國人民銀行直屬設立的銀行間交易商協會主管非金融企業債務融資工具，銀監會、保監會、證監會和中國人民銀行主管金融債。其中銀行間交易商協會（以下簡稱「交易商協會」）主管的非金融企業債務融資工具主要包括中期票據（MTN）、短期融資券（CP）、超短期融資券（SCP）、非公開定向發行債務融資工具（PPN，簡稱定向工具）、資產支持票據（ABN）和中小企業集合票據（SMECN）等。

債券融資總體競爭比較激烈。一方面，券商投行需要和銀行競爭，因為雖然有 12 家券商投行可以承銷銀行間交易商協會產品，但是商業銀行由於擁有大量客戶和資金，因此在交易商協會產品承銷方面具有無可比擬的優勢；另一方面，券商投行互相之間的競爭也十分激烈，新的公司債發行之後，沒有了保薦代表人簽字這個環節，因此具有證券承銷業務的券商都可以參與企業債、公司債的競爭。

從萬得資訊的債券承銷總排名可以看出，二○一五年整個市場上銀行承銷債券產品居多數。由於協會產品占債券市場的比重較大，因此在這個方面，銀行具有天然的優勢。目前只有排名前 12 名的證券公司具有交易商協會產品的承銷資格。從表 3-3 可以看出，能夠在銀行大軍中脫穎而出的中信證券、中信建投、國泰君安、招商證券和中金公司都是債券承銷領域的「領頭羊」。

從券商內部對比來看，排名前三位的是中信證券、中信建投和國泰君安。中信建投、國泰君安屬於城投債做得非常出彩的券商，排名第一的中信證券的優勢在於結構化產品和金融債等大額品種。表 3-4 展示了二○一五年證券公司債券承銷的競爭情況。

表 3-3　二〇一五年債券發行主承銷商資金募集量排名

排名	主承銷商	承銷家數	平均承銷額（億元）	募集資金合計（億元）	市場份額(%)
1	中國工商銀行股份有限公司	1 185	8.79	10 415.38	8.97
2	中國建設銀行股份有限公司	1 164	8.55	9 954.77	8.57
3	中國農業銀行股份有限公司	998	8.64	8 624.77	7.43
4	中國銀行股份有限公司	1 042	8.17	8 509.07	7.33
5	交通銀行股份有限公司	874	7.67	6 699.54	5.77
6	招商銀行股份有限公司	878	6.86	6 020.39	5.18
7	興業銀行股份有限公司	902	6.62	5 970.98	5.14
8	浦東發展銀行股份有限公司	742	6.09	4 519.01	3.89
9	中信證券股份有限公司	321	11.98	3 844.98	3.31
10	中信銀行股份有限公司	548	7.00	3 835.61	3.30
11	中信建投證券股份有限公司	308	11.26	3 469.28	2.99
12	國家開發銀行股份有限公司	376	8.81	3 313.13	2.85
13	中國民生銀行股份有限公司	460	7.09	3 263.57	2.81
14	中國光大銀行股份有限公司	335	7.68	2 573.77	2.22
15	北京銀行股份有限公司	334	7.39	2 467.45	2.12
16	國泰君安證券股份有限公司	240	9.66	2 319.08	2.00
17	招商證券股份有限公司	256	8.27	2 118.25	1.82
18	中國國際金融股份有限公司	107	12.66	1 354.73	1.17
19	平安銀行股份有限公司	146	9.17	1 338.35	1.15
20	華夏銀行股份有限公司	162	7.54	1 221.34	1.05

表 3-4　二〇一五年證券公司債券承銷情況排名

排名	主承銷商	承銷家數	平均承銷額（億元）	募集資金合計（億元）	市場份額(%)
1	中信證券股份有限公司	321	11.98	3 844.98	12.63
2	中信建投證券股份有限公司	308	11.26	3 469.28	11.40
3	國泰君安證券股份有限公司	240	9.66	2 319.08	7.62
4	招商證券股份有限公司	256	8.27	2 118.25	6.96
5	中國國際金融股份有限公司	107	12.66	1 354.73	4.45
6	國開證券有限責任公司	89	12.04	1 071.79	3.52
7	海通證券股份有限公司	80	12.96	1 037.10	3.41
8	光大證券股份有限公司	91	9.68	881.19	2.90
9	中國銀河證券股份有限公司	77	10.76	828.45	2.72
10	廣發證券股份有限公司	105	7.01	735.76	2.42

創新型精品投行

　　對中國而言，精品投行是外來品，其發展歷程大致與美國相似。二〇〇〇年以後，中國湧現出大量的創業企業（尤其是在 TMT 行業），這些企業在快速的發展過程中產生了巨大的融資需求，然而那些活躍在中國的投資機構想要從數量眾多的創業企業中挑選出合適的投資對象實屬不易。因此，一批既具有財務顧問功能，又不局限於中介服務的本土精品投行應運而生。精品投行通常在某一業務鏈上做深做細，專注於投融資、上市、重組、併購、公司治理、財務管理等業務鏈。與傳統投行不同，精品投行會根據客戶發展階段主動促成客戶的各項投融資等金融業務，例如，大眾點評網和美團網的合併就是由華興資本推動的。精品投行在專業化方面找到了自身的價值空間，獲得了較大的發展。

　　本土精品投行概況見表 3-5。

表 3-5 本土精品投行概況

公司	成立時間	創始人	專注業務領域	經典案例
易凱資本	二〇〇〇年	王冉	併購業務、私募融資和 IPO	積木盒子完成 8 400 萬美元 C 輪融資，易凱資本繼續擔任獨家財務顧問
漢能投資	二〇〇三年	陳宏	財務顧問服務，以及股權投資金融獵頭公司	58 同城戰略入股趕集網；萬達購買快錢 68.7% 股權
華興資本	二〇〇四年	包凡	融資財務顧問，併購業務、投資、證券	京東赴納斯達克上市融資近 20 億美元，華興擔任主承銷商；滴滴、快的合併

投行業的業務範圍

我們介紹了目前中國境內投行的現狀以及各家券商的特色，本節將著重關注投行部門的具體業務及操作。

IPO 業務

1. IPO 基本流程

重組改制→上市輔導→申請文件準備→申報及審核→發行上市→持續督導。

2. IPO 推介流程

A 股 IPO 統一採用基本與國際接軌的市場化發行機制，具體程序為：

準備文件、完善股票主題故事→詢價與確定價格範圍（小規模發行可直接定價）→路演（含網上路演）、網下累計投標、網上資金申購→定價、網下網上配售。

截至二〇一五年十二月三十一日各上市板塊基本情況見表 3-6。

表 3-6　各上市板塊基本情況

上市板塊	上市公司家數	平均市盈率（TTM，整體法）	各板塊對上市公司的定位
滬市主板	1 540 家	17.6 倍	在行業中有一定主導地位，業績處於穩定增長、較為成熟的大中型企業
深市中小板	776 家	68.06 倍	處於成長期，具備區域優勢，創新能力較強的中小企業
深市創業板	492 家	109.01 倍	處於快速發展階段的高新技術和成長型企業，突出「創新、成長」，強調創新能力強、新經營模式、高成長，目前對創業板擬上市公司的行業限制已基本放開

再融資業務

再融資是指上市公司通過配股（配股是上市公司向原股東發行新股、籌集資金的行為）、增發（股票增發配售是已上市的公司通過指定投資者，如大股東或機構投資者，或全部投資者額外發行股份募集資金的融資方式，發行價格一般為發行前某一階段的平均價的某一比例）、發行可轉債等方式在證券市場上進行的直接融資，按照發行方式主要分為公開發行和非公開發行兩種。

1. 公開發行

公開發行主要包括配股和增發。

上市公司應當向股權登記日登記在冊的股東配售，且配售比例應當相同，採用代銷方式。

上市公司增發或者發行可轉換公司債券，可以全部或者部分向原股東優先配售，優先配售比例應當在發行公告中披露。上市公司增發，主承銷商可以參考對照與網下配售的機構投資者進行分類，對不同類別的機構投資者設定不同的配售比例，對同一類別的機構投資者應當遵循相同的比例進行配售。主承銷商應當在

發行公告中明確機構投資者的分類標準，主承銷商未對機構投資者進行分類的，應當在網下配售和網上發行之間建立回撥機制，保證回撥後兩者的獲配比例一致。

2. 非公開發行

創業板和非創業板上市公司在非公開發行要求方面有很大的差異，如創業板公司非公開發行對象不超過 5 個，非創業板公司非公開發行對象不超過 10 個。兩者在發行價格、鎖定期、盈利要求和財務報表等各方面都有很大的差異。[1] 以非創業板上市公司非公開發行為例，其發行條件如表 3-7 所示。

表 3-7　非創業板上市公司非公開發行條件

要　求	內　容
發行人條件	● 上市公司的組織機構健全、運行良好；上市公司及其附屬公司不存在違規對外提供擔保的行為 ● 財務狀況良好，最近三年及一期財務報表未被註冊會計師出具保留意見、否定意見或無法表示意見的審計報告 ● 現任董事、高級管理人員最近 36 個月內未受到過中國證監會的行政處罰，或者最近 12 個月內未受到過證券交易所公開譴責
發行對象條件	● 發行對象符合股東大會決議規定的條件 ● 對象不超過 10 名 ● 對象為境外戰略投資者的，應當經國務院相關部門事先批准
發行規模	數額不超過項目需要量
發行價格	發行價格不低於定價基準日前 20 個交易日公司股票均價的 90%
股份轉讓	本次發行的股份自發行結束之日起，12 個月內不得轉讓；控股股東、實際控制人及其控制的企業認購的股份，36 個月內不得轉讓
承銷方式	代銷方式發行（如發行對象均為公司前十大股東，可由公司自行銷售）

非創業板非公開發行底價為定價基準日前 20 個交易日公司股票均價的

---

[1]　見《創業板上市公司證券發行管理暫行辦法》，《上市公司證券發行管理辦法》。

90%，由於有 12 個月的鎖定期，所以非公開發行最終發行價格一般為發行日交易價格的 70% 左右，故公司股價需在定價基準日至發行日有較大漲幅方能保證發行成功；因為非公開發行面向不超過 10 家投資者，所以存在難以滿足融資需求的問題；發行窗口的選擇也是非公開增發成功的關鍵，只有選擇在股價上行階段進行增發才能保證發行成功。

債券融資業務

　　債券融資即直接債務融資，是企業融資的重要方式之一。債券融資具有低成本、高流通性、優化資本結構的特點，受到各類企業的青睞。相關產品的湧現，極大地豐富了企業的融資模式，也推動我國企業融資的利率市場化取得了長足的發展。未來，企業的債務融資業務具有非常廣闊的發展空間。

1. 主要債券產品一覽[1]

　　根據發行主體信用程度，一般債券分為利率債和信用債。利率債，發行人為國家或信用等級與國家相當的機構，因而債券信用風險極低，收益率中樞變動主要受到利率變動影響（流動性、稅收、久期等因素也有影響，但不是劃分利率債和信用債的基礎），主要包括國債、地方政府債、央票、政策銀行債等；信用債，即發行人沒有國家信用背書，發行人信用情況是影響債券收益率的重要因素，主要包含企業債、公司債、短融、中票等。

2. 債券市場未來發展

　　根據《中國金融》和萬得資訊數據，我國二〇一五年債券發行總量增長迅猛。二〇一五年，債券市場共發行各類債券（合同業存單）23.13 萬億元，較二〇一四年增加 10.83 萬億元，同比增長 88.05%，增速提高 46.9 個百分點。銀行間市場新發債券 12 295 隻，發行量共計 14.8 萬億元，占債券市場發行總量的

---

[1] 由於債券品種較多，而且不同的監管主體出台的管理辦法較多，這裡不一一羅列，僅列舉主要債券品種的一些基本信息。

63.99%；交易所新發債券 2 694 隻，發行量共計 4.75 萬億元，占債券市場發行總量的 20.5%。受益於證監會新政，公司債於二〇一五年六月放量，八月便達到千億元的規模，十二月接近 2 000 億元。[1]

中央結算公司和上清所均發布了二〇一五年十二月的債券托管數據。中央結算公司的債券托管量為 35.04 萬億元，上清所為 10.34 萬億元，合計 45.38 萬億元，債券托管量環比增加 1.34 萬億元。其中，中央結算公司的債券托管量環比增加 6 303 億元，上清所債券托管量環比增加 7 116 億元。

從存量市場來看，中國債券市場規模居世界第三位、亞洲第二位，債券市場已成為僅次於信貸市場的全國第二大金融產品市場。截至二〇一五年末，中國債券市場存量為 48.54 萬億元人民幣，其中銀行間債券市場存量餘額為 44.20 萬億元人民幣，占全國債券市場的 90% 左右。

未來直接融資的占比將不斷上升，投行債券業務線發展潛力巨大，債券業務發展的前景可期。

3. 債券業務具體操作

債券業務的一般流程與投行業務線中的股票類似，具體包括以下五個方面：

前期盡調（由中介機構在企業的配合下，對企業的歷史數據和文檔、管理人員的背景、市場風險、管理風險、技術風險和資金風險做全面深入的審核，多發生在企業公開發行股票上市和企業收購以及基金管理中，以下均簡稱「盡調」）→申請文件準備→申報及審核→發行上市→存續期管理。

前期盡調的主要工作包括收集業務底稿和整理底稿，這些將作為撰寫申請材料的依據。申請文件準備則是依照不同的債券品種的申報文件清單來製作材料。債券品種紛繁複雜，各種債券品種的監管部門要求披露的信息準則不盡相同。申報之後需要持續與發行人、各中介機構與監管機構進行溝通與反饋，答覆審批機

---

[1]　王明夫.投資銀行併購業務〔EB/OL〕.MBA智庫，(2010-07-23)〔2016-05-13〕.http://doc.mbalib.com/view/27bddadc98e2cdd0e40ace0ba5d440a5.html.

構的相關反饋問題，這些問題涉及財務、業務和法律等諸多方面。

領取批文後，發行人需與主承銷商安排前置化詢價和路演工作，並尋找合適的窗口期進行發行。二〇一五年八月以來，債券市場發行利率不斷走低，萬科和保利發行的公司債利率已低於國開債的票面利率，使得市場對於債券的牛市預期大增。對於眾多的投資機構，無論是銀行還是資管，在權益市場發展不順且實體經濟轉型較慢的情況下，債券投資成為較優的選擇。因此，選擇一個好的發行窗口期格外重要。

併購業務

在我國，企業併購和資產重組方興未艾，而與股票市場緊密相連的上市公司併購重組更是扣人心弦，投資銀行在併購中扮演著不可或缺的角色。為此，投資銀行的併購業務越來越受到人們的關注。各大證券公司紛紛組建自己的併購業務部門，著力拓展併購業務，上市公司越來越懂得通過併購業務來實現產業鏈的整合，實現高槓桿發展。同時，越來越多的名牌大學高才生將大型券商的併購部作為自己的職業目標。

1. 券商投行併購業務概念及特點

企業合併與收購業務是投資銀行業的一項十分重要的業務，被視為投行中的「皇冠上的明珠」。併購業務涉及數項法律、法規，主要有《公司法》、《證券法》、《上市公司收購管理辦法》、《上市公司重大資產重組管理辦法》、《上市公司併購重組財務顧問業務管理辦法》等。併購業務按照不同的分類標準可以分為：橫向併購、縱向併購、混合併購；善意併購、敵意併購；要約收購、協議收購。企業併購的動機在於價值的創造，通過併購業務可以提升協同效應、分散風險及開拓新的盈利渠道，進行整個市場新的利益分割，此外，品牌的樹立及管理層價值增加也是極大的動力。在整個併購交易方案的設計中，選擇合適的併購目標、建立合理估值預期、選擇合理支付方式、設計適合的交易結構是關鍵點。

2. 併購業務在投資銀行的業務定位

組建和發展我國證券公司的投行併購業務，首先需要明確投行併購部的職能定位和努力目標。根據我國當前階段投資銀行業的情勢，券商併購部的職能定位和努力目標應該包括以下四方面。

◆ 創造收入

華爾街一流投行的併購業務帶來的收入往往占到公司總收入的近三分之一。從長遠趨勢上看，我國券商的併購業務收入也必然會在總體的收入結構占有越來越高的比重。作為一個業務部門，創造收入是併購部的首要職能和目標。

◆ 塑造品牌

傳統併購業務的著力點僅僅在於設計方案、提供通道及推動審批，未來併購的品牌形象在於掌握資源後的交易撮合、交易定價和提供流動性。在創收職能的指導下，重視項目的價值量；在品牌職能的指導下，重視項目的技術含量並領導潮流，致力於打造行業影響力，重創經典案例。

◆ 帶動其他業務——業務協同

併購業務的業務關聯性很大，例如併購重組往往涉及證券融資，由此可帶動投行的承銷發行業務。併購重組往往涉及大宗收購股票，故時常引發交投活躍，由此可帶動經紀業務。此外，併購業務在對客戶的關係上有高層接觸和深度接觸的特點，深知企業的癥結，能夠有針對性地向企業推銷資本市場相關業務。

◆ 集聚人才，精煉隊伍，網羅客戶

併購部集聚人才和鍛鍊隊伍的職能極其重要，併購業務可以提升併購團隊執行能力。客戶網絡是一個積累的過程，只有通過打造商譽品牌，通過標桿意義的併購項目整合面廣量大的客戶網，才會有能力盡快地撮合買賣雙方，達成交易意向。

新三板上市業務

新三板全稱為「全國中小企業股份轉讓系統」，是經國務院批准設立的全國

性證券交易場所，是繼上海證券交易所、深圳證券交易所之後的第三家全國性證券交易場所，也是國務院批准設立的第一家公司制的證券交易場所。二〇一五年九月一日起，新三板正式劃歸「場內證券交易」行列，擁有了等同於滬、深交易所的證券交易所地位。

1. 新三板掛牌業務

新三板掛牌業務即主辦券商協助掛牌公司進行規範財務、完善內控和公司治理、股份改制等向全國股份轉讓系統公司申請公開轉讓、股票發行的業務。

◆ 主要參考文件

新三板掛牌業務的主要參考文件包括《全國中小企業股份轉讓系統股份掛牌業務操作指南（試行）》、《全國中小企業股份轉讓系統股票掛牌條件適用基本標準指引（試行）》、《全國中小企業股份轉讓系統公開轉讓說明書內容與格式指引（試行）》、《全國中小企業股份轉讓系統掛牌申請文件內容與格式指引（試行）》和《全國中小企業股份轉讓系統主辦券商盡職調查工作指引（試行）》等。

◆ 工作內容

新三板掛牌業務主要包括協助企業進行業務、財務、公司治理以及內部控制，協助企業進行股份改制。新三板掛牌業務前中期券商一般要進駐公司，期間收集公司底稿資料，進行訪談，在盡職調查期間主持召開中介會議，不斷與公司、會計師、律師以及評級公司等中介機構就公司的業務、財務、法律等問題進行溝通，找出解決方案，並且在此基礎上撰寫出盡職調查報告以及公開轉讓說明書等文件。

2. 新三板概況

新三板起源於二〇〇一年七月十六日成立的「代辦股權轉讓系統」，已有一五年的歷史。在「大眾創業、萬眾創新」的政策引導下，新三板近兩年發展迅猛，掛牌企業從二〇一三年底的356家增加到二〇一六年四月十八日的6 604家，待掛牌數量也達到了227家。

投行業的現狀、待遇及出路

投行人確實有著光鮮的一面，比如說在上市酒會前那一刻，可以說是意氣風發。但這也非絕對，最終吃住是在五星級酒店還是大排檔小旅館，大多取決於所服務的客戶的所在地及慷慨程度。但大多數人所忽視的是，投行人也有辛苦的一面。業內常戲稱「投行人就是搬磚的民工」，投行工作需要超於常人的付出。夜以繼日的工作，堆積成山的材料才是投行工作者的常態。

所以投行並不是一份完美的工作，它也有部分人無法忍受的缺陷，如長期的出差及高強度的工作。但不得不承認，投行對許多有志於資本市場的人員來說，是一個較好的起點。在投行的工作中，你的各項專業技能能夠實現快速的提升。因為你所打交道的客戶對象會涉及各種公司高管，你的工作成果可能影響（擬）上市公司的決策。在項目進程中也需協調各種關係，督促律師、會計師、評估師等中介機構人員齊頭並進。在這種情況下，如果要順利完成工作，根本無法讓自己慢慢成長，工作的強度和內容會迫使人迅速脫胎換骨。另外，從某種程度上說，在個人財富實現快速積累方面，投行也會比其他行業相對容易。因此，對比證券公司的其他崗位及非證券金融機構的各崗位，不管對於個人成長抑或是薪資待遇，投行部門都有著較為明顯的優勢。

作為無數嚮往金融業的應屆生十分期許以及渴望的職業，投行業始終牽動著金融人的心。於是獲取名校碩士、獲取投行實習經歷、考取職業證書〔如註冊會計師（Certified Public Accountant，以下簡稱「CPA」）、特許金融分析師（Chartered Financial Analyst，以下簡稱「CFA」）〕，已然成了進入投行的敲門磚與著力點。關於國內的投行業究竟是什麼樣、進入投行需要什麼樣的素質、後期發展如何，筆者將為大家一一介紹。

投行業的現狀：多元化及上升趨勢

根據證監會二〇一五年七月公布的數據[1]，國內 119 家證券公司中，有 24 家公司按規定與其母公司合併評價，其中 AA 級券商共有 27 家，A 級券商共有 37 家，BBB 級券商有 22 家，BB 級券商有 7 家，B 級券商有 1 家，CCC 級券商有 1 家。

目前國內投行的收入來源主要集中在證券經紀、保薦承銷、財務顧問、自營等傳統業務，同時融資融券、資產管理等業務也不斷興起，為券商貢獻越來越多的收入。

根據萬得資訊[2]統計數據，近兩年券商業務結構上的最大變化來自投行業務。這得益於 IPO 的重新開閘[3]，二〇一五年共有 51 家券商參與 IPO 承銷保薦，各家投行業務業績大幅增長。104 家券商承銷各類項目（包括首發、增發、配股、各類債券）合計募資達到 4.46 萬億元。其中，債券發行容量最大，達到 3.31 萬億元；IPO 項目募資額為 1 570.83 億元。相比前幾年，在 IPO 開閘紅利之下，多家券商的投行業務收入實現翻倍。

投行業的待遇：部分信息匯總

在介紹本部分內容之前，我們首先將國內高校畢業生所接觸的投行業做個簡單的劃分，主要分成以下幾類。

1. 外資投行

目前中國的外資投行主要以辦事處的形式設立，究其原因，是國內監管部門對投行的監管較嚴，並未開放外資投行獲取境內從事投行業務的牌照，所以外資

---

[1] 詳情可通過中證協官網（http://www.sac.net.cn）查詢。

[2] 萬得資訊（Wind 資訊）：中國大陸領先的金融數據、信息和軟件服務企業。

[3] 開閘：監管機構可能會對當年不好的資本市場環境予以暫停 IPO 審批通過，開閘指的是重新啟動 IPO 的審批。

性質的投行在國內的業務相對較少。由於外資投行傾向於採取 Global Pay（全球統一薪資待遇），所以在國內即使打了一定折扣，應屆生的收入普遍也比內資券商應屆生待遇高出很多。這也引發了很多議論，因為投資銀行本就是舶來品。有業內人士戲稱，外資投行才是高大上的代名詞，內資的只能叫「融資併購材料製作商」。但因外資投行的國內業務規模並不大，每年招收的人員較少，國內應屆生想要進入知名外資投行是極其困難的。一般而言，要求門檻有頂級名校本科以上學歷，非常優異的成績，精湛的英語和專業技能，超強的溝通和抗壓能力等。而真正能達到外資投行以上要求的在各校也實屬人中龍鳳。實際上內資、外資最終的發展路徑孰優孰劣並無定論，不能進入外資投行並不意味著你就無法接觸到資本市場的核心。

2. 合資投行

從薪酬來看，合資券商的薪資水平也比內資投行要高。由於純外資投行在中國的業務受到牌照的限制，因此各大頂級投行普遍採用合資的方式搶占中國市場，比較出名的有高盛高華、瑞銀證券、東方花旗、一創摩根、方正瑞信、摩根士丹利華鑫等。一般情況下，其運作機制和模式與內資投行接近，當然風格可能更多還是取決於內資股東和外資股東的掌控力。

3. 內資投行

在中國投行業，內資投行是絕對的主角。內資投行主要負責股票承銷與發行（IPO）、債券發行與承銷、併購重組以及再融資等業務。隨著大投行概念的出現，場外市場部（負責新三板）、許多創新的融資工具業務也已納入大投行範圍。

目前，大部分內資投行的收入來源還是集中在承銷與保薦上，併購重組的收入占比仍不高，但近年來上升趨勢明顯。根據券商二○一五年的半年報，很多券商投行都在半年內取得了超越二○一四年全年的業績。但是股債雙牛的大好情形在六月末就出現了逆轉，投行股權類業務受挫，IPO業務的暫緩上市發行（但審批仍在繼續）在短期內造成了一定影響。而債券市場迎來史上最好的牛市，公司

債和企業債雙向放開。雖然從單筆承銷費率來看，債券類項目不如股票類項目，但是由於債券融資金額較大，每年融資規模約為股票的數倍，因此整體的承銷費收入仍然較為可觀。

國內投行獎金分配風格不一，可以簡單分為「大鍋飯」和「團隊制」兩種方式。前者顧名思義就是整個公司或者部門全部業務加總進行分紅，這容易造成員工做業務相對不積極或者完成部分工作後選擇懈怠的情況；後者自然是以團隊為單位進行分紅，一般團隊內的業務指標及壓力會更多，也更考驗團隊長的承攬能力。不過如果在強的團隊中，領導相對慷慨的話，激勵會相當可觀。因此投行向來有「三年不發市，發市當三年」的說法。

券商的薪酬構成較為複雜，下面僅針對國內券商薪酬展開討論。投行的整體薪酬可分為以下幾大部分。

第一，底薪加項目獎和年終獎。其實不同券商底薪不同，不過動輒到手上萬的月薪已經讓很多行業眼紅，更不用說年底豐厚的獎金了。所以在行情好的時候，有些高職級投行從業者甚至可以在短短數年之內實現「財富自由」。但投行內部有一條很長的食物鏈，剛入行的小兵承擔著繁重瑣碎的任務，同時也需要快速研究解決一些項目中的問題，而項目獎金很多情況都是由團隊長決定的。有些團隊長比較厚道，每年拿出利潤的 30% 或更多做獎金。也有的團隊激勵更到位，獎金占收入的 40%~90%。若一個 IPO 項目收費數千萬甚至過億元，按這個比例算，投行項目組單人獎金都極為豐厚。

第二，保代津貼。證券公司作為中介機構，保薦企業 IPO 或者增發，每一個項目的招股說明書均需 2 名保薦代表人[1]（以下簡稱「保代」）簽字。所以每家券商必須確保自己公司裡有一定數量的保代。所以此前在投行中，保代幾乎站在整個食物鏈的頂端，待遇相當可觀。但隨著保代考試參加人數的增加及考試難度

---

[1]　保薦代表人：上市後備企業和證監會之間的中介，相當於這家企業的代表，向證監會作擔保推薦企業上市，保薦代表人是保薦機構的從業人員。

的降低，保代數量也開始快速增加，過去一年動輒百萬的保代津貼現在已經出現了急劇的下降，部分券商只提供註冊保代津貼（考過保代後需要掛兩個項目主辦才能註冊）。以前公司債必須由保薦人簽字才可以發行，如今公司債放開之後，無須保代簽字即可發行，因此保代的溢價也在逐漸減少。

第三，其他補貼。券商的各種福利待遇也比較優厚。比如出差補助，最低每天有 50 元補助，有些券商甚至可以給到 200~300 元，剛入行的小兵動不動就一年出差超 200 天，這也是大部分券商每月底薪收入過萬的重要原因之一。

萬得資訊數據顯示，在已公布的二〇一五年合併報表的 15 家券商中，二〇一四年應付職工薪酬共計為 722.3 億元，其中，中信證券以 96.86 億元排名第一；廣發證券以 78.12 億元排名第二；招商證券則以 71.25 億元位列第三。從平均薪酬來看，中信證券以 70.22 萬元排名第一；廣發證券以 70.21 萬元排名第二；興業證券則以 69.85 萬元位列第三。[1]

4. 部分內資投行薪酬披露

此部分為筆者與業內同行交流獲得的信息，僅供大家參考[2]，由於具體薪資是各家機構的隱私，故在此只做簡單評述，不給出具體數字。

中信證券。中信證券的薪資在業內一直較有競爭力。員工平均基本月薪在內資券商裡算靠前的。年終獎要看項目，一般行情不錯時，平均下來從業第一年獎金收入與合資券商相仿。

中金公司。近年來中金公司業務雖說不像當年那樣一騎絕塵，但貴族的氣質依舊。從待遇來看，中金公司絕對屬於內資公司裡收入最高的之一。不過想加入中金公司，需要極好的學歷背景以及專業技能。作為應屆生平台來看，非常不錯，「3C」[3]的名字也如雷貫耳。

---

[1] 數據來源：萬得資訊。

[2] 非官方披露，每年變化非常大，僅供讀者參考。

[3] 3C: 中國國際金融有限公司，公司英文全稱為 China International Capital Corporation Limited。

海通證券。作為綜合排名始終位列前三的券商，薪酬機制卻有待進一步市場化，獎金和團隊關聯度較大。

國泰君安。上海老牌券商，投行應屆生到手底薪不高。分配機制延遞飽受詬病，之前坊間戲稱「622」，即獎金分三年發放，第一年發放 60%，後兩年依次發放 20%。

華泰聯合。得益於總裁劉曉丹的英明指揮，華泰聯合最近幾年進步飛快，頗有趕超前幾大券商的態勢。據悉，華泰聯合應屆生底薪達五位數，獎金也相對固定。華泰聯合屬於國內最早將投行按照行業劃分的公司之一，併購業務為最出彩的業務，始終遙遙領先於其他內資投行。薪水也屬於比較有競爭力的，不過受到二〇一六年併購重組監管政策等影響，業務影響較大，招人趨向於減少。

中信建投。傳說中的「75 分位司」，據說該公司的收入處於國內券商的 75 分位，意思是在前 25%。二〇一六年獎金出爐後，關於中信建投的獎金傳聞刷遍了大家的微信朋友圈，故戲稱其為「99 司」。據悉，其應屆生底薪確實也排在內資券商的前列。「75 分位司」是大型券商中擁有北京戶口名額最多的券商之一，因此每年都有很多人前赴後繼地努力加入。中信建投近年來業務發展非常快，股票承銷金額和承銷家數一直是行業前 3 名，債券業務也一直是前 3 名，整體債券業務線人均績效高於股票業務。

國信證券。國信證券各項業務排名均名列國內券商前茅，市值更是位居國內上市券商前三。國信證券投行部採用類似合夥人的事業部制度，活力比較強。底薪目前已經調整，加上出差補助，待遇也非常不錯。如果運氣好能做成項目，項目獎也是很可觀的。所以，能不能遇見給力的團隊和部門領導很重要。

申萬宏源。合併以後的巨無霸。據說宏源本來屬於工資很有競爭力的，申萬合併之前待遇未知，但是合併前，宏源的待遇及機制都非常市場化，應屆生待遇與華泰聯合差不多，出差補貼約為底薪的一半（這個很具有吸引力，尤其是級別越高，補貼越多）；合併後底薪略有下降但不明顯，其中出差補貼明顯減少。申

萬宏源合併之後，內部一直都在整合，號稱要打造業內排名前五的券商。申萬宏源依舊是新三板上市做得最多的券商，遙遙領先於排名第二的公司。總體來說，規模大的券商肯定是應屆生的首選，畢竟平台大業務種類多，能快速接觸並學到不少新業務。

招商證券。招商集團內部分深圳本土大券商，近幾年發展較為迅速，多項業務已經晉升至業內前五。招商證券也是內資券商中較早採用外資投行職級制度的，應屆生第一年定級為分析師。通過筆者的瞭解，招商證券基本工資不高，但是年底獎金分紅比較有競爭力。

廣發證券。業內口碑一直很好，號稱中國保薦代表人的「黃埔軍校」，也是近兩年發展非常迅速的券商，總部在廣州。據悉，廣發投行部應屆生待遇與國泰君安相仿，可能各個業務線條略微有些差別。廣發的待遇在業內是極具競爭力的，屬於應屆生理想投行中非常優秀的券商，佈局全球化券商，沒有任何強勢大股東背景可依賴，僅僅依靠團隊自身實力，穩健地邁向業界前五。同時，廣發也是非立志去北京、上海學生的很好的去處。

中泰證券。原齊魯證券，AA 級的綜合券商，近幾年發展迅猛。二〇一五年改革後應屆生待遇不錯，可以參與獎金分配。由於在衝刺 IPO，業務量很大，二〇一五年暑期實習僅投行部就土豪般地發放了數十個 Offer，彰顯業界良心。

西南證券。西南併購業務強悍，併購部門的獎金相對更為可觀，項目組一般會拿出較大比例的收入作為分紅。只是暑期實習招聘戰線很長，據說二〇一五年沒有進行秋季校招，直接從暑期實習生中選拔。因此想成為暑期實習生就得奮力一搏，或者先在別家待一個月，然後跳槽進西南證券。

國海證券。國內較早上市的中型券商，AA 級綜合券商，註冊地廣西南寧，目前投行總部位於北京，同時開設了深圳、南寧等投行分部。據內部人士透露，投行部應屆生起薪處於中游水平，獎金根據團隊來分配。國海證券投行部校招人數較多，對於想從事投行業務的應屆生來說，可能是個不錯的選擇。

　　長江保薦。國內資本市場券商「老大哥」。或許由於地處中部武漢，城市「證化率」較低，最近兩年才成立了專門的證券承銷保薦公司來專注投行業務，業務得到迅速擴張。長江保薦總部在上海，應屆生底薪處於中游水平，團隊激勵機制較為市場化，因此吸引了不少投行人士。

　　德邦證券。復星系旗下重要成員公司，同時也是復星集團資本運作的重要牌照，《親歷投行》的作者班妮目前就職於德邦證券國際業務部，從事投行業務。據悉，應屆生起薪處於中游水平，團隊激勵機制還是不錯的。同時，據說德邦證券二○一六年校招人數較多，並且經過幾輪筆試面試後，可以直接簽約再實習(非強制性實習)，在國內券商當中可謂是「業界標竿」。

　　天風證券。國內新晉券商，自從外部高薪挖來併購部負責人出任公司行政副總裁後，天風併購業務發展速度非常快，同時最近債券業務也在發力。據悉天風應屆生薪資處於中下游水平，但在獎金分配上，團隊激勵機制非常好。如表現得好，應屆生從業第一年也能夠獲得不菲的獎金。

　　一創摩根、東方花旗、方正瑞信、中德證券、華英證券等券商。幾家均為中外合資券商，是獨立的承銷保薦公司，分別承接原來的中資券商投行業務。上文提到過，合資券商應屆生底薪普遍較高，獎金則看團隊業務，一般合資券商起薪較高而獎金較低，跟內資券商差別較大，獎金分配機制也不能做太多剖析。

　　東莞證券。國內綜合性券商，這兩年發展較快，投行業務逐漸走出東莞，佈局全國，業務種類相對齊全。據內部人士透露，投行部應屆生起薪處於中上游水平，見習期8折，但是公司提供員工宿舍等一些潛在福利，團隊激勵制度也是非常不錯的。得益於東莞為製造業之都，其新三板業務發展非常迅猛。

　　宏信證券。總部位於成都的新晉券商，目前業務發展較快，投行業務線不斷擴張，從其他券商高薪挖來了很多成熟的團隊負責人。公司大股東決心較強，在

公司 Pre-IPO[1] 之前已經為公司高管建立了原始股權激勵池，團隊激勵制度有較大的創新。同時，據悉其應屆生待遇目前處於行業靠前位置，底薪處於中上游水平，獎金也相當可觀。債券業務是相對強項。

英大證券。國家電網所控股的券商，投行業務線應屆生起薪處於中游水平，獎金分配製度未知。不過有意思的是，因為是央企旗下子公司，其校招筆試題目會考部分電力相關的題目。

新時代證券。明天系旗下券商，背靠大股東自然能拿到不少優質業務，投行業務線待遇較為可觀，激勵機制在業界也是較為認可的。據稱新時代深圳投行部應屆生起薪處於中游水平，獎金非常樂觀。該券商基本沒有校招，多數是通過團隊招募實習生，而且留用概率較大。

由於關於待遇的問題較為敏感，因此具體特別詳細的信息筆者也不便披露，所瞭解情況可能也不盡真實，僅供參考。另外提醒大家，網上流傳的較多金融業待遇的文章中關於薪資的信息過時嚴重，部分與現實極為不符。希望大家能擺正心態，切忌浮躁，努力入行。最終進入投行後，項目獎金會對你的表現給予認可。

投行新員工的工作內容及晉升路徑

1. 底稿工作

每一位入行的新人基本上都是從底稿整理開始自己的投行生涯的。盡職調查清單的發出、底稿材料的收集與歸集、打印和打孔裝冊，以及專業的底稿製作，是投行新人的必修課。基本上每一位投行新人，進投行項目組幹的第一件事都是收集、整理底稿這樣的「Dirty Work」。

國內證券承銷發行制度跟國外性質不同，這就註定了國內券商必須非常重視工作底稿，其每一份材料的製作必須以底稿為支撐，由此可見，收集並整理工作

---

[1]　Pre-IPO，指的是企業上市之前的階段。

底稿很重要。在收集底稿中，最苦逼的莫過於打印相關材料時打印機、掃瞄儀突然「罷工」。如果請專門維修人員來可能會耽誤很長時間，因此必須學會自己動手，解決一些簡單問題，如果有人號稱做完一個項目也學會了整個打印機的工作與維修的基本流程，此話的確不假。

此外，就是經常待在企業檔案室尋找銀行付款憑證、購銷合同以及記賬憑證等工作，這些工作是相當瑣碎無聊的，可以看到其實投行工作並不是想像中手握幾個項目、馳騁資本市場，更多的是瑣碎的基礎工作。但是，只有一步步從這些基礎做起，才能逐漸對項目流程有深刻的認識。在所有項目底稿收集中，IPO底稿是最複雜、也最能打基礎的。所以建議廣大有志從事投行的青年，將承做 IPO 項目作為工作起點，這樣會使你將來的投行工作走得更順。

2. 文案工作

項目前期承攬需要項目建議書，之後路演、彙報材料的製作都需要精湛的 PPT 技能，備忘錄、會議紀要及項目訪談紀要等需要的是嚴謹的文字格式。精美文案工作背後需要的是清晰的邏輯思維、快速的學習能力，需要在極短的時間內研究法律法規、市場案例並完成標準化文本材料的製作。

比如，團隊領導可能最近需要承攬一單債券業務，為項目公司設計一個融資方案，此時你必須快速學習目前國內幾大部門主流的債券品種，並熟悉相關的法律及規章，同時嘗試尋找一些過往的類似案例作為支撐，來編寫 PPT 文案；必須深入瞭解企業債、公司債以及非金融企業債務融資工具的特點、優勢以及發行條件，並結合公司目前的財務狀況（尤其是淨資產、代償債券餘額以及淨利潤）為客戶設計出一套出色的融資方案。

3. 溝通工作

投行的工作過程中涉及非常頻繁的溝通工作，整個項目階段都需要與上市公司的高管、財務、業務與技術等人員持續地溝通反饋，還要與其他中介機構和證監會等監管機構溝通等。在這項工作中，首先學會如何與客戶公司高管溝通，對

此可以用「外交手段」加以形容。如果溝通能力出色，可以很快融入項目公司高管及員工層，同時也能與其他中介機構相處愉快，這樣可以省去不少的時間，在收集整理工作底稿中的過程可以提高效率，畢竟有些資料確實是現成的，如果能夠從企業、會計師事務所、律師事務所及評級、評估機構直接拿到，自己就無須再次重複無謂的工作。雖然搜集底稿、整理文件枯燥無味，但確實可以在項目中逐漸提升自己的溝通技巧以及注重細節的能力。

在做 IPO 項目的過程中，最能體現優秀溝通能力的便是發行人的客戶及供應商走訪。如筆者所參與的一家擬上市公司的走訪，在兩周時間內先後走訪了 5 座城市、4 家子公司及 11 家客戶和供應商，訪談成功率及詢證函[1]回函率高達 100%，整體工作領導比較滿意。在這項工作中，必須處理好發行人子公司管理人員、客戶、供應商、會計師事務所、律師事務所等人員關係，確定訪談路線及計畫，請求發行人子公司給予較大支持。如果溝通不暢，訪談工作將進行得很艱難。

4. 專業工作

投行的專業化工作主要是圍繞法律、會計及業務與技術展開，通常會要求應屆生具有法律或者財務會計基礎，如果有複合背景會更受歡迎，這將有助於理解業務與技術層面。此外，隨著工作經歷的積累，將對項目關鍵點有更好的把控，並可以做好項目交易方案設計及標準流程的推進。其實，作為一個成熟的投行業務部門的承做人員，基本上需要精通財務和法律，遇到一般性問題能立馬判斷出該問題的性質並給出相關解決建議。當然，如果能夠積累在本行業的相關經驗，也可以開展說明書中業務與技術板塊的材料編寫及分析工作。

在 IPO 承做過程中，最能發現並提煉某個行業某家公司的價值的部分，就是業務與技術部分，因此需要承做人員深入瞭解該行業的商業模式、產業鏈以及

---

[1]　詢證：作為審計中一種常用的程序和方法，包括查詢和函證。查詢是對有關人員進行書面或口頭詢問以獲取審計證據的方法。函證是為印證被審計單位會計記錄所載事項而向第三者發函詢證的方法。

價值鏈，分析公司在整個產業鏈及價值鏈的地位、核心競爭力以及競爭優勢，這不僅需要對行業有深刻的認識，同時也需要及時與公司業務技術人員及外部創業投資人等進行一系列的溝通，才能為客戶股票定好價格並順利承銷新股。

5. 晉升路徑

一般的職級體系為：分析師（analyst）→項目經理（associate）→高級經理（senior associate）→副總裁（VP）→高級副總裁（SVP）→總監（D）→執行總經理（ED）→董事總經理（MD）。

一般本科生剛入行的級別都是 A，但國內券商很少招本科生，所以名校碩士是基本的門檻。關於 title[1] 的名稱各家也不盡相同，比如有的券商把副總裁及高級副總裁合併，但將副總裁細分成了 5 級。

一般而言，從高級經理晉升到副總裁需要 3 年，高級經理的主要工作是負責項目現場的某部分工作，通常一個項目會有三至五個人：一個項目主要負責人、一個現場負責人、一個財務負責人、一個法律負責人，一個業務與技術負責人。當然也有不少人身兼多職，筆者見過一個人頂下整個項目的「英雄」。前三年的時間裡，新人需要快速地學習，熟悉投行業務，快速上手基礎工作，飛速提升專業技能。一年的時間裡，熟悉項目基本的流程及框架，同時對項目中涉及的問題關鍵點有較為深刻的瞭解。兩年後便可以獲得一兩個比較完整的項目經驗，三年後一般就可以擔任現場負責人的角色，可以較為自由地跟企業的高層溝通，並協調多家中介同時推進項目。

之後升級為副總裁，這麼霸氣的 title 實際上只是意味著你有了獨立承擔並帶領新人完成大部分現場工作的能力，包括解決項目現場遇到問題的能力，當然一些影響整個項目的關鍵點依然需要有更豐富項目經驗的同事或者領導把控。作為項目現場負責人，需要熟悉整個交易，掌控團隊的分工與協助，控制項目進程，

---

[1] title：公司內部的職級。

負責內外材料的質量。

之後大概 3~5 年時間，可能被提升為業務總監級別。總監同樣需要負責部分的現場工作，特別是項目關鍵點的把控，同時將開始承擔部分的承攬工作。

由總監或執行總經理升至董事總經理則要參照業務能力和業績貢獻度等綜合指標，這個過程可能需要 5~10 年甚至更長的時間。董事總經理的工作也差不多，不過重心放在最重要的客戶上。他們的壓力主要來自處理各種複雜的人際關係。能拿到多少利潤直接關係到總監和執行總經理的獎金提成。一般來說，董事總經理再往上發展可以做 CEO 之類。當然也會有安於現狀的董事總經理，享受著高性價比的高額年薪。

投行業的出路：投行人可以去哪兒

1. 投行從業人員轉行的原因

對於很多人來說，投行未必是一輩子的歸宿。有些先知先覺的券商投行人員在入行的時候就會有未來退出的籌劃。造成這一結果的原因主要有以下幾個方面：

其一，券商投行環境在不斷發生變化，未來券商的投行通道價值將越來越小。隨著保代制度的改變、保代數量的增加，保代制度紅利已經逐漸消失。保代曾是近乎全部投行人員的奮鬥目標，但目前相比基金經理、PE [1] 投資人、固定收益投資經理等行業人員的收入，保薦代表人資格逐漸失去了競爭力。在註冊制到來之時，隨著通道制度的實質性取消，投行保代也許會同註冊會計師一樣，數量多且市場競爭激烈。

其二，已經實現財富自由。有些高職級投行從業者，只要在工作的幾年時間

---

[1] Private Equity（簡稱「PE」）：私募股權投資，從投資方式角度看，是指通過私募形式對私有企業，即非上市企業進行的權益性投資，在交易實施過程中附帶考慮了將來的退出機制，即通過上市、併購或管理層回購等方式，出售持股獲利。

裡碰到一波大牛市，就很容易在年底分紅數百萬，只用短短一兩年，不少人已經實現「財富自由」，金錢的邊際報酬和邊際吸引力都在下降，有些人會選擇轉入內核或風控等中台部門或者直接轉做其他的無壓力工作。

其三，家庭原因。由於投行的工作性質需要經常加班、出差，通常對家庭和伴侶都會有影響，很多人選擇將投行作為一個跳板，將投行的工作經歷作為剛畢業幾年的入行方式，並以此跳到其他圈子。

其四，追求更廣闊、靈活、市場化的環境。在國內的投行業，投行人員承做的工作包括跟監管機構打交道，並根據監管要求對企業進行整改，標準非常嚴格，勢必導致工作非常沉重且煩瑣。許多投行工作人員，在積累了足夠的資源、經驗以及專業能力後，會追求更靈活的制度環境，比如到私募股權或者現下比較流行的「精品投行」嘗試更純粹的資本市場運作。

2. 投行人的出路

退出投行這個圈子後，投行人都可以往哪些方向發展呢？

由承做人轉向承攬人或內核部門：這其實就是堅持做投行的發展方向，並不能稱之為出路。只是當投行職級上升到 ED 和 MD 以後，日常工作就由承做工作變成了承攬工作。這個階段不需要整天待在項目現場，不過仍舊需要跑不同的項目參會及約見客戶。不過想做到大券商的 ED 和 MD，除了能力以外還需要一定的機緣。至於內核部門，前文也提到，在前台部門打拚久了，來中台做內核其實是一份性價比蠻高的工作，還可以發揮自身專業能力的餘熱。

轉向私募股權：很多人會選擇繼續一級市場的工作，準確地說是一級半市場。原先在投行，更多的是在做融資的事情，而通過投行的鍛鍊，既有精深的財務法律技能，熟悉公司各項管理制度，也對操作過的產業有著一定的認識和瞭解。最終使得轉向非上市公司股權的投資變得得心應手，即由幫助公司上市變成了自己投資擬上市公司，然後等待股權解凍，實現收益。

轉向上市公司：加入一家已經有規模的企業或集團做金融相關部門負責人、

副總、CFO、董事會秘書，或者去擬 IPO 企業擔任董秘等高管，也是理想的出路之一。基本上 CFO 或者說董秘都是該公司最熟悉資本市場的人，作為專家去輔導企業利用各種資本手段實現公司經營的跳躍也是很多投行人員發揮價值的重要選擇。從個人財富來講，如果能在此過程中獲得上市公司股權，則遠比單純做投行實現「財富自由」來得更為順暢。

獨立創業：選擇這條路徑有很多方面可以做，像柳青離開高盛出任滴滴打車公司總裁。有些人成立小私募自己做總裁，做管理工作；有些人選擇自己熟悉的一個行業從頭開始幹起；也有些人選擇輕鬆的工作，甚至可以投資幾個商舖，獲取租金收入。但對於投行這類待遇較高的工作來說，拋棄之前的較為優越的待遇從頭開始還是比較難的，更多的是選擇關係比較好的客戶，直接加盟做高管。

結　　語

投行業務作為資本市場最複雜的業務，不僅需要非常專業的會計、法律及行業知識，而且需要綜合素質極高的專業團隊做支持。每個項目的交易方案、交易結構、稅費等設計都涉及巨額的交易成本，甚至關乎整個交易的成敗。

所以，投行對於從業人員的綜合素質、專業能力等都有著極為嚴苛的要求。為此對於每一位員工的選拔，尤其是對於初出茅廬的應屆生的要求非常高；名校背景、優異的成績、投行相關實習經歷甚至註冊會計師和司法考試等專業證書成了各大券商招聘的門檻。投行帶來的迅速成長的機會、豐厚的報酬一直引導著莘莘學子為之拚搏。

希望本章的內容，能給對投行業感興趣的同學帶來一些幫助，在幫助大家瞭解行業的同時，堅定成為一名投行人的夢想。真心祝願每一位有志於從事投行業的同學都能夠成為「資本市場的弄潮兒」！

04

投資家最佳起點之研究員解讀

　　研究部門在各個金融機構（包括證券公司等賣方機構和基金公司等買方機構）中都是不可或缺的核心部門之一。雖然它並不直接創造利潤，卻以智囊團和潛在機構客戶吸引者的角色存在，可以說占據著金融業的中心。隨著近幾年證券市場的繁榮，特別是公募基金的迅速發展，證券研究員的價值越發受到重視。

　　在解析研究員相關內容時，先為大家解釋兩個初入金融行業容易混淆的概念：買方機構和賣方機構。

　　賣方機構主要指投資銀行等機構，如高盛、摩根士丹利等，它們自己本身不在市場直接投資，而是為其客戶提供投資建議，為其客戶的投資服務，從中賺取交易佣金。賣方報告就是這些賣方機構的分析師（又稱賣方研究員）所寫的報告，主要內容是覆蓋、跟蹤特定行業和公司，給股票評級，給出盈利預測、投資建議等。

　　買方機構則是指資產管理公司、私募基金等直接將資金投入市場的機構。買方報告主要是指這些機構的研究員所寫的報告，這些報告一般不對外，僅供內部

使用，作為機構自己投資的依據。

在二級市場 (即證券交易市場，也稱證券流通市場、次級市場，是指對已經發行的證券進行買賣、轉讓和流通的市場) 上，按照服務對象的不同，研究員可以分為買方研究員和賣方研究員。買方研究員主要是指在公募基金、私募基金、保險資管、券商資管等機構直接進行股票或債券投資研究的從業人員，賣方研究員則主要指在券商研究所從事研究工作、為買方提供研究服務的從業人員。

研究員的價值在於在跌宕起伏的行情中尋找到真正的牛股，這也是每一位投資人迫切關心的問題。將研究員 (特別是賣方研究員) 作為金融職業生涯的起點，可謂是立志做投資的金融學子的絕佳路徑。例如，將賣方研究做到極致的海通證券的李迅雷、中信證券的彭文生、安信證券的高善文；職業生涯轉型為投資的中郵基金的任澤松、公募一姐王茹遠和富國基金的魏偉等，他們曾經的研究員經歷為其後期的投資生涯奠定了堅實的基礎，也是每個立志從事研究行業的求職者學習的榜樣。

研究從業者總體情況概覽

如前所述，研究工作在很多金融機構中承擔著智囊團的角色，對從業者的專業素養要求比較高，相對於其他行業而言，研究員的從業群體相對較少。據不完全統計，全國賣方研究員總共也就只有 3 000 多位。

很多人都好奇：研究所是幹什麼的？研究員們主要的工作內容和生活狀態又是怎樣的？研究員會和學校的學術研究者一樣每天埋頭苦學，潛心修煉，抑或是跟投行的精英一樣每日靜音、西裝革履地穿梭於各大高樓之間嗎？在外人看來彷彿天壤之別的兩種生活狀態，事實上在研究所將融為一體。本節通過介紹研究員的日常工作生活，為大家掀開行研的神秘面紗。

研究部 / 所概述

資本市場中的研究部主要以「產業」和「公司」為研究對象，通過研究一個行業內部各公司之間的相互作用關係、產業本身的發展趨勢、產業間的互動聯繫以及空間區域分布特點等，發現有價值、有投資亮點的上市公司，為投資人的投資決策提出建議，俗稱「推票」。在介紹研究員的具體工作之前，我們先來簡單瞭解一下資本市場中研究的核心和目的。

1. 研究部的核心

研究部的核心就是研究。與學術研究者的研究一樣，研究部的研究員們也需要潛心做研究。不同的是，科研院所的研究以理論發明為導向，偏重於學術，涉及面比較窄，而且隨著研究的深入，研究的面不斷變窄，對所研究領域問題的理解和看法比較新穎、深刻，可以理解為一個從「0」到「1」的過程，意在發明；而證券研究以投資為導向，屬於商業化研究，注重實踐，重點揭示經濟、行業和公司的發展狀況以及投資亮點，一般來說研究面比較廣（尤其是宏觀、策略的研究），目的是給投資者帶來實際投資收益，可以理解為從「1」到「2」的過程，意在發現。從研究範圍來講，如果學術研究的研究對象是中子，那麼證券研究的研究對象就是分子。

2. 研究內容分類介紹

從大類來分，整個研究部 / 所的研究內容大概可分為兩大部分。

（1）總量研究：包括宏觀研究、策略研究、債權研究（固定收益研究）以及量化研究。

（2）行業研究：包括但不限於計算機業、電子業、傳媒業、銀行業、非銀類金融業、房地產業、化工業、環保業、農林牧漁業、食品飲料業、醫藥業、商業零售業，等等。行業的研究並不是浮於表面的空洞研究，每一個細分行業下都會涵蓋相應上市公司的微觀層面的研究，以達到「自上而下、由表及裡」的研究目的。

其中，總量研究的目的是把握大的經濟趨勢，為行業研究及具體的公司研究提供研究背景及方向，行業研究則是仔細考察行業趨勢，分析行業產業鏈以及每家上市公司的發展情況、盈利能力及未來的成長能力等，挖掘價值被低估的上市公司，尋找投資機會。

3. 研究的意義

做研究的具體意義主要包括以下幾個方面。

（1）把握行業發展動向：通過分析宏觀經濟和產業政策，結合產業發展現狀、競爭格局等，判斷行業的發展趨勢，把握市場的發展動向。

（2）判斷公司投資價值：通過與上市公司高管深入溝通等調研方式，結合案頭研究的形式，對公司基本面做出分析，判斷一家公司是否真正具有投資價值。

（3）為投資決策提供建議：無論是買方研究還是賣方研究，其最終目的都是在二級市場獲得投資回報。對賣方研究員來說，為買方客戶推薦更多的「牛票」是其工作的核心；對買方研究員而言，為基金經理提供正確的投資建議則是其價值所在。

4. 券商研究所格局

國內大部分證券公司都有自己的研究部門。按其服務對象不同，研究部門可分為兩類——服務外部的券商研究部門和服務內部的券商研究部門。服務外部的券商包括大部分大中型券商研究所，如申萬宏源、中信、中金、海通等，它們對外發布研究報告，服務買方機構；服務內部的券商主要為中小型券商，如德邦證券主要服務於其母公司復星集團，華融證券主要為華融資產的各類子公司投資提供服務，東海證券的研究所也為東海證券體系的各類投資提供了很重要的決策依據。

按是否參加《新財富》評選，研究部門也可以分為兩類：參加《新財富》評選的券商研究所，如申萬宏源、國泰君安、海通、廣發等；不參加《新財富》評

選的券商研究所，如中金、中信[1]以及一些中小券商研究所。

　　就影響力而言，服務外部客戶並且參加《新財富》評選的券商研究所影響力相對較強，二〇一五年度第十三屆《新財富》「最具影響力的研究機構和最佳銷售服務團隊」排名如表 4-1 所示。[2]

表 4-1　二〇一五年度第十三屆《新財富》「最具影響力的研究機構和最佳銷售服務團隊」排名

第十三屆《新財富》最具影響力研究機構		2015《新財富》最佳銷售服務團隊	
排名	機　　構	排名	機　　構
1	國泰君安	1	興業證券
2	海通證券	2	國泰君安
3	申萬宏源	3	海通證券
4	安信證券	4	申萬宏源
5	廣發證券	5	安信證券
6	興業證券	6	中信建投
7	招商證券	7	招商證券
8	中信建投	8	國信證券
9	長江證券	9	廣發證券
10	華泰證券	10	方正證券

　　根據二〇一〇～二〇一三年的證券公司投資咨詢收入變化情況，可以看到一個十分明顯的 U 形曲線。二〇一三年全年券商投資咨詢綜合收入達 105 億元，經過近三年的時間終於止跌回升。往前回溯，二〇一二年證券公司該項收入為 69 億元，二〇一一年為 85 億元。而在此之前的二〇一〇年，則為歷史最高的 140 億元。

---

[1]　中金在公司層面不參與評選，但允許以某個行業研究組的名義自行參評。

[2]　新財富．第十三屆新財富最佳分析師榜單〔EB/OL〕．新財富，〔2016-05-13〕．http://www.xcf.cn/zhuanti/ztzz/hdzt1/2015/zjfxs/index.html1.

二○一四年度證券公司投資咨詢業務淨收入排名[1]見表 4-2。

表 4-2　二○一四年度證券公司投資咨詢業務淨收入排名

排　名	公司名稱	投資咨詢業務淨收入（萬元）
1	平安證券	26 388
2	中信證券	25 485
3	海通證券	20 633
4	中金公司	17 322
5	中原證券	12 858
6	安信證券	10 101
7	國金證券	7 660
8	渤海證券	6 658
9	華泰證券	5 833
10	申萬宏源	5 784
11	廣發證券	5 019
12	中信建投	4 775
13	信達證券	4 741
14	宏信證券	4 375
15	東方證券	4 130

說明：以上淨收入排名不完全代表賣方研究實力。

研究員概述

研究員的主要職責是通過對上市公司調研和行業現狀的分析，運用公司財務估值模型對公司進行正確的價值評估，並得出公司的價值分析報告。工作的重點是對公司核心要素及核心競爭力進行分析，找出適合投資的標的。

---

[1]　參見中國證券業協會《二○一四年度證券公司經營業績排名情況》。

　　研究員的工作思路和方法是一個技術性相對比較強的活，基本的工作方法是基於具體的行業發展趨勢和外部環境，通過分析公司的財務報告或賣方研究報告、與上市公司進行溝通交流、參加各類相關會議等方式來完成研究。研究工作的主要成果是研究報告。行業研究員所提供的研究報告，涉及所處行業基本情況、公司主營業務、產品詳細介紹、公司整體財務狀況以及行業內競爭格局等內容。[1]

　　此外，行業研究員相當於幕後的軍師，他們並不參與實際投資，而是在分析的基礎上提供投資建議。因此研究員們對投資盈虧並不負責，而是對建議結果負責，這也說明研究員的工作是一項專業、嚴肅而又重要的工作。

　　我國有約120家證券公司，其中50家以上設立了研究部（所）從事賣方業務，據中國證券業協會網站資料，截至二〇一五年十一月二十三日，全國具備證券投資咨詢資格的分析師共2 278人，較二〇一四年二月下降了20%，只占據整個證券市場從業人員的1%，這其中不包括助理分析師，因此實際人數高於上述公布的數據。[2] 關於研究員的待遇方面，跟整個金融市場一樣，無論是從事一級市場業務還是二級市場業務，從業人員的收入都與行業景氣度密切相關。研究所的收入主要來源於提供咨詢服務得到的收入和基金分倉[3]。二〇〇八年金融危機爆發，二級市場交易量的下滑導致研究所收入直線下降。如果遇到市場不景氣，一些小型券商的收入無法支撐研究所的發展，研究員們就會面臨業務調整。從二〇一四年下半年開始，牛市逐漸爆發，券商研究所的收入又快速上升，研究員的收入也隨之扶搖直上。

　　券商研究員的工作強度相對較大，勤奮是對研究員最基本的要求之一。搜

［1］　CFA考試中國培訓中心．CFA職業方向之二——行業研究員〔EB/OL〕.CFA考試中國培訓中心，（2011-07-18）〔2016-05-13〕.http://cfa.oneready.cn/html/CFAzx/CFA-hangyeyanjiuyuan.html.

［2］　潘凌飛，2015中國證券研究行業報告〔EB/OL〕.CFA考試中國培訓中心，（2015-11-29）〔2016-05-13〕.http://www.yangqiu.cn/sz-kingdee/577172.html.

［3］　基金分倉：指券商主營業務是經紀業務，而基金公司不能申請席位交易，只能從券商那裡租席位。基金公司會定期把其基金的交易量按一定配比分給券商，同時給券商交易手續費。

狐新金融曾爆過這樣的段子：「二級狗，身懷絕技四處走。上市公司忙調研，挑燈夜戰寫郵件。早起開晨會，朦朧惺忪眼，領導問點評，答曰無尿點。路演一天四五場，出差回來灰頭臉。股價飆升沒推票，開始下跌才出現。基金經理問何故，你說逢低吸納點。工作多年，經驗無限。高拋低吸，波段操作，終於成為萬能箴言。」在激烈的競爭下，研究員們需要通過快速積累知識和人脈來實現對資源的掌控。研究員一般的工作狀態是，早晨五六點開始觀察昨夜市場有無大事發生，七八點到公司開晨會，九點以後參與策略會、調研、路演、研討會等大小會議，然後與客戶共進午餐（表面上是吃飯，其實是午餐路演），下午繼續參與策略會、調研、路演、研討會……五六點之後散會，收拾東西回家，但這並不意味著一天的工作到此結束。相反，這只是一天的另一個開始，晚飯後要整理會議紀要、調研筆記，整理要發給基金經理的資料，撰寫公司報告、行業報告甚至週報、月報、日報。晚上九點，整理上交所和深交所的上市公司當天公告信息。當然，就目前的金融實踐來看，日周月報、公告整理和會議紀要等基礎性工作會由剛入行的實習生主導承擔。但是，如果市場有大事件發生，研究員就要加班寫事件點評，同時繼續安排第二天的策略會、調研、路演、研討會……有時會加班到凌晨兩三點，這基本上是一個研究員完整的生活狀態。

研究員的忙與投行人士的忙可以做一個簡單的對比。他們事實上是兩種截然不同的狀態。投行的忙是忙起來沒日沒夜幾天不睡覺、項目結束後可以蒙頭大睡三天三夜，屬於作息沒有規律的狀態。而研究員的忙是忙起來日復一日、行程緊密無縫連接，屬於一種有規律的狀態。一位基金經理說過，做研究這一行太累了，早上起來發現，美國刮個颱風，巴西踢個足球，任何事情都會影響到資本市場，一覺醒來，所有的信息都鋪天蓋地向你襲來，而且你還不能逃避，因為所有的事情都可能影響你的投資判斷，這也算是對自我工作的一種調侃吧！

總結研究員的生活，高強度的工作已經成為習慣，加班也是常態，每天工作12小時以上，連續工作不休息對研究員來說也不是不可能。研究員們白天要調研，

進行各種溝通，晚上還要寫報告，充足的睡眠只存在於夢中，特別是在發布季報、半年報、年報的高峰期，忙碌程度更是倍加。所以想要從事行研工作，除了要有才華以外，踏實敬業的工作態度、吃苦耐勞的堅韌品格、積極向上的精神狀態也是必不可少的。

但是，千萬不要被以上描述嚇到，與很多研究員交流，你會很敬佩他們那種專注、敬業的精神，尤其是對問題的思考以及邏輯思維能力更是讓人羨慕不已。現實中很多研究員也不像一些人想像中的那樣只會埋頭做研究，他們其實是一個「能夠不斷發現生活中的美」的群體，健談、嚴謹和激情都是研究員的代號。當然，這一切的優秀都源於他們背後努力認真的付出，就如本章標題「投資家最佳起點之研究員解讀」所言，行業研究是一個非常適合剛入金融行業歷練學習的地方，能給人帶來超乎想像的成長性。相比於其他崗位，高強度、專業化的工作狀態會讓人（尤其是新人）迅速成長，或許可以實現人生的彎道超車。所以，立志做行研的學子們，不要猶豫，堅持一定可以修成正果。

研究員的研究方向分類

賣方研究部的研究分析包括宏觀、策略、量化、行業、公司等，中型以上的券商一般都會有服務買方的研究所，各家券商涵蓋的行業完整度不一樣，大型券商基本涵蓋所有行業，不同的行業研究側重點有所不同。從某種意義上說，研究所是證券公司的門面，是一種品牌，是對經紀、投行等業務的有力支撐。而多數買方（如公募基金）研究員往往一個人涵蓋幾個行業，所以很難對某個行業或某家公司展開深入的研究，因此需要參考賣方研究所的研究成果。各家券商的行業人員分配上，策略組人員分配會略多一點；其他組人員一般為 2~5 人，當然也有超過 5 人或低於 2 人的；中型券商研究所人員可達 80 人，大型券商研究所人員超過 100 人。

證券研究行業分類（宏觀、固收、金融工程、買方研究除外）見表 4-3。

表 4-3　證券研究行業分類

序　號	名　　稱	序　號	名　　稱
1	計算機	16	汽車
2	通信	17	房地產
3	電子	18	家電
4	傳媒	19	建材
5	餐飲旅遊	20	電力及公用事業
6	輕工製造	21	建築
7	紡織服裝	22	食品飲料
8	農林牧漁	23	有色金屬
9	電力設備	24	石油石化
10	機械	25	鋼鐵
11	國防軍工	26	煤炭
12	基礎化工	27	銀行
13	商貿零售	28	非銀行金融
14	綜合	29	醫藥
15	交通運輸		

宏觀研究

宏觀經濟研究的主要目的是預測宏觀經濟形勢，研判宏觀政策走向，揭示行業景氣格局。

1. 宏觀研究體系介紹

宏觀研究以股市發展環境為中心，主要圍繞國內經濟、金融市場、產業經濟和世界經濟四大方面來展開分析。

宏觀研究中一個中心、四個基本點的架構[1]見圖 4-1。

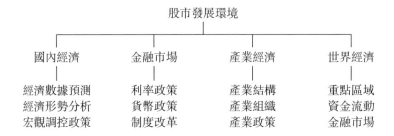

圖 4-1　宏觀研究中一個中心、四個基本點的架構

2. 宏觀研究報告分類

宏觀研究報告主要探討宏觀經濟形勢，可以分為以下三大類：

（1）信息類，晨會紀要、信息短評、市場大事記；

（2）模板類，每日晨會數據更新、定期數據預測、宏觀景氣指數模型、中國經濟長期預測模型、短期數據預測模型、經濟指標單變量預測；

（3）研究類，季度報告、年中策略會報告、系列專題報告。

宏觀研究報告的具體分類，參考表 4-4。

表 4-4　宏觀研究的報告分類

	研究報告	負責人員	平均頁數
日報	晨會紀要（財經新聞） 重要信息點評	當日值班員	1 2
週報	經濟金融大事記	—	5

[1] 李慧勇.如何分析中國經濟大勢〔EB/OL〕.百度百科，(2015-10-27)〔2016-05-13〕.http://
wenku.baidu.com/link?url=jnzaY9OLcrSBZ2ZUC22FgHVrDzmT_4k2VRF287zoWUVXqypIHyUYLjsnoSJsU4QzbEq
1N8DnImXAdcEx4zOZIkP0sffB-nqSJzf7H0x8wCK.

續表

	研究報告	負責人員	平均頁數
月報	價格態勢月評	—	10
	宏觀數據月評		10
	金融市場月評		15
	故事發展環境月評		10
	經濟金融大事記		20
季報	宏觀經濟季報	各領域分析師	30
	金融創新季報（合作）		20
	春季、秋季系列報告		30
	宏觀經期模型季報		20
非定期	熱點事件分析	各領域分析師	10
	委託專題研究		30

3. 宏觀研究方法

宏觀研究因著眼於整體經濟形勢，故有其一套獨特的研究方法，包括研究思路、範疇、分析核心等內容。

◆ **宏觀研究思路**

宏觀研究以探究經濟發展方向為主，從政策週期、市場走勢的各方面入手來分析目前的經濟形勢。宏觀研究思路見圖 4-2。

◆ **宏觀研究範疇**

宏觀研究主要包括數據、形勢、政策三大範疇，不同的範疇又有不同的分析方法和理論要求，見圖 4-3。

◆ **宏觀經濟分析核心**

宏觀經濟分析的核心就是分析影響總供給和總需求的各個因素及其影響，分析思路見圖 4-4。

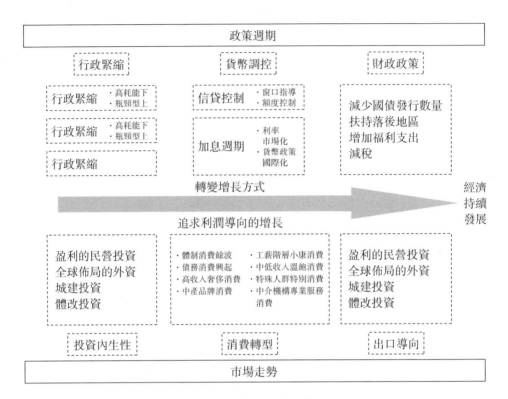

圖 4-2　宏觀研究思路

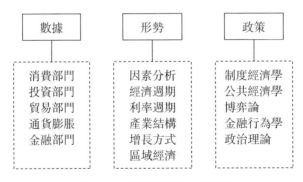

圖 4-3　宏觀研究三大範疇

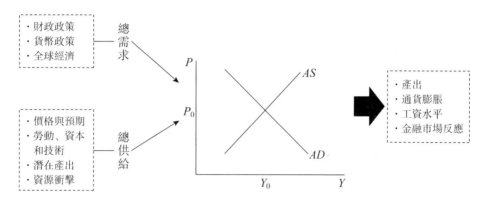

圖 4-4　總供給、總需求分析思路圖

策略研究

策略研究是在預判資本市場中長期走勢的基礎上，向投資者給出投資組合建議。因此，投資策略要告訴投資者未來的市場如何發展、投資機會在什麼地方、風險在何處等信息。

1. 策略研究的主要內容[1]

策略研究與上文提到的宏觀研究密不可分，在大多數情況下，策略邏輯也是從宏觀分析中得出的。策略在宏觀中屬於中微觀環節，在分析市場後，接下來進行預判，包括但不限於市場上各參與者的情緒變化、未來較長時間行情走勢、未來投資風格的變化、行業適合的配置建議以及適合投資的條件等。最後，策略研究會對其中的細節進行相應的分析，比如對大市的研判、行業配置研究以及主題策略投資研究等。

策略研究的主要內容包括指標研究、大市研判和行業配置研究。

---

[1] 金融小夥伴.你知與不知的行業研究〔EB/OL〕.愛微幫,(2015-05-21)〔2016-05-13〕.http://www.aiweibang.com/yuedu/26967314.html.

◆ 指標研究

指標研究主要指經濟週期、政策層面分析，具體指標包括：

新型指標——PMI；

信貸指標——包括利率類、新增貸款類、中長期貸款類指標；

流動性指標——M1，M2；

另外，指標研究還包括數量分析、跨國比較分析。

◆ 大市研判

分析整個市場的漲跌和背後支持它的邏輯，以及在宏觀的框架下進行預判。

◆ 行業配置研究

分析行業的驅動因素，未來一段時間配置思路，行業流動時間和空間，擇時問題；根據美林投資時鐘——蕭條期、復甦期等市場表現，各種行業會分為週期性的、資產價格敏感性的、貨幣敏感性的（航空、造紙）等類型，不同行業分析思路不同。

2. 主題策略研究的開展

主題策略研究的特點是不按照一般行業劃分的方法選擇股票，而是把深挖市場上驅動週期的某個因素作為一個主題。主題策略研究就是從龐大的信息中挖出其中一個點來進行擴散性的相關分析研究。根據研究的時間週期，其主要包括三類策略研究：短期策略研究、中期策略研究和長期策略研究。

◆ 短期策略研究

短期策略研究側重事件驅動，如業績、分紅、高送轉等。

◆ 中期策略研究

中期策略研究關注行業景氣度、行業輪動、參照行業週期性更迭等。如二〇〇九～二〇一〇年大宗商品價格處於低迷期，而其以後的發展趨勢證明當時就是一個好的切入點。

◆ 長期策略研究

長期策略研究關注經濟週期的變化。如宏觀經濟週期表明近兩年的牛市可以概括為改革牛，細分為三點：促增長（包括釋放新的增長機會、擴大內需，比如一帶一路、自貿區或供給端進行優化）、防風險（包括降低整體經濟、金融風險，比如反腐、金融改革、依法治國）和再平衡（包括調整經濟結構，主要是服務業、智能科技，比如互聯網＋）。

3. 策略研究思路

策略研究從信息收集開始，設定分析框架，進行投資判斷，最終找出股價上漲的原因是什麼，以及買什麼、賣什麼、何時交易等問題，策略研究思路見圖4-5。

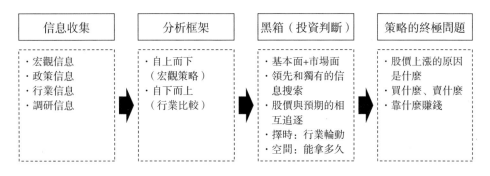

圖 4-5　策略研究思路

金融工程／量化研究

金融工程主要是指通過數理模型實現投資理念，由計算機產生交易策略的一種投資方法。簡單地說，金融工程就是利用數學、統計學、信息技術的量化投資方法來管理投資組合。量化研究注重對宏觀數據、市場行為、交易數據進行分析，利用數據挖掘技術、統計技術、計算方法等處理數據，以得到最優的投資組合和

投資機會。[1]

量化投資以先進的數學模型代替人為的主觀判斷，克服人性的弱點，如貪婪、恐懼、僥倖心理，也可以彌補認知偏差，借助系統強大的信息處理能力增強投資的穩定性、連貫性和一致性，最大限度地減少投資者情緒的波動影響，避免在市場極度狂熱或悲觀的情況下做出非理性的投資決策。當然，量化模型的結果在很多情況下只能作為一種參考，做出投資決策還需要投資者的主觀判斷。

下面就其研究內容和研究方法做詳細說明。

1. 研究內容

量化研究主要包括 8 大核心內容。

◆ 量化選股

量化選股就是採用數量型的方法判斷某家公司是否值得買入。根據某種選股計算方法，如果該公司滿足了該方法所需的條件，則放入股票池；如果不滿足，則從股票池中剔除。

◆ 量化擇時

量化擇時就是利用數據模型來判斷大盤的高點低點，從而進行波段交易。量化擇時是量化投資中難度最大的一個策略，所需要的數學工具也最為複雜。

◆ 股指期貨套利

股指期貨套利是指利用股指期貨市場存在的不合理價格，同時參與股指期貨與股票現貨市場交易，或者同時進行不同期限、不同（但相近）類別股票指數合約交易，以賺取差價。股指期貨套利主要分為期現套利和跨期套利兩種。

◆ 商品期貨套利

商品期貨套利盈利的邏輯原理是基於以下幾個方面：①相關商品在不同地點、不同時間都對應有一個合理的價格差價。②由於價格是波動的，價格差經常

[1] 鄒劍 . 陽光私募基金運行及投資策略研究〔D〕. 成都：西南交通大學，2011.

呈現不合理狀態。③不合理必然要回歸合理。④不合理回歸合理的這部分價格區間就是盈利區間。

◆ **統計套利**

有別於無風險套利，統計套利是利用證券價格的歷史統計規律進行套利，是一種風險套利，其風險在於這種歷史統計規律在未來一段時間內是否繼續存在的不確定性。

◆ **期權套利**

期權套利交易是指同時買進賣出品名相同但敲定價格不同或到期月份不同的看漲或看跌期權合約，希望在日後對沖交易部位或履約獲利的交易。

◆ **算法交易**

算法交易又稱自動交易、黑盒交易或者機器交易，是指利用電子平台，輸入涉及算法的交易指令，以執行預先設定好的交易策略。算法中包含許多變量，包括時間、價格、交易量，或者在許多情況下，由「機器人」發出指令，無須人工干預。算法交易廣泛應用於投資銀行、養老基金、共同基金，以及其他買方機構投資者，以便把大額交易分割為許多小額交易來應對市場風險和衝擊。

◆ **資產配置**

資產配置是指資產類別選擇，即投資組合中各類資產的適當配置以及對這些混合資產進行實時管理。量化投資管理模型將投資方法建立在對各種資產類股票公開數據進行統計分析的基礎上，通過比較不同資產類的統計特徵，建立數學模型，進而確定組合資產的配置目標和分配比例。

2. 研究方法

量化研究主要有 6 大方法。

◆ **人工智能**

人工智能（Artificial Intelligence，AI），是研究使用計算機來模擬人的某些思維過程和智能行為（如學習、推理、思考、規畫等）的學科，主要包括探索計

算機實現智能的原理，製造類似於人腦智能的計算機，使計算機能實現更高層次的應用。人工智能的很多技術可以用於量化投資分析，包括專家系統、機器學習、神經網絡、遺傳算法等。

◆ 數據挖掘

數據挖掘（data mining）是從大量的、不完全的、有噪聲的、模糊的、隨機的數據中提取隱含在其中的、人們事先不知道的、但又是潛在有用的信息和知識的過程。與數據挖掘相近的同義詞有數據融合、數據分析和決策支持等。在量化投資中，數據挖掘的主要技術包括關聯分析、分類／預測、聚類分析等。

◆ 小波分析

小波分析通過伸縮平移運算對信號（函數）逐步進行多尺度細化，最終達到高頻處時間細分、低頻處頻率細分、自動適應時頻信號分析的要求。小波分析在量化投資中的主要作用是進行波形處理，包括波形的去噪、重構、診斷、識別等，從而實現對未來走勢的判斷。

◆ 支持向量機

支持向量機（SVM）方法是通過一個非線性映射 p，把樣本空間映射到一個高維乃至無窮維的特徵空間中（Hilbert 空間），使得在原來的樣本空間中非線性可分的問題轉化為在特徵空間中的線性可分的問題。SVM 在量化投資中可以用於擇時、選股。

◆ 分形理論

被譽為「大自然的幾何學」的分形理論，是現代數學的一個新分支，它承認世界的局部可能在一定條件下，在某一方面（形態、結構、信息、功能、時間、能量等）表現出與整體的相似性。這種特徵使得分形理論在量化投資中得到了廣泛的應用，主要用於金融時序數列的分解與重構，並在此基礎上進行數列的預測。

◆ 隨機過程

隨機過程（stochastic process）是一連串隨機事件動態關係的定量描述。隨

機過程論與其他數學分支（如位勢論、微分方程、力學及復變函數論等）有密切的聯繫，是在自然科學、工程科學及社會科學各領域研究隨機現象的重要工具。其中馬爾科夫過程很適合金融時序數列的預測，是隨機過程在量化投資中的典型應用。

細分行業研究

1. 行業整體研究

行業整體研究立足於一個行業的整體情況，對行業整體進行邏輯梳理和亮點研究。行業整體研究主要解決以下幾個問題：

這個行業的盈利模式是什麼？

這個行業的競爭格局是什麼（壟斷，寡頭壟斷，壟斷競爭抑或完全競爭）？行業集中度如何？

這個行業發展的天花板在哪裡？還有多久觸碰到天花板？

這個行業的盈利週期有多久？

這個行業是什麼類型的（勞動力密集型，資本密集型，抑或技術密集型）？

行業秩序如何？

因此，行業整體研究主要從宏觀經濟、行業概況、產業鏈、政策、經濟週期等方面進行分析。主要內容包括：

◆ 宏觀經濟和行業概況

宏觀經濟的變化會對一個行業產生直接且深遠的影響，是行業分析時必不可少的因素，而行業概況主要是便於不熟悉這個行業的投資者理解行業。

◆ 產業鏈

搞清楚行業的產業鏈非常重要，這是理解產業的基礎。產業鏈包含價值鏈、

企業鏈、供需鏈和空間鏈四個維度。[1] 產業鏈的上游一般是基礎產業環節和研發環節，下游則拓展到市場和銷售環節。這種關聯的實質則是各產業中企業之間的供給與需求的關係。圖4-6非常詳細地描述了中國醫藥電商產業鏈。

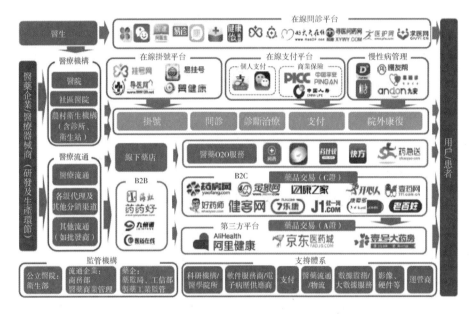

圖4-6　中國醫藥電商產業鏈圖譜

◆ 政策

政策的調控會對行業產生巨大的影響，如醫藥生物行業的醫師多點執業、處方外流等政策一旦落地，將對藥品、醫療服務、醫藥商業等領域產生巨大影響。

◆ 經濟週期和生命週期

目前我國典型的週期性行業包括鋼鐵、有色金屬、化工等基礎大宗原材料行業，水泥等建築材料行業，工程機械、機床、重型卡車、裝備製造等資本集約型行業。當經濟高速增長時，市場對這些行業的產品需求也高漲，與之對應，行業

[1] 吳金明，邵昶 . 產業鏈形成機制研究——「4+4+4」模型〔J〕. 中國工業經濟，2006（4）：36-43.

相關的公司業績改善會非常明顯，其股票也會受到投資者的追捧；而當經濟低迷時，固定資產投資下降，對其產品的需求減弱，業績和股價會迅速回落。[1]

此外，還有一些非必需的消費品行業也具有鮮明的週期性特徵，如轎車、高檔白酒、高檔服裝、奢侈品、航空、酒店等行業，人們的收入增長速度及對收入的預期都會直接影響對這類非必需商品的消費需求。

經濟週期可以分為四個階段——衰退、復甦、過熱和滯脹。週期性行業的週期循環常常沿著產業鏈按一定的順序依次發生，通常復甦始於汽車、房地產、基礎設施建設、機械、裝備製造等下遊行業，然後傳導至化纖、非金屬礦製品、有色金屬冶煉壓延、黑色金屬冶煉壓延等中游的加工製造業，最後是上游的有色、石油、煤炭、石化等行業。衰退也是從下遊行業開始，依次傳導至中游、上遊行業。歷史背景不同，週期循環並非簡單的重複，運行規律也不是一成不變的，不能簡單地套用歷史經驗對週期拐點進行判斷，而應具體情況具體分析。

2. 公司個股研究[2]

公司個股研究著眼於具體的上市公司，主要分析公司行業地位、公司運營狀況、管理層決策情況、未來發展戰略等，研究一家公司主要從天花板、商業模式、核心競爭力、市場壁壘、估值、成長性等幾個方面入手。

天花板：指企業或行業的產品（或服務）趨於飽和、達到或接近供大於求的狀態。

商業模式：指企業提供哪些產品或服務，企業用什麼途徑或手段向誰收費，來賺取商業利潤。

核心競爭力：包括股東結構、領軍人物、團隊、研發、專業性、業務管理模式、

---

［1］ 陸真平．我國上市公司公布財報對股價的影響——基於不同行業特徵的實證比較〔D〕．北京：對外經濟貿易大學，2010．

［2］ 葉成劍．如何研究一家公司〔EB/OL〕．淘股吧，（2014-04-30）〔2016-05-13〕．http://www.taoguba.com.cn/Article/1012444/1.

信息技術應用、財務策略、發展歷史等。

市場壁壘：指企業抵禦競爭者的諸多保障措施，包括回報率、產品轉化成本、品牌效應等。

估值：通過對公司未來幾年的收入和利潤進行預測，算出未來每股盈餘（Earnings Per Share，簡稱 EPS）及市盈率（Price to Earning Ratio，簡稱 PE），即二級市場一般所說的「估值」。估值反映了目前股價的高低，具有很強的參考意義。

3. 熱門行業研究實例

◆ 醫藥行業[1]

醫藥行業是處於高速發展的行業之一，其整體增速大約是國內生產總值增速的兩倍。醫藥股數量在人民幣普通股票（以下簡稱「A 股」）中排名第三，目前總市值占 A 股總市值的約 5%。醫藥需求有剛性，屬於典型的弱週期行業，人口老齡化加速、某些疾病患病率提升等因素促進了行業的需求擴增，醫藥行業可以說是少數幾個暫未看到天花板的行業之一，這一系列特點使得醫藥股成了投資和研究的熱門標的。此處介紹醫藥行業的基本狀況和行業研究的關注重點。

可以從產業鏈、藥品、醫藥流通、生物製藥等幾個方面把握醫藥行業的基本情況。

產業鏈。上游：化學原料藥、製藥、中藥等；中游：醫藥流通；下游：醫療服務、醫院、患者等。

藥品。擁有原研藥和獨家仿製藥的企業具備很強的優勢，比如恆瑞醫藥，研發實力強，企業重視研發，產品出口國外，如環磷酰胺已經出口歐美等地區。分析一家藥品生產企業的產品，主要看產品線是否豐富，是否用於治療大類疾病（如腫瘤），藥品生產廠家強不強，競爭力怎樣。特效藥及生物藥仍舊是搖錢樹，

---

[1] 小夥伴研究院 . 你知與不知的行業研究〔EB/OL〕. 愛微幫，(2015-05-21)〔2016-05-13〕.http://www.aiweibang.com/yuedu/26967314.html.

其銷售額占醫藥銷售總額的很大部分；治療性疫苗也將迎來在醫藥舞台上大顯身手的機會。

醫藥流通。第一要素是資金，上市公司占有優勢，可以多渠道融資；第二要素是渠道，是分銷還是直銷，是零售還是醫院終端等；第三要素是企業和上游廠商的談判能力，即能否從廠家拿到較低價格的藥品或醫療器械。

醫改。醫藥行業的關注重點之一即為醫藥改革，醫改對行業的影響非常大。下面選取藥品招標和以藥養醫政策加以舉例說明。

例一：集中招標採購。

藥品集中招標採購是指多個醫療機構通過藥品集中招標採購組織，以招投標的形式購進所需藥品的採購方式。藥品集中招標採購的目的是保證城鎮職工基本醫療保險制度的順利實施，從源頭上治理醫藥購銷中的不正之風，規範醫療機構藥品購銷工作，減輕社會醫藥費用負擔。

招標是因為政府要對藥品降價，招標時國家限定最高零售價，各地自主競標中標後，藥品可以通過醫院銷售。每種藥品在各省份的招標情況和價格均不一樣，因此存在某些企業在某些省份有招標的價格優勢，而在其他省份競爭力較弱的情形。

我國藥品集中採購從二〇〇〇年開始實施至今已經有一六年，從政策實施角度看，可以劃分為以下階段：二〇〇〇～二〇〇四年為第一階段——建立期；二〇〇五～二〇〇九年為第二階段——探索期；二〇一〇～二〇一四年為第三階段——規範期；目前是第四階段——提高期。

例二：破除以藥養醫。

以藥養醫是以醫生的勞動來實現藥品的高附加值，以藥品的高利潤拉動醫院的經濟效益，維持醫院的正常運轉。二〇一一年十月，北京啟動解決「以藥養醫」現狀的大醫院改革，試點進行醫院藥房「托管」的舉措，以此切斷「以藥養醫」。醫生是整個醫療體系的核心資源，但此前這個關鍵群體的價值卻被大大低估，破

除以藥養醫意味著給醫生重新「定價」。破除以藥養醫需要各項改革同時進行，如支付制度、薪酬制度、補償機制等。二〇一五年五月十七日，國務院辦公廳發布《關於城市公立醫院綜合改革試點的指導意見》，指出通過外部治理以及內部管理破除公立醫院逐利機制將成為工作重點，改革公立醫院人事薪酬制度，進一步降低個人衛生支出。

◆ 計算機行業[1]

二〇一四年計算機板塊「風景這邊獨好」。前三季度，在大盤低迷不振的背景下，計算機板塊熱點不斷，從國產化、信息安全、智慧教育、智慧醫療、O2O 到互聯網金融，形成一道靚麗的風景線。

二〇一五年計算機行業有兩條投資主線：一是國家政策主線，如符合國家政策引導方向的國企改革、信息安全和國產化等；二是互聯網主線，如與互聯網深度融合的行業，智慧醫療、互聯網金融、工業互聯網和人工智能等。

計算機行業的研究往往較少看公司基本面，不做估值分析，主要關注其成長性、題材與概念是否具有吸引力。下面以互聯網金融為例加以分析。

（1）金融服務向互聯網端遷移已成必然趨勢。目前，國內的互聯網金融發展仍處於起步階段，僅出現了支付寶、財付通、陸金所等相對成熟的產品，個人與個人間的小額借貸交易（以下簡稱 P2P）、眾籌、互聯網銀行、互聯網券商、徵信、網絡微貸等都還處於探索階段，模式尚未成熟，考慮到互聯網的普適效應和長尾效應，以及強大的創新能力，未來互聯網金融的拓展空間巨大。

（2）互聯網金融涉及支付、融資、投資理財、風險管理等金融領域的方面，比較典型的有互聯網支付、網貸、眾籌融資、網絡銀行、網絡券商等業態。

（3）金融領域卡位精準的互聯網技術（以下簡稱 IT）公司。從互聯網金融的切入模式來看，主要分為：第一，傳統金融業務的互聯網化，如網上銀行等；第

---

[1] 安信證券．計算機行業二〇一五年投資策略——互聯網的春天〔EB/OL〕．金融界，（2015-05-21）〔2016-05-13〕．http://stock.jrj.com.cn/2015/01/05121218646443-8.shtml.

二，基於互聯網平台開展金融業務，如電商平台、互聯網金融平台；第三，全新的互聯網金融模式，如 P2P、眾籌等，這實際上是線下金融需求在互聯網端的創新；第四，金融支持的互聯網化，包括 IT 技術提供商等。

◆ 銀行業[1]

目前我國 A 股上市銀行有 16 家，其中國有銀行 5 家（規模大、網點覆蓋面廣）、股份制銀行 8 家（體量稍小，業務創新能力強，差異化明顯，每家銀行都有自己的特色，比如招商——零售，民生——小額貸款，每家均有自己的招牌，轉型速度快）以及城商行 3 家（北京銀行、南京銀行、寧波銀行，在當地或周邊影響力大，具備地方優勢）。

銀行股整體價格都比較低，且估值較低，後市發展空間跟國家經濟以及宏觀政策等緊密聯繫。

銀行業的整體特點表現在以下幾個方面：

（1）週期性明顯：經濟上行期，企業擴張，盈利能力增強，貸款總額相應增加，銀行利潤表現可觀，股價表現相對較好。

（2）逆週期監管。銀行業受政策監管多，業務推新時常會受限。經濟上行期，企業發展穩定，社會整體發展繁榮向上，銀行自身的發展更為順暢，監管層管理監督相對較少。經濟下滑期，企業利潤下滑，融資需求依然較大，既要給融資需求大的企業發放貸款，又要面臨不良貸款的壓力，因此要跟著國家政策和監管措施走，自主性相對減弱。逆週期監管的特性主要在於銀行所處的社會地位和角色的特殊性，因為銀行目前的主要盈利來源是傳統業務的存貸利差，因此銀行轉型的重要方向是加強中間業務的收入占比，如結算、托管等手續費收入，我國銀行在這方面顯存不足。

（3）利潤主要來源於存貸利差。貸款和存款利差在 2%~3% 之間，國有銀行

[1] 小夥伴研究院．你知與不知的行業研究〔EB/OL〕．愛微幫，（2015-05-21）〔2016-05-13〕．http://www.aiweibang.com/yuedu/26967314.html1.

存貸利差收入占比相對股份制存貸利差收入占比大，傳統特徵更為明顯。在目前競爭的環境下，銀行業利潤持續下降，二○一三年平均利潤率保持在兩位數，二○一四年利潤率出現明顯下滑，特別是國有銀行，這樣的趨勢對銀行來說就意味著壓力增大，創新的重要性日益凸顯。

（4）風險不可小視。銀行的風險主要來源於：信用風險（不良率）、流動性風險、利率風險等。銀行不良率二○一四年保持在 1% 左右，近兩年持續反彈，截至二○一五年第四季度末，我國商業銀行不良率已達 1.67%。在流動性方面，市場上資金缺乏，銀行不停發債補血，錢荒的時候拆借利率很高，主要依賴央行對市場流動性的注入。

研究員的崗位劃分

上文提到，研究員有賣方研究員和買方研究員之分。雖因為研究，但兩者卻存在一定的差異，賣方研究員服務於買方研究員（包括基金經理），買方研究員則服務於基金經理。本節將為大家剖析賣方、買方研究員的異同。

賣方研究員

研究員群體大部分來自證券公司，另有一小部分來自公募基金、私募基金、保險資管、券商自營和券商資管等機構，雖然他們都以經濟、產業、公司等為研究對象，但在行業鏈條上，他們卻成了上下游的關係，前者由於其銷售屬性更強而成為賣方，後者作為真正投資的一方而成為買方。[1] 證券公司研究員由於在資本市場中推銷自己的投資理念，推薦自己研究中覺得有價值的股票，所以被稱為賣方研究員。

---

[1]　鄭聯盛 . 賣方研究員與買方研究員〔J〕. 經濟學家茶座，2013（4）：15-18.

1. 價值

證券公司研究所並不是一個直接創收的部門，其主要價值來源於對外服務，對象包括各類買方投資者，通過提供有價值的研究報告和準確的投資建議獲取佣金和《新財富》排名。在研究員這一行，名聲和名氣非常重要，這也是每年《新財富》評選季，研究員們都忙得不可開交、努力沖榜的原因所在。

賣方研究一行在二十世紀九〇年代末期就已經存在，但直到二〇〇五、二〇〇六年後，隨著公募基金的大力發展，賣方研究才開始進入快速發展階段。賣方研究的營運模式相對簡單，券商研究所通過提供研究成果和增值服務，以爭取買方基金公司在自己的交易通道上交易的佣金，同時買方會依據賣方的研究和服務進行分倉。因此，隨著基金的交易量不斷提升，研究的價值更進一步顯現出來。另外，賣方研究所的佣金主要來源於大型機構投資者（以公募基金為主），機構投資者與散戶的投資策略的不同之處在於：他們已經脫離簡單的坐莊或拉開股價的形式，轉移到注重基本面的價值研究上來了。可以說，公募基金的發展推動 A 股告別了通過坐莊和惡炒盈利的莊股時代，轉向價值投資，研究報告的價值得到了更多的重視，也促進了賣方研究的快速發展。

反過來說，買方支付賣方佣金，賣方通過對行業或個股的深入研究發掘投資亮點，推薦給買方，從而讓買方客戶獲取收益，也促進了買方自身業績的增長及名聲的建立。然而時至今日，賣方研報供過於求，資本市場或行業內事件往往會吸引多位研究員做出點評，因此研究已不能體現賣方研究員工作的全部價值，與上市公司、基金經理保持溝通，服務好客戶成為賣方研究員工作非常重要的一部分，只有這樣，才能讓買方基金經理在眾多研究員中記住你，在評比時投你一票。

2. 工作內容

賣方研究員的工作內容主要包括調研上市公司、撰寫研究報告、向客戶推薦股票以及根據客戶需求提供研究支持等幾個方面。想成為一位優秀的賣方研究

員，做好調研、寫好報告、服務好客戶缺一不可。[1]

◆ 公司調研

公司調研是賣方研究員工作中重要的一環，研究員通過實地考察上市公司，與公司董事長、董秘、業務主管等直接交流，或借助參加股東大會等方式瞭解公司的生產經營情況、銷售利潤情況、重大發展戰略、管理層意願等，判斷公司發展戰略的可實現性，挖掘公司競爭關鍵點，修改與完善先前自己在研究中給出的假設，完成盈利預測與估值模型，並最終得出預測和估值結論，提出投資建議。

調研首先需要明確調研對象。研究員需要從行業格局、行業趨勢、市場熱點、公司自身價值出發尋找合適的標的公司。確定標的後，在實際開展調研之前，應做好充分的準備，包括查詢公司新聞、近年公告、年報和其他券商研報等，判斷公司目前估值水平、關注熱點、行業信息等，瞭解公司高管背景、從業經歷，列出初始的調研問題清單並初步完成盈利預測與分析。在調研過程中應注意提問技巧，首先要有明確的提問提綱，切忌問題表述太長或回答所需的表述太長，並盡可能設計好問題的多種預期回答，誘導對方，觀察對方的反應，力求得到所需的全部關鍵信息。

在調研結束後，再根據所獲得的詳細資料，對標的進行深入的宏觀經濟研究（研究宏觀經濟與政策）、策略研究（研究市場趨勢）、行業和公司研究（主要股票的覆蓋等）以及量化研究等。

同時，調研不是一次性的活動，在調研之後，研究員仍需與所調研的公司經常保持聯繫。業內流傳著一句話：「不勾兌不是好分析師」，勾兌，即溝通和協商的意思，就是指賣方研究員與上市公司保持緊密的聯繫以獲取第一手信息。除了基金、資管等買方客戶外，上市公司作為研究對象也是影響賣方研究的重要一面。優秀的分析師不但要能夠贏得基金經理的信任，還要能從上市公司處得到更多的

---

[1] 周勵謙. 如何做好賣方研究〔EB/OL〕. 百度文庫，（2011-05-25）〔2016-05-13〕. http://wenku. baidu.com/link?url=9J_93V_IaT5EAeeYzJIJH2Rrf7y25riiVadSCizZg7t_hza2BFvY_2GsfulTb22o1Wv-SFoj_P6ZvSjEy-HuVLHQoF6X_abXRmYpIROZvri.

資源。想在不違反獲取內幕信息相關規定的情況下及時獲得信息，需要研究員時刻與上市公司保持緊密的聯繫和溝通。

◆ **研報撰寫**

研究報告分為兩類，一類是調研結束後撰寫的公司調研報告，另一類是常規研究報告。後者緊跟市場熱點，是研究員能夠站在行業發展前沿的保證。優秀的報告不能流於形式，而是要體現其專業性、及時性、創新性、連續性等。要成為優秀的賣方研究員，報告必須形成體系化，即定期撰寫行業報告、深度報告、跟蹤報告等，主題性的研究必須系統化和完整化，同時追求報告的疊加效應。創新也是研究報告中很重要的一點，即對企業某方面商業價值的挖掘或者對於行業事件的獨特見解。

優秀的研報核心就是為客戶提供最有價值的信息，其要求可歸納為 16 字準則：「獨立發現、邏輯清晰、論證充分、成效顯著」。研究所體現的是綜合能力，論證過程中的正向和反向分析都體現了研究員的勝任力與職業素質。在具體的報告撰寫上，標題、首頁的關鍵點總結與整體信息的呈現方式都非常重要。

具體來說，最常見的研報是事件點評報告，一般是對公司季報、半年報、年報和重點公告的點評，由事件、點評觀點和盈利預測組成，篇幅較短。而公司深度報告一般為 20~40 頁，涉及內容包括但不限於公司所屬行業分析（如宏觀經濟、行業概況、行業特徵、行業政策、產業鏈分析、產業供需分析等）、公司分析（如股權結構、財務分析、同業比較等）和盈利預測。主要的資料來源為公司實地調研、相關部委新聞報告、行業協會資料、咨詢報告、行業重要網站信息、企業招股說明書、企業公告和企業年報等。

◆ **路演服務**[1]

券商研究員到公募基金等買方展示研究成果的活動稱為路演。十年前，路演

---

[1] 黑馬外匯.賣方研究員和買方研究員，差別究竟在哪裡？〔EB/OL〕.新浪博客，（2014-08-11）〔2016-05-13〕.http://blog.sina.com.cn/s/blog_494d60230102uyvz.html.

聽起來以及實際上都是很厲害的，據說當時的中金公司堪比華爾街的高盛，如果要去金融業不夠發達的城市路演一場，當地很多基金經理都會爭著去現場站著聽講。然而時過境遷，隨著信息傳播效率的提高和獲取方式的便捷化，現在的路演相對頻繁，有些買方研究員和基金經理已面對信息氾濫成災，有時甚至避之不及，而過多的路演對賣方也是一種負擔，賣方研究員經常一天奔波幾個地方，在路上準備著下一場演講。

賣方分析師為了獲取佣金和提升排名，必須獲得買方和市場的認可，而路演是一種與買方建立關係、深化感情的極佳途徑。券商分析師大多趨之若鶩，從一個季度路演一次，演變成每月一次，甚至還有所謂電話路演，被戲稱為「每週一歌」。因此，對於賣方分析師而言，除了充分紮實的研究分析能力外，處理好跟買方的關係也是一項必備技能。

經典的路演場景是買賣雙方循例禮貌問候一番後，賣方分析師開始播放精美的幻燈片（PPT），並熱情洋溢地分享自己的研究成果。對賣方研究員而言，沒有獨特見解和亮點的路演無疑白費口舌，準備不充分或經驗不豐富的路演則是絕佳的安眠藥，一兩個無關痛癢的提問可能就是這場路演的結束語。

◆ 其他服務

業內有言「票不夠，服務湊」，如今，分析師的工作整體走向同質化，出類拔萃的研究員和研究報告越來越少。因此，研報已不能體現出分析師的全部價值，針對買方具體需求的個性化服務也成了研究員工作的一大部分。有些《新財富》上榜的研究員，可能對於投資決策的建議能力並非最強，不過他們非常勤奮，郵件、短信、點評實時到位，並且經常組織調研，以保證信息的及時性，從而向買方展現自己的價值。可以說，現在賣方比併的部分內容就是服務，服務做得好，具備投票資格的買方對你的認可度提高，在《新財富》評選中就能多得一票，分倉也會相應增加。實際上，賣方研究員的工作不僅僅是書面的研究報告這麼簡單，還包括搜集數據、組織調研、聯絡上市高管等。

買方基金經理等對賣方研究員的滿意及信任程度決定了賣方研究員的名聲及收入，因此，賣方研究員常常要配合買方的調研意向。比如買方看上了一家上市公司，作為賣方研究員就要根據買方要求，到上市公司實地調研、搜集數據等，鞍前馬後地滿足其需要，整個過程從接機、酒店接送，到安排一對一與董事長或董秘溝通都是賣方研究員的分內之事。當然，現在一些財力雄厚的大中型券商會將部分瑣事交給公關公司安排，但中小型的券商還是會由研究員來打理。

總之，賣方研究員的服務可以概括為以下幾點：一是及時跟蹤，一旦發生重大事件，賣方會主動給基金研究員打電話，通報情況，分析影響等。二是提供研究思路與基礎，賣方研究員的研報大多比較深入，大量賣方研究報告是買方研究員寫報告的基礎。三是與上市公司保持緊密聯繫，如果買方要到上市公司調研，會通過賣方約見。

買方研究員

買方，與賣方相對，指的是在金融市場作為出資方購買金融產品的一方，包括公募基金、私募基金、券商自營、私募股權投資（Private Equity，以下簡稱「PE」）/風險投資（Venture Capital，以下簡稱「VC」）等，其利潤主要來自購買金融資產所產生的資本增值。買方研究員指的就是這些機構中的研究員，本書中主要指二級市場的研究員。

1. 與賣方研究員的區別

就工作性質而言，買方與賣方研究員的工作內容並沒有實質區別，都是研究宏觀、行業和上市公司。然而，買方與賣方的研究目的存在較大的差別。

賣方的研究是對外服務於買方，以獲得佣金和排名，而買方的研究是為了服務投資經理，服務基金的投資操作，目的是獲得投資經理的認可、基金淨值增長以及提升基金在市場中的相對排名。因此賣方研究員的報告可以更加多元化，雖也提供投資建議，但並不直接對投資結果負責，而買方研究員則有更單純明確的

目的，因此他們的研究報告一般更直接有效，必須直接提出明確的投資建議，對報告的投資建議負責。賣方研究員更多的是向市場提供差異化的信息，為此可能有人做得很學術，有人很歷史，有人很文藝，有人很豪放，有人很婉約；但是，買方研究員的研究需要向投資經理提供明確的投資建議，並必須對報告的投資建議負責，為此報告大多是八股文格式，一般包括行業狀況、公司狀況、業務發展與盈利分析，最後是投資建議。賣方的目標變量是價值，他們只需給出合理的估值區間和盈利預測，因此重點是公司的潛在價值；而買方的目標變量是價格，必須綜合考慮基本面、流動性等各方面因素，由此決定交易策略，因此會更多地關注公司的股價。

從研究內容看，賣方研究員一般只關注一個行業，甚至是一家公司，而買方研究員一般會同時研究幾家公司，甚至是幾個行業，覆蓋面更廣。買賣方在研究方式上也存在差別。賣方研究更多的是公司基本面、產業基本面等研究，研究結論聚焦於產業發展和公司基本面，從而為買方提供差異化的信息價值。而買方研究則更多是在賣方研究的基礎之上，結合自己觀點和判斷，進行更進一步地獨立研究，同時必須得出明確的是否投資的結論，作為基金經理投資操作的建議。

從工作目的看，賣方分析師有點像「通曉多菜系的廚師」，無論是川菜、粵菜、淮揚菜，任務是做好菜，但是有人喜歡有人不喜歡，如果喜歡你的人多了，那你就可以拿更多的佣金，獲得更高的排名。即使只會做一個菜的廚師（比如就重點研究一隻股票），如果他做得特別好，也可以成為「廚王」。而買方分析師像家務助理，任務是給一家人做飯且要讓大家基本都滿意，需要照顧不同的口味，如果投資經理不喜歡或者投資經理吃了拉肚子，那這個家務助理就難當了。

2. 工作內容

買方研究員的主要職責是為基金經理提供投資建議和服務，具體工作內容包括上市公司調研、研究報告撰寫、與賣方研究員交流和內部服務等。其工作業績考核既要看股票的絕對收益，也要看基金經理的打分，對內服務比較瑣碎，難以

建立量化考核指標，而且必須考慮安全邊際。

◆ 提供投資建議

作為投資經理的高參，買方研究員肩負重任。每天他們要在第一時間搜集相關行業的各種信息和數據，去蕪存菁之後，對這些信息和數據進行定性、定量的分析，橫向和縱向的比對，然後提出投資參考意見。這個過程彷彿是沙裡淘金，既需要體力也需要腦力，更需要強大的神經，因為一旦費力研究後給出的投資建議出了問題，哪怕是一點小紕漏，都會給研究員帶來巨大的壓力。

買方研究員每天的工作其實從前一天晚上就已經開始。在晚上九十點鐘上市公司陸續發布公告時，研究員們就要馬不停蹄地根據公告內容開始進行分析，並寫成報告，作為投資經理第二天的決策依據。研究員雖不直接操盤，但對盤中的任何風吹草動都要及時地捕捉到，分析原因並及時反饋給投資經理。某保險資管公司總裁在談及公司的研究報告時說道：「買方研究報告不是以譁眾取寵的華麗辭藻或者旁徵博引的鴻篇巨製來衡量，而是要以真金白銀作投注，下筆自然得無比沉重艱澀、樸實無華。也因為此，國內外少有買方研究員出名成家的，但他們的價值遠非虛名可比。」

對買方研究員來說，溝通是必備技能。對內要與投資經理溝通，提出買、賣建議，除了報告以外，還要交流思路、談細節、分析股票波動的原因及應對策略等。對外要和券商、上市公司、同行等業務關聯方進行溝通，對賣方觀點和數據的辨析考證，對上市公司的問題及假設調研，以及同行間的消息傳遞都非常重要，並且要在溝通中準確把握重要信息，分析後轉化為有價值的投資建議。

◆ 參加路演

對於買方研究員而言，參加路演是獲取信息、深化認識、強化溝通的有效途徑，因為深入的賣方研究可以讓買方在最短的時間內瞭解一個行業或一家公司的狀況。買方研究員相當於將賣方研究員幾個月甚至幾年的心血在短短的路演期間據為己有，從而迅速掌握相關信息，為基金經理提供更加明確的投資建議。但是，

近幾年來，券商研究同質化較為嚴重，研究報告的邏輯和觀點大同小異，很多路演是其他人觀點的重複，缺乏新鮮信息和新觀點，這樣的路演大多成為買方研究員的雞肋。對於買方研究員而言，一天聽幾次大同小異的觀點展示是一件很令人崩潰的事。而且，很多時候賣方分析師的觀點太多變，缺乏連續性，年初時說經濟強勁復甦，年中又說經濟大衰退，上個月建議買入長期持有，這個月讓堅決賣出一股不留，這對於需要對投資決策負責的買方研究員而言無疑也是痛苦的。

◆ 實地調研

買方研究員的工作內容也包含實地調研，實地調研有時會起到關鍵性作用。千萬不要以為調研只是到公司與公司高層進行交流和溝通、參觀公司，或者說與公司進行「勾兌」。實際上，有時候調研也是一個十分艱辛和複雜的過程。

很多時候，研究員需要深入生產業務第一線進行調研，甚至不乏下礦井、下工地等有一定危險性的活動。通過第一線調研可以對企業資源狀況、生產水平、業務能力等情況有一個直觀瞭解，也能從企業員工處得到更全面、更細緻的反饋。

並不是所有公司都歡迎研究員來調研，研究員的調研也常常會受阻甚至遭遇閉門羹。另外，有些行業或公司方便調研的時間比較特殊，這可能需要研究員在夜晚或者凌晨蹲守以取得最真實的信息。

在調研中，兩種能力很重要。一是要會「拍點馬屁」，得讓標的公司的人保持心情愉悅，才能更好地溝通，獲得更多的信息，並得到實地觀看的機會。二是要學會「察言觀色」，上市公司所說的情況未必完全真實，這時就需要研究員自己判斷哪些可信哪些可疑，以去偽存真，並且盡量在調研過程中通過其他問題來驗證自己的想法。

研究所的江湖與排名

既然各大券商基金都有研究部 / 所，那麼必然會有你強我弱之分。作為一個

求職者，好平台的重要性無須贅述，因此對排名的瞭解是必不可少的。在賣方研究所中，《新財富》推出的「新財富最佳分析師排名」和《證券市場週刊》推出的「水晶球獎賣方分析師評選」是最權威的，而買方研究所則以《中國證券報》推出的「中國基金業金牛獎」為尊。本節就詳細介紹這三大排名，讓你的求職有方向可尋。

賣方研究所排名媒介──《新財富》

《新財富》是由廣東省新聞出版局信息中心和全景網絡有限公司主辦的大型財經月刊，其讀者定位於掌握資本的人，主要目標是資本擁有者和資本經營者，影響著上市公司、擬上市公司、券商、銀行、基金、會計師及律師事務所等。因為其巨大的影響力和權威性，每屆「新財富最佳分析師排名」都牽動著每位分析師的心。登上《新財富》榜單前五是每個研究員的夢想，因為這可以讓他的影響力、收入、公司職位得到全面的提升。

從二○○三年至今，「新財富最佳分析師」評選已成功舉辦了 13 年，受到廣大證券研究所及機構投資者的認可，成為業內公認的最具權威性的證券分析師評選。對於大多數行業研究員而言，《新財富》排名前七算入圍，排名前五算上榜，凡是上榜者，「名利雙收」自不在話下，《新財富》排名第一的分析師年薪可達數百萬，相當於研究員的「身價」。也就是說，如果現在的東家給不了這個價格，可以隨便跳到任何一家券商，總會有人願意買單。資本市場是一個定價公平、公開的市場，你所創造的價值與你的薪酬永遠是相匹配的。

在 13 年中，新財富評選不斷完善，影響力也是一年高過一年，參評分析師由 400 多人增長到將近 1 600 人，投票者也由 77 位增長到 3 500 多位，並增加了「最佳銷售服務經理」及機構相關獎項的評選。同時，《新財富》積極開拓評獎新渠道，目前所有評獎都在酷魚應用上進行，並依然保持著 100% 的選票回收率。

二○一五年的「第十三屆新財富最佳分析師」評選共吸引了 50 家券商的近 1 600 位分析師 / 銷售服務經理報名參加，1 100 餘家 3500 多位主流機構投資者參與投票，參與投票的機構投資者管理的資產總規模合計超 10 萬億元，無論是參評券商還是參與投票的機構數量均創歷屆新高。[1]

下面列出二○一五年《新財富》評選獲獎團隊名單，見表 4-5。

表 4-5　二○一五年《新財富》評選獲獎團隊及與二○一四年比較排名變動情況匯總

	獲獎團隊	排名變動情況		獲獎團隊	排名變動情況		獲獎團隊	排名變動情況
	宏觀經濟			策略研究			房地產領域	
1	國泰君安	↑	1	國泰君安	↑	1	國泰君安	↑
2	海通證券	↓	2	海通證券	↑	2	中信建投	↓
3	興業證券	↓	3	申萬宏源	↑	3	廣發證券	→
4	申萬宏源	↓	4	興業證券	↓	4	海通證券	→
5	華創證券	↑	5	安信證券	↑	5	興業證券	↑
	固定收益研究			建築和工程			金融工程	
1	海通證券	→	1	安信證券	↑	1	國泰君安	→
2	中金公司	↑	2	廣發證券	↑	2	申萬宏源	↑
3	國泰君安	↓	3	申萬宏源	↑	3	廣發證券	↓
4	中信建投	↑	4			4	海通證券	↓
5	國信證券	↓	5			5	興業證券	↑
	銀行			非銀金融			紡織和服裝	
1	國泰君安	→	1	中銀國際	↑	1	光大證券	→
2	平安證券	↑	2	海通證券	↑	2	銀河證券	↑
3	國金證券	↑	3	安信證券	↑	3	海通證券	↑

[1]　新財富雜誌. 第十三屆新財富最佳分析師評選〔EB/OL〕. 新浪財經，〔2016-05-13〕. http://finance.sina.com.cn/focus/xcffxs.

續表

	獲獎團隊	排名變動情況		獲獎團隊	排名變動情況		獲獎團隊	排名變動情況
	農林牧漁			醫藥生物			食品飲料	
1	安信證券	↑	1	海通證券	↑	1	招商證券	↑
2	中泰證券	→	2	國泰君安	↑	2	國信證券	↑
3	興業證券	→	3	興業證券	↓	3	方正證券	↑
4			4	廣發證券	↑	4	中信建投	↓
5			5	方正證券	↑	5	廣發證券	↑
	軍工			機械			社會服務業（酒店、餐飲和休閒）	
1	中信建投	→	1	安信證券	↑	1	興業證券	↑
2	國泰君安	↑	2	國泰君安	↓	2	國泰君安	↓
3	國信證券	↑	3	銀河證券	↓	3	中銀國際	↑
4	銀河證券	↓	4	華泰證券	↑	4		
5	東方證券	→	5	海通證券	↑	5		
	電力設備與新能源			鋼鐵行業			基礎化工	
1	海通證券	→	1	長江證券	→	1	安信證券	↑
2	中泰證券	↑	2	中泰證券	↑	2	興業證券	↓
3	長江證券	↓	3	興業證券	↑	3	廣發證券	→
4	安信證券	↑	4			4	方正證券	↑
5	招商證券	↑	5			5	海通證券	↑
	非金屬類建材			有色金屬			通信（通信設備／通信服務）	
1	國泰君安	↑	1	海通證券	↑	1	中信建投	→
2	廣發證券	↑	2	廣發證券	↓	2	國信證券	→
3	興業證券	↑	3	方正證券	↑	3	華創證券	→
4			4	長江證券	↓	4		
5			5	安信證券	↑	5		

續表

獲獎團隊		排名變動情況	獲獎團隊		排名變動情況	獲獎團隊		排名變動情況
傳播與文化			計算機行業			輕工造紙		
1	方正證券	↑	1	安信證券	→	1	申萬宏源	↑
2	安信證券	↓	2	申萬宏源	↑	2	國泰君安	↓
3	招商證券	↑	3	國泰君安	→	3	招商證券	↑
4	東方證券	↓	4	長江證券	↓	4	興業證券	↑
5	國泰君安	↑	5	興業證券	↑	5	中信建投	↑
電力、煤氣及水等公用事業			交通運輸倉儲			批發和零售貿易		
1	申萬宏源		1	興業證券	↑	1	海通證券	→
2	國泰君安	無	2	國泰君安	→	2	國泰君安	→
3	方正證券		3	海通證券	↑	3	安信證券	↑
煤炭開採			家電行業			石油化工		
1	廣發證券	→	1	長江證券	→	1	海通證券	↑
2	中信建投	↑	2	國泰君安	↑	2	銀河證券	→
3	國泰君安	→	3	招商證券	→	3	國泰君安	↑
電子行業			環保			汽車和汽車零件		
1	安信證券	→	1	廣發證券	↑	1	海通證券	↑
2	招商證券	→	2	安信證券	↑	2	國泰君安	↑
3	廣發證券	↑	3	興業證券	↑	3	招商證券	↓
4	方正證券	↑	4	招商證券	↓	4	廣發證券	↑
5	海通證券	↑	5	國泰君安	↓	5	申萬宏源	↑
中小市值研究								
1	方正證券							
2	國泰君安	無						
3	中信建投							

數據來源：新浪財經.2015 新財富最佳分析師完整榜單 &2014 新財富最佳分析師完整榜單〔EB/OL〕.新浪財經，〔2016-05-13〕.http://finance.sina.com.cn/stock/t/20141130/115320958266.shtml.

賣方研究所評選——水晶球獎

「水晶球獎賣方分析師評選」是由《證券市場週刊》推出，旨在準確反映賣方分析師研究能力和券商銷售服務水平的頂級評選活動，中國證券業「奧斯卡」的美名顯示了其權威性。該評選於二〇〇七年正式發起，應用國際標準化的評選方法，由普華永道會計師事務所擔任獨立審計機構，邀請證券分析的買方參與投票，並綜合考慮買方所管理資產的業績和規模來設置權重，對分析師和研究機構銷售團隊的能力做出全方位的評價。

「水晶球獎」舉辦 8 年來，共有來自全國 80 家證券研究機構的 3 000 名候選人參評，累計投票達 8 000 萬人次。評選主體包括投資於內地資本市場的公募基金公司的基金經理、投資總監、研究部，社保基金的基金經理，保險資產管理公司權益投資部、固定收益部和研究部，合格的境外機構投資者（Qualified Foreign Institutional Investors，簡稱 QFII）等。「水晶球獎」設置個人和團體兩大獎項，目前獲個人獎的分析師已超過 170 人，涵蓋 30 多個行業，而團體獎共設 9 項。二〇一四年第八屆「水晶球獎」吸引了 40 家主流券商、近 2 000 位賣方分析師及銷售服務經理參評，1 500 餘位機構投資人士做出專業評判。

買方研究所評選——金牛獎

與賣方「奧斯卡」相對應，買方也有自己的頂級權威獎項——中國基金業金牛獎。「金牛獎」由《中國證券報》主辦，銀河證券、招商證券、海通證券等五家公司協辦，共設 19 類獎項，覆蓋基金與基金公司評價，以求為投資者評選出好基金和優秀的基金公司。對於單隻基金，金牛獎設置了年度金牛基金和三年期、五年期金牛基金獎；同時，對於基金公司，除了展示綜合投資管理能力的「金牛基金管理公司」獎外，還設有「金牛進取獎」、「債券投資金牛基金公司」、「海外投資金牛基金公司」、「被動投資金牛基金公司」等專項獎，從多角度評價基金

公司資產管理水平。

「金牛獎」從二〇〇四年正式開始，每年三月份舉辦，為了更符合市場形勢的變化，「金牛獎」頒獎典禮每年都會有一個新主題，並且其評獎規則在保證以管理人的投資能力為出發點的基礎上每年都會做出適當調整，也因此歷屆評選出來的優秀基金無論絕對收益還是超額收益均處於同業領先水平。

二〇一五年三月二十八日，以「A股新常態下的投資機遇」為主題的第十二屆中國基金業金牛獎頒獎典禮暨金牛基金論壇於北京舉行，在評判當前市場形勢和投資機遇的基礎上公布了獲獎的基金公司和基金名單，評選出82隻「金牛基金」及4個基金公司專項獎，並有10家公司榮獲「金牛基金管理公司」的稱號。

近3年獲「金牛基金管理公司」稱號的公司名單見表4-6（排名不分先後）。

表 4-6　金牛基金管理公司名單

二〇一五年	二〇一四年	二〇一三年
南方基金	景順長城基金	中銀基金
華商基金	農銀匯理基金	長城基金
寶盈基金	中銀基金	嘉實基金
華泰柏瑞基金	華商基金	鵬華基金
工銀瑞信基金	上投摩根基金	富國基金
中銀基金	銀河基金	博時基金
興業全球基金	華夏基金	南方基金
長盛基金	泰達宏利基金	農銀匯理基金
銀河基金	嘉實基金	交銀施羅德基金
中歐基金	交銀施羅德基金	建信基金

研究員的職業規畫與出路

　　研究員累不累？研究員的生活有沒有規律？研究員與「投行狗」的生活誰更辛苦些？研究員的職業發展是康莊大道還是獨木窄橋？作為一名準職場人士，你一定有千百個與研究員有關的問題。好了，本節馬上就帶你走進研究員的生活，手把手教你從學生蛻變到研究員的必備技能。

進入的門檻

　　作為二級市場的分析師與行業前瞻者，研究員職業對於學歷背景的要求較高，綜合來看碩士學歷是入行的門檻，有些崗位甚至要求博士學歷。具體來看，總量組與行業組的要求各不相同，兩類行研對於研究員的背景要求相差較大。

　　總量組在大型券商的研究所中以博士為主，其中宏觀、策略主要是以正統經濟學、金融學背景為主，而金融工程更加偏愛數學、計算機等數理基礎較好且有紮實的金融學基礎的應聘者，海通研究所姜超、國泰君安研究所徐寒飛等人都是名校經濟學或金融學博士。

　　相比之下，行業組的研究員對於學歷的要求更偏愛碩士，但對專業的要求更為嚴苛，專業背景中更加偏愛相關行業專業出身的人才，如計算機行業會要求有計算機的專業背景、汽車行業則偏愛汽車專業背景的工科人才。若本科為相關行業背景學歷，碩士為會計、金融、經濟背景學歷，如此的複合專業背景則更加受研究所青睞。

　　從技能方面來說，研究員所看重的技能主要分為以下三類，缺一不可。

1. 金融財會知識

◆ 金融知識

作為一名合格的研究員，對基本的金融知識必須有所涉獵，比如微觀經濟學、

宏觀經濟學、金融計量和定價、固定收益分析、投資學、股票市場運作機制等。金融知識掌握的深淺、理論與實踐相結合的能力決定了報告的思想深度。

◆ 財會知識

研究員的日常工作中需要和大量的財務報表打交道，所以掌握報表的制定規則、勾稽關係是最基本的技能。此外，研究員也必須要具備財務比率計算和理解、財務數據的趨勢分析、公司估值、財務數據造假的甄別等相關技能。掌握好財務會計知識會讓你的研究如虎添翼。

總之，金融財會知識是分析的基礎，若不能很好地掌握，一切研究只能是空中樓閣。

2. 行業知識

熟練認知所負責行業的基本特徵。行業研究員必須掌握行業整體供需狀況、行業主要的技術經濟特徵以及市場在當前階段對供需水平的一致預期。比如，該行業生命週期階段、是否具有規模效應、競爭的主要手段（技術、品牌、渠道、管理）、波特五力要素等。

熟知行業估值的歷史區間。行業研究員要熟知縱向的歷史區間，並且要能使之與當時的經營或盈利狀況相對應，把握行業生命週期。

熟知行業內主要公司及其經營狀況，對當前估值情況進行橫向對比。一般來講，行業研究員的基礎積累階段將持續一年左右，期間應該詳細梳理行業基礎數據及競爭特點，並對行業及主要公司的縱向、橫向估值狀況瞭然於胸，推薦的標的往往就是基於估值（尤其是橫向估值）比較來進行的。

3. 溝通技能

只會寫研報的研究員不是好的研究員。研究員的價值來自市場影響力，因此，不僅要洞察行業規律，發現股票價值，同時也要懂得向基金經理以及市場傳達自身的投資思路。另外，與上市公司董秘之間的良好交流也是發現公司價值的重要前提。具體包括：

　　（1）與上市公司（董秘或證代，甚至是總經理或董事長）及同行（買方與賣方研究員）保持較密切的聯繫。

　　（2）通過交流，及時獲取上市公司及行業整體的最新信息，如對業績大幅增長或下滑的判斷、資產重組、送配信息、技術突破、再融資、股權激勵和增減持等資訊。

　　（3）能判斷信息的價值並給出合理推薦，同時對其中長週期信息及時跟進。

　　（4）掌握判斷信息價值的技巧。

　　在此列舉兩點可用於鑑別信息質量及價值的原則：

　　第一，信息與行業、公司基本面不存在邏輯背離。以下幾種情況都存在邏輯背離：有大額投資但公司實際上資金緊張（當年大龍地產巨資拍地被證明是「地托」）、號稱技術突破但缺少足夠技術積累，號稱業績大增（大比例送配）但大股東或高管在減持，號稱業績大幅增長但同行業經營不佳且缺少足夠個性化因素。

　　第二，重視信息兌現的時間，綜合考慮兌現前與市場整體的互動。比如，有時候信息屬實，但兌現時間太久，期間大盤表現疲軟，可能提前止損。因此，不僅要廣泛瞭解信息，還要及時、密切地跟進信息，提出或調整相應的投資建議。

研究員的待遇

　　根據中國證券業協會未經審計數據，二〇一三～二〇一四年，券商業績增幅高達119%，可謂是賺得盆滿缽滿。根據《證券日報》的報道，二〇一五年上半年，上市券商業績繼續大幅增長，淨利潤達1 060億元，同比增幅達350.35%的。在如此行情下，券商員工也大大獲利，18家上市券商上半年共計應付職工薪酬403.37億元，同比增長160.3%，其中有7家券商員工薪酬同比增長超過200%，更有14家券商員工上半年人均收入超過30萬元，可謂是不折不扣的「金

領」階層了。[1]

　　作為券商的核心崗位，行研的薪酬也是水漲船高。並且，《二〇一三～二〇一四年證券行業薪酬調研報告》的數據顯示，行研人員薪酬在券商總部崗位中位列第一，投行的薪酬指數為其 98%（見圖 4-7）。

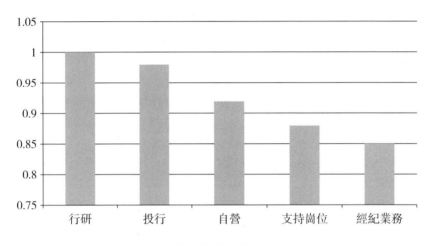

圖 4-7　券商總部薪酬水平分析

　　大部分被調研企業研究員的年薪為 15 萬 ~25 萬元，一些大型券商平均年薪甚至在 30 萬元以上。然而根據就職年限、資歷經驗、教育背景、券商規模等因素的差別，行業研究員的薪資浮動範圍仍然較大，《新財富》排名前 5 的明星研究員年薪可能會高達數百萬元，而小規模券商可能只有研究所所長才能拿到百萬元，剛入行的研究員稅前月薪可能不足萬元。

　　一般研究員的工資有基本工資、績效和年終獎，而年終獎的多少則與《新財富》最佳分析師榜單排名息息相關，因此，《新財富》排行榜是研究員薪水差異的分水嶺。一旦進了《新財富》排行榜，身價則倍增。而能進入新財富排行榜的

---

[1]　李文 .18 家上市券商員工薪酬上漲，上半年同比增長 160%〔N/OL〕. 人民網，（2015-09-02）〔2016-05-14〕.http://finance.people.com.cn/stock/n/2015/0902/c67815-27539491.html.

研究員有幾類，有些人靠高屋建瓴，年薪千萬，成為行業的標竿；有些人以服務見長，每天都給幾位投資總監打電話；還有些人則是拚水平。但是沒人能永遠說得準。具體可參見表 4-7。

表 4-7　部分賣方、買方研究員職位的應屆生薪資水平和評價

基金／券商	年薪	備註（業界傳聞）
交銀施羅德基金	上游	上海地區基金公司裡面給的薪水算較高的
華安基金	一般	上海大型老牌基金公司，老十家
鵬華基金	中等	很喜歡招新人，老十家，應屆生進入難度大
易方達基金	中等	新人待遇很不錯，少數在廣州的大基金
博時基金	上游	待遇在基金公司裡屬於比較高的，老十家
南方基金	上游	老十家，待遇特別優厚，是一家有情懷的公司，培訓體系也比較完善，當然難度大
匯添富基金	一般	近幾年勢頭很猛
上投摩根基金	中等	很少招新人，待遇平均偏上
國泰基金	一般	坊間傳聞的活少米多適合養老的基金公司，老十家
華夏基金	上游	淘汰率高，留下來那就是暴漲了，老十家
嘉實基金	中等	對新人比較慷慨，老十家
萬家基金	一般	—
國泰君安	一般	剛進去每月到手 8k，過兩年之後會翻幾番
海通證券	中等	在券商研究所中屬於大方
廣發證券	一般	相對強度比較大，待遇提升較快，新人年終獎大概有 6 個月工資
廣州證券	一般	可根據實際情況商量一點空間
申銀萬國	上游	二〇一五年漲薪迅猛
浙商證券	中等	發展速度很快
中信證券	中等	研究這塊屬國內 No.1，幹幾年待遇絕對不比中金公司差
招商證券	中等	據說現在差額留用，需要大家多考慮

續表

基金 / 券商	年薪	備註（業界傳聞）
中信建投	一般	建投研究所發展速度非常快
興業證券	中等	其中某些小組實力強勁，比如醫藥
泰康資產	上游	在保險資管行業算是頂級的
國信證券	一般	
國投瑞銀基金	一般	第一年無獎金
光大資管	中等	——

說明：數據來源於網絡及周邊搜集，僅供參考，具體以實際為準。

賣方研究員的職業通道[1]

賣方研究員的出路很廣，可以選擇在賣方混成大佬，也可以選擇跳槽去買方或者私募等機構做直接投資工作等。

1. 成為賣方領軍人物

賣方研究員一條最傳統的出路，即一直做賣方，成為行業領軍人物。作為一名賣方研究員新人，在工作幾年以後，有了一定的行業研究經驗和人脈，發展方向比較廣，可以選擇一直做到老，從研究助理到分析師（大概兩年），再到資深分析師，最後成為行業權威明星分析師。

在這個路徑中，《新財富》評選或水晶球獎這類的賣方分析師排名就相當重要，上榜幾乎意味著一切——加薪、升職、跳槽到更好的地方，以及最關鍵的市場影響力。一般來說，行業排名持續靠前的分析師，就可以成為明星分析師。

2. 跳槽買方

另外一個比較普遍的出路是去買方，做買方研究員，走投資路線。成為買方

---

[1] 張康康.What is Equity Research：一篇關於行研的好文章〔EB/OL〕.人人網，〔2016-05-13〕. http://blog.renren.com/share/100482356/11784021931.

研究員後其晉升空間與買方出路一樣，或者跳到私募基金等，這是業內比較常見的一個出路。買方研究員的工作強度相比賣方而言較小，而賣方的高強度訓練也受到了買方單位的認可，大多數研究員在賣方工作過幾年後，到了買方工作都是游刃有餘。有些賣方研究員服務某基金經理服務到位，推票準，也大有可能被買方單位主動挖角。

3. 轉型一級市場

研究員和投行看似沒有直接的聯繫，但是真正對行業研究到位、在行業內有影響力的人，在該領域承攬投行業務或者做一級市場投資，會有得天獨厚的優勢，尤其是在該行業研究領域混到一定資歷之後。

國內行業研究員轉型投行的就目前來說，仍然不算多。一個原因是國內投行對行研不夠重視。但隨著註冊制的打開，國內投行將逐漸向國外投行靠近，越來越重視細分行業的挖掘能力，因此，將會有從行業研究員轉型投行的職業發展路徑。相比以前國內大投行全產業鏈的一把抓（股票、債券、各行業等），現在已經開始出現一種新的趨勢，如中信、招商、華泰，廣發等，均開始細分小組（如TMT、醫藥行業小組等），券商會聘請專業人員對其進行該行業的深度培訓，對行業有全方位的把握，對市場進行全盤跟蹤，因此，這一塊與行研的區別將會越來越小。

4. 單飛創業

只要有客戶資源，開一個私募自己管理會比繼續在賣方打拚輕鬆很多，尤其是在市場行情較好的情況下，賣方業界大佬聯合投資人開辦私募，追求財富自由的，不在少數。然而，這條職業通道不利的地方在於，單飛後基本不可能再回來了，如果最終沒有實現財富自由，只能另謀他就。

5. 其他路徑

憑藉著對行業和對資本市場兩個方面的深入理解，賣方研究員也可以轉型實業界，尤其擅長做董秘，負責資本市場業務開拓，擅長與各大金融機構合作與溝

通，進行市值管理等。如福建新大陸（000997.SZ）公司董秘王棟，便是在申銀萬國證券研究所擔任兩年證券分析師後跳槽至實業公司，實現華麗轉身。

買方研究員的職業通道

賣方研究員常常跳到買方，但買方研究員卻基本不會往下游跳，一般是在買方內部往基金經理努力或跳槽至私募等。

1. 買方內部升遷

買方內部的升遷道路一般是：研究員助理→研究員→中級研究員→高級研究員→基金經理等。

這也是買方研究員比較傳統的出路。一般來說，選擇做買方分析師，都是為了將來能做投資，成為基金經理或者證券機構的投資經理等。

2. 跳槽私募或創業

其實行研人員轉行或跳槽歸根結柢無非是想謀求一份性價比更高的工作抑或是較為正常的生活。跳到私募，則是更賺錢的買方。更快通向「人生贏家」的路徑就是積累一定資源之後自己開一家私募，資產規模無須多大，如果收益看好，幾個億規模足矣。

3. 跳到賣方

買方分析師一般都只在買方的圈子裡跳來跳去。雖然也的確存在買方分析師去賣方的，但是極少。一方面是因為買方分析師平均來說比賣方更有資歷，另一個原因就是當你習慣了被人服務以後，是不大習慣再去服務別人的。所以，賣方分析師是個更安全的起點，未來選擇更多。而買方分析師招的人更少，門檻往往更高，如果你的理想是做投資，那麼直接去買方當然是更快捷的路徑。

結　語

總而言之，如果你有一個埋藏已久的投資夢，那麼研究員（分析師）一定是你投資夢開始的地方；如果你想活躍在資本市場中，乘風破浪，指點江山，那麼研究員也一定是助你揚帆起航的資本東風。只要你不怕辛苦，只要你眼光敏銳，只要你心懷市場，只要你邏輯清晰，那麼研究員的經歷定會為你打開一扇通往金融中心的大門！

最後附上一首《行研的意義》，做過行研再回來看，相信你也會很有感觸（曲調參考陳綺貞的《旅行的意義》）:

你做過了許多模型

你講過了許多PPT

你迷失在股價上每一次短暫的背離

你研究了誰的盈利

你剖析了誰的管理

你熟記報表裡每一個你最愛的數據

卻說不出你看空的時機

說不出你欣賞它哪一種表情

說不出什麼場合它曾讓你動心

說不出賣出的時機

你累積了許多飛行

你拿過了許多紀念品

你尋覓著行業裡每一次的雨過天晴

你擁抱虛偽的董秘

你埋葬踏空的悲劇

你幻想牛市裡美麗的不真實的場景

卻說不出在什麼場合它曾讓你傷心

說不出行研的意義

勉強說出你愛它的原因

勉強收起你為它寫下的每一篇筆記

都是你離開的原因

你離開了，就是行研的意義

la……la……la……

你勉強面對經理的質疑

卻找不回本應屬於你的青春與活力

找不回什麼時候為股票癡迷

找不回行研的意義

勉強描繪你未來擁有的物質和壓力

都是你離開的原因

你離開了，就是行研的意義

05

異軍突起之資產管理解讀

近年以來，隨著國內資本市場的不斷開放和制度改革在資產管理（以下簡稱「資管」）行業的「放水」，資管行業迎來了一波又一波的「改革紅利」，資產管理在國內蓬勃興起，大資管時代呼嘯而來。資管公司，已由早期為了剝離不良資產而形成的四大資產管理公司發展到如今成為橫跨各市場的投融資利器的信託公司、資本市場及財富管理全能的券商資產管理公司、專注於證券投資市場的公募基金公司、號稱萬能牌照的專戶資產管理子公司和以穩定增值且兼顧社會效益為目的保險資管公司等。近年來大資管行業發展迅猛，是很有發展和值得為之奮鬥的一個行業。本章將對資管行業做一個全面的解讀。

大資管業的概況

二〇一二年下半年以來，證監會、銀監會、保監會接連頒布各項新政，均在

不同程度上放開了資管業務的牌照，此舉幾乎將金融業各個領域從事資產管理的圍牆全部打通。除在前期已狂飆的信託公司之外，基金子公司與券商資管迅速跟進，保險資管與銀行資管等更是步步為營，資管行業堪稱正式進入了群雄逐鹿的時代。

大資管業概述

從概念上講，資產管理泛指專業機構接受客戶（含機構和個人）委託，通過專業化投資運作，對客戶的委託資產進行經營管理，以實現資產保值增值的過程。[1]

但廣義的資產管理遠不止如此。筆者認為，只要是參與了資金與項目端的管理運作，無論是投資還是融資，均可算作資產管理。例如私募基金，無論是 PE 還是 VC，只要募集資金並進行投資管理，連接了高淨值客戶與高風險高收益項目，就可以說是大資管中典型的一員。本質上講，這與投行的概念如出一轍，投行的精髓乃至金融業的根基就是進行資源的配置，將資金配置到最有效率的地方，所以我們常說，資管公司本質上也是在做投行業務或者說類投行業務。

目前來說，除了證券公司、基金公司、信託公司、私募基金、保險資管、期貨公司等以外，還有諸如第三方理財公司等類型的公司能夠從事資產管理業務。從某種意義上說，第三方理財公司在資產管理市場上的拓展定位於鎖定下游渠道，將專家理財和靈活的合作條款捆綁嫁接作為打開資產管理市場的突破口，並呈現逐漸向上游蔓延的趨勢。

從全球範圍看，資產管理是金融領域中規模最大、發展最快的行業之一，預計到二〇二〇年，全球資產管理資金規模將高達 102 萬億美元，其中來自共同基金、養老基金和保險公司等領域的資金占比近 90%。近五年來，除對沖基金

---

[1] 李剛．國內外資產管理行業的現狀及發展形勢分析〔J〕．投資與合作，2014（10）：84-87.

規模小幅下降外，其他領域的資產管理業務均發展迅速，規模均已達到或超過二〇〇八年國際金融危機爆發前的水平。

我國資產管理行業的現狀與發展趨勢

我國資產管理行業發展迅猛，根據官方統計報告，截至二〇一五年第三季度，全國資產管理規模約 93 萬億元，其中，銀行理財達 23.5 萬億元，信託 16.3 萬億元，保險 10.54 萬億元，公募基金 8.34 萬億元，私募基金 5.07 萬億元，基金管理公司及其子公司專戶業務規模 12.73 萬億元，證券公司資管業務 11.89 萬億元，期貨公司資管業務 0.1 萬億元。從發展速度看，銀行理財和信託快速增長，過去五年的複合增長率分別超過 70% 和 50%；基金子公司和券商資管也進入了狂飆的階段。下面簡單按規模占比來闡述其現狀。

1. 基金資產管理現狀

目前國內基金公司主要從事管理公募基金、社保基金、企業年金，為單一客戶辦理特定資產管理業務、為特定的多個客戶辦理特定資產管理業務等資產管理業務。基金公司產品投資的領域根據產品性質不同，涵蓋了包括期貨衍生品在內的所有金融市場產品，其中資管屬性最強的要屬基金專戶和基金子公司。

基金專戶理財又稱基金公司獨立賬戶資產管理業務，或者基金公司專門賬戶資產管理業務，或者基金專門賬戶資產管理，是指基金公司為擁有大量閒置資金的機構客戶和高端個人客戶開設獨立的資產管理賬戶，為他們提供個性化財產管理服務，滿足其特定的風險、收益和流動性偏好。專戶理財的最大優勢在於它能夠根據投資者的特點量身訂製投資方案。不管是個人投資者還是機構投資者，專戶理財都可根據投資者獨特的需求和目標設定投資計畫。

二〇一二年十月三十一日，證監會發布修訂後的《證券投資基金管理公司子公司管理暫行規定》，標誌著基金公司可以正式通過子公司獲得投資於「未在證券交易所轉讓的股權、債權及其他財產權利」等專項資產管理計畫的通道。子公

司寬廣的投資範圍簡言概之，是為公募基金提供了進一步接軌投融資市場及更大程度分割財富管理蛋糕的可能性。

基金業協會對各類基金規模做過統計，詳見表 5-1 和表 5-2。

表 5-1　基金管理公司管理的公募基金規模（截至二○一五年十二月三十一日）

基金類型	基金數量（隻）	基金份額（億份）	基金淨值（億元）
封閉式基金	164	1 669.54	1 947.72
開放式基金	2 558	75 004.59	82 024.11
其中：股票基金	587	5 988.13	7 657.13
混合基金	1 184	17 948.31	22 287.25
貨幣基金	220	44 371.59	44 443.36
債券基金	466	5 895.92	6 973.84
QDII 基金	101	800.64	662.53
合　計	2 722	76 674.13	83 971.83

表 5-2　基金管理公司及其子公司專戶業務規模（截至二○一五年六月三十日）

產品類型	產品數量（隻）	資產規模（億元）
基金公司	5 105	40 262.14
其中：一對一產品	1 996	21 263.15
一對多產品	3 109	7 245.69
社保基金及企業年金	——	11 753.30
基金子公司	16 092	85 712.74
其中：一對一產品	7 674	61 275.15
一對多產品	8 418	24 437.58
合　計	21 197	125 974.88

2. 券商資產管理現狀

券商的資產管理業務近年來迎來了飛速的發展。此前發展緩慢的主要原因是受困於投向及委託法律關係的問題，券商資管以投資二級市場居多。隨著大資管新政的放開，券商資管運用定向資產管理計畫，使得各種通道業務規模狂飆。同時，券商也開始利用其他途徑參與各種非標的主動管理，管理規模已突破 10 萬億元大關。二級市場上，券商資管也迎來了較大的發展，從原先的小集合投資各種標準化產品，到後期某些券商開始申請開展公募業務。

券商做資管業務的包括證券公司和旗下的證券資產管理公司等。其業務外延除了早期明確規定的三類資產管理業務，即面向單一客戶的定向資產管理、面向多個客戶的集合資產管理以及專項資產管理外，在新政實施後還包含公募基金業務、基金托管業務和受託管理保險資產業務。其中，集合資產管理業務（又稱「集合理財業務」）可以根據投資範圍的規定進一步劃分為限定性和非限定性兩種，俗稱「小集合」和「大集合」。限定性資產管理起點不低於 5 萬元，非限定性資產管理起點不低於 10 萬元。限定性集合資產管理計畫投資範圍對股票等風險類資產的投資比例有明確限定，即不允許超過資產淨值的 20%，而非限定性產品對風險類資產的投資比例可以突破此限定。

整體而言，券商資管主要有三大類業務，分別為集合資產管理業務、定向資產管理業務和專項資產管理業務（見圖 5-1），除此以外還有全國社保基金業務、信託投資顧問業務、財務顧問業務、創新業務。[1] 截至二〇一五年十二月，券商資產管理業務資產規模約 11.89 萬億元，其中，集合資產管理業務資產規模為 1.626 7 萬億元，占總規模的 13.68%；定向資產管理業務資產規模約為 9.507 萬億元，占總規模比重為 79.96%；專項資產管理業務資產規模為 1 243 億元，占比 1.05%。筆者對券商資管主要業務的現狀進行了梳理，詳見表 5-3。

---

[1] 智信資產管理研究院《證券市場導報》。

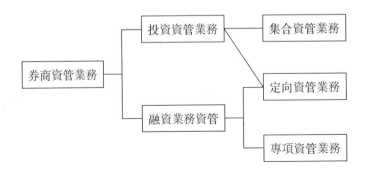

圖 5-1　券商資管業務

表 5-3　券商資管主要業務的現狀

定向資產管理業務	備案制，擁有資管牌照，即可開展定向業務。比照基金專戶，一對「一」。「一」指賬戶，不一定指「人」
集合資產管理業務	即將實現備案制，首支集合計畫仍需要走行政許可程序，類同資格審批，私募基金性質。一對「多」，分為大集合、小集合、企業年金集合等
專項資產管理業務	審批制，擁有集合資格後，才能審批。資產證券化，一對「多」（後面詳訴）
全國社保基金業務	審批制，資格需要審批，且較嚴
信託投資顧問業務	備案制，包括單一信託、集合信託等（與經紀業務有交叉）
財務顧問業務	備案制，主要體現在市值管理業務中（與投行業務有交叉）
創新業務	集合計畫，審批制；定向計畫，備案制，窗口指導

3. 信託資產管理現狀

經歷了二〇一〇～二〇一二年的高速發展，信託公司管理資產總額一路狂飆，從金融四大業排名的最末躍居第二，目前規模已達 16.3 萬億元。但由於發展勢頭迅猛，信託業被銀監會列為重點監管對象，正在經歷痛苦的轉型與蛻變。然而自信託業的五次整頓後，信託一直沒有找準自己在市場中的定位。後期逐漸摸索出來一個套路，即專注於滿足銀行無法滿足的融資需求。例如銀行無法為拿

地提供貸款，信託可先行進入，待後期銀行開發貸到位後退出。

根據中國信託業協會的數據，截至二〇一五年末，我國信託資產規模為 16.30 萬億元，同比增長 16.60%，環比增長 10.13%，展現了行業發展穩中向好的態勢，信託業自此跨入「16 萬億元時代」。截至二〇一五年末，信託業實現營業收入 1 176.06 億元，利潤總額 750.59 億元，分別較上年增長 23.15%、16.86%，業績顯著。信託業為受益人實現的年化綜合實際收益率為 0.53%，受託管理成效明顯。

4. 保險資產管理現狀

保險資產管理公司是專門管理保險資金的金融機構，主要業務是接受保險公司委託管理保險基金，目標是保險基金的保值和增值。保監會發出的《中國保監會關於保險資產管理公司開展資產管理產品業務試點有關問題的通知》，標誌著保險資產管理公司發行私募產品的開閘。按照其規定，保險資管的產品包括向單一投資人發行的定向產品和向多個投資人發行的集合產品。

從產品投資範圍來看，保險資管可供投資的面也較為廣泛。根據法律規定，產品投資範圍限於銀行存款、股票、債券、證券投資基金、央行票據、非金融企業債務融資工具、信貸資產支持證券、基礎設施投資計畫、不動產投資計畫、項目資產支持計畫及中國保監會認可的其他資產。

根據保監會公布的數據，截至二〇一五年末，保險資金運用餘額達 111 795.49 億元，較年初增長 19.81%。其中，投資債券達 38 446.42 億元，占比 34.39%；投資股票和證券投資基金達 16 968.99 億元，占比 15.18%；其他投資達 32 030.41 億元，占比 28.65%。資金運用收益共計 7 803.6 億元，同比增長 45.6%，資金運用平均收益率為 7.56%。

5. 銀行資產管理現狀

在整個資產管理領域，無論是從體量還是從資源的獲取能力上考慮，銀行都是當之無愧的領頭羊。銀行資金充足且融資成本相對低廉，因此往往是各大企業

項目融資首選，其在資金端和項目端的把控能力都是其他金融機構望塵莫及的。隨著銀行的投行部、金融市場部各種創新資產管理模式的湧現，銀行傳統的信貸業務逐步轉為以投資非標資產的方式為地產、工商企業等注入資金，提供新型融資服務。然而，也正是因為銀行體量大，牽涉廣，使得監管當局對其的監管也最為嚴格，由此導致銀行的資產管理效率很低，很多高風險高收益的業務無法開展。《關於規範金融機構同業業務的通知》（銀髮〔2014〕127 號）及後續一系列監管文件的出台，使銀行的同業、金融市場業務受到了巨大的衝擊。出於監管的要求，更多的銀行設立了資管部，具有獨立理財功能，甚至有的探索設立了專門的資管子公司，還有的股份制銀行則在事業部改革上做了許多嘗試。

從長遠和整體來看，在混業經營的大趨勢下，銀行作為金融市場中的航母，必然會在監管高壓下變通方案、找準定位，參與到市場的前沿業務中來。總體而言，銀行資產管理業的未來發展具有明顯的優勢。

6. 總結

在我國實體經濟連續多年高速增長和居民收入不斷累積的背景下，以專家理財為特徵的資產管理行業不斷壯大，並在近年來受到社會各界的廣泛關注。從股票市場、債券市場、貨幣市場，再到房地產市場，處處都有資產管理機構的身影，資產管理行業的崛起已成為必然的趨勢。

資產管理行業的快速發展，特別是融資類業務（類固定收益產品）的大力發展，雖然飽受爭議，但從實質上改善了我國實體經濟過度依賴商業銀行的融資結構，也體現出自下而上市場化創新的生命力。分析過去十年的社會融資規模可以發現，我國正在從以商業銀行間接融資為主的經濟結構，向以股票市場、債券市場、類固定收益市場三方共同組成的直接融資渠道轉變。總而言之，資產管理行業未來前景十分廣闊，可以預測，各種機構將紛紛崛起，逐鹿大資管，競爭變得越來越激烈。

大資管業的江湖與排名

　　資產管理業務是一項包容性非常強的金融服務，因此經營資產管理業務的金融機構較多，幾乎囊括了市場上絕大多數的金融機構。具體包括商業銀行、證券機構、基金管理公司、保險公司、信託投資公司、私募機構、期貨公司、第三方理財機構，以及各種資產管理公司和投資公司等。[1]

　　隨著我國進入大資管時代，銀行、保險、基金、信託、證券等各類金融機構紛紛開展資管業務。各類金融機構未來將在資管業務中占據什麼樣的地位，也是從業者關心的問題。下面逐一為大家介紹國內主要資產管理機構。

基金子公司及其規模排名[2]

　　截至二〇一五年末，共有 79 家基金子公司開展專戶業務，總規模 8.57 萬億元，較二〇一四年底新增 10 家。專戶規模排名居前 5 位的基金子公司管理資產規模合計 2.77 萬億元，占基金子公司專戶規模的 32.30%；專戶規模排名居前 10 位的基金子公司管理資產規模合計 4.16 萬億元，占基金子公司專戶規模的 48.48%。基金子公司作為資管行業的新生力量，各自核心競爭力尚未形成，銀行股東資源帶來的稟賦差異對其發展影響顯著。銀行系基金子公司共 14 家，專戶規模合計 2.75 萬億元，占子公司專戶總規模的 39.8%。其中，有 6 家銀行系基金子公司進入了行業規模前 10 名的行列。截至二〇一五年九月底專戶規模居前 10 位的基金子公司及其規模排名見表 5-4。

[１]　吳琴偉，馮玉明．中外資產管理業務的比較與啟示〔J〕.證券市場導報，2004（8）：56-61．
[２]　數據來源於中國證券投資基金協會網站。

表 5-4　二○一五年九月底專戶規模居前 10 位的基金子公司及其規模排名

排名	基金子公司	資產管理規模（億元）	占行業規模比例（%）
1	民生加銀資產管理有限公司	8 068	9.41
2	深圳平安大華匯通財富管理有限公司	7 378	8.61
3	招商財富資產管理有限公司	5 459	6.37
4	深圳市融通資本財富管理有限公司	3 811	4.45
5	上海浦銀安盛資產管理有限公司	2 962	3.46
6	興業財富資產管理有限公司	2 926	3.41
7	天弘創新資產管理有限公司	2 828	3.30
8	博時資本管理有限公司	2 789	3.25
9	交銀施羅德資產管理有限公司	2 704	3.16
10	鑫沅資產管理有限公司	2 626	3.06

證券公司及其規模排名[1]

　　截至二○一五年底，證券公司資管業務集中度小幅上升，排名居前 10 位的證券公司資管業務規模（見表 5-5）合計占資管業務總規模的 50.37%，排名居前 20 位的證券公司占比為 69.37%。

表 5-5　二○一五年底資管業務規模居前 10 位的證券公司及其規模排名

排名	證券公司	資產管理規模（億元）	占行業總規模比例（%）
1	中信證券股份有限公司	10 761	9.05
2	申萬宏源證券有限公司	6 943	5.84

---

[1]　數據來源於中國證券投資基金協會網站。

續表

排名	證券公司	資產管理規模（億元）	占行業總規模比例（%）
3	華泰證券（上海）資產管理有限公司	6 163	5.18
4	上海國泰君安證券資產管理有限公司	6 068	5.10
5	中銀國際證券有限責任公司	5 571	4.69
6	中信建投證券股份有限公司	5 442	4.58
7	廣發證券資產管理（廣東）有限公司	5 260	4.42
8	華福證券有限責任公司	5 184	4.36
9	上海海通證券資產管理有限公司	4 266	3.59
10	招商證券資產管理有限公司	4 227	3.56

保險資產管理公司及其規模實力

二〇〇三年，國內第一家保險資產管理公司中國人保資產管理公司成立。二〇〇六年，隨著太平資產管理公司（中國太平保險集團公司，實力雄厚的民族保險公司，隸屬國務院）的獲批籌建，由中國人壽〔中國人壽保險（集團）公司，與中華人民共和國同齡，中國保險業的中流砥柱〕、中國平安〔中國平安保險（集團）股份有限公司，世界 500 強企業〕、太平洋保險〔中國太平洋財產保險（集團）股份有限公司，世界 500 強企業，總部設在上海〕、中國人保〔中國人民保險（集團）股份有限公司，有深遠影響力的保險集團〕、友邦保險〔美國友邦保險有限公司，外資獨資保險公司，亞太地區領先的人壽保險公司〕、新華保險（新華人壽保險股份有限公司，具有較高知名度的國際化股份制專業壽險公司）、泰康保險（泰康人壽保險股份有限公司，中國著名的大型保險金融服務集團，總部設於北京）、陽光保險（陽光保險集團股份有限公司，國內七大保險集團之一，較具

實力的保險公司)、大地保險(中國大地財產保險股份有限公司,良好的業績和社會口碑,隸屬中再集團公司)和太平資產管理公司構成的 9 家中資 +1 家外資的保險資產管理格局正式形成。

二〇一〇年十二月,生命人壽獲中國保監會批准籌建保險資產管理公司,此後,安邦資產管理公司和光大永明資產管理公司籌建申請也相繼獲批,保監會開始對中小保險公司設立資產管理公司放閘。截至二〇一五年底,已經獲批的保險資產管理公司(不包括香港)有 21 家,可以開展保險資金委託的有 18 家,二〇一五年又有 3 家資產管理公司獲批。目前已經獲批在香港設立資產管理公司的有11 家,其中,中國人壽、中國平安、中國太保、中國太平、泰康保險、新華保險、生命人壽、華泰保險、安邦保險、中國人保等均已在香港設立資產管理公司。在目前資本項下人民幣尚未實現完全自由兌換的情況下,在香港設立子公司,為險資投資配置的全球化和實現安全性前提下的最大盈利打下了基礎。[1]

此外,從二〇一三年開始,保險資管公司組建方式出現了變化,不再以母公司為單一股東,而是出現了多元化股東模式。其中,中意資產管理是首家真正意義上的中外合資資產管理公司;中英益利資產管理公司的股東結構更加多樣化,包括兩家壽險公司、一家信託公司,以及一家陽光私募基金公司;二〇一四年獲批設立的三家公司——華夏久盈資產管理、英大保險資產管理和長城財富資產管理,均由多家股東發起設立。多元化的股東模式不僅有利於資管業務的開拓,而且各方在投資能力、人才儲備等方面可以優勢互補,互通有無。

根據我們對幾家大型保險資產管理公司業務種類的整理可以看到,目前保險資產管理公司主要有兩大業務板塊:投行板塊和資產管理業務板塊。涉及的業務主要有 8 大方面,分別是投連險管理服務、保險資產管理計畫、企業年金服務、公募業務、私募股權基金、基礎設施不動產債權計畫、增值平台服務以及第三方

保險資產管理服務。

信託公司及其規模排名[1]

二〇一五年，信託行業資產規模與總體經營業績回歸平穩增長，資本利潤率小幅回落。其中信託公司中總規模排名前 10 位的公司如表 5-6 所示。

表 5-6　二〇一五年底資產規模排名前 10 位的中國信託公司

排　名	簡　稱	信託資產總額（億元）
1	中信信託	7 296.61
2	興業國際信託	5 650.02
3	大業信託	5 228.60
4	中融國際信託	4 785.35
5	華潤深國投信託	3 643.04
6	中誠信託	3 572.11
7	建信信託	3 258.16
8	對外經濟貿易信託	3 173.77
9	山東省國際信託	2 994.21
10	華能貴誠信託	2 985.68

商業銀行及其規模排名

二〇一四年十二月，銀監會向商業銀行印發《商業銀行理財業務監督管理辦法（徵求意見稿）》（下稱《辦法（徵求意見稿）》），將商業銀行的理財業務定義為：商業銀行本著為客戶利益服務的原則，以客戶需求為導向，以客戶資產保值增值為目標，為客戶提供的資產管理等專業化服務活動。從數據來看，我國銀行業理

---

[1]　數據來源：《中國證券報》。

財資金餘額占總資產的比重較低，國內平均水平為 6.75%，而同期國外商業銀行的占比都在 30% 以上。在我國，招商銀行理財資金餘額占比最高，約為 19.8%，可以看出，我國商業銀行理財業務發展仍有很大空間。[1] 二〇一五年第三季度銀行理財規模排名情況見表 5-7。

<h3 style="text-align:center">表 5-7　二〇一五年第三季度銀行理財規模排名</h3>

綜合排名	銀行全稱	發行能力得分	收益能力得分	風險控制得分	理財產品豐富性得分	信息披露規範性得分	評估問卷得分	綜合得分
1	興業銀行	17.57	16.49	14.87	14.80	16.81	95.00	84.15
2	中國民生銀行	17.41	16.75	15.61	11.20	18.39	96.10	83.55
3	招商銀行	18.55	15.89	15.34	13.10	17.82	92.00	83.52
4	交通銀行	20.00	19.94	12.68	14.80	14.88	86.50	83.35
5	中信銀行	16.71	13.50	15.12	15.60	17.97	96.15	83.21
6	華夏銀行	17.76	17.41	15.07	11.40	18.25	85.63	81.32
7	中國光大銀行	16.48	14.22	13.72	15.00	16.16	88.05	78.70
8	上海浦東發展銀行	16.77	14.13	14.96	10.00	16.44	95.61	78.12
9	中國工商銀行	15.90	14.12	13.91	14.00	16.53	88.84	78.06
10	廣發銀行	16.88	16.14	13.58	13.10	15.39	84.34	77.41
11	平安銀行	17.72	18.17	11.92	14.20	12.97	83.22	77.04
12	中國農業銀行	18.24	14.80	12.60	13.80	13.03	84.72	75.54
13	浙商銀行	13.98	14.90	13.53	8.10	18.26	91.76	74.52
14	中國郵政儲蓄銀行	13.71	13.43	14.24	8.80	16.43	84.50	71.08
15	中國建設銀行	17.06	12.95	13.47	12.00	13.36	75.50	70.52
16	中國銀行	18.03	14.58	11.65	14.70	12.38	50.50	66.13

---

[1] 楊榮 . 銀行資管深度報告：理財轉為大資管〔EB/OL〕. 格上理財，(2015-02-28)〔2016-05-13〕.
http://www.licai.com/yuedu/201502-65324.html.

續表

綜合排名	銀行全稱	發行能力得分	收益能力得分	風險控制得分	理財產品豐富性得分	信息披露規範性得分	評估問卷得分	綜合得分
17	渤海銀行	12.47	14.16	13.94	10.30	14.89	50.50	61.95
18	恆豐銀行	12.16	13.30	10.76	6.70	5.85	50.50	49.21

數據來源：普益標準．銀行理財能力排名〔EB/OL〕．普益財富，(2016-03-21)〔2016-05-13〕．http：//www. cnbene. cn/newsinfo---articleid--1210018_channelid--51. html.

資管業務種類

實際中的資產管理業務，就是獲得監管機構批准擁有資管牌照的機構，如公募基金子公司、證券公司、保險公司、銀行等，向特定客戶募集資金或者接受特定客戶財產委託擔任資產管理人，為資產委託人的利益，運用委託財產進行投資的一種行為。

資產管理業務是一項包容性非常強的金融服務，資管業務更多地是根據資產管理計畫的投向來分類的：按照資產管理計畫投資標的種類不同，可以將資產管理分為投資股權、債權以及收益權等類型；按照投資標的是否可以在場內流通，可分為非標投資和標準化投資；按具體在資產管理業務中是否承擔主動的管理責任和風險，又分為通道型業務和主動管理類業務。

非標資管業務

1. 通道業務

資管和信託牌照等機構的通道業務分為兩種，一是對接銀行資產負債表內(以下簡稱「表內」)資產的通道業務，包括信貸資產出表、租賃資產出表、金融同業和理財產品出表等；二是作為陽光私募發行產品的通道。通道業務的興起與

擴容，與銀行的信貸業務有著千絲萬縷的聯繫。作為國內金融業絕對的「大佬」，銀行在資產管理規模、客戶數量、銷售渠道和風控能力等各方面均具有絕對優勢。雖然銀行擁有資金和客戶這兩大利器，但是由於其對資金的安全性要求頗高，加上存貸比限制，使得其信貸額度遠遠不能滿足所有客戶的融資需求。在此背景下，通道業務的早期形式——銀信合作應運而生。彼時，這類業務雖然從實質上看是商業銀行對用款單位放貸，但由於信託貸款與信託理財資金不在商業銀行表內核算，可以規避《資本充足率管理辦法》，因此銀信合作很快流行開來。在這種模式下，信託和基金子公司、券商定向資管等利用自身牌照優勢，作為資金的通道，把社會資金歸集後以產品的形式或單一或打包地發放給有資金需求的融資方，而自身並不負責項目的投後管理，只是收取一定比例的通道費用。

資管機構從事通道業務的優勢在於效率高且費率低，比主動管理類項目時間短，因此通道業務擴容迅速。事實上，由於「技術門檻低」、「來錢快」，信託、券商、基金子公司紛紛參與通道業務，激烈的競爭也使得通道費率從千分之幾的水平降至萬分之幾。其中，銀行系信託、基金子公司因背靠強大股東而最占優勢，銀基合作票據業務、資產負債表外（以下簡稱「表外」）完成的增量業務融資需求以及創新複雜的結構化產品都涵蓋在基金子公司業務中，迅速擴大資產管理總規模。

以券商作為通道的協議存款業務為例。銀證保存款業務的本質是在利率市場化進程緩慢的背景下，借道券商資管和保險公司，突破利率管制，擴大存款規模。中國人民銀行規定，保險資產管理公司的存款不屬於金融機構的同業存款，而是一般性存款，在計算存貸比的時候，可計入銀行存款規模。銀行通過此業務可以優化業務指標，擴大一般存款規模。

以券商作為通道的協議存款業務結構為：由資金委託銀行（Ａ銀行）以理財資金委託Ｂ證券成立定向資產管理計畫；Ｂ證券作為定向資產管理計畫的管理人將委託資產投資於保險資產管理公司的資產管理計畫；保險資產管理公司資產管

理計畫以保險公司名義存入 C 銀行的協議存款，實現通道收入；該筆存款到期後資金通過保險資產管理計畫和券商定向計畫回到 A 銀行賬戶（見圖 5-2）。

委託成立定向資產管理計畫

協議存款

資金委託銀行（A銀行）　→　管理人B證券　→　保險資產管理公司　→　C銀行

投資於保險資產管理公司的資產管理計畫

圖 5-2　券商通道的協議存款業務結構

通道業務的核心在於資金和項目均不由機構自己掌控，根據委託人的投資指令被動投資，不承擔盡職調查責任，如果到期無法變現，可以向委託人進行原裝返還。

2. 傳統項目融資

項目融資類的資產管理計畫職能一般由信託或基金子公司進行設立，證券公司的小集合無法直接從事該類的非標業務，一般需要借用其他的通道。傳統的融資項目主要為房地產項目、政府融資平台、基礎設施建設項目、大型工商企業貸款等。

房地產信託指信託投資公司發揮專業理財優勢，通過實施信託計畫籌集資金，用於房地產開發項目，為委託人獲取一定的收益。政府融資項目、基礎設施投資信託是信託公司根據信託合同將信託資金投資於政府融資平台的項目，或交通、市政建設以及其他具有政府背景的項目，如園區建設、污水處理、綠化工程等基礎設施領域，從而實現受益人的利益或者特定目的。

該類產品一般通過信託或資管發行。融資方通過信託公司、基金子公司向投資者募集資金，並通過將資產（股權）進行抵押（質押），以及第三方擔保等措施，

保證到期歸還本金及收益。類信託產品一般投資於房地產、工商企業、基礎設施等領域，方式也多種多樣，股權、債權、權益、貸款等比較常見。該類產品門檻比較高，一般要 100 萬元以上，期限大部分在 1~3 年。[1]房地產信託分類如圖 5-3 所示。

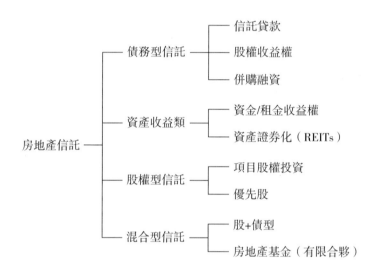

圖 5-3　房地產信託分類

資本市場業務

在如今大投行、大資管的趨勢之下，資管除了涉及以上非標準化市場外，還涉足標準化的資本市場。在 IPO 暫停、資本市場牛熊切換的背景下，資管仍可以找到在資本市場的立足之地。

1. 股權投資

在股權投資的領域，資管機構屬於後來者，遇到的問題很多。存在的問題一

---

[1] 王晶．眾祿：四大固定收益類產品盤點．〔EB/OL〕．新浪財經，（2014-09-27）〔2016-05-13〕．http://finance.sina.com.cn/money/fund/20140927/101220430561.shtml.

方面是對股權投資的投資者風險承受能力要求更高，期限要求也更高，與傳統資管偏重固定收益的客戶難以匹配；另一方面是股權投資對於從業人員的技術和背景要求更偏重於一級市場或者說產業背景。

現實中在股權投資領域有所實踐的資管機構不少，包括中信信託、平安信託、中融信託一系列吸引眼球的股權投資信託計畫以及各類基金子公司、券商資管都在嘗試，但大多數還是明股實債，或者帶著固定收益的思路去操作，非常偏重於實質性的擔保和回購，而非更多地看中企業的內在價值。

然而，新三板的火熱，提供了一個介於一級市場和二級市場之間的中間區域。一方面新三板的流動性尚未充分調動，另一方面又提供了一個價值發現的場所，在 0 分和 100 分之間，提供了 60 分的可能。於是乎，二〇一五年初新三板市場大幅上漲，吸引各類資管機構推出各種新三板資管產品，參與者包括傳統的 PE 機構和各類由二級市場轉往一級市場的機構。

資管機構做股權投資並非簡單等於做新三板，但是新三板確實為資管機構的股權投資提供了一個實踐的平台，今後，隨著資管機構從業人員的能力和架構調整，以及行業的不斷嘗試，一定能夠在股權投資上走得更遠。

2. 併購業務

併購業務也一直被稱為是資管機構的新業務「藍海」，銀監會給信託提出的六大轉型方向，其中一條就是「鼓勵開展併購業務，積極參與企業併購重組，推動產業轉型」。在此類業務中，一般是管理人通過發行資產管理計畫投向標的公司，為實質的併購方的併購業務籌措資金。

目前所說的很多這種合作模式，可以被稱為是併購業務的產品化，資金方認購資管計畫有不同的分級，如銀行認購優先級資金，實際上可以等同於給項目放了併購貸款，卻不受併購貸款的各種業務限制。目前從收購企業、取得控制權的角度出發，大量的項目依舊是明股實債，大部分只是一個募集資金的通道。但極少部分項目已經做到了真正的主動管理，會在實質的運作中真正地改善經營，謀

求價值的提升。

總體來說，併購業務確實是資管機構的「藍海」，尤其是二〇一五年火熱的「上市公司 +PE」這種業務，其實資管機構是其中一個很好的橋樑，在很多定增 + 併購的業務中，發揮著自己的光和熱。

3. 定增業務、新三板業務、股東增持以及員工持股計畫

定增業務，又稱一級半市場，是指發行人通過發行資產管理計畫，募集社會資金投資於上市公司定增計畫，通過獲取股票的資本利得實現投資收益。一年期定向增發計畫一般會做成結構化的產品，銀行資金作為優先級，資管自有資金作為劣後級。其中募集資金對象可以是上市公司大股東、社會公眾投資者等。在二〇一四年 IPO 未重啟之前，上市公司募集資金一般通過定向增發業務，IPO 的暫停更加體現了上市公司的稀缺性更加體現。二〇一三～二〇一五年上半年度，定增業務使得資管公司收益頗豐。與投資二級市場的陽光私募不同，投資定向增發股票這個「一級半」市場，因鎖定期內無法拋售，容易大幅虧損而招致投訴的情況時有發生。尤其是在二〇一五年下半年遇到市場極端情況時，許多定增項目面臨爆倉風險。

關於新三板，如前所述，新三板是資管機構想在股權市場上有所作為的一個試煉場。在二〇一四年後期，新三板市場開始興盛起來，大家期待的是各種政策的出台，享受制度紅利。所以雖然新三板股票的流通性並不好，但新三板的定向增發和融資非常火熱。因此，主板市場的行情以及新三板市場行情的火爆讓定向增發成為資管重要的業務構成。

大股東（董事、監事、高管）增持計畫以及員工持股計畫都可以受上市公司大股東或者上市公司委託，募集資金去參加上市公司的定向增發認購股票，或者直接去二級市場買股票。資產管理計畫的計畫管理人通過管理資產每年收取管理費。在最近的股災中，鼓勵大股東或董事、監事、高管增持，並且 6 個月內不能減持，推動了這塊業務的發展。

4. 陽光私募通道與配資

陽光私募基金最早是借助信託公司發行的，經過監管機構備案，資金實現第三方銀行托管，有定期業績報告的投資於股票市場的基金。陽光私募基金應當由投資顧問公司作為發起人、投資者作為委託人、信託公司作為受託人、銀行作為資金托管人、證券公司作為證券托管人。也即，陽光私募基金是與公募基金相對應的，運作透明化、規範化的私募基金。但信託在運作經營上也存在風險，所以後來監管機構准許開放了各種資管機構，都可以和信託公司一樣，作為私募公司陽光化的一個管理人或者通道。二○一四年《私募投資基金監督管理暫行辦法》出台後，私募基金可以自行發契約型基金，理論上不再需要信託或資管的通道。但私募與資管依舊有很多合作，如可以借助資管的名氣發行產品，資管機構也可以給私募提供很多後台服務，包括估值、清算、劃款等。

資產證券化業務

從實踐中來看，我國真正意義上的資產證券化主要分為兩種：信貸資產證券化和企業資產證券化。信貸資產證券化，主要是中國人民銀行和銀監會所監管的商業銀行和金融租賃公司發行的。這裡最主要的 SPV 是信託公司，基礎資產是各類信貸資產。這一類資產證券化產品一直都在發行，市場占比很大。第二類資產證券化產品是由證監會監管，在上交所和深交所發行的企業資產證券化。發行人主要是各家券商和基金子公司，基礎資產主要是企業的應收款、應收租賃款以及信託收益權等財產權利，包括基礎設施、不動產等其他資產。

目前來說，在信貸資產證券化中，雖然合格 SPV 的載體主要是信託公司，但是在傳統的信貸資產證券化中，一直是掌握著基礎資產的銀行占據絕對的話語權，信託公司大多淪為純通道。而自二○一四年底企業資產證券化放開備案以來，券商和基金子公司都可通過資產支持專項計畫作為載體參與場內 ABS，二者不斷掘進和創新，取得了一定的階段性成果。信託公司同樣借其把握基礎資產的優勢，

與基金子公司合作，嘗試了很多信託受益權的企業資產證券化，這也是其參與企業資產證券化的一個新的模式。

　　資產證券化也是盤活存量資產、優化增量資產的有效金融工具。無論是銀行還是非金融企業，抑或是政府，要把有限的資金髮揮最大的使用效率，不僅需要流動性資金髮揮最大效率，在一定時間段也需要活化運用固化的資金以提高整體資金的運用效率。從我國目前的情況來看，存量資產規模和存量資產證券化規模極不相稱，與歐美市場相比，我國資產證券化的前景和潛力都非常巨大。

二級市場投資

1. 權益類投資主動管理

　　權益類資產以股票、股票型基金為主，與固定收益類資產相比，權益類投資具有「高風險、高收益、高流動性」的特徵，其中「高風險、高收益」的特徵在A股市場表現得尤為突出。主流權益類投資產品種類見表 5-8。

表 5-8　主流權益類投資產品

細分種類	投資標的
股票	上市公司
股票基金	投資股票，最低倉位 80%
指數基金	大盤指數、行業指數等
FOF	投資於基金的基金
陽光私募	二級市場證券品種

數據來源：金融小夥伴。

　　首先，從券商資管端來看，自二〇一二年十月的「一法兩則」(《證券公司客戶資產管理業務管理辦法》及兩個實施細則) 實施以來，券商資管規模獲得爆發式的增長。在券商資管的投資方向中，權益投資無疑是資產管理的核心業務，然而遺憾的是，儘管券商資管超 10 萬億元規模，但主動管理的比例尚不足 10%。

隨著二〇一四年底的二級市場牛市持續，A 股成交逐漸放量，市場基本形成共識：在無風險利率下行的刺激下，資金從往年受追捧的非標資產、房地產等領域流出，流入以股票為代表的資本市場，大類資產配置騰挪正在進行 (見表 5-9)。券商資管業務中投資類型中權益類占比雖仍不足 1/3，但增長迅速。

表 5-9　二〇一四年證券公司存續集合計畫淨值收益率情況

產品類型	平均淨值收益率 (%)
權益類	21.9
混合類	20.8
基金寶	19.1
固定收益類	8.7
QDII	5.2
其他	7.9

數據來源：資產管理業務二〇一四年統計年報。

由表 5-9 可知，從二〇一四年全年收益看，由於下半年股票市場大幅上漲，權益類產品和混合類產品在各類集合計畫中表現較好，平均淨值收益率分別為 21.9% 和 20.8%，基金寶產品平均淨值收益率為 19.1%，遠遠超過固定收益類和 QDII 類等產品。

其次，從基金資管端來看，分為基金公司專戶和基金子公司專戶。在基金公司專戶端，二〇一四年基金公司存續專戶權益類產品中，股票類產品規模為 1 738 億元，占比 14.2%；QDII 類產品規模為 262 億元，占比 2.1%。而在基金子公司專戶端，權益類的證券投資規模為 3 638 億元，占比 9.7%，相比於二〇一三年的 436 億元，同比增長率達到 734%，增長迅速。二〇一四年，基金公司專戶產品平均收益率為 14.1%，較二〇一三年提升 9.9 個百分點。其中，股票類產品平均收益率 25.7%，位居第一。詳見表 5-10。

表 5-10　二○一四年基金公司專戶存續產品收益率情況

產品類型	平均淨值收益率（％）
股票類	25.7
混合類	16.8
債券類	12.3
現金管理類	6.1
QDII	4.1
其他	7.1

數據來源：資產管理業務二○一四年統計年報。

　　最後，從保險資管端來看，作為市場上較大的資金提供者，它們一直是資金需求者「朝拜」的對象。保險資產管理公司是專門管理保險資金的金融機構，一般由保險公司或保險公司的控股股東發起成立，主要業務是接受保險公司委託管理保險基金，目標是使保險基金實現保值和增值。二○○三年，第一家資產管理公司中國人保資產管理公司設立，至今保險資管公司已達 21 家。保險公司更注重多元化的投資分散風險，而險資可投資的品種越來，新的投資方式會加強探索和佈局，以分散傳統投資渠道的投資風險和提高投資收益。

　　權益類投資作為一種「高收益、高風險」的投資類型，成為資管業越來越重要的類型之一，不同的資管公司會根據自身風險偏好來適當配置權益類投資比例，二級市場的走向也會對權益類投資比例和收益產生重大影響。

2. 固定收益類主動管理

　　固定收益是投資者按事先規定好的利息率獲得的收益，如債券和存單在到期時，投資者即可領取約定利息。固定收益類投資指投資於銀行定期存款、協議存款、國債、金融債、企業債、可轉換債券、債券型基金等固定收益類資產。我們可以按照銀行定期存款、國庫券等金融產品的特性來理解「固定收益」的涵義，

一般來說，這類產品的收益不高但比較穩定，風險也比較低。固定收益投資類型見表 5-11。

表 5-11　固定收益投資類型

種　　類	描　　述
國債、央行票據、金融債和有擔保的企業債	收益來自債券持有期利息收入、市場利率下行導致的價格上升和較強變現能力蘊含的盈利
擔保企業債，包括短期融資券和普通無擔保企業債	收益來自企業債持有期利息收入、市場利率的下行和信用利差的縮減導致的價格上升
混合融資證券	包括可轉換債券和分離型可轉換債券，收益來自標的證券價格變動導致的價格上升和派息標的證券價格波動

數據來源：金融小夥伴。

◆ 固定收益之債券篇

　　作為一種有價證券，國內的債券按照發行主體可以分為國債、地方債、金融債、企業債(城投債)、公司債(有限責任公司和股份有限公司等)和協會產品(中票、短融、定向工具等)。

　　近兩年債券市場創新品種主要為併購重組私募債券、永續債 / 永續票據、收益憑證、可交換債券、項目收益債 / 票據、定向可轉票據等，部分新債券品種主要針對特定領域融資者開放，意在扶持該領域發展，或者加強地方債務管理，諸如併購重組私募債券、項目收益債券等；部分創新債券品種則內嵌了選擇權，或者兼具債權和股權的特性，增強了投資屬性。

　　債券一般具有以下特徵：

　　收益性。債券投資是一種直接投資，投資者本人直接承擔了投資風險，同時也減少了投資過程的中間環節，所以債券投資的收益一般要高於銀行存款。

　　安全性。債券的安全性主要表現在以下兩個方面：一是債券利息事先確定，即使是浮動利率債券，一般也有一個預定的最低利率，以保證投資者在市場利率

波動時免受損失；二是投資的本金在債券到期後可以收回。

流動性。債券的流動性是指債券在償還期限到來之前，可以在證券市場上自由流通和轉讓。債券的這一性質，保證了投資者持有債券與持有現款或將錢存入銀行幾乎沒有什麼區別。

需要指出的是，債券的上述三個特性在一般情況下很難兼顧。例如，安全性高的債券收益率可能較低，而收益率高的債券投資風險又可能較大。作為固定收益投資的重要組成部分，債券在資管投資的配置中也是相當重要的一環。

二〇一四年，基金公司存續專戶產品中，債券類產品規模為 4 967 億元，占比 40.6%；券商資管集合計畫債券投資比例達 31%，券商資管主動管理定向業務債券市場投資占比為 34.8%，規模達 2 668 億元，同比增長 19.9%；保險資金運用中，債券類投資占比為 38.15%。

◆ 固定收益之量化篇

量化投資計畫就是利用數學、統計學、信息技術的量化投資方法管理投資組合，以先進的數學模型代替人為的主觀判斷，克服人性的弱點。量化投資區別於定性投資的鮮明特徵就是模型。打個比方，我們先看一看醫生治病，中醫與西醫的診療方法不同，中醫是望、聞、問、切，最後判斷出結果，很大程度上基於中醫的經驗，定性的成分多一些；西醫就不同了，先要病人去拍片子、化驗等，這些都要依託於醫學儀器，最後得出結論，對症下藥。

醫生治療病人的疾病，投資者治療市場的疾病。市場的疾病是什麼？就是錯誤定價和估值，若沒病或病得比較輕，市場是有效或弱有效的；病得越嚴重，市場越無效。投資者用資金投資於低估的證券，直到把它的價格抬升到合理的價格水平上。

定性投資和定量投資的具體做法有些差異，這些差異如同中醫和西醫的差異。定性投資更像中醫，更多地依靠經驗和感覺判斷病在哪裡；定量投資更像西醫，依靠模型判斷，模型對於定量投資基金經理的作用就像 CT 機對於醫生的作

用。在每一天的投資運作之前，投資經理會先用模型對整個市場進行一次全面的檢查和掃瞄，然後根據檢查和掃瞄結果做出投資決策。

隨著包括現券及其衍生品在內的固定收益市場的發展，國內的固定收益類策略與相關的產品將會得到極大豐富。與境外成熟市場相比，其發展空間巨大，面臨的挑戰也很大，其中最重要的是人才，這些複雜的投資策略從設計到執行都需要投入大量的「知識資本」(intellectual capital)。國外的研究表明，投入越多知識資本的策略，其所能產生的超額收益也越顯著。這也證明了，在金融工程領域，知識能夠產生額外的收益，在這方面的投入是非常有價值的。[1]

◆ 現金管理類篇 [2]

基金系：現金理財 1 元起。貨幣市場基金是指投資於貨幣市場短期有價證券的一種基金，可以在交易日申購和贖回。投資範圍以貨幣市場工具為主，包括一年以內的銀行定期存款、大額存單、央行票據、剩餘期限在 397 天之內的債券以及期限在一年以內的債券回購。不可投資於股票和可轉換債券等權益類資產。對信用債的評級要求較高，不可投資於 AAA 級以下的券種。

所謂場內 T+0 貨幣基金，是指可以在交易所掛牌交易、申購贖回、實現了 T+0 交易的貨幣基金，是二〇一五年比較重要的創新產品之一。

短期理財債券型基金，簡稱短債型基金，是二〇一二年五月份出現的一種創新型基金，是具有一定封閉期的定期開放式純債基金。運作模式類似於滾動型銀行理財產品，在一個運作週期內產品是封閉的，到期後，投資者可選擇贖回或繼續投資，讓資金進入下一個運作週期。運作週期包括 7 天、14 天、30 天、60 天、90 天等。貨幣 ETF 即交易型貨幣市場基金，此基金實現了股票與貨幣基金間的

[1] 江歆子漁 . 幾種常見的固定收益套利策略〔EB/OL〕. 資訊，〔2016-05-13〕. http://kt.liangtou.com/article/10010898102.

[2] 張曦元 . 現金管理類理財產品，你知道多少呢？〔J〕. 複印報刊資料：投資與理財，2014（1）：64-64.

即時無縫對接，因此能夠盤活上千億元規模的券商保證金。

銀行系：現金理財 1 000 元起。開放式無固定期限產品是指沒有明確的理財期限，採用開放式交易模式，投資者可在理財計畫存續期內任一交易日提出申購或贖回申請，申購和贖回即時生效。開放式週期性產品又稱滾動型產品，即若投資者未在產品到期前提出申購或贖回請求，則自動進入下一個運作週期，通常一個運作週期的時間不是太長（7、14、21、28 天等）。

封閉式超短期理財產品，理財期限不大於 30 天，產品的整個運作期都是封閉的。投資者在運作期內不能提出申購和贖回申請，一旦購買了產品，就必須等到產品到期後，才能得到理財資金。

券商系：現金理財 1 萬元起。所謂的債券質押式報價回購（以下簡稱「報價回購」），是指證券公司提供債券作為質押物，並根據標準券折算率計算出的標準券總額為融資額度，向在該證券公司指定交易的客戶，以證券公司報價、客戶接受報價的方式融入資金，客戶於回購到期時，收回融出資金並獲得相應收益。券商保證金管理模式，是指券商將客戶保證金劃轉至債券類資產管理產品賬戶，並將客戶資金投資於貨幣或債券基金、銀行通知存款等工具，再按照約定期限，將本息劃轉給客戶。券商通過收取管理費或者收益分成，獲取利潤。

信託系：現金理財 100 萬元起。開放式無固定期限型，是指沒有明確的投資期限，採用開放式交易模式，投資者可在計畫存續期內每個開放日（開放日為指定的工作日，如週二或每個工作日）提出申購或贖回申請。

開放式定期型，是指有確定的投資期限，一般不會太長，如 2 周或 1、2、3、6、9、12 個月，認購資金只能在期滿後分配本金和信託收益，這是與開放式無固定期限型的主要區別。其認購時間、門檻、投向等情況與開放式無固定期限型基本相同。

現金管理類基金因其門檻低、收益穩定的特徵而受到普通大眾的歡迎，主要指貨幣基金和短期理財型債券基金。貨幣基金是一種將全部資產投資包括但不限

於短期存款或流動性良好的固定收益類證券的基金，收益比較基準一般為七天通知存款收益（稅後）或一年期及一年期以下的定期存款收益（稅後）。

現金管理類基金的投資標的大致可分三類：

第一類是存款與備付金，主要包括現金、通知存款、一年以內（含一年）的銀行定期存款、大額存單等；

第二類是買入返售證券，類似於債券回購，是一種約定付息還本的投資方式；

第三類是債券，指剩餘期限在 397 天以內（含 397 天）的債券，主要包括國債、政策性金融債、央票、AAA 企業債、中票、短融、超短融、資產支持類債券等。

需要特別強調的是，現金管理類基金不可投資具有權益類屬性的投資標的，如股票、可轉換債券等。

資管業的發展前景與出路

資管業的薪酬待遇

資管業薪酬待遇在一級與二級市場有較大的不同，基本上遵循所從事方向的發展路徑。

在一級市場，如信託、基金子公司、券商資管、保險資管，從業人員的薪酬結構與券商投行相似，基本上是「底薪 + 提成」的模式，根據業務定指標。應屆生待遇底薪基本上是 6 000~10 000 元，獎金激勵機制不錯。在市場行情好的情況下，提成（獎金）可能遠遠高於底薪。由於資管業由眾多類型的金融機構組成，所以薪酬待遇也截然不同。一般來說，信託、基金子公司、券商資管的激勵機制較為充分，只要你資源足夠多、業務足夠大、創收足夠高，那麼獎金也會足夠豐厚。前幾年信託業如火如荼，整個行業創造了巨額的利潤，員工年底獎金百

萬的例子數不勝數。這也從側面反映了這些行業的激勵機制特徵。而保險資管行業的激勵機制可能較前面幾個行業弱，業績指標壓力較小，員工薪酬待遇較為穩定，增長幅度相對一般，福利較多，性價比較高。銀行資管的激勵機制在資管業裡面可能是最弱的，承襲了銀行「大鍋飯」的風格，這也意味著員工薪酬待遇穩定，增長幅度較小，薪酬待遇容易遇到天花板，但業績壓力小，總體性價比也高。不過，一些股份制和地方性銀行的資管部門激勵機制已經相當市場化，吸引了不少應屆生的目光。

在二級市場，如券商資管研究員、保險資管研究員的薪酬待遇結構與基金等買方研究員相似。具體可參見本書第 4 章。

資管業的晉升空間及出路

資管從業人員的晉升空間和出路與其具體的工作內容密切相關，從事的是一級市場還是二級市場業務，決定了對個人的素質要求以及之後的晉升路徑的巨大差異。

一級市場可以說是業務為王。如果歷史業績優秀，並且積累了較為豐富的資源，那麼你既可以留在像基金子公司和信託這樣激勵機制足夠充分的行業繼續發光發熱，成為一個部門的負責人，甚至是更高級別的管理人員，也可以去工作環境較為安穩的保險資管、銀行資管等行業，成為部門一把手。總之，只要業務能力很強，晉升空間就會很大。另外，大資管內各行業的業務多多少少有相似之處，因此跳槽的選擇也相當多。

二級市場可以說是研究為王。在資管行業二級市場做研究，只要研究能力足夠強，能夠較為準確地判斷宏觀經濟、固定收益走勢或者上市公司股價，你就可以逐步從一個研究員成長為投資經理、部門經理甚至是投資總監。由於資管研究員屬於買方研究員系列，所以不僅可以在本行業尋求發展，也可以跳往基金、私募等買方發展自己的事業，出路也是相當廣的。

資管業偏好什麼樣的人才

偏好的教育背景

與金融其他行業類似，資管業的基本學歷要求是碩士學歷（985 及 211 院校），雙 985 或者雙 211 求職時會更有優勢。專業背景是金融、法律或會計，最好對金融知識和法律知識都比較熟悉。對專業的要求根據業務不同也略有不同，如果是非標業務，偏愛法律 + 財務背景；如果是標準化業務，偏愛理工 + 金融背景。

關於資管行業需要怎樣的教育背景，在資管業務的實習或者全職招聘信息中就會發現，資產管理部門應該算是一家公司的核心部門，對人才的要求相對較高，無論是在基金子公司、信託，還是券商、銀行的資管部門，基本的要求是：國內重點院校碩士（211、985），金融、法律、經濟等教育背景的人才，當然對於特別優秀的可能會有所放寬。其實對於學歷背景的要求也要看進入資管部門後具體是做哪一塊的工作，比如說做量化方面的，就需要有數學、統計、計算機方面理工科背景的人才，學歷也最好是碩士以上。

必備的知識和技能

資管業的範圍如此之廣，以至於基本上無所不包。不同的資管業務需要不同的專業知識和技能，具體做的是一級市場股權債權項目，還是二級市場投資研究，所需要的技能截然不同。

資產管理相關一級市場業務主要的技能有：

法律 / 財務會計。由於資管業務就是處理各種投融資業務，所以需要對相關領域的法律、監管層出台的法規和政策有深入的瞭解。因此，具備足夠的法律知識是開展業務的必要前提。在開展各種業務的過程中，你經常要面對這樣的問題：

以什麼形態的產品包裝這筆融資才算合規？怎樣設計信託產品才能連接銀行和保險資金？這種增信方式有法律效應嗎？該款信託產品是否在保監會允許投資的範圍內？如何將定增項目打包成合規的資管產品？要回答這些問題，你需要熟悉相關法律知識。此外，監管層會根據市場情況出台一些新的監管條例和政策，這也需要你馬上進行深入的學習。開展一級市場業務還需要有足夠的財務會計知識。因為經常要處理企業各種財務報表，並對其進行一定的財務分析。因此，考取CPA 證書能在很大程度上提高你的財務會計水平。

業務整合開拓能力。開展資管一級市場業務的前提就是擁有項目資源，為此你需要有業務整合開拓能力。一方面，你要與過去、現在的項目方保持較為緊密的聯繫，保持高度敏感，時刻準備為他們提供投融資服務；另一方面，你需要和外界保持密切接觸，不斷開拓新的客戶資源，瞭解他們的投融資需求，為其提供合適合規的投融資服務，從而擴大自身業務規模。業務整合開拓能力不僅僅是對智商的考驗，更是對情商和勤奮度的考驗。

至於資管二級市場方面需要哪些知識和技能，則更多和傳統行業研究相關，總體上資管機構也與在買方從事研究員的工作內容更加類似，故可參考本書第 4章的相關內容。

結　語

隨著新一輪的監管放鬆，在擴大投資範圍、降低投資門檻，以及減少相關限制等方面，證券公司、期貨公司、證投基金管理公司、銀行、保險公司、信託公司之間的競爭壁壘均被打破，使資產管理行業進入進一步地競爭、創新、混業經營的大資管時代。大資管的火熱，帶來了很多新的就業機會，獲得了廣大學生的關注。隨著國內金融業務環境的進一步發展，私人財富迅速積累，市場一定會有更豐富、多元化的資產管理需求，吸引金融業高素質人才的持續注入。

06

包羅萬象之其他金融子行業解讀

本書前面的幾章較為綜合地介紹了我國金融業內五大核心行業的基本情況。然而，隨著金融政策逐漸放開和金融業的不斷發展，金融業務越來越多元化，各式金融機構在創新浪潮中紛紛崛起，逐漸在整個大金融環境中占據舉足輕重的地位。

本章將重點介紹金融五大業之外的機構，包括私募、金融監管事業單位、租賃公司和互聯網金融企業等，這些子行業近年來均蓬勃發展，前景廣闊。雖不能對各行業詳盡論述，但力求讓廣大學子多瞭解一些職業的相關內容。

崛起中的私募大軍

私募自出現以來，其靈活的制度、高額的獎金、神秘的大鱷等，一直吸引著各界的關注。但事實上，私募是否真的如此光鮮亮麗？作為一名初入職場的金融學子是否真的適合私募行業？答案有待商榷，下面對我國私募行業的發展概況和

前景做一些闡述。

私募的行業概況

1. 私募的涵義與分類

通俗而言，私募，與公募相對，是一種向一定數量的合格投資者非公開募集資金的方式。私募通常以基金作為載體，利用募集來的資金進行相關的投資。

私募的出現可以追溯至十九世紀末二十世紀初，當時的美國有不少富裕的家族和個人將資金投資於風險較大的石油、鋼鐵、鐵路等新興產業。起初，這類投資是由投資者獨立決策的，沒有設立專門的機構，後來這些家族開始聘用外部優秀人士代為選擇、管理這些投資，私募的雛形應運而生。公認具有現代意義的私募股權基金於二戰後以風險投資公司的形式在美國出現：一九四六年，由美國波士頓聯邦儲備銀行行長弗蘭德斯和哈佛商學院教授多里奧特及一些企業家發起成立了美國研究發展公司（簡稱「ARD」），開創了現代私募股權投資業的先河。[1]

上面提到，「私募」實際上是指資金的募集方式，並未言明具體的資金投向，金融業內投資標的包羅萬象，因此也產生了各種不同的私募基金形式。[2] 按照我國的監管體系，我國的私募業以投資標的分類，可以分為私募證券基金、私募股權基金、創業投資基金和其他私募基金。私募證券基金就是以股票、債券等標準證券為標的的基金，市場上常見的「陽光私募」[3] 即屬於此類，國外常說的「對沖基金」（Hedge Fund）大部分也是私募證券基金。私募證券基金在金融業內的對標為公募基金，兩者除資金募集方式、相關監管不同外，實際投資活動非常相似。

---

[1] 徐暢 . 私募股權投資基金組織形式分析〔J〕. 商品與質量：學術觀察，2011（4）：195-196.
[2] 證監會發布的《私募投資基金監督管理暫行辦法》中規定私募基金的投資範圍，包括買賣股票、股權、債券、期貨、期權、基金份額及投資合同約定的其他投資標的。上述範圍已經涵蓋了所有的金融產品。
[3] 陽光私募基金：由信託公司發行的，由私募機構作為投資管理人，經過監管機構備案，資金實現第三方銀行托管，有定期業績報告的投資於股票市場的基金，陽光私募基金與「灰色」私募證券基金的區別主要在於規範化、透明化。

私募股權基金（Private Equity）就是我們俗稱的 PE，一般提到「私募」主要指此類基金；對比私募證券基金，私募股權基金專注於一級市場，也就是主要投資於未公開上市企業的股權或債權。[1] 創業投資基金（Venture Capital）即俗稱的 VC，它與 PE 的投資方式基本一致，但主要以初創企業作為投資對象，因此相對而言風險較高，也被稱為風險投資。金融業內可投資的標的浩如煙海，因此除上述三類外，還有其他各種各樣的私募基金，例如專門為投資者挑選優質基金進行投資的母基金（簡稱「FOF」）、專門投資於不動產市場的不動產基金等。

私募基金按組織方式分有公司制私募基金、合夥制私募基金以及契約制私募基金。[2] 公司制私募基金（如「某某投資公司」）有完整的公司架構，運作比較正式和規範，並且能夠較為方便地成立。合夥制私募基金〔如「某某投資中心（有限合夥）」〕由普通合夥人和有限合夥人組成，普通合夥人即私募基金管理人，發起設立有限合夥企業，並認繳少部分出資額，有限合夥人則認繳基金出資的絕大部分，這一架構是最為經典的私募基金結構，大部分基金即採取此形式，我們常聽到的「有限合夥企業」就是基金載體。早先合夥制私募基金只能進行股權投資，而現今其也能開設賬戶進行二級市場股票投資。契約制私募基金免去了註冊專門的有限合夥企業或投資公司的流程，不必占用獨占性不動產、動產和人員，成本較低，決策效率高，屬於新興的投資結構。

值得說明的是，按照上文「私募」的定義——非公開募集方式，我國特有的信託計畫、專項資產管理計畫等也屬於廣義的私募範疇，因此也可以屬於廣義私募的組織結構。但信託公司和基金子公司傳統業務和非標債權等模式，與西方私募基金側重股權投資追求高收益差異較大，不可簡單地歸為一類。[3] 當然，隨

---

[1] 在實際操作中，可能採取優先股、可轉債的投資形式，同時目前市場上也有大量介於股債之間的夾層投資，甚至專門的夾層基金（Mezzanine Fund）。

[2] 二〇一四年八月二十一日，證監會發布《私募投資基金監督管理暫行辦法》，從而確立了這三種組織方式。

[3] 楊嬌. 我國私募基金的法律規制問題研究〔D〕. 上海：上海師範大學，2013.

著傳統業務的逐漸緊縮，競爭逐漸增大，目前信託公司和基金子公司也在向股權投資和另類投資方向深入轉型。

總而言之，私募基金的募集方式和組織架構決定了它自身的特點。首先，私募基金一般為封閉式，份額流動性較差，受到的贖回壓力較小。其次，對私募基金的監管較為寬鬆，因此其投資風格較為積極。最後，私募基金經營機制靈活，能夠為客戶量身訂製產品，日常管理和投資決策自由度非常高。

2. 私募基金發展與規模

根據中國證監會發布的數據，截至二〇一五年十二月底，基金業協會已登記私募基金管理人 25 005 家，從事證券投資的 10 965 家。已備案私募基金 24 054 隻，認繳規模 5.07 萬億元，實繳規模 4.05 萬億元。其中，實繳規模比十一月末的 3.82 萬億元增加了 2 300 億元。按基金總規模劃分，截至二〇一五年十二月底，管理規模在 20 億元以下的基金有 24 536 家，20 億~50 億元的 283 家，50 億~100 億元的 99 家，100 億元以上的 87 家。具體情況見表 6-1。

表 6-1　私募投資基金登記備案總體情況

主要業務類型	私募管理人（家）	占比	管理基金（隻）	占比	管理規模（億元）	占比
證券	10 965	44%	14 553	60%	17 892	35%
股權	11 782	47%	7 218	30%	27 985	55%
創投	1 459	6%	1 367	6%	2 670	5%
其他	799	3%	916	4%	2 177	5%
合　計	25 005	100%	24 054	100%	50 724	100%

資料來源：林秋彤. 八月底備案私募基金管理規模 4.35 萬億〔EB/OL〕. 東方財富網，（2015-09-14）〔2016-05-13〕. http://fund.eastmoney.com/news/1593，20150914547250777.html.

數據來源：證監會，截至二〇一五年十二月三十一日。

隨著私募基金管理規模的不斷上升,其投資活動也越來越活躍。以私募股權投資和創業投資為例,根據萬得資訊統計,二〇〇八年全年的交易金額僅約 138 億美元,而二〇一五年度交易額已達近 2 000 億美元(見圖 6-1),可見其發展之迅猛。

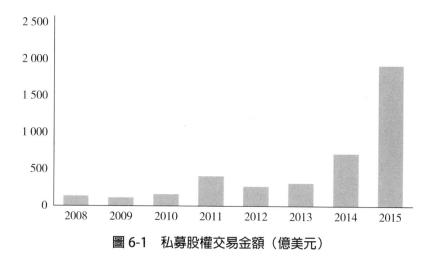

圖 6-1　私募股權交易金額(億美元)

數據來源:萬得資訊,截至二〇一五年十二月三十一日。

對於私募股權投資和創業投資而言,最好的退出渠道是所投資的標的公司進行 IPO,進入一級市場。圖 6-2 展示了創業投資基金項目退出金額,其趨勢與交易金額相似。退出節奏的變化給私募股權投資和創業投資帶來了較大的不確定性,在習慣了短期投資的中國更是如此。另外,目前併購市場日趨火熱,被併購也成了投資標的退出的主要渠道之一。

私募的機構

私募機構近兩年的曝光率不斷提升,一些機構也逐漸變得耳熟能詳。當然,國內私募機構數量成千上萬,質量良莠不齊。本書按投資標的類別列舉規模較大

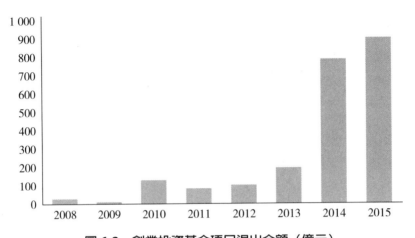

圖 6-2　創業投資基金項目退出金額（億元）

數據來源：萬得資訊，截至二〇一五年十二月三十一日。

的部分私募機構以供求職者學習參考。[1]

1. 私募證券基金

　　私募證券基金（見表 6-2 和表 6-3），一般由已經在市場中擁有良好歷史業績的基金經理創立，例如淡水泉（北京）投資管理有限公司的創始人趙軍，就是來自著名的嘉實基金管理有限公司。二〇一四年到二〇一五年年中的行情，促使大量公募基金的基金經理離開公募，轉而創立自己的私募基金，在業內稱之為「奔私潮」。例如被稱為「基金一哥」的王亞偉離開華夏基金管理有限公司後，成立深圳千合資本管理有限公司；「基金一姐」王茹遠離開寶盈基金管理有限公司另起爐灶，成立宏流投資管理有限公司。據格上理財統計，目前掌管陽光私募基金的基金經理，有超過百人來自公募行業。究其原因，是私募基金的激勵機制更好，可以獲取超額的業績提成，同時投資策略更靈活，客戶相對而言也更為集中、易於溝通。

---

[1]　本部分的表格來源於中國證券投資基金業協會私募基金管理人分類公示，取決於私募基金管理人登記情況，大體上可反映私募基金管理人的管理規模，但仍可能與市場真實競爭力情況有所不同。

除公募派之外，市場上也有由賣方研究員，甚至所謂的「民間高手」創辦的私募基金。後者最為著名的例子就是徐翔及其創辦的上海澤熙投資管理有限公司，雖然二〇一五年徐翔涉嫌內幕交易、操縱股票交易價格被抓，但是其此前在資本市場取得的業績著實令人驚豔。總體而言，大型機構較少參與創立私募證券基金，市場中的私募證券基金規模也大多偏小。

表 6-2　私募證券基金（規模 50 億元以上，不完全列舉）

私募基金管理人名稱	成立時間	註冊地
自主發行類		
上海景林資產管理有限公司	2012/6/6	上海市 浦東新區
北京和聚投資管理有限公司	2009/3/27	北京市 西城區
淡水泉（北京）投資管理有限公司	2007/6/26	北京市 西城區
深圳展博投資管理有限公司	2008/5/19	廣東省 深圳市
深圳清水源投資管理有限公司	2011/10/12	廣東省 深圳市
歌斐諾寶（上海）資產管理有限公司	2013/4/10	上海市 虹口區
歌斐資產管理有限公司	2012/2/9	江蘇省 蘇州市
上海朱雀股權投資管理股份有限公司	2009/9/28	上海市 浦東新區
上海混沌道然資產管理有限公司	2007/4/13	上海市 浦東新區
上海新方程股權投資管理有限公司	2010/2/8	上海市 浦東新區
顧問管理類		
平安道遠投資管理（上海）有限公司	2011/3/15	上海市 浦東新區
上海重陽投資管理股份有限公司	2009/6/26	上海市 浦東新區
上海景林資產管理有限公司	2012/6/6	上海市 浦東新區
富舜投資管理咨詢（上海）有限公司	2012/2/10	上海市 浦東新區
北京樂瑞資產管理有限公司	2011/4/11	北京市 石景山區
北京鵬揚投資管理有限公司	2011/10/28	北京市 順義區
北京市星石投資管理有限公司	2007/6/28	北京市 順義區
北京佑瑞持投資管理有限公司	2010/12/28	北京市 平谷區

續表

私募基金管理人名稱	成立時間	註冊地
江蘇瑞華投資控股集團有限公司	2003/7/2	江蘇省 南京市
天津民晟資產管理有限公司	2010/11/1	天津市 濱海新區

數據來源：中國證券投資基金業協會。

表 6-3　幾家知名的私募證券投資機構

（1）上海重陽投資管理有限公司	
Logo	
簡介	二〇〇九年六月，專注於資產管理業務的上海重陽投資管理有限公司（以下簡稱「重陽投資」）成立。重陽投資已擁有一支既富理論造詣又經市場錘鍊的投研隊伍，投研員工超過 30 人。二〇〇九～二〇一四年，重陽投資連續六年被評為「金牛私募基金管理公司」。截至二〇一四年底，重陽投資管理客戶資產規模超過 200 億元人民幣
核心人員	裘國根、王慶、陳心
投資策略	基本面 / 價值投資
代表性基金	重陽 1 期（成立以來收益率為 266.65%）
應屆生招聘	每年秋季舉行校招
（2）淡水泉（北京）投資管理有限公司	
Logo	
簡介	淡水泉（北京）投資管理有限公司（以下簡稱「淡水泉」）成立於二〇〇七年，是中國領先的私募證券基金管理公司之一。淡水泉致力於成為全球一流的中國投資專家，同時開展私募證券基金、海外對沖基金、機構專戶等業務，客戶群體包括全球高淨值個人客戶，以及養老金、主權財富基金、銀行資產管理等大型機構客戶。公司在北京、香港、深圳三地設有辦公室

核心人員	趙軍
投資策略	基本面、多 / 空策略
代表性基金	淡水泉成長（成立以來收益率為 325.47%）
應屆生招聘	無單獨校招，通過公司網站投遞簡歷，通過即獲得面試資格

數據來源：各公司網站、好買基金網。

2. 私募股權基金

私募股權基金（見表 6-4 和表 6-5）的特點是群雄逐鹿，各式各樣，既有央企發起的，也有大型企業 / 金融機構設立的，同樣不乏民營資本背景。如鼎暉投資基金管理公司和九鼎投資完全由創始人白手起家；弘毅投資則依託於大型企業聯想控股。又如，工銀國際資本經營合夥企業源自工商銀行體系，中信產業投資基金管理有限公司屬於中信集團，國投創新投資管理（北京）有限公司則隸屬於國投集團。因此，在股權投資的舞台上，各類資本目前處於百花齊放、相互競爭的狀態。在大型機構之外，還有不少規模相對較小的機構。

表 6-4　私募股權基金（規模 100 億元以上）

私募基金管理人名稱	成立時間	註冊地
弘毅投資管理（天津）（有限合夥）	2008/4/14	天津市 濱海新區
鼎暉股權投資管理（天津）有限公司	2008/5/22	天津市 濱海新區
中科招商投資管理集團股份有限公司	2000/12/4	廣東省 深圳市
昆吾九鼎投資管理有限公司	2007/7/27	北京市 海淀區
明石投資管理有限公司	2009/4/22	北京市 海淀區
海峽匯富產業投資基金管理有限公司	2010/7/28	福建省 福州市
首泰金信（北京）股權投資基金管理有限公司	2011/9/26	北京市 朝陽區
北京盛世宏明投資基金管理有限公司	2010/8/19	北京市 朝陽區
信達資本管理有限公司	2008/12/16	天津市 濱海新區
紅杉資本股權投資管理（天津）有限公司	2008/9/10	天津市 濱海新區
廣州越秀產業投資基金管理有限公司	2011/8/1	廣東省 廣州市

續表

私募基金管理人名稱	成立時間	註冊地
中信產業投資基金管理有限公司	2008/6/6	四川省 綿陽市
國投創新投資管理有限公司	2009/7/13	北京市 西城區
天津工銀國際資本經營合夥企業（有限合夥）	2011/4/27	天津市 濱海新區
上海歌斐資產管理有限公司	2012/12/14	上海市 楊浦區

表 6-5　幾家知名的私募股權投資機構

(1) 鼎暉投資	
Logo	
簡介	鼎暉投資成立於二〇〇二年，是中國最大的另類資產管理機構之一，截至二〇一三年十二月三十一日，鼎暉投資管理的資金規模超過 870 億元人民幣。鼎暉投資前身是中國國際金融有限公司的直接投資部，由吳尚志、焦震等六位創始人，聯合新加坡政府直接投資有限公司、中國投資擔保有限公司和蘇黎世保險資本集團創立。目前，鼎暉投資已擁有私募股權投資、創業投資、地產投資、夾層投資、證券投資、財富管理六大業務板塊
核心人員	吳尚志、焦震、胡曉玲、王霖、王振宇
投資領域	零售及消費、工業製造、金融機構、醫療等
代表性案例	
應屆生招聘	每年秋季招聘非應屆暑期實習生，通過暑期實習留用

續表

（2）弘毅投資	
Logo	
簡介	弘毅投資成立於二〇〇三年，為聯想控股有限公司（以下簡稱「聯想控股」）成員企業中專事股權投資及管理業務的公司。弘毅投資目前共管理七期股權投資基金（五期美元基金、兩期人民幣基金）和一期人民幣夾層基金，管理資金總規模超過 460 億元人民幣，出資人包括聯想控股、全國社保基金、中國人壽及高盛、淡馬錫、加拿大養老金投資管理局等全球著名投資機構。弘毅投資被譽為「國企改制專家」，在國企改制和混合所有制探索方面頗有建樹
核心人員	趙令歡、鮑筱斌、曹永剛、陳帥
投資領域	機械裝備、醫藥健康、消費渠道、文化傳媒、金融服務等
代表性案例	
應屆生招聘	每年秋季招聘非應屆暑期實習生，通過暑期實習留用
（3）九鼎投資	
Logo	
簡介	九鼎投資總部位於北京，在全國 50 個地區設有分支機構或派駐專業人員，管理了多隻人民幣基金和兩隻美元基金。九鼎投資在消費、服務、醫藥醫療、農業、裝備、材料、礦業、節能環保等領域均有專業的投資團隊覆蓋。目前，九鼎投資累計投資企業超過 260 家。九鼎投資在二〇一一、二〇一二年連續兩年獲得「中國最佳 PE 機構」，二〇〇九～二〇一四年連續六年獲評「中國私募股權投資機構十強」
核心人員	吳剛、黃曉捷、吳強、蔡蕾、覃正宇
投資領域	消費、服務、醫藥醫療、農業、裝備、材料等

續表

代表性案例	
應屆生招聘	暫無校招，長期實習生擇優留用

數據來源：各公司網站。

3. 創業投資基金

創業投資基金（見表 6-6 和表 6-7）。目前大型創投基金的數量仍較少，多數成立時間不長，且規模較小。與 PE 類似，創業投資基金的背景各異，相對而言，外資背景的機構存在感更強一些，譬如著名創業基金中的 IDG 資本和紅杉資本中國基金均為外資背景。另外，創業投資基金的設立門檻和對投資專業性的要求相對較低，因此各個機構之間的差異較大，良莠不齊。

表 6-6　創業投資基金（規模 10 億元以上）

私募基金管理人名稱	成立時間	註冊地
深圳市創新投資集團有限公司	1999/8/25	廣東省 深圳市
江蘇高科技投資集團有限公司	1992/7/30	江蘇省 南京市
中國科技產業投資管理有限公司	1987/10/17	北京市 海淀區
上海衡盈易盛資產管理有限公司	2010/9/25	上海市 浦東新區
成都銀科創業投資有限公司	2009/3/18	四川省 成都市
和諧愛奇投資管理（北京）有限公司	2009/1/7	北京市 海淀區
西藏昆吾九鼎投資管理有限公司	2012/11/8	西藏 拉薩市
浙商創投股份有限公司	2007/11/16	浙江省 杭州市
中發君盛（北京）投資管理有限公司	2009/10/28	北京市 海淀區
鼎暉華泰投資管理（北京）有限公司	2010/3/11	北京市 海淀區

表 6-7　幾家知名的創投機構

(1) IDG 資本（中國）	
Logo	**IDG资本**
簡介	IDG 資本（中國）是專注於中國市場的專業投資基金，一九九二年進入中國市場，目前管理的基金總規模為 25 億美元，在香港、北京、上海、廣州、深圳、硅谷（矽谷）、波士頓等地均設有辦事處。 IDG 資本（中國）投資覆蓋初創期、成長期、成熟期、Pre-IPO 各個階段，投資規模從上百萬美元到上千萬美元不等
核心人員	熊曉鴿、周全、林棟樑、章蘇陽等
投資領域	互聯網 / 移動 / 高科技、新興服務 / 品牌、醫療健康、工業技術 / 資源、媒體內容 / 旅遊地產
代表性案例	
應屆生招聘	長期實習生留用，偶爾也推出招聘計畫
(2) 紅杉資本中國基金	
Logo	SEQUOIA CAPITAL
簡介	二〇〇五年九月，攜程網和如家酒店的共同創始人、攜程網原總裁兼 CFO 沈南鵬與德豐傑全球基金原董事張帆，以及 Sequoia Capital（紅杉資本）一起創建了紅杉資本中國基金。紅杉資本中國基金目前在中國已投資了近 150 家擁有鮮明技術和創新商業模式、具有高成長性和高回報潛力的公司，其中有約 30 家成為上市公司
核心人員	沈南鵬、計越、劉星、周逵等
投資領域	科技 / 傳媒、醫療健康、消費品 / 服務、新能源 / 清潔技術 / 先進製造

續表

代表性案例	
應屆生招聘	實習生留用及校園招聘

（3）深圳市創新投資集團有限公司

Logo	
簡介	公司一九九九年開始進行風險投資，是中國歷史最悠久、規模最大的風險投資機構。目前公司註冊資本 35 億元，管理的資產超過 200 億元，管理 56 家政府引導基金。一六年間接洽項目數萬個，已投資項目 654 個，累計投資金額約 215 億元人民幣。目前已有 87 個項目分別在中國內地、中國香港、美國、加拿大等全球 17 個資本市場上市，基金平均年投資回報率（IRR）為 36%
核心人員	倪澤望、孫東昇、湯大傑等
投資領域	IT、通訊、新材料、生物醫藥、能源環保、化工、消費品、連鎖、高端服務等
代表性案例	
應屆生招聘	一般不招聘應屆生

數據來源：各公司網站。

除上述三大類私募基金外，市場上也存在大量其他私募基金，有些就資金量而言絲毫不遜於私募證券基金或私募股權基金。以房地產基金為例，排名靠前的信保（天津）股權投資基金管理有限公司、光大安石投資及中信金石基金管理有限公司等機構資產管理規模均達數百億元。如果將討論的範圍擴大到廣義的私募

範疇，資金量龐大的機構就更多了，大型信託公司的資產管理規模可達萬億元，大型基金子公司資產管理規模也超過 5 000 億元。

私募的業務種類和崗位

按照上文的分類，私募基金投資範圍不同，從事的業務也不同。但作為買方，其核心部門均為投資／投研部門，核心崗位是投資經理／基金經理，這被稱之為「前台」；除投資部門外，募資部門（通常稱之為財富管理部門／投資者關係部門等）也較為重要，通常也被歸為前台範疇。在這個層次中，合規部門和風控部門一般被稱為「中台」，人力、行政、財務、清算等則被歸為「後台」部門。為避免岐義，在本書中，我們將私募行業的求職目標限定為投資／投研部門，相信這也是大部分嚮往私募的讀者的真正興趣所在。

私募證券投資業務較容易理解，其與公募基金並無大的不同，主要是在研究、調研的基礎上篩選出二級市場中的合適標的，此處不再展開。

其與公募基金的不同主要在於：

（1）由於人員相對較少，每個基金經理覆蓋的範圍相對更廣；

（2）管理考試更為扁平化，更多直接向投資總監彙報；

（3）對於規模較小的基金，其能夠獲得的賣方服務有限。

私募股權投資的業務核心在於尋找投資標的，並判斷該標的是否有投資潛力。在大型 PE 機構中，尋找標的（Sourcing）的任務主要由高級管理人員／資深投資經理完成，其工作職責中的很大部分是在市場中尋找未被挖掘的潛力公司，並在與其他機構的競爭中勝出。具體的投資分析工作則是初級投資經理／分析師的職責。在進行投資分析時，首先需要進行大量的行業分析；由於數據的不可獲得性，除使用常規的數據庫外，上述分析常常以訪談的形式進行，直接從行業人士口中獲取第一手的信息和數據。在行業分析的基礎上，投資經理需對標的企業進行完全的盡職調查，範圍包括財務、法律等多個方面，並結合市場和公

司特質對公司財務情況進行財務建模，從而對標的公司的未來發展進行盡可能科學的預測。當然，PE 的高層也將通過與標的公司實際控制人及高管會談的形式，從經驗角度判斷企業家和高管是否具有潛力，同時完成價格和條款的談判。完成分析之後，投資團隊一般會將投資報告提交投資委員會進行表決，並回答風控等部門提出的問題（這其中可能經歷多輪會議）；如果得以通過，該項投資即可完成，並進入投後管理階段。投後管理也是 PE 的重要環節之一，一般由具有豐富行業經驗的資深人士擔綱；由於篇幅原因，此處不再予以展開。

　　創業投資基金的本質與 PE 並無不同，其上會流程大多也頗為類似。然而，由於其主要投資初創企業，因此其投資部門的業務模式與 PE 有幾點顯著的不同。首先是投資節奏更快、單筆投資金額較小。創業投資高風險的特點，決定了其投資集中度較低，需要將雞蛋放在更多的籃子中；同時初創企業的前期融資規模一般較小，因此單筆投資相對而言不大。其次，投資分析更為靈活。初創企業的業務模式、財務數據情況都難以滿足詳盡的投資分析要求，整個市場中也可能沒有可比的對標企業，在這種情況下，投資分析可能更多地偏重於業務模式是否可行、創始人是否能夠勝任等方面。最後，VC 的投資經理更需要保持在行業前沿，因為初創企業往往集中在商業模式或現有技術的最前沿；相對而言，PE 則可能更多的是投資於傳統行業。

　　對於其他私募基金，其核心業務的本質也是研究和投資。只是對於特定行業的私募基金而言，需要對這一行業有更為深入的理解，並且其投資方式會形成一定的行業慣例。

私募從業的職業規畫與出路

　　由於私募機構小而精、激勵機制好、專業能力強，因此大型私募基金（無論何種類型）的門檻要求均較高，甚至有的基金只通過社會招聘補充新鮮血液。另一方面，私募基金的培訓體系、容錯態度不如市場上的大型企業或機構，因此私

募基金對某些初入行業的同學也許並不算是一個很好的學習和成長平台。

當然，一些大型私募機構目前的發展趨勢也在向傳統金融機構靠攏，也通過校園招聘錄用應屆生，並配備專門的資源對新人進行培訓。在薪酬方面，私募基金的薪酬通常高於金融業平均水平，激勵機制也更好。總體而言，應屆生有機會進入私募基金，但相對其他金融子行業而言概率更低，難度更大。

分行業看，私募證券基金對應屆生的要求與公募基金基本一致，如果能夠滿足公募基金的招聘要求，應該同樣也能進入一家不錯的私募基金，因此對於基本招聘要求這裡不再展開。大型 PE 注重在實習中對應聘者進行考察，幾乎所有的 PE 都通過實習計畫（暑期實習或平時的長期實習）擇優選拔，且有一定的淘汰比例。這些 PE 的實習生計畫，要求不錯的教育背景，且已有較為豐富的實習經歷、紮實的財務分析基本功（譬如通過 CPA 或 CFA 考試）以及對相關行業擁有一定的認識和理解。創業投資基金同樣傾向於從實習生中招聘員工，擁有創業經歷、對技術潮流較為敏感以及較強的交流能力，這些都是非常重要的加分項。

如果一開始沒有進入私募基金，也可以在其他領域工作一段時間，積累足夠經驗之後再轉行。目前，最受頂級私募基金歡迎的職業背景是投行、行研，同時咨詢公司（特別是經常做盡職調查的咨詢公司）、會計師事務所等服務機構的工作經驗也同樣受到私募基金的認可。擁有上述相關職業背景的人進入私募基金也較為容易。

進入私募基金之後，從業人員的發展路徑很多，類似投行的職級，如分析師（Analyst）→投資經理（Associate）→副總裁（Vice President）→執行董事（Executive Director）→董事總經理（Managing Director）[1]，具體根據不同公司的職位設置而不同。在初級職位上（分析師或投資經理），晉升基本取決於從業年限和投資分析能力；在中層職位上，執行能力和分析判斷能力越來越重要；到

---

[1] 不包括私募證券基金，其晉升序列與公募基金較為類似，此處不再展開。

了董事總經理的級別，對行業的直覺、獲取優質項目的能力及歷史業績則成了最重要的因素。在這個序列中，私募從業人員需要在一項一項的交易中，不斷更新自己的能力庫。

最後再來說說私募機構的發展路徑和未來出路。一般來說，私募基金已經處於金融行業的末端，再往後的工作機會則是到主權基金（例如淡馬錫、中國投資有限責任公司等）、大型養老基金（例如全國社保基金）的層面。更多的工作機會來自不同機構之間的流動，比如從一家私募跳槽到另一家私募。另外一個出路是，當在某個基金中已經功成名就，可以另起爐灶，創辦屬於自己的基金，並不斷發展壯大。這也是眾多私募基金從業人員的最終目標。

金融體制內：金融監管機構及事業單位

金融體制內的行業概況

金融監管機構指的是根據法律法規對金融體系進行監督和管理的機構，我國目前的金融監管機構主要包括「一行三會」，即中國人民銀行、中國銀行業監督管理委員會（以下簡稱「銀監會」）、中國證券監督管理委員會（以下簡稱「證監會」）和中國保險監督管理委員會（以下簡稱「保監會」）。根據《中國人民銀行法（修正案）》，中國人民銀行的性質為「國務院組成部門，是中華人民共和國的中央銀行，是在國務院領導下制定和執行貨幣政策、維護金融穩定、提供金融服務的宏觀調控部門」。因此，中國人民銀行屬於中央國家行政機關，總行正式員工均為公務員編制。銀監會、證監會和保監會的性質為參照公務員管理的事業單位，正式員工編制與公務員編制沒有本質差別。從體系來看，「一行三會」其實是非常龐大的系統，按其性質，主要可以分為以下幾類。

一是內設部門，即通常所說的總行、總會。中國人民銀行設有條法司、貨幣

政策司、貨幣政策二司、金融市場司、金融穩定局等 26 個部門，銀監會設有普惠金融部、政策銀行部、大型銀行部、股份制銀行部、信託部、非銀部等 28 個部門，證監會內設發行監管部、市場監管部、期貨監管部、證券基金機構監管部、非上市公眾公司監管部等 21 個部門，保監會設有發展改革部、再保險監管部、人身保險監管部、保險中介監管部、保險資金運用監管部等 16 個部門。[1]

　　二是地方分支行、地方派出機構。其中，中國人民銀行下轄兩個營業管理部，9 個大區分行，20 個省會城市中心支行，5 個副省級城市中心支行；「三會」則各擁有 31 個省 (自治區、直轄市) 級派出機構，5 個副省級城市派出機構。

　　三是直屬機構。中國人民銀行的主要直屬機構有反洗錢監測分析中心、徵信中心、外匯交易中心、金融出版社、金融時報社、清算總中心、印鈔造幣總公司、金幣總公司、金融信息中心等；證監會下轄稽查總隊、研究中心、信息中心、行政中心 4 個直屬事業單位；保監會的直屬事業單位有培訓中心和機關服務中心；銀監會下設信息中心、培訓中心和機關服務中心三個直屬事業單位。[2]

　　四是由「一行三會」指導、監督的市場中介機構。如銀行間市場交易商協會、上海證券交易所 (以下簡稱「上交所」)、深圳證券交易所 (以下簡稱「深交所」)、全國中小企業股份轉讓系統 (以下簡稱「新三板」)、中證資本市場監測中心、機構間私募產品報價與服務系統等。

　　金融監管對於金融市場的發展具有重要的意義。一方面，金融監管是政府宏觀調控的重要體現，大量金融宏觀調控政策通過監管機構制定的規章、管理辦法等加以落實，直接作用於市場主體，對於金融市場的發展起著非常重要的導向作用。另一方面，金融監管有利於推動金融市場的規範化發展，完善金融市場基礎設施建設。由於我國金融市場發展起步晚，金融市場運作的專業化、規範化水平

---

[1]　李海海 . 中國貨幣政策區域效應研究：非對稱的機制與治理〔D〕. 上海：華東師範大學，2006.
[2]　田佳禾 . 我國證券市場監管的制度分析〔D〕. 長春：吉林財經大學，2012.；李林剛 . 我國政府保險監管的體制探析〔D〕. 上海：上海交通大學，2008.

都有待提升，通過完善的金融監管和行為指引，降低信息不對稱的程度，有利於金融市場參與者理性投資、防控風險，維護金融市場的穩定。實際的例子就是二〇一五年五月份開始的股票市場的屢次大幅波動，既證明了我國股票市場還有待完善，也證明了我國金融監管機構對於維持市場穩定、投資者信心的重要性，而居於金融監管核心地位的「一行三會」，更是吸引了大量的金融人才。

除了上述監管機構外，還有大量的金融交易結算機構作為中介在金融市場運作中發揮重要作用，例如中國金融期貨交易所（以下簡稱「中金所」）、上海期貨交易所（以下簡稱「上期所」）、鄭州商品期貨交易所（以下簡稱「鄭商所」）、大連商品期貨交易所（以下簡稱「大商所」）、中國證券登記結算有限責任公司（以下簡稱「中證登」）、中央國債登記結算有限責任公司（以下簡稱「中債登」）、上海清算所（以下簡稱「上清所」）等。上述機構為各種證券和商品交易提供了交易場所，是金融市場的重要組成部分。這些機構大多為行業自律性組織、非營利機構，其目的主要是保障市場交易的順利完成。由於登記、結算、清算等業務是所有金融交易不可或缺的，因而結算機構具有一定程度的壟斷性，加之上述業務具有較強的程序性、規則性，工作內容、工作強度和收入都相對穩定，被廣大應聘者戲稱為「錢多事少離家近」的理想工作單位。

由於篇幅有限，各個金融監管機構的詳情可以登錄相應的官方網站查詢，金融監管機構官網的信息最權威、最新，是初入職場者學習的平台，也是職場人士把握最新監管政策動態的窗口。

金融體制內的機構

金融監管機構的簡要介紹如表 6-8 所示。

金融交易結算機構的簡要介紹如表 6-9 所示。

表 6-8 金融監管機構簡要介紹

機構名稱	成立時間	功　　能	上級單位或股東
中國人民銀行	1948/12/1	擬定金融業改革和發展戰略規畫；依法制定和執行貨幣政策；制定和實施宏觀信貸指導政策；完善有關金融機構運行規則等	國務院
證監會	1992/10	統一監督管理全國證券、期貨市場，維護證券、期貨市場秩序，保障其合法運行	國務院
銀監會	2003/4/25	統一監督管理銀行、金融資產管理公司、信託投資公司及其他存款類金融機構，維護銀行業的合法、穩健運行	國務院
保監會	1998/11/18	鼓勵保險業改革創新，推進保險業對外開放，依法加強監管，努力保護被保險人利益，促進保險業持續快速協調健康發展	國務院

數據來源：各機構網站。

表 6-9 金融交易結算機構簡要介紹

機構名稱	成立時間	功　　能	上級單位或股東
上交所	1990/11/26	提供證券交易的場所和設施；制定證券交易所的業務規則；接受上市申請，安排證券上市；組織、監督證券交易；對會員、上市公司進行監管；管理和公布市場信息	證監會
深交所	1990/12/1	同上交所	證監會
新三板	2012/9/20	組織安排非上市股份公司股份的公開轉讓；為非上市股份公司融資、併購等相關業務提供服務；為市場參與人提供信息、技術和培訓服務	上交所、深交所、中證登、上期所、鄭商所、大商所、中金所
中金所	2006/9/8	組織安排金融期貨等金融衍生品上市交易、結算和交割，制定業務管理規則，實施自律管理，發布市場交易信息，提供技術、場所、設施服務，以及中國證監會許可的其他職能	上期所、鄭商所、大商所、上交所、深交所

續表

機構名稱	成立時間	功　能	上級單位或股東
上期所	1990/10/26	提供期貨交易的場所、設施及相關服務；制定並實施期貨交易所的業務規則；設計期貨合約、安排期貨合約上市；組織、監督期貨交易、結算和交割等	證監會
鄭商所	1990/10/12	為期貨合約集中競價交易提供場所、設施及相關服務，對期貨交易進行市場一線監管，防範市場風險，安全組織交易	證監會
大商所	1993/2/28	同鄭商所	證監會
中證登	2001/3/30	承擔上交所和深交所的全部證券登記結算業務	上交所、深交所
中債登	1996	國債總托管人；銀行間市場債券登記托管結算機構和商業銀行櫃檯記賬式國債交易一級托管人；承擔信託登記系統、理財產品信息登記系統和信貸資產登記流轉系統等的開發或運作	中國人民銀行、財政部及九家金融機構
上清所	2009/11/28	為銀行間市場提供以中央對手淨額清算為主的直接和間接的本外幣清算服務，包括清算、結算、交割、保證金管理、抵押品管理；信息服務、咨詢業務；以及相關管理部門規定的其他業務	中國外匯交易中心、中債登、中國印鈔造幣總公司、中國金幣總公司

數據來源：各機構網站。

金融體制內的業務和崗位

　　金融監管機構的「一行三會」就像是金融大家族的「家長」，負責促進金融經濟穩健發展以及對各個子行業的全方位監管。由於不直接對接普通的個人投資者和消費者，大家對「一行三會」接觸較少，因而覺得它們高高在上且富有神秘感，下面將一一剖析這些機構的業務和部門崗位設置情況（見表 6-10 和表 6-11）。

表 6-10　金融監管機構業務及崗位介紹

機構名稱	業　　務	部門設置
中國人民銀行	法律法規起草、金融業發展、貨幣政策制定、外匯相關事務、最後貸款人、金融數據統計與發布、經理國庫、發行貨幣、反洗錢、管理徵信等	內設：貨幣政策司、金融市場司、金融穩定局、調查統計司、支付結算司、貨幣金銀局、國庫局、研究局、徵信管理局等；上海總部（行員制，非公務員）；直屬機構：反洗錢監測分析中心、外匯交易中心、中國金融出版社、印鈔造幣總公司等
證監會	證券期貨法律法規制定、管理證券公司、監管證券期貨市場、監管證券發行、上市、交易、托管和結算、批准企業債上市、監管上市國債和企業債、監管上市公司、管理證券交易所等	發行部、市場部、上市部、稽查局、期貨部、法律部、債券部、創新部、私募部、研究中心、行政處罰委、機構部等
銀監會	銀行業規章和規則制定、審批銀行業設立、管理銀行業高管任職、業務監管、突發事件處置、數據統計等	政策研究局、審慎規制局、普惠金融部、信科部、創新部、政策銀行部、大型銀行部、股份制銀行部、城市銀行部、農村金融部、外資銀行部、信託部、非銀部等
保監會	保險業法律法規規章起草、審批保險相關機構的設立、合併、破產清算、審查認定高管任職資格、審批保險險種、監管償付能力、業務監管、保險資金運用監管等	發展改革部、政策研究室、償付能力監管部、財產保險監管部、人身保險監管部、保險中介監管部、保險資金運用監管部、法規部、統計信息部、稽查局等

表 6-11　金融交易結算機構業務及崗位介紹

機構名稱	業　　務	部門設置
上交所	上市公司信息披露、交易管理、會員管理、基金與衍生品業務、市場監管、滬港通、股票質押回購、大宗交易、固收平台、兩融業務、資產支持證券、ETF 等	交易管理部、發行上市部、上市公司監管部、債券業務部、基金業務部、衍生品業務部、市場監察部、系統運行部、上海證通等
深交所	上市公司信息披露、交易管理、會員管理、基金業務、系統維護與開發、投資者教育等	上市公司管理部、市場監察部、會員管理部、基金管理部、上市推廣部、電腦工程部、綜合研究所、深圳證通等
新三板	非上市股份公司股票公開轉讓和發行融資、股票交易、併購重組、信息提供、技術和培訓服務	市場發展部、掛牌業務部、公司業務部、機構業務部、信息研究部、技術服務部等
中金所	股票指數期貨、國債期貨的上市交易、結算和交割	交易部、結算部、監查部、信息技術部、市場部、研發部、投資者教育中心、國際發展部、股指事業部、債券事業部、外匯事業部
上期所	黃金、白銀、銅、鋁、鋅、鉛、螺紋鋼、線材、燃料油、天然橡膠、石油瀝青、熱軋卷板、鎳、錫等 14 種期貨合約的交易	交易部、結算部、技術中心、有色金屬產品委員會、能源化工產品委員會、黃金鋼材產品委員會等
鄭商所	小麥、優質強筋小麥、早秈稻、晚秈稻、粳稻、棉花、油菜籽、菜籽油、菜籽粕、白糖、動力煤、甲醇、精對苯二甲酸（PTA）、玻璃、硅鐵和錳硅期貨品種交易	農產品部、非農產品部、期貨衍生品部、交割部、結算部、市場監察部、法律及審計部、系統運行部、技術服務

續表

機構名稱	業　　務	部門設置
大商所	玉米、玉米澱粉、黃大豆1號、黃大豆2號、豆粕、豆油、棕櫚油、雞蛋、纖維板、膠合板、線型低密度聚乙烯、聚氯乙烯、聚丙烯、焦炭、焦煤和鐵礦石期貨品種交易	交易部、農業品事業部、工業品事業部、清算部、技術運維中心、新聞信息部、產業拓展部等
中證登	證券賬戶服務、證券存管服務、證券結算服務、資產管理服務、證券登記服務等	風險監控部、結算管理部、登記存管部、規畫發展部、賬戶管理部、信息管理部、技術開發部等
中債登	國債、金融債券、企業債券和其他固定收益證券的登記、托管、結算、代理還本付息；為央行公開市場業務系統和債券發行系統提供技術支持；擔任債券基金與貨幣市場基金資產的托管人並辦理基金單位的登記、托管、結算等	研發部、法律合規部、客戶服務部、托管部、資金結算部、櫃檯市場部、信託工作組、企業債發行部、技術規畫部等
上清所	登記托管結算、中央對手清算、多層次集中清算	產品開發部、發行托管部、創新業務部、風險管理部、清算部、研究統計部、業務開發部、技術管理部、系統運維部等

金融體制內機構的求職準備和規畫

　　金融體制內的機構及崗位對大部分應屆生來說都比較神秘，在此歸納其求職要求、薪資待遇及入行後的職業路線（見表6-12），以期能幫助到廣大有志於往體制內發展的同學們（僅供參考）。

表 6-12　金融監管機構和金融交易結算機構求職要求及職業規畫

公司名稱	教育背景	必備技能	待遇	未來出路
中國人民銀行	一般為碩士及以上	公務員考試技能：行政職業能力測驗（以下簡稱「行測」)、申論、結構化面試、金融專業知識	公務員工資	沿著行內序列升遷，成為專業型官員；跳槽前往商業銀行、證券機構等市場化部門
證監會	本科及以上	公務員考試技能：行測、申論、結構化面試、金融專業知識	公務員工資	沿著行內序列升遷，成為專業型官員；跳槽前往證券機構等市場化部門
銀監會	本科及以上	公務員考試技能：行測、申論、經濟金融專業知識、結構化面試、英語四六級	公務員工資	沿著行內序列升遷，成為專業型官員；跳槽前往商業銀行等市場化部門
保監會	本科及以上	公務員考試技能：行測、申論	不詳	沿著行內序列升遷，成為專業型官員；跳槽前往保險公司等市場化部門
上交所	本科及以上	專業知識、CPA、CFA、司法考試證書等	應屆生稅後年薪超過 10 萬元	沿所內序列升遷；調往證監會成為專業型官員；跳槽至券商、基金、私募等市場化機構
深交所	本科及以上	良好的語言表述、公文寫作、邏輯分析、溝通協作和執行能力；各類專業證書；國外工作經歷；英語	稅前年薪約 20 萬元	沿所內序列升遷；調往證監會成為專業型官員；跳槽至券商、基金、私募等市場化機構
股轉中心	本科及以上	專業知識、各類專業證書	不詳	不詳
中金所	原則上碩士及以上	專業知識、各類專業證書，優先條件：相關金融實習、獎學金、學生幹部、黨員	應屆生稅後年薪約 15 萬元	沿著所內序列升遷；跳槽前往證券公司的自營、衍生品等部門

續表

公司名稱	教育背景	必備技能	待遇	未來出路
中證登	原則上碩士及以上	32歲以下、專業知識、學習成績優異等	應屆生底薪1萬元／月，加獎金稅後年薪17萬~18萬元	沿公司序列升遷；調往交易所等；調往證監會成為專業型官員；跳槽至券商、基金、私募等市場化機構
中債登	本科及以上	專業知識、身體健康、26歲以下等	與中證登持平或略高	沿公司序列升遷；調往證監會成為專業型官員；跳槽至券商、基金、私募等市場化機構
上清所	碩士及以上	專業知識、身體健康、英文等	應屆生：7500元／月，兩年工作經驗稅後年薪約15萬元	沿公司序列升遷；跳槽至券商、基金、私募等市場化機構或者其他結算機構

金融體制內工作的優劣勢

1. 金融監管工作的優勢

首先，「一行三會」可以提供非常好的發展平台。與一般的金融機構不同，「一行三會」是站在整個金融體系的角度來開展工作的，能夠把握金融市場的全局，在其中工作，對於金融市場的宏觀走勢、發展動態都會有更全面的理解。對於就業者，尤其是應屆生而言，在剛走出校門時，借助「一行三會」的平台，能夠更好地將專業知識與現實經濟金融相結合，為自己以後深入開展工作或研究打好基礎。

其次，「一行三會」有利於培養專業型人才。與一般的政府機構不同，由於工作內容的關係，「一行三會」與金融市場聯繫非常密切，經濟金融形勢的快速發展也要求監管機構的工作人員不斷學習，以適應新形勢的要求。因此，在「一行三會」內部，學習氛圍非常濃厚，專業知識極其重要，這也可以從近些年「一

行三會」在職博士數量的增長看出來。

再次，公務員工作具有較高的社會地位。公務員由於供職於行政部門，且工作具有很高的穩定性，一直屬於社會地位較高的職業。「一行三會」由於監管範圍更廣，工作內容相對核心，因而社會地位和心理滿足感也更強，這也是公務員崗位熱度不減的重要原因。

最後，對於北京的求職者而言，公務員考試能夠提供解決戶口的機會，無論是應屆生還是有工作經驗的考生，只要通過全部考核進入公務員系統，都可以解決戶口，這也成為北京等戶口資源稀缺地區公務員考試熱的原因之一。

2. 金融監管工作的劣勢

首先，「一行三會」的工作人員屬於公務員或者參照公務員管理的性質，工資水平也屬於公務員序列，因而收入水平相對較低。通常來說，「一行三會」的工資水平只有數千元，且沒有其他福利或「灰色收入」。在北京、上海等高房價、高消費城市會面臨較大的經濟壓力。因此，準備進入公務員隊伍的小夥伴們，必須做好心理準備。

其次，與人們對於公務員工作就是喝喝茶、看看報的刻板印象完全不同，「一行三會」核心部門的工作強度遠超一般公務員崗位，加班也是家常便飯，不過對於個人的成長進步也是超乎想像的。

最後，由於「一行三會」屬於監管部門，這一工作性質可能需要工作人員在被監管領域「避嫌」，例如證監會員工不得開立賬戶炒股等。

綜上，金融體制內的工作優勢、劣勢都比較明顯，如何選擇主要看自己想要追求的是什麼樣的目標，想要的是什麼樣的生活態度。認準目標，不盲目，理性選擇，全力準備，才能找到自己真正心儀的工作。

蓬勃發展的融資租賃業

融資租賃業的行業概況

在西方發達國家，融資租賃是僅次於銀行信貸的融資手段，約占固定資產投資總額的 15%~30%。融資租賃作為設備投資和銷售的重要渠道，結合了融資、融物、貿易、技術更新、促銷、資產管理等功能，在發達國家已被廣泛接受，成為一種較為成熟的融資模式。

以美國為例，二○一五年融資租賃額超過 5 000 億美元，在 2.29 萬億美元固定投資中的滲透率為 21.8%，而我國僅為 5.23%；如果以租賃額 /GDP 來比較各國租賃滲透率的話，美國、德國、日本的租賃滲透率接近 2%，我國則還不到 1%。我國的租賃滲透率與美國等租賃發達國家還存在顯著的差距，這既反映出這一新興業務有待被進一步接受和認同，也預示著我國金融租賃業廣闊的發展前景。當前，我國金融租賃業尚處於初步發展階段，租賃形式較為簡單，主要包括直接租賃、售後回租、轉租賃和槓桿租賃。[1]

國內的融資租賃業可以分為金融租賃和融資租賃，其中金融租賃公司是非銀行金融機構，融資租賃公司是非金融機構企業。金融租賃公司由銀監會進行前置審批和監管，融資租賃公司由商務部進行前置審批和監管。金融租賃公司所做的業務納入信貸規模管理，可以吸收股東存款，經營正常後可進入同業拆借市場。融資租賃公司被監管部門作為商業企業監管，按照不允許開辦金融業務的方式對租賃公司的經營行為進行監管，要求租賃公司「不得從事吸收存款、發放貸款、

---

[1]　程東躍. 我國金融租賃風險管理研究〔D〕. 杭州：浙江大學，2005.

受託發放貸款等金融業務」。[1]

相關數據顯示（見圖6-3），融資租賃行業的資產規模從二〇〇七年的700億元增長至二〇一五年的4.3萬億元，年複合增長率達67%，各類型租賃公司數量從二〇〇七年的55家增長至二〇一五年底的4 508家。相對而言，目前我國金融租賃機構數量仍較少，截至二〇一五年底，僅有49家金融租賃公司。[2]

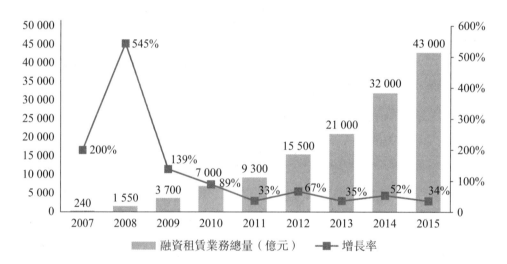

圖6-3　二〇〇七～二〇一四年我國融資租賃行業業務總量及增長

數據來源：萬得資訊，截至二〇一五年十二月三十一日。

在經濟進入「新常態」的情況下，中小企業和實體企業的轉型升級與發展顯得至關重要。從融資租賃的屬性和優勢來看，該行業的快速發展可以有效盤活存量資產，幫助中小企業解決融資難題。與此同時，還能為企業的設備升級提供融資便利，從而促進企業的轉型升級，符合我國現階段經濟發展的需要。尤其在

［1］ 中國淘稅網．金融租賃與融資租賃12個差別〔N/OL〕．納稅服務網，（2014-08-04）〔2016-05-13〕．http://www.cnnsr.com.cn/jtym/swk/20140804/2014080405514399372.shtml.
［2］ 中商產業研究院．二〇一六年中國融資租賃行業研究分析〔EB/OL〕．中商情報網，（2016-04-13）〔2016-05-13〕．http://www.askci.com/news/finance/20160413/942348752.shtml.

經濟下行週期中,融資租賃行業極有可能成為支撐我國經濟保持平穩增長的新引擎。中商產業研究院的數據指出,截至二〇一五年底,我國融資租賃市場規模已超過 4 萬億元,並且持續以驚人的增長率迅速發展。中國租賃聯盟此前發布的《二〇一四年融資租賃業發展報告》指出,融資租賃在中國屬於朝陽產業,具有廣闊的市場前景。據業內專家預測,我國租賃市場規模有望超越美國,成為世界第一大租賃市場,預計二〇二〇年市場規模可以達到 12 萬億元。[1]

融資租賃業的機構

國內的融資租賃行業方興未艾,機構數量已經具備一定規模。其中註冊資本超 10 億元人民幣的金融租賃公司有 26 家。工銀金融租賃有限公司註冊資本達 110 億元人民幣,是唯一一家註冊資本破百億的融資租賃公司。註冊資本超 10 億元人民幣的內資租賃公司為 22 家,排名第一的為浦航租賃有限公司。註冊資本超 10 億元人民幣的外資租賃公司有 55 家,其中遠東國際租賃有限公司以超 80 億元人民幣,獨占鰲頭。表 6-13 對規模較大的融資租賃機構基本信息進行了簡要介紹。

表 6-13　融資租賃公司簡要介紹(截至二〇一五年六月三十日)

機構名稱	成立時間	註冊資本(億元)	控股股東
金融租賃公司			
工銀金融租賃有限公司	2007 年 11 月	110	中國工商銀行
國銀金融租賃股份有限公司	2008 年 5 月	80	國家開發銀行
招銀金融租賃有限公司	2008 年 3 月	60	招商銀行
內資租賃公司			
浦航租賃有限公司	2009 年 10 月	76.60	海航資本集團有限公司

[1]　中國經濟網.融資租賃頻收政策紅包,普資所如何找到風口持久飛?〔N/OL〕.中國經濟網,(2015-09-29)〔2016-05-13〕.http://tech.ce.cn/zjdf/dfxw/201509/29/t20150929_6609931.shtml.

續表

機構名稱	成立時間	註冊資本（億元）	控股股東
天津渤海租賃有限公司	2007 年 12 月	49	海航資本集團有限公司
長江租賃有限公司	2000 年 6 月	38.3	海航資本集團有限公司
中航國際租賃有限公司	1993 年	37.9	中國航空工業集團公司
具有外資背景的租賃公司			
遠東國際租賃有限公司	1991 年	10.12（亿美元）	遠東宏信有限公司
平安國際融資租賃有限公司	2012 年 9 月	93	中國平安保險（集團）股份有限公司

數據來源：各公司網站。

融資租賃業的業務和崗位

目前我國融資租賃企業的模式以售後回租為主，直租為輔，而聯合租賃、委託租賃、轉租賃、槓桿租賃、項目租賃、風險租賃、結構式參與租賃、混合性租賃等已在國際上普遍採用的業務模式在我國使用得並不多。金融租賃公司的盈利模式主要是依靠融資租賃的利差和手續費收入。目前，金融租賃公司定價機制基本參照貸款利率，業務集中在電力、鋼鐵、基礎設施等傳統行業，客戶以大中型企業為主。金融租賃公司的租賃標的物限定在「固定資產」，在實際監管中還有窗口指導，調整固定資產的經營範圍。融資租賃公司的標的物則限定在「權屬清晰、真實存在且能夠產生收益權的租賃物」。

兩種類型公司的主要業務和崗位設置見表 6-14。

表 6-14　融資租賃業務和崗位介紹

公司類型	業　　務	部門設置
金融租賃公司	交通運輸融資租賃（飛機、船舶、機車等）、大型設備融資租賃（工程機械、電力電信設備等）、中小企業融資租賃（高科技企業生產設備）、供應商租賃等	業務板塊：業務部、資金管理部、事業部等；風險管理板塊：風控、法務、合規、評審、稽查等；後台支持板塊
其他融資租賃公司	生產設施、通信設施、醫療設備、科研設備、檢驗檢測設備、工程機械、交通運輸工具（包括飛機、汽車、船舶）本外幣融資性租賃業務；自有公共設施、房屋、橋樑、隧道等不動產及基礎設施租賃；投資管理，咨詢業務等	業務部、市場技術部、風險管理部、綜合管理部、資金計畫部等

融資租賃業的職業規畫

　　與融資租賃高速增長的態勢形成反差的是，該行業的專業技術人才和管理人才存在較大的缺口。融資租賃行業涉及面寬、覆蓋域廣、交叉性強，從業人員需要兼具金融、財務、法律、理工等多方面的知識儲備，因此對人才的要求相當高。就人才培養而言，我國少有高等院校開設融資租賃專業，行業內也極少有人經過系統的學習，因此普遍缺乏全面的專業知識。二〇一四年，各級融資租賃行業協會相繼成立，行業人才培養機構進入了積極籌建的時期，但該行業的人才培養體系總體仍然較為薄弱，人才問題難以在短期內得到解決。

　　排名靠前的融資租賃公司的校園招聘一般只招碩士研究生學歷的應屆畢業生，而且比較青睞具有理工科背景的人才。這些公司的社會招聘則非常青睞那些有工程領域、四大會計師事務所等行業經歷的人才。進入融資租賃行業以後的出路相對於其他金融子行業來說要稍微窄一些，但其待遇和發展也是很不錯的。

　　總而言之，租賃行業前景廣闊，想在這個領域發展的你準備好了嗎？

行業新貴：互聯網金融

互聯網金融這個概念近年一直非常火熱，不管是傳統金融機構的互聯網化，還是著名的互聯網企業金融化，各類機構都想通過互聯網金融進行突圍，希望借火熱的互聯網金融來為自身打造新的盈利增長點，在大資管或者大財富管理時代中搶占先機。

互聯網金融的行業概況

金融的本質是提供中介服務，而中介服務的本質是交易的撮合，其核心是解決信息不對稱問題。隨著互聯網的發展，信息的獲取、傳輸、儲存和分析的成本越來越低，信息越來越透明，必然對傳統金融形成巨大的衝擊，再加上我國當前的金融壟斷和金融服務供給遠遠不足，互聯網金融面臨巨大的機遇。

互聯網金融，狹義來說就是通過互聯網技術來開展某些具有金融性質的業務的一種新興模式。融資有直接融資與間接融資之分，而互聯網金融，其實是將資金底層結構進行升級，它可以說是直接融資與間接融資的中間者。互聯網金融可以降低融資雙方的交易成本，因此可以更好地服務實體經濟。在我國，企業，特別是中小微企業融資難、融資貴一直是阻礙經濟發展的重要原因之一，互聯網金融則有可能利用其透明、全面、大數據等特點幫助解決這個問題，這也是當前互聯網金融快速發展的原因之一。

當前的互聯網金融格局，包含傳統金融機構互聯網化和新興互聯網金融機構兩類。傳統金融機構互聯網化主要包括傳統金融業務的互聯網創新以及電商化創新、APP 軟件上線等；新興互聯網金融機構則主要是指利用互聯網技術進行金融

運作的電商企業、P2P[1] 模式的網絡借貸平台、眾籌模式的網絡投資平台、理財類的手機 APP，以及第三方支付平台等。[2]

　　自互聯網金融興起以來，各機構如雨後春筍般出現，部分機構的成功更是吸引了全社會的目光。自支付寶在二○一四年推出餘額寶以來，與其合作的天弘基金管理有限公司 (以下簡稱「天弘基金」) 得以迅速增長。根據天弘基金二○一五年第四季度報告，截至二○一五年底，餘額寶規模為 6 206.9 億元，一躍成為世界第二大貨幣基金，也毫無懸念地成了中國公募界的領頭羊。龐大的用戶群、友好的產品設計、先進的管理理念使得站在互聯網金融風口的天弘基金創造了一個又一個奇蹟。此外，像上海陸家嘴國際金融資產交易市場股份有限公司 (以下簡稱「陸金所」)、人人貸、螞蟻微貸、京東金融、微信錢包等也取得了令人矚目的成就。

　　陸金所董事長計葵生認為，「互聯網金融一是能夠幫助中國眾多小微企業和個體工商戶便捷地獲得低成本資金，服務實體經濟；二是能夠釋放居民投資熱情，增加居民收入；三是有助於平衡中國地區經濟發展，優化不同地區間的資源配置；四是借助互聯網金融多種融資方式，有助於構建多層次資本市場。互聯網金融已經是中國新常態下的新引擎。」[3] 這也說明了近年來互聯網金融的飛速發展及其重要性。

互聯網金融機構的分類

　　互聯網金融已成為一種時髦的概念，眾多企業追求利用此概念來提高自己的身價。各種互聯網金融機構雖數不勝數，但良莠不齊，有些是貨真價實的互聯網

[1]　P2P: person-to-person 的縮寫，即個人對個人，此處指點對點網絡借款的方式，是互聯網金融產品的一種。

[2]　姜逸 . 互聯網金融的發展現狀及對傳統金融行業的影響〔J〕. 管理學家，2014.

[3]　王存福 . 計葵生：互聯網金融已是中國新常態下的新引擎〔N/OL〕. 新華網，(2015-03-27)〔2016-05-13〕.http://news.xinhuanet.com/newmedia/2015-03/27/c_134102536.htm.

金融機構，有些則是空有皮囊甚至是掛羊頭賣狗肉的機構。筆者將不同的互聯網金融機構按照業務類型進行了分類，詳見表 6-15。

表 6-15　互聯網金融機構的分類

業務類型	業務概述	典型機構、平台或產品
第三方支付平台	作為中介機構，為收款人和付款人提供網絡支付、銀行卡收單等支付服務	支付寶、財付通、微信錢包、快錢支付清算信息有限公司、京東支付、易寶支付等
P2P 網絡小額信貸	通過 P2P 網絡融資平台為借款雙方牽線搭橋，在客戶相互瞭解後提供小額貸款，同時在網絡平台上瞭解借款方本息支付信息	人人貸、紅嶺創投電子商務股份有限公司、陸金所等
眾籌融資	創意人通過融資平台向公眾募集小額資金或其他支持，再將創意實施結果反饋給投資人，平台通過利益分成獲利	眾籌網、蘇寧眾籌、京東眾籌、淘寶眾籌、娛樂寶平台等
基於大數據的金融服務平台	把有融資需求的個人跟有放款需要的中小銀行和小貸機構在一個平台上進行對接，通過收取交易佣金等方式獲得收入	螞蟻花唄、京東白條、阿里小額貸款等
P2B[a] 信貸	個人通過平台向中小微企業提供融資，機構的專業團隊對這些融資的中小微企業或者相關金融產品進行評級，評級直接對應其在平台上的借款利率	陸金所、深圳市鵬鼎創盈金融信息服務股份有限公司（簡稱「鵬金所」）、上海招財寶金融信息服務有限公司、深圳票金所金融服務有限公司（簡稱「票金所」）等
互聯網銀行	借助互聯網通信、大數據等方式為客戶提供存款、貸款、支付、結算、匯轉、電子票證、電子信用、賬戶管理等全方位的互聯網金融服務	微眾銀行、浙江網商銀行等
互聯網保險	深度嵌入互聯網背後的物流、支付、消費者保障等環節，改變了現有保險產品的結構、運營和服務模式，用互聯網的模式去重構消費者、互聯網平台等相關各方的價值體系	眾安在線財產保險股份有限公司、京東保險等

續表

業務類型	業務概述	典型機構、平台或產品
互聯網金融門戶	投資者能通過門戶查詢、瞭解、購買各種理財和保險產品	淘寶理財、理財通、陸金所等

a.　P2B：person-to-business，指個人對企業的一種貸款模式，是有別於 P2P 的另一種互聯網融資模式。

互聯網金融機構的業務和崗位

　　互聯網金融機構的業務種類眾多，對照傳統金融機構，互聯網金融機構的崗位也可以分為前台、中台、後台，前台主要是產品設計和運營，也包括商務拓展等；中台包括數據分析、模型設計、風控、運營（部分運營是偏中後台的）；後台主要是偏技術類的崗位，如電腦和移動端產品開發等。

　　下文將以業務較為綜合的京東金融為例對互聯網金融企業業務進行介紹。

　　京東金融二〇一三年十月開始獨立運營，是京東集團六大戰略業務之一，現已成為京東集團增長最快的業務。京東金融經營多元化的互聯網金融業務，初期依託京東電商平台十年來積累的交易數據記錄和信用體系，向企業和消費者提供融資貸款、理財、支付、眾籌、保險等各類互聯網金融服務。京東金融現已建立六大業務板塊，分別是供應鏈金融、消費金融、眾籌、財富管理、支付、保險。陸續推出了京保貝、白條、京東錢包、小金庫、權益類眾籌、京小貸、股權眾籌、眾籌保險等創新產品。

　　京東供應鏈金融將實體經濟和金融融合創新，推出的兩款產品「京保貝」和「京小貸」解決了中小企業融資難問題，助力實體企業的持續發展。「京保貝」是具有互聯網特點的供應鏈融資業務，包括應收賬款池融資、訂單池融資、單筆融資、銷售融資等多個產品。目前「京保貝」服務於京東供應商及其他電商平台客戶。「京小貸」是為電商平台賣家提供的小額信貸服務。它基於高質量且真實的

交易數據實現授信與風控。目前「京小貸」主要服務於京東開放平台商家。

京東消費金融基於互聯網數據，構建了大數據風控和消費者信用評估體系，幫助互聯網用戶、年輕消費者發掘和變現其信用價值。其產品「京東白條」是互聯網信用支付產品，用戶可以享受到「先消費、後付款，實時審批、隨心分期」等產品體驗。

京東金融財富管理面向個人和企業用戶提供全方位理財管理規畫，通過向客戶提供互聯網理財，包含基金、票據理財、保險理財等一系列的金融產品服務，將客戶的資產、收益、流動性進行管理，以滿足客戶不同階段的理財需求。明星產品有小金庫、媽媽理財等。

京東眾籌不僅僅是一個籌資平台，更是一個孵化平台，一方面扶持有創意的個人或小微企業，另一方面豐富京東用戶的體驗，滿足用戶的消費升級需求。權益類眾籌於二〇一四年七月上線，截至二〇一五年五月二十五日，京東權益類眾籌總籌資額已達 4 億元，項目籌資成功率已超 90%，其中籌資百萬級項目超 92 個，千萬級項目已有 9 個。股權眾籌於二〇一五年三月二十日啟動內測，三月三十一日正式上線，是京東金融集團又一重要業務板塊。京東股權眾籌，致力於解決企業融資難、個人投資難的社會難題，向創業者提供融資、理財、支付、供應鏈金融等互聯網金融類服務，以及品牌營銷、合夥人推薦、創業培訓等多種增值服務。

京東支付是京東金融二〇一四年七月推出的快捷支付產品。目前京東支付的合作商戶已突破 5 萬家，覆蓋旅遊、地產、餐飲、通信、遊戲、電商、金融等各大行業。京東錢包是京東旗下個人資產管理工具。京東錢包企業版，主要為企業客戶提供支付結算、收付款、資金分賬歸集等資金管理服務，並為企業客戶提供靈活的貸款、理財服務，目前已有大量的商家在使用。

京東保險憑藉生根於京東生態圈的天然優勢，設計並上線了國內多個互聯網保險創新產品，如眾籌跳票取消險、海淘交易保障險、投資信用保障險、家居無

憂服務保障險、30 天無理由退換貨險等。

互聯網金融行業的職業規畫

我國互聯網金融仍然處於發展的起始階段，這個行業給求職者預留了廣闊的發展空間。如果你熱愛互聯網與金融，或者對計算機、金融學、產品設計有一定的積累，那麼互聯網金融機構也許會非常契合你的職業規畫。

對於後台業務而言，在互聯網金融機構和在一般的互聯網公司工作的區別不大。對於前台和中台業務，互聯網金融機構和傳統金融機構則會出現較大的差異。以京東金融的供應鏈金融這條業務線為例。京東可以說是所有互聯網公司、甚至所有全球公司中最懂新型供應鏈的公司之一，對比國內銀行、保理等從事供應鏈的公司和國外的傳統銀行、新型的 Kabbage（在線借貸平台），京東供應鏈金融從傳統的做法出發，逐漸開發出了新供應鏈金融模式，包括新型動產融資、保理2.0 等，所有這些新的模式都是以前從來沒人做過的，並且毫無疑問也是世界上最先進的供應鏈金融模式和系統，這其中包含新產品的設計開發、風控模型的設計和更新、數據分析、企業徵信等很多相關的工作。

要進入互聯網金融行業，除了基礎的金融知識之外，最核心的還是需要對中國和全球的最新互聯網金融動態保持關注，對互聯網業態有一定瞭解。不同於傳統金融的是，傳統金融機構注重教育與引導，而互聯網金融更注重創新。各大互聯網金融機構提供的崗位包括管理培訓生、技術類崗位、金融業務類崗位以及綜合崗。管理培訓生一般是針對優秀應屆畢業生制定的旨在培養儲備管理人員的人才發展項目。該職位的競爭較為激烈，對應聘者的綜合素質要求非常高。技術類崗位機會眾多，如 Java 工程師、數據開發工程師、爬蟲工程師、數據挖掘工程師、數據產品經理、測試工程師、技術支持工程師、運營維持工程師等。技術類崗位一般要求很好地掌握某項計算機技術，且青睞有相關經歷的應聘者。金融業務崗包括產品經理、運營支持崗、數據分析崗、業務拓展崗等，這些崗位需要應聘者

對互聯網金融有足夠的認識，且需要對金融學、營銷學、計算機等領域有一定瞭解。綜合崗一般有戰略分析崗、產品策略崗、廣告宣傳崗、法律合規崗、風控崗以及人力資源崗等，根據其工作的性質不同，綜合崗對應聘者的要求也各異。

放眼各行業的薪酬待遇，金融行業和計算機行業的排名都很靠前，而互聯網金融在某種程度上是兩個行業的融合，因此這個行業為員工提供的待遇非常具有競爭力，並且頂尖人才較為稀缺，具有很廣闊的發展空間。此外，目前規模較大的互聯網金融機構對新入職的員工的培訓非常系統和全面，能夠使新員工迅速融入公司文化和掌握必備的技能。

可以預想到的是，未來人們的經濟生活肯定離不開互聯網金融，因此不必憂慮在互聯網金融機構工作的未來發展。

結　語

以上是對金融各個行業的概要性介紹，在金融業的求職中，對於行業的選擇，在各個子行業之間，筆者覺得其實並沒有優劣之分。選擇什麼樣的行業，從事什麼樣的職業，走什麼樣的人生，每個人的看法都不盡相同，很普通很平凡的崗位一樣有人做得非常優秀，關鍵取決於你是否由衷地熱愛自己選擇的職業並且為之努力奮鬥。

不管是金融五大業——銀行、證券、信託、保險、基金，抑或是私募、租賃、互聯網金融等，用心去做，都會做得很好。評判一份工作的好壞，需要結合自身興趣與專長。不忘初心，方得始終，希望讀者能在瞭解金融各種崗位職能的同時，盡早確定適合自己的職業選擇！

CHINA'S FINANCIAL SECTOR: INSIDER'S GUIDE AND CAREERS

Choose China's Finance Sector, Choose Opportunities

求職篇

07

入門：金融職業的 N 項修煉

金融業核心崗位雖令人嚮往，但競爭也異常激烈。究竟如何應對才能覓得心儀崗位？一般而言，求職者普遍存在兩大方面的問題：一是不清楚自己到底想要從事哪一方面的工作，二是不清楚各類金融機構的業務範疇及人才需求特點。眾所周知，以金融業的典型代表投行和研究所為例，在篩選人才時一般有明顯的偏好。如投行更青睞具備財務、法律背景者，研究所則更心儀理工與金融複合背景人才。但在實際中，絕大多數人常常採取廣撒網策略，無心做事前功課，既不暸解所應聘崗位的特質，又不清楚各金融機構的偏好，結果自然很難盡如人意。

金融業的必備素質

金融業人才雲集，高智慧與情商兼備者方有可能脫穎而出。在這裡，既有光環籠罩，又有殘酷現實，優勝劣汰是天然的法則。在這裡，即使有著同等背景和機遇，有人能平步青雲，有人卻只能黯淡無光。在這裡，諸多事實證明，僅靠「汗

水」未必能大獲成功，選擇可能更為重要。所以，求職者在決定選擇金融行業的時候，應仔細思考哪個子行業更加適合自己的性格，具體哪個崗位又更匹配自己的追求。那麼金融行業到底需要什麼樣的人才？求職者自身又更適合金融領域內的哪一個子行業呢？下面將以各個子行業為主線，力圖讓讀者能夠明晰優秀金融人才必備的共同素質。

金融從業人員的通用素質模型

通過對金融從業人員的觀察和總結，結合金融全行業的工作內容和特點，形成如圖 7-1 所示的「金融行業從業人員通用素質模型」，該模型基本涵蓋了金融精英必備的職業素質。從通用素質模型上來看，金融從業人員的核心競爭力包括

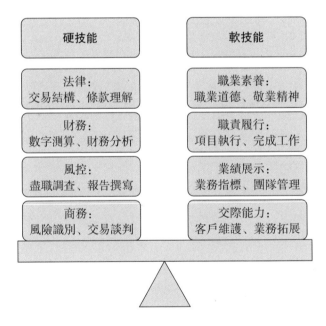

圖 7-1　金融行業從業人員通用素質模型

硬技能[1]和軟技能[2]兩方面。

1．硬技能

更技能是金融精英必須具備的專業技能。通常硬技能的儲備是入職前就需要培養的，如財務、法律、寫作、談判、數據分析等能力，在篩選簡歷或者面試的過程中，招聘官會重點關注這些技能。當然這些技能也可以在從業過程中有顯著的提升，但求職者應根據自身崗位需求，提早儲備和培養相應的專業技能。

2．軟技能

想成為一名優秀的金融從業人員，軟技能同樣必不可少。但一般而言培養週期較長、差異化大，也很難用具體的標準進行量化。軟技能主要包括職業修養、服務理念、職責履行、業績展示和交際能力等。在金融領域內越往高處走，情商越重要，這裡更多比併的是軟技能。

金融核心崗位從業人員素質要求

金融核心子行業包括券商投行、研究、固收、資管等。由於各子行業工作內容和方式差異較大，不同崗位對從業人員的要求也不盡相同。一般而言，傳統認識是金融業對學歷和專業的要求極高。但從我們的調查來看，金融各子行業對學歷背景普遍要求比想像中的高，而對專業的偏好則不如原先看法中的嚴苛。

如圖 7-2，根據金融小夥伴的原創報告《2015 屆畢業生金融職業調查報告》(以下簡稱《職業調查報告》) 調查樣本數據，文、理、工、商、法、醫六大學科門類中，商科背景占比最高，達 62.6%，可謂獨占鰲頭。緊接著是文科占比 16.53%，理科占比 6.78%，法學類占比 6.78%，工科占比 5.15%，最少的醫學類占比 0.81%。從該結果分析，商科畢業生仍舊是金融圈求職大戶，因其確實擁有更為紮實全面的金融理論基礎和相應的實習經驗，可以減少用人單位的培訓成本

---

[1]　硬技能：指外在的，大家都看得見的，或者容易感受到的一類技能，就好比計算機的硬件。

[2]　軟技能：指內在的，與硬技能相對，主要是注重職業意識和精神方面，也可稱為個人的綜合素質。

等。但其他專業（包括文科及工科）同樣在金融行業中占據著一席之地。

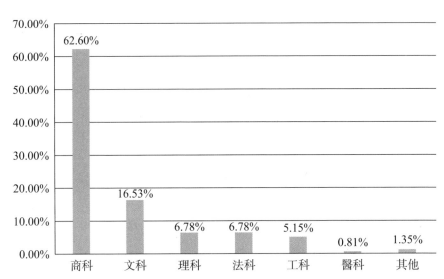

圖 7-2　金融職業調查畢業生專業背景統計圖

數據來源：金融小夥伴《2015 屆畢業生金融職業調查報告》。

　　另外，從《職業調查報告》可以看出，金融機構的投行、行研、資管等崗位對學歷背景呈現出與專業背景截然不同的態度。如圖 7-3 所示，調查樣本中畢業生學歷背景以碩士為主，占總樣本人數的 77.24%，而本科生僅占比 21.41%，博士也只占 1.08%。一枝獨秀的碩士比例證實了金融行業對於學歷的要求水漲船高。內資金融機構核心崗位對於學歷的要求基本都是碩士及以上，真正願意招收本科生的只有一些後台部門或其他對專業要求相對較低的銷售崗。

　　接下來筆者將從一級市場和二級市場的角度分類進行詳細闡述，求職者可以根據不同求職意向比照參考，更有針對性地進行學習和提高。

1. 一級市場相關從業人員素質要求

　　圖 7-4 展示了一級市場從業人員應具備的主要技能。

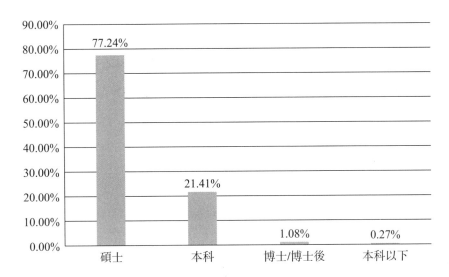

圖 7-3　金融職業調查畢業生學歷統計圖

數據來源：《2015 屆畢業生金融職業調查報告》。

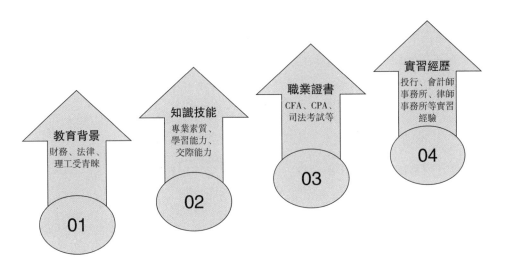

圖 7-4　一級市場從業人員應具備的主要技能

　　金融業中一級市場相關機構包括投行、PE/VC、信託、保險等。其中投資銀行堪稱一級市場中最典型的機構，受到金融學子的廣泛追捧。金融業的一級市場是一個高層次、智力驅動型的領域，對於從業者的學歷背景、技能和綜合素質等有較高的要求。

　　投行的從業者大多數為重點高校的經濟金融、法律專業的碩士，很大程度上是由投行的工作內容決定的。投行部門的工作內容包括資本運作的交易結構的設計，以及與證券監管機構的溝通、合法合規性材料的撰寫等。所以在投行的社會招聘中，擁有兩三年財務及法律方面工作經驗的專業人才，在具備機遇的情況下，可以比較順理成章地轉入投行業務部門。除了上述的偏好外，在實踐中，一級市場對專業並沒有絕對限制。尤其是近年來，很多投行及 PE 都朝精細化方向發展。具有理工、金融背景的複合型人才備受青睞。因為在未來，或許判定企業能否上市不再是最大的難題，真正的難題變成如何篩選出真正有行業發展潛力的企業，除了一般的財務、法律能力，更需要從業人員有真正的產業眼光。

　　一級市場從業人員需要哪些專業素質和能力？如果立志在一級市場長遠發展，那麼在拓展知識廣度的同時，須同時注意加深知識深度。廣度側重的是對整個行業的理解，對市場發展動態保持足夠的關注。深度是指能理解並靈活運用行業所涉及的知識，包括行業政策、行業動態和業務知識等。下面的舉例更多以投行作為切入點。

　　良好的素養和專業知識。如上所述，投行除了財務、法律的偏好之外，並無嚴格的專業限制。很多投行員工也並非金融科班出身，而是工程、計算機、醫藥等專業背景，在行業內工作得同樣出色。但前提是應聘者能夠掌握與工作內容相匹配的金融知識，財務及法律的相關能力自不用說，這些技能在盡職調查、股份改制以及之後的督導過程中必不可少。另外具備良好的邏輯，能夠熟練運用金融分析，能夠撰寫漂亮的文書也是必須的。同時，要求從業人員對市場動態足夠關注，如對證監會下發的監管文件保持高度的關注，因為隨時可能出現新的政策指

導影響實務操作。

快速的學習能力和邏輯分析能力。投行對快速學習的能力要求非常高。投行的實習生一般會從信息收集、整理和分析等基礎工作做起，這個過程雖然枯燥，但是確能給未來的從業打下很好的基礎。如果投行人不具備縝密的思維和快速採集分析信息的能力，很難保證在高強度和高壓力工作狀態下不出差錯，順利做出專業的分析報告。

強大的自我調節能力。投行業是一個高強度、高風險、高回報的領域。長年出差、龐大的數據處理、繁雜的交易進程、嚴苛的工作習慣要求都需要強大的內心來應對，需要你能在極度疲勞時抵抗挫敗感，在獲得工作成績時戒驕戒躁，這樣才能穩紮穩打，步步為營。

其他軟技能。良好的人際溝通能力對於投行來說十分重要。因為很多投行項目的完成需要投行與發行人密切合作，同時協調各家中介機構推進。此外，如果希望能夠在積累人脈後轉型到承攬，則良好的人際溝通能力極其重要。

證書準備。在投行求職中，CPA、CFA 以及司法考試是極好的加分項。CPA可證明考生的財務與法律專業技能，其考察的知識體系無論對於投行、資管還是股權投資等都非常重要。求職者通過備考 CPA，可以鞏固一級市場相關的專業知識體系。CFA 考試大部分是證券投資分析的內容，更適用於二級市場，但其財務及金融知識都對一級市場從業有非常大的幫助。司法考試可滿足投行對法律知識的高要求。在理論學習中，準備司法考試的過程可提高個人的法律素養，培養嚴謹的法律思維。

匹配的實踐經歷。對金融機構來說，培養一個優秀的從業人員需要極高的成本。所以企業在招聘人才的時候，往往希望求職者對投行相關業務、組織架構已經有一定認識，以便入職後能夠盡快上手相關工作。因此在投行招聘中，往往會要求求職者有項目經驗或實習經歷，校園招聘還必須通過一定期限的考核，以便篩選最為匹配投行的人才。所以求職者如果有投行相關的實習經歷，預先培養

從業所需要的基本素養，在求職中就更容易脫穎而出。因此，建議求職者如果未來有意嚮往一級市場方向發展，那麼前期需要有意識地豐富自己的實習經歷。如圖 7-5 所示，金融小夥伴的《中國金融業實習年度報告 2016》(以下簡稱《實習報告》) 關於投行的調查結果顯示，沒有投行相關實習經歷的簡歷通過率只有 3.72%。如有匹配實習經歷，通過率就會大幅提高，有兩份實習經歷的簡歷通過率達到 27.18%。

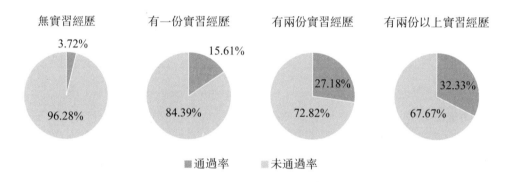

圖 7-5　投行類簡歷通過率與實習經歷的關係

數據來源：金融小夥伴《中國金融業實習年度報告 2016》。

　　從《實習報告》統計數據來看，在過去一年的投行實習信息中，新三板承做崗的實習信息占所有投行類實習信息的 39.9%，遠遠超出 IPO 與再融資崗實習信息（26.6%）、債券承銷崗實習信息（20.1%）以及併購重組崗實習信息（13.4%），如圖 7-6 所示。火爆的新三板市場為同學們提供了較多大投行領域的實習機會。對於二三線城市的同學來說，也可以從相對易於獲取的券商分公司承做的新三板項目實習機會入手，逐步學習盡職調查方法，積累財務、法律知識，學會熟練製作各種項目材料，為後面的投行求職做好鋪墊。

新三板　■債券承銷　IPO、再融資　■併購

圖 7-6　投行類具體各崗位實習信息統計圖

2. 二級市場相關從業人員素質要求

圖 7-7 展示了二級市場從業人員應具備的主要技能。

圖 7-7　二級市場從業人員應具備的主要技能

從事二級市場的工作，最常見的就是以研究員作為職業發展的起點。從《職業調查報告》的統計結果來看，由於需要有深厚紮實的專業知識，通常學歷門檻

較高，基本要求碩士及以上的學歷，目前各券商研究所和基金研究部招聘的基本條件是國內外名校碩士背景。

研究員具體分為宏觀、策略、固定收益、金融工程和細分行業研究員，其學歷背景要求略有差異，但國內院校以 985 學校和部分財經類 211 學校為主，大型券商研究所的宏觀、策略、固定收益、金融工程更偏好博士學歷。其中宏觀和策略研究以正統經濟學、金融學專業為主，而固定收益、金融工程偏好數學、計算機等專業。此外，因為在分析具體的某家公司的過程中需要大量運用到某個行業的專業知識，各個細分行業的研究員具備與行業相關的複合背景會有很大的優勢。比如醫藥行業的研究員偏好醫學或生物學專業背景，新能源行業偏好能源專業背景，TMT 行業偏好傳媒、計算機背景等，本科是行業相關的專業，碩士是金融、經濟類的複合背景最受研究所青睞。針對研究領域的求職者應做好的知識儲備見表 7-1。

表 7-1　針對研究領域的求職者應做好的知識儲備

財務知識	經濟學知識	基本面分析
對於研究員來說相當重要，因為在分析企業的過程中，部分重要工作就是分析企業財務報表	要求對宏觀市場有一個整體的認識和把握，日常工作包括結合對證券市場、上市公司、投資時機的分析，給買方推薦投資標的	很多研究員以基本面研究為最主要的投資操作依據。技能獲得除來自借鑑並運用各類方法之外，大量的實踐非常重要

財務知識及分析能力。對於賣方研究員來說，在行業研究過程中要關注和判斷行業和公司的基本狀況和變化趨勢。關注其財務狀況，就需要與大量的財務報表打交道，這要求研究員具備較強的財務分析能力。看懂三大報表、掌握財務比率的計算、熟悉財務數據的趨勢分析、構建估值模型等，是做研究的基本功。對於買方研究員來說，投資研究是幫助其分析決策的有效途徑。以基金經理為例，「研究創造價值」被奉為圭臬。買方的研究從業者需要將理性分析貫徹到底，需

要花費大量的時間在研究上,探究市場背後的邏輯。雖然在業績上這種關聯常常無法得到驗證,但這是最合理、最科學的投資方式。在求職中,CPA、CFA 是體現金融、財務知識最常見也最有用的兩個證書,不少研究員都是上述兩證的持證人員。尤其是跨專業的行研求職者,這兩個證書可以充分體現你的財務和分析能力。

對行業背景的熟悉。研究員需要對行業的整體情況做出判斷,這就需要其深入瞭解行業發展狀況。關於行業發展狀況,通常要求把握以下幾個方面:一是行業的基本特徵。研究員需要把握相關行業的整體供需狀況、技術發展狀況、未來發展趨勢等,比如估算行業未來的市場空間,從市場占有率對公司業績進行估值;再比如行業的發展週期階段等。二是行業的歷史估值區間。縱向比較行業的歷史區間,以及國內外行業相同發展階段的歷史區間,與當時的經營、盈利狀況做對比,可以更好地判斷行業的發展趨勢與估值區間。三是對於行業內龍頭企業的經營狀況,橫向對比其估值情況。對行業內主要公司的基本面瞭然於心,通過橫向對比各公司的估值,得出推薦標的的合理估值。

清晰的邏輯與妙趣的文筆。研究員通過觀察行業和公司,挖掘關鍵投資要點並識別風險因素,最終目的是吸引客戶關注自己的觀點。研究員經常以書面報告的形式將其研究成果推送給買方,這就要求書面報告既有嚴謹的邏輯脈絡,又需具備深入淺出的可讀性。所以,研究員需擁有較強的遣詞用字能力。例如,業內某分析師的報告《光通信:走得比 3G 更遠》,以其清晰的邏輯思路和極好的文筆獲得某頂級基金投研總監的賞識。行業研究工作之一便是撰寫各類報告,通常包括以下幾類:首先是策略研究報告,對下一時期(一年、半年、一季度等)進行高屋建瓴的策略部署,列出看好的行業、個股等;其次是行業專題報告,對子行業進行專題深度研究,提出子行業投資的邏輯要點;再次是公司深度報告,對重點覆蓋的公司進行深度剖析,分析其投資邏輯,並對個股估值定價;還有點評報告,包括業績點評、事件點評等,對公司業績的點評是對其經營情況的總結,並

強調或者微調其投資邏輯，對事件的點評是分析突發事件（政策等）對行業、公司的影響，對未來做出點評判斷；最後是新股分析報告，對即將上市的公司進行首次覆蓋研究，出具報告為買方提供詢價建議。實習生和新入職的員工一般會將較多精力花在撰寫研究報告上，通常實習生的第一項任務就是花 1~2 個月時間撰寫一篇深度報告。撰寫合格的報告是基本功，行文必須邏輯清晰、重點突出、語言簡練、不落俗套。這些要求看似簡單，但要做得出色，需要積累和沉澱。

強大的信息管理能力和快速的學習能力。 對市場進行分析的前提是掌握足夠的信息，並對這些信息進行區別、歸類和分析。主要信息來源包括：新聞資訊、官方網站、行業網站、研究報告以及咨詢公司數據等。研究報告分為賣方報告和買方報告，賣方研究會提供固定類別的研究報告，比如宏觀經濟報告、金融行業報告等；買方研究則更為實際，也更符合基金本身對於投資的要求。故買方研究在研究目的和研究方法上相較於賣方研究更有針對性，但在對特定公司的瞭解和跟蹤深度上，一般來說很難達到賣方研究的深度。

快速學習的能力同樣非常重要。研究員在面臨一個子行業或新公司時，經常需要迅速瞭解其行業背景知識、發展歷史等，尤其在涉及技術的領域，更需要較強的學習能力。行業發展日新月異，在研究行業、公司時也要不斷學習最新的知識。此外，在做研究時需要查找大量的背景材料和相關數據。熟練掌握 Wind、Bloomberg 等數據庫是基礎，此外還要查找專業的數據庫、咨詢公司、行業協會、海內外官方相關統計等。所以，強大的數據搜索和整理能力也是必不可少的。

優秀的溝通能力。 常言道，「好的研究員也是半個銷售」，只會寫研報的研究員不是合格的研究員。所以，作為一名優秀的研究員，不僅要洞悉行業規律、發現股票價值，還要與上市公司董秘等核心人員保持良好的溝通以獲取最新動態，向買方投研人員、基金經理等人員及時、清楚地傳達其投資思路。賣方研究員需要與以下四類人打好交道：上市公司高管（如董事長、總經理、董秘），通過與上市公司保持聯繫，及時合法獲悉其公司和行業的最新動態；買方投研人員、基

金經理，賣方研究員要通過電話、路演等形式將其研究成果推介給買方投研人員以獲得認可；行業專家，為準確判斷行業趨勢，研究員要結識一些行業專家並及時溝通，瞭解其對行業的看法，比如新政策、新技術等對行業的影響等；同行分析師，與同行保持溝通交流，是相互學習、取長補短、自我提升的良好機會。對買方研究員來說，與上市公司高管、賣方研究員、行業專家以及同行分析師保持良好互動也極其重要。

抗壓能力。對研究員來說，加班是工作常態。忙碌的時候每天只能睡四五個小時，基本沒有正常的假期。下班之後精神仍需處於緊張狀態，需要隨時關注市場動向和公司公告。通常情況下，只要所跟蹤的公司發生重大事件就要撰寫點評報告，聯繫調研、路演，出差更是家常便飯。所以研究員需要有強健的體魄以及良好的心理素質。其實和大家的理解不同，在買方從事研究工作也需要較好的抗壓能力，很少有基金管理者會很輕鬆，他們不但面臨著來自同行和投資人的壓力，還要擔心業績排名問題。以基金經理為例，由於基金行業普遍採用的是相對排名考核機制，因此他們需要時刻關注排名變動。通常來說，提高排名的方法就是重新考慮自己的投資策略，所以在季度末和年末之際，基金經理的壓力相對會大很多。

想順利進入二級市場從事研究員工作，實習同樣重要。如圖 7-8 所示，《實習報告》關於研究所的實習統計中，結果和投行類結果頗為不同。有無相關實習經歷的簡歷通過率差異化並沒有那麼明顯，有兩份實習經歷的通過率為 28.81%，僅僅比有一份實習經歷高 9 個百分點左右。這部分原因可能是行研更看重獨立思考能力、邏輯分析能力以及個人專業背景。如果自身沒有相關實習經歷，但具備理工科背景或者做過相關科研活動，也是會受到認可的。如果有複合專業背景，則會更受青睞。

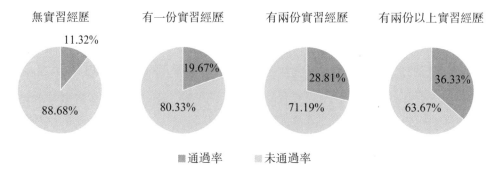

圖 7-8　研究類簡歷通過率與實習經歷的關係

　　如圖 7-9 所示，《實習報告》的統計結果顯示，二〇一五年研究所實習信息以 31.23% 的占比位居所有實習信息中第一。研究所實習機會多與其正式員工少、任務繁重、需要大量實習生協助研究的現狀相吻合。具體來看，券商賣方研究的實習信息量要遠遠高於基金買方研究的實習信息量。同學們可以以券商賣方研究實習作為主要突破口，逐步深入學習研究方法，養成良好的邏輯思維，為求職打下堅實的基礎。

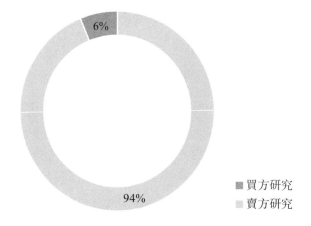

圖 7-9　賣方研究與買方研究實習崗位統計圖

素質要求：從崗位切入

前文是從金融從業者身上觀察總結出的金融業從業素質要求。本節則從企業角度觀察、分析招聘過程中機構對人才的要求。以下數據均來源於各大金融機構的招聘信息，需要強調的是，企業招聘信息中對人才的要求是最低標準。求職者實際並不能只參照已有標準去準備，努力讓自己變得越來越優秀，超越競爭者，才是求職的根本。

以某銀行總行職能部門第一輪篩選的崗位任職要求為例。「1. 全日制普通高等院校碩士研究生（含）以上學歷、學位；2. 通過國家大學英語六級（CET6）考試（成績在 425 分及以上），或托業／托益（TOEIC）聽讀公開考試 715 分及以上，或新托福（TOEFL-IBT）考試 85 分及以上，或雅思（IELTS）考試 6.5 分及以上」。除了將學歷限定為碩士研究生，把本科生群體排除在外，似乎每一個金融碩士都滿足要求，試想一下，這樣的任職要求對我們還具有參考意義嗎？

其實很多從業人員日常也會關注各種崗位工作的要求，一方面這是瞭解其他崗位最好的窗口，另一方面也能對自己進行及時的審視，看自己是否具備了該方面的能力。接下來我們一起來看看各大崗位常規的招聘要求，這些 Job Description（崗位描述）表面似乎較為簡單，實質都是企業長期積累的經驗，值得細細研讀，如表 7-2 所示。

表 7-2　金融業不同崗位招聘要求

行業	工作崗位	工作內容	任職要求
商業銀行	總行職能部門類／總行運作中心類／總行利潤中心類	管培生項目，輪崗培訓後安排至總行各職能管理部門／管培生項目，輪崗培訓後安排至總行運作中心／定向生，直接安排至總行利潤中心部分，如金融市場部、資產管理部等	1. 全日制普通高等院校碩士研究生（含）以上學歷、學位； 2. 通過國家大學英語六級（CET6）考試（成績在 425 分及以上），或托業（TOEIC）聽讀公開考試 715 分及以上，或新托福（TOEFL-IBT）考試 85 分及以上，或雅思（IELTS）考試 6.5 分及以上

續表

行業	工作崗位	工作內容	任職要求
商業銀行	通用崗位	培養目標為銷售類崗位、專業類崗位的儲備人才。新員工入職後統一安排至基層營業網點櫃員崗位或赴總行電子銀行中心進行為期不少於一年的培養鍛鍊，之後根據所在單位工作需要、個人工作表現及業務特長等，聘入上述相應崗位工作	1. 全日制普通高等院校大學本科（含）以上學歷、學位； 2. 通過國家大學英語四級（CET4）考試（成績在 425 分及以上），或托業（TOEIC）聽讀公開考試 630 分及以上，或新托福（TOEFL-IBT）考試 75 分及以上，或雅思（IELTS）考試 5.5 分及以上
	櫃員崗位	定向櫃面服務人員，在北京市城區或郊區營業網點從事櫃面服務工作。部分新員工入職後先安排至總行電子銀行中心進行為期不少於一年的培養鍛鍊，之後返回營業網點工作	同上
基金公司	銷售助理	1. 負責子公司各類銷售方面工作的支持，包括客戶拜訪和溝通、客戶資料和流程的管理、銷售數據的採集和整理等； 2. 為子公司銷售業務運作提供其他必要的支持和服務	1. 本科及以上學歷，市場營銷、金融學、經濟學管理等相關專業者優先； 2. 有私人銀行、信託、PE 等行業實習經驗者優先，有銀行、券商金融領域渠道市場開發維護等實習經驗者優先； 3. 良好的職業道德、專業素質和較強的敬業精神，有較好的抗壓能力； 4. 具備良好的溝通、人際交往和維護客戶關係的能力； 5. 有敏銳的市場洞察力和分析能力，有優質的大客戶及渠道開拓維護能力

續表

行業	工作崗位	工作內容	任職要求
基金公司	國際業務部助理	1. 關 於 QFII/RQFII/QDII 等跨境相關市場信息搜集及研究工作； 2. 對國際業務現行發展和市場情況的分析； 3. 產品研發； 4. 盡職調查文案撰寫； 5. 標書、營銷材料製作等； 6. 數據支持及處理； 7. 協助公司英文官方網頁的設計製作，文案撰寫及修訂工作	1. 碩士及以上學歷，金融或相關專業，對金融市場有一定的瞭解； 2. 責任心強，能夠勝任各項工作且能承受一定的工作壓力，同時具有出色的團隊合作能力； 3. 溝通交流能力強，文筆流暢，邏輯嚴謹，分析能力強； 4. 英語流利，且能熟練使用 Office 辦公軟件
	渠道理財經理	1. 協助進行銀行渠道維護與服務； 2. 配合公司總體銷售計畫完成公募基金銷售任務； 3. 配合公司專戶理財部完成專戶基金銷售任務	1. 經濟、金融等相關專業畢業，碩士及以上學歷； 2. 具有優秀的組織能力和良好的服務意識以及承壓能力； 3. 勤奮好學，紮實肯幹，具有良好的表達能力和團隊合作精神； 4. 吃苦耐勞，能適應長期出差
	股票交易員	1. 負責股票基金的交易操作； 2. 使用自動化交易軟件，在市場上捕捉套利機會； 3. 觀察市場行情，改善交易策略，反饋交易效果，靈活掌握市場機會； 4. 協助風險控制研究員控制交易風險	1. 本科及以上學歷，經濟、金融等相關專業或理工金融複合背景； 2. 思路清晰，反應敏捷，學習能力強； 3. 風險意識強，對國內外證券市場和市場交易規則有一定瞭解； 4. 具備良好的團隊合作能力、溝通能力
	債券交易員	1. 負責債券基金的交易操作； 2. 負責債券市場詢價，反饋交易效果，靈活掌握市場機會； 3. 協助風險控制研究員控制交易風險	1. 金融、數學、數量、經濟學等相關專業； 2. 性格開朗、為人謹慎、善於溝通； 3. 有較強的計算能力和較快的反應能力； 4. 對於債券市場有基本的認識，風險控制意識強

續表

行業	工作崗位	工作內容	任職要求
基金公司	研究員	1. 對所負責的行業進行深入研究和分析，跟蹤行業發展動態及行業政策，撰寫行業信息點評和行業政策市場效應分析等報告； 2. 結合行業分析，對上市公司進行深入及前瞻性的研究，挖掘上市公司的投資機會，提供分析研究及投資價值報告，為投資經理的決策提供建議； 3. 外部聯絡與溝通，包括但不限於通過行業主管部門瞭解行業動向、發展趨勢、行業平均情況，與證券研究所及其他基金研究員交流行業研究成果，探討熱點問題	1. 知名大學碩士以上學歷，本科為相關行業教育背景、碩士為金融相關專業者優先考慮； 2. 具有二年以上相關行業研究經驗，對行業分析工作有熱情； 3. 具備優秀的學習能力，良好的邏輯及分析能力； 4. 具備良好的溝通協調能力，高度的責任心及團隊意識
	產品經理	1. 執行市場發展戰略； 2. 產品設計、發行及日常運營支持； 3. 產品發行渠道的開拓與維護； 4. 市場部主管交辦的其他工作	1. 碩士研究生及以上學歷； 2. 具備紮實的金融學、經濟學基礎； 3. 具備較強的溝通能力，具有團隊合作精神； 4. 具備較強的英語綜合使用能力； 5. 具備較強的辦公軟件如 Excel、Word、PowerPoint 使用技能； 6. 具備 CFA、CPA 等相關資格證書者優先考慮
	合規經理	1. 協助處理公司各項法律事務，向法律監察部負責人負責； 2. 協助擬訂法律事務工作規範和業務流程，經批准後組織實施；	1. 法律專業碩士或經濟碩士以上學位； 2. 熟悉基金、證券的相關法律法規； 3. 通過司法考試者優先；

續表

行業	工作崗位	工作內容	任職要求
基金公司	合規經理	3. 協助完成公司的合規監察和信息披露工作； 4. 協助對公司簽訂的合同進行法律審核； 5. 協助處理各項法律爭議； 6. 開展與公司經營和業務發展相關的法律研究	4. 良好的中英文寫作能力和表達能力，熟練使用各種辦公軟件，良好的業務協調能力
證券公司	投資銀行部	1. 參加項目組，協助完成項目盡職調查、公司改制、輔導、工作底稿建立、申報材料製作、內核、報批、過會等項工作，目前項目包括再融資、IPO、併購重組、資產證券化等； 2. 協助建立保薦項目工作檔案，保留各類工作記錄並存檔； 3. 其他臨時性工作	1. 法律、金融、會計、財務管理等專業研究生，具有投資銀行實習經歷，取得註冊會計師、律師資格、證券從業資格證書者優先； 2. 具備團隊協作精神和良好的人際溝通能力，性格開朗，能吃苦，能承受較大工作壓力； 3. 具有較強的工作責任心、團隊協作精神以及良好的職業道德，能夠接受出差
	機構銷售崗	1. 開發上市公司、機構及高淨值個人客戶，提供專業持續的金融服務，開展機構類業務開發及拓展； 2. 為高端客戶進行業務需求分析，落實資本中介功能，提供綜合的金融解決方案； 3. 大力開發陽光私募機構，協助私募備案、產品設計及發行，提供主經紀商綜合金融服務； 4. 協調各方資源，對接各營業部機構金融業務需求並提供綜合服務	1. 具有創新思維力、邏輯判斷力，性格活潑外向，善於溝通協調； 2. 積極進取，具有良好的敬業精神和團隊合作精神，能承受高強度的工作壓力； 3. 熟悉資本中介、機構類業務，瞭解相關法律、法規、政策等； 4. 取得證券從業資格、有相關工作經歷或大客戶資源的優先考慮； 5. 碩士及以上學歷，金融、經濟、會計、法律等相關專業優先； 6. 條件優秀的應屆畢業生也作為本次應聘對象

續表

行業	工作崗位	工作內容	任職要求
證券公司	債務融資部	1. 完成債券承銷過程中的部分投資銀行業務; 2. 進行債券發行相關文件和研究報告及信息的搜集、整理、撰寫和歸檔; 3. 與公司內部和外部的日常業務進行聯絡、溝通和協調等工作	1. 經濟、財務、法律相關專業優先,通過 CPA、司法考試者優先,理工科專業具備財經相關專業知識背景者亦可; 2. 較強的溝通能力和人際技巧,較好的文字功底,能熟練運用 Excel、PowerPoint 等軟件
	行業研究員	1. 收集所研究領域資料及最新變化情況,建立該領域研究信息資料庫; 2. 在分析調研的基礎上,獨立撰寫研究報告,及時較好地完成基本的行業研究報告、公司調研報告、各類跟蹤研究報告以及投資組合建議報告等; 3. 通過現場推介、電話溝通、研討會等方式,把行業研究成果推介到公司和客戶,支持公司和客戶產生經濟效益; 4. 通過向媒體宣傳、推廣個人研究成果,樹立研發中心的本行業研究品牌	1. 金融學、經濟學、工商管理或研究領域相關專業碩士研究生或以上學歷; 2. 具有證券從業資格; 3. 具有 N 年以上行業研究經歷或在所研究行業具有 N 年以上相關工作經歷,具有所研究行業相關工作經驗者優先; 4. 熟練使用常用辦公軟件,具有優秀的分析、寫作能力
	量化研究員	1. 根據海量證券交易數據,利用數據挖掘工具,尋找有效的量化投資策略; 2. 投資策略設計、開發、評估和優化;	1. 計算機、金融工程、數學、物理、通信等理工科專業,本科以上學歷; 2. 具有研究人員的思維方式:能夠深度思考、具有創造性、工作勤奮、主觀能動性強等;

續表

行業	工作崗位	工作內容	任職要求
證券公司	量化研究員	3. 利用統計學和數學工具，進行量化策略指標、數量化和程序化對沖交易或組合投資、基於衍生工具的套利及套期保值策略、風險管理、投資組合管理、風險績效評估和業績績效歸因分析等研發、測試，並在實際交易中不斷完善； 4. 協助投資經理管理產品工作	3. 熟練掌握研發使用的編程語言（C++/python/matlab/R 之一）； 4. 良好的職業道德素養，對工作充滿激情，並有良好的溝通能力和團隊協作精神； 5. 有量化投資相關工作經驗，有 alpha 策略和程序化交易經驗者優化；有公募基金、券商資產管理、券商自營、陽光私募研究或投資工作經驗優先
信託公司	信託經理助理	1. 協助信託經理進行項目開發管理； 2. 項目前期資料收集整理； 3. 報告撰寫，文檔管理，會議記錄等； 4. 財務分析報告及現金流測算等結構設計； 5. 協助業務部經理布置的其他工作	1. 財會、法律、經濟、金融等專業碩士研究生； 2. 具備良好的人際關係溝通協調能力和書面表達能力； 3. 工作細緻認真、謹慎，責任心強； 4. 熟悉常用辦公軟件操作

08

八面玲瓏：金融業求職渠道建設

　　我國金融行業發展日新月異，但提供的就業崗位數量依然緊缺，造成金融業求職競爭異常激烈，擁有信息優勢的一方往往能搶得先機。在前期調查中我們發現，不同的求職者在獲取金融求職信息方面存在顯著差異，那些對信息更為敏感的求職者在求職中往往較為順利。在問及具體求職細節的時候，他們不僅對每個求職渠道的優缺點一清二楚，而且對求職目標企業的具體招聘途徑、流程、形式、內容等瞭如指掌。相比之下，有些同學卻遺憾地在招聘季後期才發現自己居然連招聘信息發布來源都不熟悉，在求職過程中喪失了很多機會。

　　毫無疑問，通過各種渠道千方百計獲取有針對性的招聘信息，是入行的基礎。而本書所列舉的均為當前金融行業中使用最多、實用性最強的求職渠道。從求職信息載體角度來看，金融業求職渠道，基本可以分為網絡渠道和社交渠道兩大類。

　　具體而言，網絡渠道作為近年來的主流渠道，擁有信息量大、獲取成本低、傳播廣泛便捷等優點，同時網絡信息傳遞弱化了地域隔離造成的差異。而社交渠道主要存在於現實工作生活中，是求職者在其能動範圍內自主獲取求職信息的一

種渠道。與爆炸式的網絡渠道相比，社交渠道基於一定的信任基礎，針對性、準確性較高，競爭對手較少，但傳播的信息數量相對也較少。在實際求職過程中，求職者應注意二者靈活配合使用，可能會有意想不到的好效果。

網絡渠道的豐富資源

　　金融求職的社交渠道更多依賴求職者日常人脈資源的積累，具有顯著的特殊性、個體性，在求職過程中主要起著「錦上添花」的作用。相比之下，網絡渠道則是每一個求職者可以普遍獲得的資源，如果長期持續關注，可以在很大程度上避免信息不對稱帶來的劣勢。如圖 8-1 所示，當前主要的網絡渠道包括各種專業求職網站、社區論壇、新媒體平台以及以金融小夥伴為代表的全平台。下面將為大家詳細解析每一種網絡渠道的優缺點及具體應用要點。

圖 8-1　網絡渠道資源

專業求職網站

1. 信息平台類網站

信息平台類網站主要以各種專業型網站為代表，如表 8-1 所示，其特點如下：

第一，招聘信息更新及時，崗位職能描述清晰。網站通常會實時更新各大名企招聘起止時間以及最新招聘進度，並附上每一個招聘職位的申請鏈接。

第二，招聘職位分類精確，通過設置關鍵字為求職者精確搜索相關目標職位信息提供便利。另外，招聘信息還會按不同的地域、專業領域準確劃分歸類，有利於提高搜索效率。

表 8-1　當前主流的信息整合收集網站

代表性網站	網　　　　址	適用群體
小金窩	http://www.xiaojinwo.com	金融校招 / 實習
應屆生求職網	http://www.yingjiesheng.com	應屆畢業生
大街網	http://www.dajie.com	應屆畢業生
前程無憂	http://www.51job.com	應屆畢業生 / 社招
智聯招聘	http://www.zhaopin.com/	應屆畢業生 / 社招
中華英才網	http://www.chinaHR.com	應屆畢業生 / 社招

2. 企業官方網站

各大金融機構官方網站的招聘板塊（如「人才招聘」、「誠聘英才」或者「加入我們」條目）都會不定期更新招聘信息。相較於將信息發布在第三方專業招聘平台（「前程無憂」等）上，這種方式更為直接，且目標性更強。通常，行業內領先企業很少在第三方招聘類網站上發布信息，因此求職者應定期對求職目標範圍內的企業官網予以關注。

除此之外，定期瀏覽目標企業網站可以瞭解到更多企業信息，這將為後續的

面試打下基礎。如一位同學在面試國內一家頂級的股權投資機構時，事先通過 A 公司網站瞭解到其投資的 B 公司剛剛上市。於是在面試前查閱該公司的招股說明書等公開資料，對整個交易過程和結構進行深入研究，並在面試時主動提及，令面試官印象深刻，最終獲得了這個工作機會。

3. 各大高校就業信息網

各大高校就業信息網是高校受企業委託代發招聘、宣講會、專場招聘會信息的主要平台。部分高校就業信息網如表 8-2 所示，其中不乏各種校友企業會回校招聘，大家在求職過程中應當予以足夠關注。就業信息網發布的求職信息通常經過了嚴格的審核流程，求職信息內容更加真實可靠。

具體而言，這種招聘地域性強、歷時短、競爭者相對較少，應聘成功的可能性更大。以當前行業內的情況來看，知名企業大多會通過聯繫各大高校，將其招聘信息發布在高校就業信息網（尤其是部分名校就業信息網）上來招聘。現實中，有些高校就業信息網對所有公眾開放，但是也有部分高校的就業信息網僅能由本校學生通過學號和密碼登錄，因此建議求職者充分挖掘異校同學朋友資源以掌握更多信息。

表 8-2　部分高校就業信息網

名　　稱	網　　址
清華大學學生職業發展指導中心	http://www.tsinghua.edu.cn/publish/career
北京大學學生就業指導服務中心	http://career.pku.edu.cn
中國人民大學就業指導中心	http://career.ruc.edu.cn
南開大學就業指導中心	http://career.nankai.edu.cn
復旦大學學生職業發展教育服務中心	http://www.career.fudan.edu.cn
上海交通大學學生就業服務和職業發展中心	http://scc.sjtu.edu.cn
南京大學就業創業信息網	http://job.nju.edu.cn:9081/
中山大學就業指導中心	http://career.sysu.edu.cn

續表

名　　稱	網　　址
武漢大學學生就業信息網	http://xsjy.whu.edu.cn/default.html
對外經濟貿易大學就業指導中心	http://career.uibe.edu.cn/
中央財經大學就業網	http://scc.cufe.edu.cn/jyw_zc/index.jsp

相關社區論壇

　　社區論壇主要包括社會社區論壇和高校社區論壇兩大類，部分常見的學校 BBS 如表 8-3 所示。其中，社會社區論壇通常指一些大型服務型論壇下屬人才招聘板塊。此板塊通常會有部分招聘信息發布，但是相對零散且專業性差，及時性、可信度都無法保證，此處不做詳細說明。

　　高校社區論壇主要包括各大高校 BBS，其依託強大的校友圈，往往可以彙集大量優質資源帖。同時，BBS 通常也開設專門的求職討論專區，方便求職者交流最新招聘資訊、筆試面試經驗以及簽約薪金待遇、感受等信息，對於職位的認知有重要的參考意義。部分高校 BBS 存在僅限校內網用戶登錄使用的限制條件，非本校求職者只能望洋興歎。但是隨著新媒體的興起，在 BBS 平台發布招聘信息的，也會在一些知名的相關新媒體渠道同時發布。

表 8-3　部分常見學校 BBS

名　　稱	網　　站
水木清華 BBS	bbs.tsinghua.edu.cn
北京大學未名 BBS	bbs.pku.edu.cn
北京大學匯豐商學院	http://bbs.phbs.pku.edu.cn/forum.php
南京大學小百合	bbs.nju.edu.cn
上海交大飲水思源站	bbs.sjtu.edu.cn
復旦大學日月光華	bbs.fudan.edu.cn

續表

名　　稱	網　　站
武漢大學珞珈山水	bbs.whu.edu.cn
南開大學我愛南開站	bbs.nankai.edu.cn

新媒體平台

　　新媒體平台是近年來依託網站、社區衍生出的一種媒體傳播形式，主要傳播主體包括微博、微信公眾平台及移動 APP（客戶端，以下簡稱 APP）等。微信公眾號平台通常為信息整合網站、企業，或個人所運營，平台發布的有些內容會與網站同步更新，其成本較網站更低，且有簡單快捷、傳播範圍廣等優勢。

　　移動 APP 是移動互聯網時代的熱門產物，是網站、BBS 以及新媒體外的另一種信息傳播模式。與前者相比，其內容更系統、操作更方便。新媒體平台形式日新月異，內容不斷創新，逐漸得到了傳統金融機構的認可。

金融小夥伴資訊全平台

　　雖有王婆賣瓜之嫌，但從為求職者謀福利角度出發，還是忍不住跟大家介紹一下金融小夥伴資訊全平台的特色。「金融小夥伴」採用多平台全線運營體系，集官方網站、公眾平台、微信群、APP 及其他平台於一體。尤其值得一提的是，「金融小夥伴」旗下大型網站小金窩（www.xiaojinwo.com）及同名 APP，完全涵蓋金融技能、金融問答及金融求職等板塊內容，力求打造金融業最強大的一站式職業發展信息平台。

　　小金窩網站及 APP：專注為金融在職人士、名校金融學子提供求職實習、前沿熱點資訊、乾貨知識、考研考證輔導等一站式服務，同時也為求職者和 HR 建立了一個溝通交流的渠道。功能同樣涵蓋金融熱點解析、金融講堂、金融校招、金融實習、金融問答、金融測評等板塊內容。

微信公眾平台: 金融小夥伴主平台每天推送的「實習日報」，是金融求職者最受歡迎的信息來源之一。實習日報發布的求職信息均已經過金融小夥伴平台工作人員初步審核，消息相對可靠。同時，金融小夥伴招聘團隊運營的下屬子平台——金嘉求職匯，專注於金融行業招聘板塊，定期推送金融社招、校招信息，同樣受到求職者的歡迎。

金融小夥伴資訊全平台已與超過百家金融機構開展合作，協助企業招聘。目前已經成為校園內金融招聘求職的第一品牌。在未來，金融小夥伴資訊全平台必將成為金融圈內求職最重要的渠道之一。

社交渠道的合理利用

小布什（小布殊）與骷髏會的故事可謂家喻戶曉，小布什最終順利當選總統，與骷髏會成員的鼎力相助密不可分。圓中而空，謂之圈子，善於構建社交圈子的同學，在求職的過程中往往有額外的優勢。以美國職場為例，求職最主流的模式就是通過各種各樣的 Networking 去獲取求職機會。

由於每個人的生活環境、性格特點和教育背景不盡相同，社交渠道也存在明顯差異，但有一點是肯定的，社交只能靠平常日積月累。平常人際交往過程中始終堅持以真誠的態度對待身邊的每一個朋友，願意把自己的信息資源分享給周圍的人，也許最後你收穫的不僅僅是別人回饋你的其他信息，還有同甘共苦的奮鬥友誼。做好求職社交渠道建設主要從以下三個方面入手。

合理利用已有人脈資源

自己的導師、師兄師姐、家人、同學和朋友，不管是現在還是將來，都是最可以合理利用的資源。平日在跟他們交流過程中應注意溝通方式，找機會多向其請教，但在咨詢問題過程中應當突出自己的獨立思考，這樣才能更容易獲取他們

的認可。許多高校研究生導師會在各種金融機構做兼職顧問，也有相當數量的學生任職於各大金融機構，這些機構在招聘時也經常會讓導師推薦。因此課堂上要積極表現，課堂下在職業發展選擇方面可以多多徵求導師意見，交流中真誠展現自身長處。如此一來若得到導師青睞，獲得實習乃至工作機會也就順理成章了。

而同專業尤其是同門師兄師姐，由於年齡差別小，相對較易溝通且就業方向也較接近，更應該多多溝通請教。在求職過程中若能得到他們的幫助甚至引薦，將大大提高求職效率和成功把握。在尋找實習機會的過程中，機構內部人士的直接推薦往往能幫助求職者省去初試、HR 面試、複試等環節，甚至直接終面；在應屆生求職或應聘全職工作時若有內部人士推薦，雖仍需按企業招聘流程進行，但 HR、領導的提前關注，同樣會提高被優先錄取的概率。

關於合理利用人脈資源，筆者在此提兩點建議：第一，在日常交往過程中，態度要謙遜，要學會維護融洽的人際關係。同時需要牢記汲取的同時也應懂得付出，他人有需要幫忙的地方應該盡其所能予以幫助。第二，日常的學習工作中要注重提高自己的專業水平、綜合素質，如獲推薦機會就應不負他人厚望，切不可推薦成功後又失信拒絕。對推薦者來說自己是以與招聘企業的信任基礎為保證，當然希望推薦的是靠譜、優秀的人，在此建議求職者在希望獲得內部推薦前練好內功，至少從製作一份有內涵、有深度的簡歷開始。

充分利用學校資源

求職者在校期間應當多利用學生就業中心（一般會有相應的部門，國外通常叫 Career Office），以獲取職業建議、信息提供等方面的幫助。

校園內的招聘會主要包括校園招聘會、企業宣講會及雙選會三種形式。其中校園招聘會和雙選會通常是學校聯合各大招聘企業於每年就業季定期舉辦，基本形式是學校提供場地，有招聘需求的企業主動聯繫學校，然後在某一固定場地舉辦招聘會。此種招聘會的優點是招聘企業數量眾多，提供的崗位種類多樣，然而

一般參加此種招聘會的企業大多為中小型企業，特別好的企業和崗位相對較少，而且參與人數眾多，招聘企業很難與求職者有深入的溝通交流。

相比之下，大多數知名企業都會選擇舉辦專場宣講會，其最直接的優勢是通過企業的宣講，求職者能夠較全面、準確地瞭解招聘信息，包括具體招聘崗位、福利待遇、校招進程、公司基本情況等。同時，參加宣講會能夠與企業人員面對面溝通交流，必要時還可以自我推薦。此外，有些企業招聘時只接受現場簡歷，直接發放網上測評賬號，還有些甚至會進行現場面試。毫無疑問，在困難的求職季，勤跑各種宣講會往往會有意想不到的收穫。同時在宣講過程中也需要對企業提供的信息進行篩選，時刻保持理性的思考。

巧妙搭建社交網絡

作為典型的服務行業，金融機構往往要求從業者具備良好的人際交往能力。求職亦如此，搭建並充分利用社交網絡是一種高效快捷的渠道，其關鍵在於求職者個人要懂得主動尋求機會展示自己、實現自我營銷。在此，提供幾個比較簡單的 tips 供大家參考。

1. 積極參加各種社交活動，充分利用社交平台

首先建議積極參加各種社交平台線上交流，如金融小夥伴在線舉辦的共計 560 場公益專業講座以及下屬金融求職社交平台管理的專業、實習交流分享群（分享群將近 300 個，用戶量超過 16 萬人）。其次建議適當參加各種線下聚會活動，不管是學校組織的交流分享活動，還是其他組織（比如金融小夥伴邀請資深從業人員舉辦的現場經驗分享會），都可以為求職者建立有效社交網絡提供絕佳機會。

2. 開門見山：我想認識您

其實一種常見的「搭訕」做法是在微信群或者 Linkedin 找到你想認識的人之後開門見山，簡明扼要註明個人信息和認識意願，並快速找到共同點或有代入

的開場白。通常來說，金融從業人員工作節奏較快，面對不明人士的好友請求一般會採取忽略態度，但很多時候備註明確信息（如校友或有其他淵源的同學），對方往往願意耐心地給予回復。總而言之，如果想結識陌生人，要麼提供價值，要麼以情動人。

3. 側面展示自身優點

很多時候，在各種類型的場合（如校友微信群或日常社交場合）可以參與一些專業問題討論，即使當時不懂，也可以通過網絡搜索相關資料，學習並表達一些自己的觀點。如果能積極清晰地表達出較為客觀的專業觀點，周圍的人會記住你的名字，後續的人際關係搭建也會水到渠成。

4. 托朋友引薦

與上述方式相比，這是一種比較折中的方式。當需要認識某方面的前輩時，大可去問相熟的學長、同學或朋友以尋求可能的引薦機會。該方式是自身社會關係的一種拓展和延伸，按照「人際關係的六度分隔原理」，基本上每個人都可以間接認識足夠多對自己有所幫助的人。

在本章最後，筆者想強調一點，雖然每年的求職季都是一個歷練的過程，但是求職絕不是從你需要找實習或工作的那一刻才開始的。在日常學習生活中，必須時刻留意相關信息，尊敬前輩，廣交朋友，努力提高自身的知識儲備和學習能力。厚積才能薄發，知識、人脈都是如此。

09

求職初級裝備：簡歷和求職信

　　工欲善其事，必先利其器。求職就像一場戰役，既需要謹慎周密的佈局，也需要一身好的裝備。衝鋒陷陣的第一武器就是簡歷和求職信，這二者是求職者與企業的第一次親密接觸，它們給面試官或 HR 留下的印象將直接影響你進入下一輪的資格。

　　毫不誇張地說，在金融求職過程中，簡歷的不合格率達到 70% 以上，求職信的不合格率更是高達 90% 以上，大量求職者甚至沒有準備求職信。所投簡歷總是石沉大海，原因首先在於此。一份優秀的簡歷和一份普通的簡歷，即使非專業人員，也可以輕鬆看到二者之間的差距。有些求職者的簡歷在被看完後，就會使 HR 產生深入瞭解的想法，而有些求職者的簡歷卻始終無法抓住 HR 的眼球。

　　千里之行，始於足下。在瞭解目標公司職位需求的前提下，同學們需要根據自身特點，結合有效技巧，為自己打造出能讓 HR 眼前一亮的簡歷和求職信，從而獲得筆試或面試的機會。本章將詳細講述簡歷和求職信的各個要素，並總結撰寫經驗，請各位求職者務必認真研讀本章，進而根據自身情況仔細修改自己的簡

歷和求職信。

簡歷：一頁紙上的人生

「簡歷」這個詞究竟是什麼意思？簡歷裡面究竟要寫些什麼內容？為什麼簡歷在求職中會起到關鍵作用？

簡歷的英文為「resume」或「curriculum vitae」，是個人綜合經歷簡明扼要的規範化、邏輯化的書面介紹。一份簡歷中應當包含教育背景、職業經歷、專業技能等，而一份好簡歷必須做到吸引力強、有效傳達信息、展現求職者特色。

「把這些看起來很棒的東西寫上去，一定能征服 HR！」這是很多求職者非常天真的想法。先來觀察幾組數字：在李開復的眼裡，真正合格的簡歷大概只有一成；美國一個職位平均會有 200 人應聘，其中只有不到 100 份簡歷是合格的；而在北京，一個好的職位平均會收到 1 000 份簡歷，其中只有 200 份是合格的。據「金融小夥伴」為金融機構服務的經驗，大型的券商在校招或者暑期實習的招聘中，在一周之內會收到 2 000~3 000 份簡歷，而其中 80% 的簡歷在 HR 瀏覽不到 30 秒後就會被放棄。想在半分鐘之內讓別人通過一份簡歷對自己產生興趣，比通過面談來留下好印象更難。因此，求職者必須深刻認識到簡歷至關重要的意義。

簡歷撰寫的基本原則

一份精美的簡歷總是在不斷更新、修正和完善中得到的，簡歷撰寫的基本原則包含以下幾點。

1. 真實是根本

簡歷中的信息務必求真。有些招聘公司會對求職者提供的信息進行調查核實，尤其是大型央企和國企類的金融機構，一旦發現有造假的地方，輕則不予錄

用，重則會在一定程度上影響求職者在「圈內」的形象。所以簡歷的真實性是首要準則。而求職者使用恰當的表述方式，合理突出強項，弱化自身短板，也是常用技巧。例如，應屆畢業生雖然工作經歷不足，但是可以著重突出社團活動、社會實踐、實習經歷等，從而表現出自己的能力，如此至少 HR 不會以「沒有任何工作經驗」為由而拒你於千里之外。

2. 切忌一份簡歷打天下

相關研究表明，不管求職者的簡歷花費了多少心血，大多數 HR 都只會看數十秒鐘，因為他們每天都要處理堆積如山的簡歷，所以會下意識地尋找簡歷中的不足，以淘汰法來減輕工作量。所以，簡歷的主人必須清晰地展示 HR 想看的東西，而不是把自以為的亮點全盤托出，讓無關信息占去大量空間，給 HR 淘汰的理由。簡歷寫作的正確方法是凸顯求職者經歷與所應聘職位的契合度，圍繞所投崗位來展開描述。針對不同崗位，尤其是求職方向與自身專長差異比較大時，更需要提高簡歷中信息的針對性。

因此，求職者應該結合自身經歷與特長，製作出具有針對性的多種版本的簡歷，增加簡歷與求職崗位的契合度。如針對投行的簡歷，應當突出自己一級市場相關的從業經驗以及財務、法律相關技能及經歷。千篇一律的海投只會使 HR 感到索然無味，針對性強的簡歷則會帶給 HR 一種專為他而來的感覺，這樣往往更易得到認可。

3. 簡歷，「簡」字當頭

簡歷中切忌浪費篇幅，務必放上最具價值且與應聘崗位最相關的信息，語言講究客觀、平實和精練，不宜出現太過感性的用詞和描述，對自己的閃光點點到為止即可，無須過於詳細，具體可待面試中再做詳盡闡述。

標準簡歷為一頁，所以，精簡！精簡！再精簡！冗長的話語會讓人難以抓住有用信息，而且會給本來就已經身心俱疲的 HR 再添負擔。只有簡短有力的表達才會吸引 HR 的眼球，讓他們有動力繼續看下去。

4. 突出工作內容和成果

一份優秀的簡歷應該充分表現出求職者的決心和職業追求，詳細地展現出求職者的能力，而不是簡單地強調之前的工作經歷。簡歷應該用細節來證明你能迅速成為新公司的必要組成部分。

個人經歷中重要的是做了什麼，而非頭銜名號。所以求職者需突出自己在崗位上具體做了什麼工作，學到了哪些有價值的技能，描述時多用動詞，用數據量化描述，專業術語越多越好。在項目成果方面，如有能夠提高職業含金量的成功經歷也可列入其中，比如曾攻下大客戶，在某項目中獨當一面等。工作、實踐經歷部分為簡歷閃光點，求職者應力求憑藉該部分抓住 HR 的眼球，獲得進入下一輪的機會。

簡歷要素解析

簡歷應有姓名、學歷、聯繫方式等基本資料以及個人的學習工作經歷、所獲榮譽、求職意願等。其整體架構可分為五部分：基本信息、教育背景、實習實踐經歷、證書和技能以及特長愛好，下文將對這五部分的製作要點進行詳細解讀。

1. 基本信息

簡歷包含的重要基本信息有姓名、政治面貌（國企看重）、學歷、聯繫方式（手機、郵箱、地址）、求職意向等。

首先，這部分是簡歷的頭臉，需放在簡歷的最上面，構成整頁簡歷的第一部分。該部分建議用粗體表示，字號比其他內容稍大些，尤其是求職者自己的姓名必須突出，一般放在第一行。

其次，簡歷中求職意向必不可少，可讓 HR 清晰地瞭解你這份簡歷的目標所在。在簡歷後面的內容中可以加上自己勝任該求職意向的能力條件，越具體越好，最好能讓 HR 一看就知道求職者是懂行的，以最大限度地發揮簡歷的作用。

最後，重點細說很多求職者糾結的「簡歷上是否放照片」的問題。金融業屬

於服務行業，簡歷上有照片是對招聘單位的一種尊重，同時也表現出求職者的自信和態度。專業機構在拍攝求職照時會對求職者適當化妝、加工，建議求職前拍攝一張專門用於求職的求職照，以備簡歷所用。

2．教育背景

按照慣例，如果你還沒有開始工作，教育背景往往出現在簡歷靠前的位置。如果已工作一年以上，工作經歷比受教育經歷更重要，教育經歷會放在工作經歷之後。如果學習成績在班裡名列前茅，的可在簡歷裡提及名次；反之，則略去。求職者應盡可能多地提及一些自己所獲過的有含金量的獎項以及獎學金等。如果受過的教育或學習的某些課程與求職目標有直接關係，可以註明，但只需羅列數條即可。

3．實習實踐經歷

這一塊是應屆生簡歷中最重要的部分。描述實習實踐經歷時，對工作內容只須簡單描述即可，重點是列明自己在其中的職責、所收穫的技能、所取得的成果等。不管負責什麼工作，只有凸顯自己的能力才有意義，因此，對成果的描述尤為重要。例如，這項工作需要求職者做的是什麼？你是怎麼做的？做得怎麼樣？一般建議按照時間順序寫出與所應聘崗位最相關的三四段經歷。

在其他方面不足時，多加入一些實踐活動的內容可以增加簡歷的充實度，把當選為社團領導參加體育比賽、在校刊發表文章等經歷寫進簡歷也是不錯的亮點。它們能讓 HR 更多地瞭解求職者，也可能會成為簡歷入選的強有力因素。

隨著時間的推移，求職者的閱歷和經驗不斷積累，可根據需要略去部分內容。

4．證書和技能

不建議求職者簡單地把自己所得的證書和執照全都列上，僅僅選取與應聘崗位相關的即可，說明自己具備這些證書所要求的能力。求職者應把精力放在對技能的描述上，即使沒有參加過具體的項目，也可以在這部分多加入一些關於職業技能的表述。比如說求職者沒有做過投行，但可以說自己熟悉投行的工作流程，

財務和法律的技能過關；沒做過研究員，也可以說自己擅長分析研究、寫報告等。

5. 特長愛好

在簡歷中可提及良好的習慣和健康的愛好，另外特長也可以註明，因為金融機構很多時候也會組織一些文娛體育活動，這時候求職者的某些特長可能會讓其具備意外優勢。

簡歷撰寫細則及示例

本部分將細緻剖析簡歷的五大部分，並輔以實例，以求讓各位求職者紮實掌握簡歷的撰寫技巧。

1. 信息要素

★ 請不要把簡歷名稱改為「人名＋個人簡歷」；

★ 切記不要使用表格型的簡歷，太過呆板，會讓 HR 覺得索然無味；

★ 因為已有相片，性別則無須再說明；

★ 民族、籍貫、身高、年齡等信息一般沒有必要放進簡歷中，這些大多數情況下並不影響工作。

表 9-1 所示的這種簡歷請避免使用。

表 9-1　錯誤示例

金少個人簡歷				
姓名	金少	性別	男	
民族	漢	籍貫	×× 省	
年齡	23	身高	180cm	
專業	金融學	學歷	研究生在讀	
畢業院校	金嘉大學金融學院			

說明：「金嘉大學」純屬虛構，請勿對號入座。

★部分求職者將學校的校徽加在頁眉處，標注 211、985 重點大學等類似信息，

其實沒有太大的必要，HR 對這些高校都很熟悉，該類信息在「教育背景」部分體現即可。雖然學校有時會成為金融求職過程中的一道門檻，但是企業更關注個人綜合素質。當求職者通過簡歷關進入面試環節之後，學校將不會再成為加分項，剩下的就全看個人表現了。表 9-2 為簡歷基本信息的錯誤示例。

表 9-2　錯誤示例

	金融小夥伴大學	教育部直屬、211、985 重點大學

	金少	身高：180cm	年齡：21 歲	籍貫：×× 省
	郵箱地址：career@xiaojinwo.com		手機號：1××-××××-××××	

說明：「金融小夥伴大學」純屬虛構，請勿對號入座。

2. 教育背景

對於應屆生，在基本信息之後，第二部分一般會列出教育背景，內容依次為學校、專業、學歷、主修課程、所參加的專業培訓及游學經歷等。教育經歷一般從高到低寫，若無特殊要求，寫到大學本科即可。

此處有兩點注意事項：

★如果求職者的績點（GPA）很高、班級排名靠前，那麼可將成績、排名、獎學金等在簡歷中突出，這將會成為簡歷的加分項，如績點 3.7/4.0，排名 1/200，前 5% 等。

★主修課程不能簡單羅列幾年的課程表，而應該有針對性地挑選與應聘崗位相關的課程。比如應聘投行崗位，需要突出求職者的財務和法律知識，可列示會計學、公司金融、經濟法、稅法、財務報表分析等方面的課程；如果應聘的是二級市場崗位，可列示計量、數理金融、經濟學等方面的課程。

下面結合正、反面案例對該部分可能出現的問題進行列示。正面案例如表 9-3 和表 9-4 所示，反面案例如表 9-5 和表 9-6 所示。

表 9-3　本科生用簡歷塑造碩士學歷的錯覺

教育背景			
金嘉大學	經濟學院 金融系金融學專業 本科		2011.09—2015.07
● 相關課程：計量經濟學、金融工程、投資銀行學、統計學、財務報表分析、風險管理等			
● 績點成績：3.7/4.0，國家獎學金（2%）、優秀學生幹部（2%）、×× 國際獎學金（3%）			
金嘉大學	商學院 暑期金融精英培訓		2013.07
● 接受商學院金融分析相關培訓，包括資產管理等課程，運用 Bloomberg 通過小組合作完成股票投資組合設計，並代表小組進行展示			

評價：很多本科求職者都有這樣的困惑，如果教育背景只有一個 ×× 大學本科的話，內容會略顯薄弱。而案例引用的簡歷也來自一位本科生，只是按照同樣的格式補充了一個名校的暑期培訓課程。這樣就會帶來比較充實的視覺效果，至少會讓 HR 覺得該求職者比一般的本科生經歷更為豐富。所以，如果本科生求職者希望充實自己的學歷，平時可以多爭取一些含金量高的培訓機會。

表 9-4　深造學校若已確定，簡歷中可寫上「已錄取」

教育背景		
金嘉大學 商學院		
● 已錄取，理學碩士，擬於二〇一七年畢業，專業：投資管理		2015.08—2017.06
金嘉大學 經濟學院		2011.09—2015.06
● 經濟學學士，擬於二〇一五年畢業，專業：金融工程		综合 GPA：3.03/4.0
榮譽：一等獎學金（10%），學術創新獎學金（10%），三好學生（8%），專業 GPA：3.80/4.0		
項目：基於 Black-Scholes 模型，對多種奇異期權進行定價		
基於 Nelson-Siegel 等模型，構建中國無風險利率期限結構，並進行多因子分析		

評價：這個正面案例本科生也可以借鑑來豐富簡歷，類似這種情況一般可用於大四畢業的實習申請。一個階段的學習暫時告一段落且有深造打算的實習生是相對受歡迎的，備註說明已經申請上的學校，可以幫助求職者提前以準研究生的身分突破券商等金融機構的招收門檻，同時也體現了求職者將擁有比較完整充足的實習時間。

表 9-5　簡歷中未正確利用好實習交流的經歷

海外學習經歷
● 二○一四年八月　赴 ×× 大學短期交流學習　接受 ×× 大學教授課程培訓，包括金融、會計、市場營銷等課程
對現代國際金融、國際金融市場有了更深層次的瞭解，走訪香港各個名企。期間帶領團隊參加未來星商業計畫書比賽，獲得最佳展示獎

評價：這也是一位本科生的簡歷，另開一欄單獨寫其交流學習的經歷，估計本意是為了突出這一塊，但內容太過樸實，寫的是赴 ×× 大學交流學習並且很老實地註明了「短期」。雖然是一個很好的經歷，但明顯沒有利用好。如果教育背景和海外學習經歷都只有一段話，不如合為一欄，在簡歷中可呈現出更充實的整體效果。

表 9-6　簡歷中教育背景占據篇幅太大

教育背景			
2013.09—2016.06	金嘉大學	經濟學院金融學碩士	A 國
● 專業排名: 5/50; 曾獲得校級三好學生 ● 主修課程: 高級公司金融（英語）、資產管理、高級計量經濟學、高級微觀經濟學、會計學、高級宏觀經濟學、金融工程			
2014.09—2015.02	×× 大學	交換學習	B 國
2009.09—2013.06	×× 大学	高級金融實驗班	C 國

續表

教育背景
● 成績：4.1/5.0；專業排名：2/104；獲得國家獎學金一次、校級甲等獎學金一次、校級乙等獎學金一次、社會實踐獎學金一次、國家助學金一次 ● 主修課程：公司金融、會計學、金融工程、金融市場與金融機構、投資學、高級微觀經濟學、高級宏觀經濟學、高級計量經濟學

評價： 顯而易見，該同學非常優秀，教育背景尤為充實。但是把所有的學習經歷都一一列舉，會擠占簡歷很大的篇幅，影響其他板塊的內容展開。所以建議當主修的學歷背景已足夠優秀時，可在有限的篇幅內選擇時間最長及表現最出色的經歷，放棄無法添彩的內容。

3. 實習實踐經歷

實習實踐經歷是整個簡歷中最核心、最重要的部分，可以體現出求職者的職業規畫、工作職責及學習程度等內容，所以這也是 HR 最為關注的部分。一般而言，該板塊會占去簡歷很大的篇幅，實習工作經驗越豐富則占比越大。尤其對於在職人士來說，其他內容都可以淡化，唯獨該板塊的內容需多加重視。

在製作該部分內容時，應懂得把握一個原則——相關性。比如應聘研究型的工作，應重點突出個人科研經歷，簡歷中需重點呈現個人研究成果等內容；如果應聘投行類工作，則應重點突出個人財務和法律類工作經歷，而且經歷選取 2~4 段為宜，著重體現自己豐富的成果。

製作本部分內容時，還應注意以下三點。

★採用倒敘方式列出實習實踐經歷，具體包括實習起止時間、公司名稱、職務、具體工作內容（職責、收穫、成果等）。

★具體工作內容建議詳細展開，切記避免過於空洞的內容，盡量用短句表達，分點陳述，可將重點內容加粗強調。

★如果實習經歷不夠，可使用學生工作補充，應通過學生工作來突出自己的

領導力、團隊協作能力等，而無須過多描述瑣碎任務。該部分的核心是向 HR 展示自己豐富的經歷與能力。

下面結合正、反面案例（見表 9-7 至表 9-16）對該部分可能出現的問題進行說明。

表 9-7　實習經驗不夠，用學生工作補充同樣可以在簡歷中表現出亮點

在校工作經歷			
2013.09—2014.01	金嘉大學創業俱樂部	主席	××
	● 帶領 6 人團隊舉辦 2 次宣講會，每次逾 80 名觀眾，最終 106 名學生報名參加項目，在全國 56 所高校中排名第一 ● 獲得再調研 ×× 項目領隊資格		
2012.09—2013.06	金嘉大學金融學院學報編輯部	編輯部主任	××
	共設計 6 期雜誌封面、封底以及內容的排版，獲得一致好評 開展雜誌的線上宣傳以及推廣工作，人人主頁訪問量增加 3 萬		
2011.09—2012.06	金嘉大學學生會	組織部部長	××
	帶領 4 人團隊組織 2 期文化沙龍中外學生交流活動，取得良好反響 與留學生合作舉辦 1 次萬聖節活動、1 次化裝舞會		

評價：案例中對學生工作的展開運用了很多量化的描述，以客觀數字加強說服力，突出了領導力。

表 9-8　簡歷中「金融小夥伴」的經歷也很精彩

項目實踐		
2015.01—2015.08	「金融小夥伴」金嘉全資訊	線上推廣負責人
● 每日原創及推送金融行業專業熱點剖析、求職技巧、實習日報等資訊 5 篇；負責選取素材，持續關注流行熱點話題並策劃相關內容，同時分析新媒體發展，及時優化工作流程和方式；負責編輯和美工，負責「萬人系列講座」等活動的宣傳和推廣；與團隊成員共同努力使微信公眾號關注量從 10 萬漲到 16 萬； ● 負責線下活動的推廣和組織，已負責舉辦「北京百人酒會」等 5 次活動，邀請到近 20 位金融業內前輩參與分享，參加人數達到 300 人以上。		

評價：實習單位不一定要多麼高大上，只要是自己親身經歷，確實從中學習了知識，掌握了實用技能，一樣可以成為簡歷中的亮點部分。

表 9-9　只寫明崗位名稱，未細述工作內容

2015 年 7 月—2015 年 11 月	銀行 ×× 支行	大堂經理

評價：每一段經歷都有值得挖掘的地方，大堂經理的崗位也可以用量化數據和事實來描述，比如每天服務多少客戶、解決多少問題、獲得怎樣的評價、參與哪些工作協助等，一定要懂得挖掘每一份實習的價值。

表 9-10　有經歷，但簡歷中缺少好的表述（一）

實習經歷	
• 2014.07—2014.08	A 商業銀行分行個人金融部，利用 Excel 等數據分析統計軟件完成 ×× 商業銀行第二季度考核，評估二季度銀行考核工作
• 2014.02—2014.06	B 基金管理有限責任公司，接受公司金融知識培訓，期間學會基金淨值計算、宏觀市場分析等知識，協助公司在村裡開展業務，並去銀行和券商進行基金開戶工作，熟悉基金開戶流程

評價：作為一名本科生，該求職者實習的單位及部門相對來說已經非常好了。但可能因為資歷尚淺，並沒有深入參與公司的具體項目或業務，對基金公司的經歷描寫的更多是學到了什麼，而不是做了什麼，其實更應該突出在實際工作中承擔了哪些職責，比如，引進了多少業務、開了多少戶。

表 9-11　有經歷，但簡歷中缺少好的表述（二）

工作經歷		
2015.03 至今	A 證券公司的資產管理分公司	實習生
• 協助進行資管類項目盡職調查報告的撰寫		
• 負責資管類項目的對接與執行落實		

續表

工作經歷		
2014.10—2014.12	B 證券資本市場部	實習生
<ul><li>協助製作債券申報發行及銷售的相關材料</li><li>債券市場的數據收集、分析及整理</li></ul>		
2013.08—2014.05	C 證券營業部	理財規畫師
<ul><li>負責客戶市場的開發維護以及公司產品的銷售和推廣</li><li>為客戶制定資產配置方案，提供投資建議，滿足客戶的理財需求</li></ul>		

評價: 這位求職者所實習的單位是券商資產管理及資本市場部，都屬於券商較為核心的部門。但其所描述的工作內容太過平淡，並未體現出核心崗位的含金量以及自身的能力。

綜上，對於優質單位的實習經驗描述，求職者可利用對這些公司部門的認識，描述一些或許未必真正參與進去但是瞭解較多的事情，對簡歷內容適當昇華。建議在網上搜尋相關崗位的全職或實習招聘要求，這些多由在職人員編寫，語言比較精煉專業，求職者可以將其整合進自己的工作描述中。

這裡，以另一個資管部門實習生的簡歷作為正面案例，供大家對比參考，取長補短。

表 9-12　簡歷中突出資管部門實習經歷

2013.11 至今	A 資產管理有限公司（B 基金子公司）: 類信託與投行業務	項目助理
<ul><li>協助與銀、證、信、保、資管等金融同業資金及項目合作開發通道及主動管理業務；</li><li>協助融資項目跟進、盡調以及項目談判等，擬投項目的分析和評估，交易結構設計，投後管理；擬制及修改各種業務相關合同；</li><li>為客戶研究及設計結構化融資方案，包括地產、政府平台、股票質押、定增、資產證券化、不良資產等；</li><li>協助運用專項資管計畫設立併購基金形式開展股權投資、併購等各類資本市場業務。</li></ul>		

再給出四個反面案例（見表 9-13 至表 9-16）。

表 9-13 簡歷中的描述令人看不懂

2015.01.19—2015.03.13	安永華明會計師事務所	審計員
參與 M 項目的審計工作：進行 C、M、S 底稿的編制；利用 SAP 系統查詢 M 項目的記賬明細，並對其中的差異做出調整；整理重分類供應商合同，並統計其中的折扣和返利信息；控制銀行詢證函、對賬單、對賬函和授信協議；運用 ×× Analysis 進行 JE testing；幫助修改 SRM 以及覆核報告中的數值計算是否正確等。		

評價：案例中很多的英文縮寫並不一定所有人都能看懂，沒有事務所工作經歷的 HR 可能對 C、M、S 底稿是什麼意思完全不知道。注意要用深入淺出的語言，不僅要讓專業人士認可，也要讓 HR 看懂，否則簡歷的印象分會大減。

表 9-14 日常無彩瑣碎難登大雅的簡歷（一）

C 國 ×× 分部	公司金融部
● 獨立對 2 家授信客戶進行初步的財務分析，查找客戶的信用資料，研究客戶需求； ● 整理貸款審批表和相關信用報告，並將客戶信息、信貸額度、信用等級等信息輸入系統； ● 協助經理外出到各個相關合作企業傳遞資料，與企業保持聯繫或者與潛在客戶建立長久的親密關係。	

評價：輸入系統這種雜事沒有太大價值，不必體現在簡歷中，應多挖掘亮點，雜事寫得多會使 HR 認為求職者的這份經歷意義不大。

表 9-15 日常無彩瑣碎難登大雅的簡歷（二）

刷過 3 次全體宿舍，貼過無數海報

評價：發傳單貼海報等沒有技術含量的雜事不用寫在簡歷中，寫瑣碎之事會遮蓋實踐經歷的真正意義，也無法體現出求職者的個人價值，切忌在簡歷中出現此類內容。

表 9-16　日常無彩瑣碎難登大雅的簡歷（三）

金嘉大學第三醫院	崗位：實習生	2013.06—2014.05
職責： 1. 幫助護士長及護理部收集、整理並分析臨床數據和資料，開展個案調查和臨床研究，期間協助護士長完成 2 篇個案論文，分別關於橫紋肌溶解和腎癌合併腹膜後副神經節瘤，同時參與中華護理學會二〇一三年第三屆護理學術年會的籌辦； 2. 做病房護理人員的基本操作，如搶救、配藥、打針、抽血、化驗、做心電圖等； 3. 整理病人及護理人員資料，錄入系統，分析數據，並作相關報告，如甲狀腺腫瘤的護理、消化道出血的護理、護理人員盡職調查報告、護患溝通報告。		

評價： 如果投遞的是金融類的崗位，可以通過這個實習展現對醫學行業的瞭解程度，指出其對研究分析醫藥行業有所幫助，而非描述那些與求職崗位無關的具體工作細節。

這些反面案例告誡求職者應該多挖掘實習工作中的亮點，並體現出與目標崗位的契合點，讓實習經歷變得錦上添花而非畫蛇添足。

4. 技能和證書

突出的技能和證書也是簡歷的一大亮點部分，如果沒有優秀的學歷背景和亮眼的實習經歷，那麼更要重視技能和證書部分的撰寫，這裡是彌補求職者實習經歷缺陷的部分，也是值得好好發揮和拓展的地方。

撰寫時請注意以下三點：

★技能、證書部分最好分類列示，建議可分為計算機能力、英語能力、職業證書等內容。

★將重點、突出的技能、證書寫在前面，可使用加粗來重點強調。若英語四、六級成績很高可標注具體分數，低分飄過者突出已獲證書即可。

★請至少寫一點和目標崗位相關的內容，突出專業水準，並且最好為相關的專業問題做好準備。下面結合正、反面案例（見表 9-17 至表 9-20）對該部分可能出現的問題進行說明。

表 9-17　簡歷中根據具體崗位列示契合技能

常用軟件	熟練掌握 Microsoft Office、Matlab、Stata、Python 等
數據庫	熟練使用 Bloomberg、Wind、CSMAR、RESSET、CEIC
職業認證	CFA(特許金融分析師) 三級候選人，證券從業資格
英語水平	流利，六級（560 分）

評價：案例求職者的目標單位為券商研究所，其所列軟件、數據庫及職業認證都是一個研究員所需的重要技能。從該欄內容招聘方也可清楚看出求職者的求職意向及職業規畫，能知曉求職者是否真的適合該崗位。所以盡量讓自己的技能投其所好至關重要。

表 9-18　簡歷中納入其他信息，全面綜合展示

其他信息
● 已通過註冊會計師考試（CPA）財務管理科目；已通過證券從業資格考試
● 巴黎銀行 ACEManager 挑戰賽，全球排名：42/3453
● 英語：CET-6:574,TOEFL:99/120；全國大學生英語競賽三等獎；碩士期間全英文授課
● 計算機：熟練使用 Wind,Bloomberg,Microsoft 辦公軟件；通過國家計算機二級考試
● 擅長聲樂、舞蹈、主持、羽毛球等，×× 大學十佳歌手，金嘉大學舞蹈團、禮儀隊成員

技能與興趣	
英語能力	全國大學英語六級考試 629/710，全國大學英語四級考試 614/710，托福考試 91/120
計算機能力	熟練掌握 Excel,Powerpoint,Photoshop,Flash 等軟件，可簡單操作 Matlab,SPSS 等
資格證書	獲得證券從業資格，已通過基礎和交易兩門考試
其他特長	擅長中英文寫作，乒乓球，檯球等

評價：將資格證書與愛好特長放在一起，全方位體現一個人的整體素質也是可取的。不會讓愛好特長的內容顯得過於單一，也可以讓 HR 一覽除了學習、實習之外的所有其他能力，容易產生好感。

表 9-19　浪費篇幅

	二〇一五年六月 通過大學英語四級考試
	二〇一六年六月 通過大學英語六級考試
	二〇一六年八月 通過全國計算機等級考試，獲得二級合格證書
專業技能	通過證券從業資格考試
	熟練使用 office 軟件
	掌握同花順等軟件基本操作

評論：用大量篇幅描述英語四、六級和其他的一般性考試，實際上沒有任何可讀性。看似想充實簡歷，但一讀便知乾貨太少，應當適當縮減篇幅，關於何時取得相關證書可以不體現在簡歷中。

表 9-20　亮點未突出

職業技能	
英語能力	雅思 7 分，通過大學英語四六級，英語聽說讀寫能力較好，可以閱覽英文文獻
計算機能力	熟練使用 office 等辦公軟件，以及 Eviews，SPSS 等統計軟件，有一定數據分析能力

評價：案例過於平鋪直敘，沒有凸顯亮點。上述案例中「雅思 7 分」已經很優秀了，但後面的敘述內容常人即可做到，應該更完美地去詮釋所擁有的成績，比如可用時間量化出英語閱讀速度很快，也可量化詞彙量來展示強大的英語能力。

5. 特長愛好

許多金融求職者可能不太重視該部分，其實這部分也可以成為簡歷的加分項。樂器、舞蹈、體育等才藝不僅能體現一個人的綜合素質，也可以從側面反映求職者的生活狀態和性格。

下面對該部分可能出現的正、反面案例（見表 9-21 和表 9-22）進行列示。

表 9-21　突出特長

個人愛好
排球（「新生杯」排球賽季軍、「新生杯」排球賽四強）、乒乓球、跑步； 讀書，尤其是經濟、財經類書籍或文章

評價：有體育愛好，喜歡讀書，這些都是簡歷的加分項。

表 9-22　口號型、哲學型內容太多

自我鑑定
我是一名積極向上、自立自強的大學生。要做事，先做人。我信奉的人生信條是：既成人，又成才！

其他
生活哲學：「青春在於折騰」；喜歡接受挑戰；能吃苦耐勞，能接受出差、加班等工作，可以全職；熱愛學習

評價： 案例中的說法過於虛浮，不如真誠地說一些自己的特長及愛好，力求反映真實情況。

簡歷製作的總結及模板

　　一份精美的簡歷，可以讓 HR 看得更為舒心，更全面地瞭解求職者。其實，優秀的簡歷不是做出來的，而是改出來的。當求職者的經歷漸長，再回頭看自己的簡歷時，會覺得可以改動的地方很多，包括新經歷的挖掘以及用詞的成熟等。一份優秀的求職簡歷就等於成功了一半，希望每一個求職者學習完此部分內容後都能精心修改個人簡歷。

　　下面展示幾份優秀簡歷模板（見圖 9-1 至圖 9-3）供大家參考。[1]

---

[1] 讀者如果需要更加周到的簡歷服務，可隨時聯繫金融小夥伴職業發展團隊，添加求職+（jrxhbresume01）微信獲取服務。

1. 模板参考一

金 少

中共党员 | +(86)130 0000 0000 jjrxhb@126.com

教育背景

2014.09-2016.06	**金嘉大学**　　　　**经济学院—数量经济学专业**	**经济**

- 相关课程：中级计量经济学、应用统计分析、金融计量学
- 金家大学经济学院研究生优秀奖学金（10%）

2010.09-2014.06	**金融小伙伴大学**　　　　**经济学院—风险管理与保险专业**	**经济**

- 平均分89分（GPA3.6）
- 相关课程：微观经济学（99分）、宏观经济学（89分）、财务管理、EXCEL 财务分析
- **"永旺"奖学金（1%）**、连续两年国家励志奖学金（5%）、连续三年国家一等助学金（5%）
- 金融小伙伴大学"社团积极分子"、金家大学黄埔团校**"优秀学员"**

实习经历

2015.07-2015.09　　**A 证券有限责任公司**　　　　　　　　　**投资银行部-并购组**

- 参与 L 公司 2015 年度非公开发行股票项目，主要参与项目前期尽调、非公开发行预案募投项目以及尽调报告的撰写，同时负责制作项目底稿。
- 参与 G 企业 2015 年度非公开发行股票项目，参与项目尽调报告的撰写以及项目底稿的整理。
- 参与 A 证券完整投行培训，涉及**并购、股权融资、债券融资、资本市场**等投行各类业务。

2015.03-2015.06　　**B 证券股份有限公司**　　　　　　　　　**投资银行部**

- **参与新三板第一家阳光私募企业 K 企业定向增发项目**，负责制作路演材料，并参与路演全程。
- **参与天津 XX 电气集团新三板上市项目**，参与尽职调查、高管访谈、存货盘点，撰写尽职调查报告以及股份转让说明书。
- 参与某高新材料技术有限公司 IPO 过会阶段，负责反馈意见中车辆测算部分内容。

2014.05-2014.09　　**C 证券股份有限公司**　　　　　　　　　**投资银行部**

- 参与 M 公司配套融资项目的路演过程，负责推介会问题整理以及协调路演行程；同时负责撰写路演材料，分析客户公司投资亮点。
- 参与 N 企业优先股项目，负责修改项目建议书，分析公司经营状况和财务指标，并参与设计优先股发行方案。

2013.10-2014.01　　**D 国际咨询公司**　　　　　　　　　　　**通讯市场组**

- 参与《中国某运营商终端公司终端市场趋势研究项目建议书》，分析全球终端发展现状趋势并与国内运营商策略进行比较，同时就 LTE 以及可穿戴设备进行专题分析。

2013.09-2013.10　　**F 科技营运中心**　　　　　　　　　　　**银行营运部**

- 参与整合接近 1000 家某银行客户财务报表，编排至人民银行非接口报文生成系统。

社会实践

2014.12 至今　　**大型金融组织"金融小伙伴"**　　　　　　　**线上讲座负责人**

- 统领负责讲座团队全部活动，邀请金融行业已经从业的精英校友，举办了超过 20 场在线讲座，参与人数累计超过 15000 人次，讲座内容涵盖金融实务信息与经验心得。
- 主导两大规模行业培训，累计培训人次超过 200 人。邀请多名具有多年工作经验的投行从业人员担任讲师，负责制作并完善全部课程 ppt，学员反馈热烈。

2013.11-2014.11　　**领路人基金会校友导师计划**　　　　　　**学生工作组负责**

- 参与聘请优秀校友担任职业发展导师，共为 96 名同学与 44 位导师建立联系，完成了从文章导读到就业指导再到实习保持良好关系的一系列过程，与各校友均保持良好关系。
- 在导师计划第一期总结大会上，**代表全体学员对第一期导师计划进行总结**，与会人员包含校友及同窗逾 400 人。

2012.09-2013.09　　**金嘉大学平安金鹰俱乐部**　　　　　　　**理事会会长**

- 金融小伙伴大学"模拟商务酒会"：参与人次超过 100 人，邀请各社团负责人并聘请专业的培训老师进行公关礼仪的培训，在各社团间反响强烈。
- 金家大学"营销实践大赛"：组织全校范围内进行营销比赛，共 5 支队伍参与比赛，共获得超过 20000 元销售收入。

专业技能

语言：	英语（流利）**托业英语考试：945 分**、英语四级(CET-4)、六级(CET-6)通过
计算机：	熟练使用 Microsoft 办公软件、VisualFox Pro 数据库、Matlab，**熟练使用 WIND**
技能：	**证券从业资格考试、参加注册会计师考试会计、财管科目，熟悉财务报表分析**
	熟悉投行工作流程以及公开发行预案、尽调报告等各类材料、熟悉新三板上市流程
兴趣爱好：	金嘉大学经济学院**羽毛球**比赛男单 8 强、天津市大学生**台球**比赛 8 强、**篮球**、乒乓球

圖 9-1　簡歷模板一

2. 模板參考二

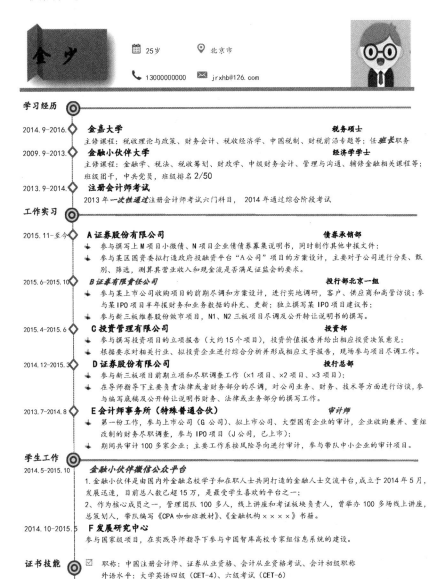

金 少

📅 25岁　　📍 北京市

📞 13000000000　　✉ jrxhb@126.com

学习经历

2014.9-2016.　**金嘉大学**　　　　　　　　　　　**税务硕士**
主修课程：税收理论与政策、财务会计、税收经济学、中国税制、财税前沿专题等；任**班长**职务

2009.9-2013.　**金融小伙伴大学**　　　　　　　　**经济学学士**
主修课程：金融学、税法、税收筹划、财政学、中级财务会计、管理与沟通、辅修金融相关课程等；
班级团干，中共党员，班级排名2/50

2013.9-2014.　**注册会计师考试**
2013年**一次性通过**注册会计师考试六门科目， 2014年通过综合阶段考试

工作实习

2015.11-至今　**A证券股份有限公司**　　　　　　**债券承销部**
- 参与撰写上M项目小微债、N项目企业债债券募集说明书，同时制作其他申报文件；
- 参与某区国资委拟打造政府投融资平台"A公司"项目的方案设计，主要对子公司进行分类、甄别、筛选，测算其营业收入和现金流是否满足证监会的要求。

2015.6-2015.10　**B证券有限责任公司**　　　　　　**投行部北京一组**
- 参与某上市公司收购项目的前期尽调和方案设计，进行实地调研，客户、供应商和高管访谈；参与某IPO项目半年报财务和业务数据的补充、更新；独立撰写某IPO项目建议书；
- 参与新三板维赛股份做市项目，N1、N2三板项目尽调及公开转让说明书的撰写。

2015.4-2015.6　**C投资管理有限公司**　　　　　　**投资部**
- 参与撰写投资项目的立项报告（大约15个项目），投资价值报告并给出相应投资决策意见；
- 根据要求对相关行业、拟投资企业进行综合分析并形成相应文字报告，现场参与项目尽调工作。

2014.12-2015.3　**D证券股份有限公司**　　　　　　**投行总部**
- 参与新三板项目前期立项和尽职调查工作（×1项目、×2项目、×3项目）；
- 在导师指导下主要负责法律或者财务部分的尽调，对公司业务、财务、技术等方面进行访谈，参与编写底稿及公开转让说明书财务、法律或业务部分的撰写工作。

2013.7-2014.8　**E会计师事务所（特殊普通合伙）**　　　**审计师**
- 第一份工作，参与上市公司（G公司）、拟上市公司、大型国有企业的审计，企业收购兼并、重组改制的财务尽职调查，参与IPO项目（J公司，已上市）；
- 期间共审计100多家企业；主要工作按风险导向进行审计，参与带队中小企业的审计项目。

学生工作

2014.5-2015.10　**金融小伙伴微信公众平台**
1. 金融小伙伴是由国内外金融名校学子和在职人士共同打造的金融人士交流平台，成立于2014年5月，发展迅速，目前总人数已超15万，是最受学生喜欢的平台之一；
2. 作为核心成员之一，管理团队100多人，线上讲座和考证板块负责人，曾举办100多场线上讲座，总策划人，带队编写《CPA咖咖班教材》、《金融机构××××》书籍。

2014.10-2015.5　**F发展研究中心**
参与国家级项目，在实践导师指导下参与中国智库高校专家组信息系统的建设。

证书技能
- ☑ 职称：中国注册会计师、证券从业资格、会计从业资格考试、会计初级职称
  外语水平：大学英语四级（CET-4）、六级考试（CET-6）
- ☑ 计算机水平：全国计算机二级、熟练掌握word, excel等办公软件、熟练运用Wind等软件
- ☑ 荣誉：学习进步奖、学习优秀二等奖、学习优秀一等奖、税务精英大赛二等奖、优秀研究生

圖 9-2　簡歷模板二

3. 模板参考三

金 少

➤ 住址：××市大学城东路 000 号 邮箱：jrxhb2014@126.com
➤ **求职意向：A 证券 M 计划培训生** 电话：+86 13000000000

教育背景

| 2013.9-2016.3 | 金嘉大学 | 生物医学工程 | 硕士 |

➤ GPA：3.50/5，2014 年获得一等奖学金（50%），毕业论文：3D 打印双网络水凝胶支架。
➤ 课程：生物材料表面功能化 97，现代医学仪器设计 96，生物医学材料 87，数学建模与数学实验 75 等；专业相关标的：冠昊生物、蓝光发展、光韵达、海源机械等。

| 2008.9-2012.6 | 金融大学 | 高分子材料与工程 | 学士 |

➤ 2010 年获国家奖学金（3/860）；专业相关标的：金发科技，佛塑科技，伟星新材，康得新等。

实习与工作

| 2015.1-2015.7 | A 证券发展研究中心 | 医药生物行业 | 研究助理 |

➤ 分析医药行业现状和趋势，梳理行业逻辑，整理分析招中标、免疫、医保、药品等数据数次；
➤ 跟踪医药生物行业 208 家上市公司，撰写医药行业日周月报送 100 份以上，制作调研纪要 10 份以上；重点研究医药商业、体外诊断试剂和化学药子领域，形成研究报告和行业逻辑体系。
➤ 独立撰写行业和公司报告 5 份，业绩点评报告 3 份，包括《XX 生物》、《XX 医药》、《XX 医学》等深度报告及《XX 股份》和《X 康医药》等业绩点评。

| 2015.7-2015.10 | B 证券研究所 | 医药生物行业 | 研究助理 |

➤ 分析医药行业热点和政策，制作日、周报 20 次以上，制作深度会议纪要多份，运营公司专业公众号--广证恒生行业研究；参与葵花药业等企业调研，接待公司高管，组织葵花药业投资者交流会。
➤ 独立撰写《××生物》和《××生化》等调研报告；立足儿童大健康主线，寻找行业独特视角，形成行业观点和推荐逻辑，独立撰写《疫苗》和《儿童医院》深度报告。

| 2014.7-2014.10 | C 产业投资基金 | 投研部 | 研究助理 |

➤ 分析医药、文化传媒、环保等行业数据数次，撰写数据分析报告；进行企业调研和投资决策分析，形成《广东××》、《××网》等投资研究报告。
➤ 独立完成《×××》、《×××》、《××环保》、《××××》、《×××》等行业、公司和专题研究报告 5 份以上，研究基金合作方案，进行集团内部路演。

| 2012.7-2013.8 | D 光学（广州） | 工艺工程部 | 助理工程师 |

➤ 职责：管理加硬部门，研究视光学技术，镜片生产流程及工艺，开发、完善和导入新产品工艺等；
➤ 成果：××镜片新工艺项目提前 1/3 完成；研究解决工艺和机器故障 50 次以上，解决 95%以上客户问题；研究优化公司生产体系，提出 5 项以上精益提案，为公司节约成本万元以上。

校园经历

| 2014.6-2015.10 | 金融小伙伴 | 大型金融交流平台 | 负责人 |

➤ 创建与运营新媒体平台：包括微信公众号（关注量 15 万+）、研究员微信群，行研专业网站等。
➤ 独立或参与运营金融行业微信公众号达 1 年以上，参与设计和运营旗下行研专业网站，作为负责人开办了三期《行业研究》培训课程，为团队带来收入 10 万+。

| 2014.6-2015.4 | 金家大学研究生会 | 文娱部 | 部长 |

➤ 作为策划人之一与学校、研会内部进行沟通和对接，组织策划数场校级文体活动，如"唱响华园"大型歌唱比赛，观看人数达 5000 人以上；"哔"不插电音乐节活动参加人数达 1000 人以上。

技能和自我评价

➤ **金融技能：使用 Wind、Bloomberg、迈博汇金等数据库 1 年以上；**证券从业（基础和交易），Visual Foxpro 二级、熟练使用 MS Office 办公软件，考过 CPA。
➤ **语言能力：**英语六级（543 分），普通话二级，研究生阶段阅读英文文章 300 篇以上。
➤ **自我评价：专注（专注于研究）**，分析能力（三份以上研究岗实习），爱好运动（篮球、骑行），创造力（金融小伙伴），勤奋踏实（3 年辅导员助理），热爱二级市场（接触股票 3 年）。

圖 9-3　簡歷模板三

求職信：與僱主的首次半正式對話

求職信的作用

求職信的用處到底有多大？很多人對比一直抱以懷疑的態度。也許求職信不能起到雪中送炭的作用，但可以使 HR 看見求職者的真誠態度。前文已經提及，簡歷的目的更多是為求職者爭取一個面試機會，而求職信的主要功能就在於讓 HR 更認真地去看簡歷，並瞭解到一些簡歷沒有體現的內容，增加獲取面談的機會。和簡歷的不同之處在於，求職信是換了一種方式去和 HR 做積極的半正式溝通，是對求職者個性的一個全面展示，進而使對方瞭解自己認真的態度。從某種程度上說，它比簡歷還要重要。

人們常常把求職信看作求職的一個簡單禮節，其實這是不對的。求職信很可能是求職者和未來僱主的首次對話，在求職信裡應當做自我介紹、說明求職原因以及說明簡歷中特別的亮點或解釋個別問題。它是一個簡短的單方會話。

關於求職信的重要性最典型的例子是老羅英語培訓學校創始人羅永浩早期應聘新東方的萬字求職信，相信每一個看過那封求職信的人都會被信中真誠的語言、堅持不懈的努力所感動，字裡行間無不閃爍著青春、夢想、激情和汗水。雖然那時候的他僅僅高中畢業，沒有上過大學，但是他還是勇敢地挑戰自己，做到了常人看來不可能做到的事情。以下簡單選取該求職信的部分內容供求職者參考：

「俞校長您好：

我先對照一下新東方最新的招聘要求：

1. 有很強的英語水平，英語發音標準——英語水平還好，發音非常標準，我得承認比王強老師的發音差一點。很多發音恐怖的人（宋昊、陳聖元之流）也可

以是新東方的品牌教師，我不知道為什麼要要求這一條，儘管我沒這方面的問題。

2. 大學本科或以上學歷，英語專業者優先——真不喜歡這麼勢利的條件，這本來應該是 ×× 之流的公司的要求。

3. 有過考 TOEFL、GRE 的經驗——GRE 考過兩次。

4. 有教學經驗者，尤其是教過以上科目者優先——教過後來被國家明令禁止的傳銷課，半年。

5. 口齒伶俐，中文表達能力強，普通話標準——豈止伶俐，簡直凌厲，普通話十分標準，除了對捲舌音不太在意（如果在意，平舌音也會發錯，所以兩害相衡取其輕）。

6. 具備較強的幽默感，上課能生動活潑——我會讓他們開心。

7. 具備較強的人生和科學知識，上課能旁徵博引——除了陳聖元，我在新東方上過課的老師（××、×××、×××）都和文盲差不多，當然他們還小。說到底，陳聖元的全部知識也只是在於讓人看不出他沒有知識而已。

8. 具備現代思想和鼓動能力，能引導學員為前途奮鬥——新東方的學員是最合作，最容易被鼓動的，因為他們來上課的最大目的就是接受鼓動，這個沒有問題。

9. 年齡在 40 歲以下——28 歲。

下面是我的簡歷或是自述……」

這裡並不是鼓勵求職者學老羅搞特立獨行，但可以很明顯地看到老羅求職信中的可取之處，開篇即以具體崗位招聘要求和自身條件做對比，告訴 HR 你的要求我其實都滿足，你有什麼理由不要我？

因此，建議每一個金融求職者在求職前認真思考，結合個人經歷和職業發展規畫，寫一封適合自己、突出個人特色的求職信，大約 500 字即可，切忌去網上抄襲千篇一律的模板。

撰寫求職信的要點

如前所述，求職信要寫得盡量完美，任何細小的疏忽都可能會讓求職者失去進入下一輪的機會。以下是關於撰寫求職信過程中需要注意的要點。

◆ 不要一封求職信走天下

杜絕萬金油式的求職信。如前所述，切不可一份簡歷投遞所有的崗位，求職信更加如此。對於不同崗位，求職信的差異程度甚至比簡歷更高，因為求職信在表達方式上比簡歷更為靈活，更個人化。

求職信本質上是展現亮點、誠意以及自己與目標崗位契合度的一封信，如果通篇都是套用的「俗話」，會使得 HR 認為這份工作對求職者而言沒那麼重要，因此花時間、費心思寫一封令人賞心悅目的求職信非常必要。

◆ 恰當安排篇幅

需要謹記，HR 可能連簡歷都沒時間多看幾眼，更何況滿是文字的求職信，所以，求職信要寫得簡明扼要。「少即是多」雖然已是陳詞濫調，但對寫求職信依然非常適用，特別是針對金融類的崗位，通常兩到三個小段即可，說說為何對這個職位感興趣、為什麼認為自己能夠勝任，以及自己具備哪些獨特品質和經驗。求職信要言簡意賅，只寫與背景相關、符合職位需求、最為切題的細節。

◆ 充分展示亮點

求職信要力求用最短的語句，充分表達想展示的亮點。比如專業很契合，通過了多門 CPA 考試，或者曾獲得了巨大的榮譽等，這些信息可以在求職信中開門見山地說出來。

求職信是向 HR 展現自身亮點，以及表明自己將如何有助於公司的絕佳機會。只有求職信裡展示的亮點足夠多，才會增加 HR 看簡歷的專注度和時間，甚至看完求職信之後就決定錄用都有可能。

◆ 站在對方的角度寫

另外，求職信和簡歷一樣，是給 HR 看的，不是給自己看的。對於求職者本人來說，這是一個向 HR 展示自我的絕佳機會。但光是空泛的自我吹噓是沒有價值的，求職信中的每一句話，都要盡量符合 HR 心目中合格候選人的特質。

◆ 職業格式

注意書寫職業書信的格式和字體，具體的語言表達規範與否等。比如說求職信開頭，如果不知道如何稱呼對方，一些常用語可以使用，從而巧妙應付並不知道收信人的相關情況這一事實。如敬啟者、先生 / 女士、前輩，也可以用早上好、下午好等作為開頭。

與簡歷不同，求職信在靈活性方面給求職者留出了很大的空間。所以成功的求職信可以不拘泥於格式，但仍必須注意書寫的規範並表現出專業度。

求職信的具體內容

求職信的主要內容包括以下三個方面：

第一段，告訴 HR 為什麼聯繫他們以及是通過什麼渠道知道這個職位的。這一陳述應該迅捷、簡單而不突兀。之後，用一行簡單的描述性話語使 HR 對自己有個大概瞭解，簡練即可，不要假大空地描述自己的職業理想等。具體可介紹個人信息，如 ×× 大學 ×× 專業研究生，於 201× 年畢業……其他亮點也可以一句話闡述，如應聘投行崗位時，在求職信中就應該描述 HR 最想看到的核心信息，如「通過了司考 /CPA 考試，在 ×× 券商投行 / 律所 / 會計師事務所經歷了 ×× 時間的實習，曾參與 ×× 項目」。

第二段，簡要地說明為什麼適合應聘崗位，這一段是整個求職信的關鍵所在。在這一段中要告訴 HR，基於自己以前的具體表現，可以勝任甚至在將來的工作崗位上有優異表現。可以考慮採取對比法，即把招聘要求中的每一條都找出來，同時列出自己的條件以驗證自己和職位的匹配度。

第三段，表明對所投公司的傾慕之情及希望得到面試機會。可以用一句話恰到好處地表達對公司的成就、歷史、地位、產品或領導的尊崇，同時表達真的很想加入，謙虛誠懇，不卑不亢。企業需要的是願意與其共同成長進步、真心實意為公司發展做出貢獻的員工，表忠心某種程度上也是加深印象的好策略。最後可以「希望能得到面試的機會」，以及自己的聯繫方式（電話及郵箱）結尾。

求職信範例

下面提供幾篇優秀的求職信範例以供參考。

【範文一：銀行求職之應用對比模式】

尊敬的先生／女士，您好！

我是來自金嘉大學金融專業碩士二年級的金小妹，將於二〇一六年畢業。關注到貴公司網站上發布了招聘信息，希望應聘金融市場部崗位，百忙之中打擾還望您海涵。根據貴司招聘要求，我認為自己能夠勝任。

貴公司崗位招聘要求	我所具備的素質
1. 金融經濟類相關專業研究生以上學歷；	1. 金嘉大學金融學碩士；
2. 掌握金融學、數量統計及證券知識，熟悉銀行金融市場業務，瞭解各類金融產品的特徵；	2. 主修課程涵蓋金融學、數理及證券方面知識，曾撰寫多篇與銀行及金融市場產品相關的論文；
3. 具備銀行相關部門、券商資管、信託實習工作經驗者優先考慮。	3. 曾在××銀行金融市場部、××券商資產管理部實習。

××銀行金融市場部、××證券資產管理部等單位的實習經歷使我積累了豐富的實踐經驗，學到了銀行金融市場部所需的一些業務知識；另外，我考取了證券從業資格證及 CFA，進一步提升了自己的金融財務專業技能。A 銀行既是百年民族金融品牌的繼承者，又是中國金融體制改革的先行者，一直以來都是我夢寐以求的工作地點，也是激勵我不斷前進、挑戰自我的動力源泉。

希望之前的積累能夠助我圓夢貴行，為貴公司的發展盡自己的綿薄之力！附

件中是我的簡歷，請您查閱。感謝您考慮我的求職申請，期待您的回復。祝您工作順心，萬事如意！

【範文二：券商投行求職之普通誠懇模式】

尊敬的先生 / 女士，您好！

冒昧打擾，特別感謝您在百忙中閱讀我的郵件，我希望申請貴司 xx 崗位。我是金少，本科就讀於金融大學金融專業，研究生是在金嘉大學讀金融專業，將於二〇一六年畢業。

對於 xx 崗位的工作我具有較為豐富的經驗，曾先後在金融 A 公司、金融 B 公司進行過較長時間的實習，從事過投行 IPO、再融資等發行承銷工作。已通過證券從業資格考試及 CPA 四門的考試。

我是一個既具有上進心，又具備突出的學習能力的年輕人。希望您能考慮我的申請，我將以勤奮的工作回報您的知遇之恩。

如您希望繼續瞭解我的相關信息，請您通過以下方式與我聯繫：電話：xxxxx，郵箱：xxxxx。

希望能得到面試的機會，期待您的回復！祝您工作順心，萬事如意！

10

求職進階裝備：筆試與面試的必勝秘籍

　　完整的金融企業招聘流程通常由簡歷初篩、網上測評、筆試、初面、復面、終面等幾個環節組成，用人單位層層篩選以挑選最合適的人才。每個環節都有各自鮮明的特點和需要注意的細節，本章將對各個環節的求職要點逐一進行解讀，幫助求職者瞭解金融職業招聘的全景。

簡歷初篩的流程

　　面對大量高素質人才的求職申請，金融機構往往會採用機選和人工篩選相結合的方式對收到的簡歷進行篩選。各個金融業子行業的簡歷初篩總體上並無太大差別，招聘官在進行簡歷篩選時一般會按照「初步篩選、匹配度篩選、對比篩選」三個步驟來進行。

初步篩選

在初步篩選環節，一名合格的 HR 花在一份簡歷上的時間平均為 30 秒，網申系統的完善更使得 HR 在此環節所耗費的時間進一步縮短。在有限的時間內，HR 會重點關注基本信息、畢業院校、實習和工作經歷等信息，部分 HR 會進一步瀏覽社會活動、獎項、愛好等。具體而言，HR 通常會查看簡歷基本信息是否完整，求職目標與任職資格是否匹配，簡歷中的語句是否通順流暢，簡歷版面是否清晰、簡潔、大方、美觀，以及簡歷內容的層次性和邏輯性。圖 10-1 為某公司招聘系統中簡歷篩選的界面。

圖 10-1　某公司招聘系統中簡歷篩選的界面

匹配度篩選

在經歷初步篩選，淘汰了相當比例的求職者後，HR 通常會進一步進行匹配度篩選，對受教育程度、成績排名和獎學金、實習或工作經歷等指標賦予不同的分數權重，對挑選出的簡歷進行打分。例如總分為 10 分，高於 7 分的簡歷會被挑選出來，進入下一輪的篩選。

對比篩選

前兩輪的篩選過後，常常仍會有可觀數量的簡歷符合用人單位的要求。招聘負責人為了控制面試人數以及保證面試質量，會對求職者的簡歷進行對比篩選，按照能力、背景等指標排序，從中挑選出最優秀的人才作為下一輪的候選人。

網上測評

網上測評一般通過專業機構設計的測評體系進行，其目的是對求職者的專業能力和性格素質進行測試。一般金融機構的招聘過程都設有該環節，但測評時間點可能有所不同：有的機構在求職者完成網申後，就直接發測評郵件要求在一定時間內完成測評，其成績作為第一輪簡歷篩選的參考；有些機構則是在 HR 經過第一輪簡歷篩選後，給通過篩選的求職者另行發送測評賬號進行測評。網上測評主要分為兩種類型：一種是性格測評，另一種是綜合能力測評。

性格測評

性格測評考查的主要是個人情商及心理素質等方面的內容，經常被考查的維度包括溝通能力、抗壓能力、靈活應變能力等。此類測評主要有以下四個特點：（1）題型均為選擇題，題量較大，一般在 50~200 題之間；（2）以情景題為主，題目簡單，做題速度可以很快；（3）通常不限製作答時間，也沒有固定答案；（4）典型的題目是，呈現一個實際工作中的一個情景，或描述一種現象或特徵，要求被測評者選出吻合自身特徵 / 做法的選項。下面給出兩個例子。

題 1：如果你的上司脾氣很急，批評下屬不留情面，大家的情緒經常受到影響，作為下屬，你會如何處理？「A. 直接找上司談話，建議其改變領導方式；B. 私下找領導溝通，婉轉請求其注意自己的態度；C. 與其他同事一起商量，聯名建議

領導改變領導方式。」

題 2：以下描述哪個與你更相符？「A. 我是一個樂觀的人；B. 我是一個悲觀的人；C. 偶爾樂觀偶爾悲觀。」

雖然素質測評比較簡單，沒有測評壓力，但求職者應理性作答，適當考慮所申請崗位的性格要求。以上述題 2 為例，雖然實際生活中並不一定每個人的性格均偏向樂觀，有部分人願意如實承認自己是個悲觀的人，但是在測評的時候建議此類問題應選擇「A. 我是一個樂觀的人」。原因很簡單，站在金融機構的角度上看，企業需要尋找的是那些樂觀、充滿激情、不畏困難的人。

此外，性格測評中通常會設置一些雖然表述不同，但核心問題一致的題目，以測試求職者是否如實作答。求職者在測評時注意理性作答的同時，也應注意前後保持「口徑一致」，對類似的問題給出一致的答案。

綜合能力測評

綜合能力測評（Online Test，以下簡稱「OT」）的測試內容與公務員考試中行政職業能力測試題類似，主要類型包括數學運算、圖形推理、邏輯判斷、語言理解與表達等。最典型的 OT 是四大會計事務所的招聘網測題，也有部分金融機構未設置 OT，而是直接在後續的筆試中考查此部分內容，比如銀行考試。不論是 OT 還是筆試，求職者準備時都可以直接借鑑公務員行測考試用書。

筆者在調研過程中發現，大多數受訪求職者認為 OT 是自己的弱項，很多求職者發現在給定時間內獨立完成 OT 比較困難。事實上，OT 確實以題量較大、難度較高而著稱，但也因此能夠使準備充分的求職者脫穎而出。實際上，與大部分考試相同，OT 訓練也是一個熟能生巧的過程。由於 OT 考試標準化程度很高，建議求職者以公務員考試書籍為基礎進行準備，同時在網絡上搜尋一些樣題以便熟悉。

特別要提醒求職者注意的是 OT 測試中的誠信問題。由於 OT 採用在線測試的形式，考試過程無法進行實時監控，因此不少求職者會尋找「外援」，共同完

成 OT 測試。但隨著企業對這一問題的日益重視，目前進行線上測試已經出現了打開攝像頭、禁止點擊其他網頁等監測手段。所以特別提醒各位求職者，要認真學習、準備考試內容，切勿投機取巧。

筆試須知及準備

金融機構在選拔人才時，素質測評後往往還會設立專業筆試環節，主要是為了考查應聘者的知識儲備和專業能力，這一環節在整個招聘流程中的地位十分關鍵。應聘的每個環節都是激烈殘酷的淘汰賽，需要求職者全力以赴，謹慎對待。總體上，簡歷篩選大約淘汰四分之一的應聘者，測評環節進一步篩除（占總數）四分之一左右，剩下的一半應聘者進入筆試和初面環節，根據筆試和初面結果再淘汰四分之一左右的應聘者，最後剩下約四分之一的候選人進入終面。目標招聘人數較少的崗位，進入終面前的淘汰比例還要高於此值。

由此可見，筆試環節處於「征途中的一半」，前面的關卡可以比作鋪路石，把求職者帶到企業門口，而筆試環節及之後的成績將成為打開企業大門的鑰匙。本節將為求職者全面解析筆試環節的內容，並提出具有針對性的建議。

筆試總體策略

在經歷了簡歷篩選環節後，更為符合金融機構用人標準的求職者也隨之脫穎而出，進入第一輪筆試。為了保證水平的正常發揮，在總體策略上應注意調整好心態，把握以下注意事項。

◆ **考前咨詢，重點複習**

在接到應聘公司的筆試通知後，求職者應充分調動自身資源去瞭解公司筆試的大概題型和考查範圍，進行有針對性的複習準備。如果應聘公司筆試的信息內容非公開，求職者獲取的渠道也有限，建議求職者先針對自己不擅長的題型進行

鞏固訓練，再根據公司特點，進行押題複習。筆試環節往往考查範圍很廣而複習時間較短，求職者難以進行面面俱到的複習，有的放矢才能收到事半功倍的效果。

◆ 合理分配時間

金融機構筆試題目通常難度不大，但題量較大。求職者拿到試卷後，首先應迅速瀏覽一遍，初步瞭解題量、難易程度和題型分布，以便合理分配時間，掌握答題的速度；然後根據先易後難的原則，先做相對簡單的題，後攻難題。這樣就可以避免在難題上浪費過多時間，而沒有時間做相對簡單的題目的情況出現。

◆ 分點作答條理清晰，保持卷面整潔

通常筆試部分都會包含主觀論述題，在答此類題型時注意以下幾點：第一，評卷老師通常都是應聘單位資深員工，相對注重實務性，更看重候選人分析問題的邏輯和思路，因此答題重點不在字數多，而在於框架清晰、條理明白，答題時可先列出提綱，分點論述；第二，卷面應保持整潔，體現嚴謹認真的態度，卷面不整潔是扣分項。

◆ 心態平和，沉著冷靜

金融機構筆試的內容通常並非公開信息，求職者獲取的渠道有限。因此，求職者在接到筆試通知後，一方面應盡量通過各種渠道瞭解往年筆試的大致題型和內容；另一方面可以通過模擬筆試等方式，調整好自身的心理狀態，做到在筆試時保持心態平和，沉著冷靜。在遇到作答有困難的題目時，保持淡定從容，盡己所能答好題目。

筆試考點梳理

筆者對二〇一五～二〇一六年期間的金融機構筆試內容進行了調查梳理，並總結了金融機構筆試的共性內容和常見考點，以期為廣大求職者提供參考。一般而言，金融機構筆試的內容可分為兩部分：一部分是行測（類似前文的 OT），題型與公務員考試內容相似，求職者可以準備一本公務員行政職業能力測試的歷年

真題作為練習資料；另一部分是綜合知識，包含綜合的經管類知識和具體行業的專業知識等。不同崗位的專業知識考察範圍差異較大，建議求職者在應聘時提前儲備相關專業知識，做到「有備而來」。

1. 綜合知識考查要點

相較於學習過相關課程的金融、經管專業學生，非經管類專業的求職者更有必要制訂具有針對性的複習計畫。由於銀行招聘筆試內容考查範圍最全面、涉獵最廣泛，且題目通常是公開的，很多金融機構的筆試題目都會參考銀行考試，求職者在參加其他金融機構的筆試前可以參考銀行筆試題目進行複習。表 10-1 是筆者根據銀行歷年考試真題總結的綜合知識考點，供求職者參考。

表 10-1　銀行歷年考試真題：綜合知識考點總結

筆試科目	複習重點點撥
宏觀經濟學、微觀經濟學及貨幣銀行學	利率、匯率、貨幣政策、財政政策、充分就業、IS-LM 曲線、菲利普斯曲線、邊際效用、貨幣銀行學的銀行部分等
管理學、人力資源管理、行政管理	重點複習人力資源管理的相關原理、管理學比較重要的幾個理論
會計、財務管理、審計	重點複習會計基礎知識
民法、刑法、行政法、經濟法、國際法	重點複習民法和經濟法，還需要注意一些與銀行相關的法律常識
詞彙、閱讀、翻譯	注意要具備一定的金融和銀行雙語知識
涉及計算機專業的所有科目	考查範圍廣，但難度低。重點複習 C 語言程序設計、操作系統、計算機網絡、數據庫、數據結構、網絡安全
參考書籍：宏觀經濟學、微觀經濟學、貨幣銀行學、金融學、商業銀行經營學、金融企業會計、基礎會計、財務管理、審計、國際貿易、民法、商法。在做準備時，需要瞭解往年考過的知識點以及考試的形式。	

此外，需要注意的是，如果準備時間有限，則需要把握複習重點。專業知識部分考查範圍較廣，短期內難以快速提高；相比之下，行測題目規律性較強，通

過短期訓練，提升幅度往往較大。因此，每位求職者可以根據自身情況，合理安排時間，有的放矢。

2. 行測知識考察要點

如上文所述，行測部分標準化程度高，通過短期高強度的訓練能夠明顯改善在其中的表現，且銀行、券商、基金等機構在初試環節均會進行行測考試，故短期突擊行測應試技巧是一個性價比很高的選擇。求職者在具體備考過程中可直接參考公務員用書，此處不再贅述。

筆試備考經典推薦

不少公司的研究所與投行部還會進行相關專業筆試，主要是為了考察應聘者的專業知識與能力，各公司出題形式與試題內容差異也較大。為幫助求職者更好地應對這些筆試，筆者為廣大求職者推薦一些實用的經典資料和書籍，並介紹這些資料的有效使用方法。

1. 證券從業資格考試叢書

資本市場基礎知識是金融機構筆試的考試熱點之一，很多筆試中出現的相關選擇題在證券從業資格考試中均曾出現，並且證券從業資格考試叢書這套教材確實體系完善、十分經典。所以，建議求職者筆試前可參考這套叢書對資本市場基礎知識進行鞏固。另外，我們也建議求職者根據崗位的不同，在叢書中選擇最貼合筆試內容的一冊或幾冊進行重點攻克。例如，應聘者可以在準備交易類崗位的筆試時重點關注交易類的知識，應聘投研類崗位時重點複習《證券投資分析》，應聘投行崗位則加大對《證券發行與承銷》的學習力度。

2. 貨幣銀行學相關課程資料

很多金融崗位專業筆試中都會涉及貨幣銀行學知識，因此，我們建議求職者事先在網絡上搜集貨幣銀行學的重要知識點整理文檔、授課 PPT 等資料進行學習鞏固，這對金融科班出身的求職者和跨專業的求職者都很有幫助。

3. 金融英語詞彙的總結資料

有些公司、部門的筆試會涉及中英互譯，例如申銀萬國研究所、國泰君安研究所等，上述研究所的筆試中該部分分值較大，是考核重點。有些公司甚至規定如果中英互譯部分不達標，後面的作答在判卷時不予批改。中英互譯應聘者既需要具有紮實的英語功底和專業詞彙儲備，也具備良好的理解和表述能力。在網上可以找到很多金融英語詞彙的總結，備考時建議求職者貴精而不貴多，根據自身英語水平與備考時間選擇一份質量高的參考資料即可。此外，長期來看，CFA 考試對求職者夯實專業詞彙儲備的幫助很大。

4. CPA 輔導教材《會計》、《財務成本管理》、《公司戰略與風險管理》

研究類崗位的專業筆試中往往會考查求職者的會計與財管知識，常考點包括會計基本假設、會計分錄、財務指標的計算（特別是 EBITDA、淨利潤等內容）、現金流量表的分析、估值方法等。該類筆試也常會考查波特五力模型等公司分析框架模型，難度一般不大，熟悉《公司戰略與風險管理》中提及的幾種主要分析框架即可。

投行類崗位對會計與財管知識的要求則與研究類崗位有較大不同。例如，研究類崗位的筆試對估值要求較高，而投行類崗位常常比較重視對公司財務報表的理解與分析，以及對公司盈利、償債等能力的預測和思考。出題人會根據三張基本財務報表靈活變換出題方式，比如要求對公司的負債結構、償債能力進行分析，或按要求寫出會計分錄，或要求回答改變折舊率對三張表的影響等。

5. 券商等金融機構最新研究報告

研究類崗位的專業筆試有時會要求寫一篇某行業的研究報告，這種出題形式以申銀萬國和國泰君安研究所為代表。比較典型的考法是給出某兩個特定行業或某一類行業（例如互聯網＋行業），要求限時寫一篇不少於一定字數的行業分析報告。由於涉及的行業存在不確定性，在準備該部分筆試時建議多讀券商行業研報，在學習研報寫法的同時也要注意提煉出自己的觀點。

國內主要金融機構筆試考點及招聘形式匯總

根據筆者調研，現將國內主要金融機構的筆試形式和考點內容列示如下（見表 10-2）。

表 10-2　部分金融機構往年校招筆試概況

編號	單位	是否筆試	筆試形式	筆試內容
1	中國建設銀行	是	機試 / 現場筆試	行測，英語，專業題，時政，性格測試 1. 除了行測和基本知識外，有關建行獲獎情況等公司信息，建議提前準備，分值 10~15 分。 2. 考點較細，包括金融（貨幣銀行學知識）、經濟（宏觀微觀）、會計和財務報表。 3. 建行考試前會有部分迅速測試題，根據指令完成即可，建議迅速進入做題狀態，因為時間很緊
2	中國工商銀行	是	在線筆試	包括四個部分：英語（60 分鐘，100 題）、綜合知識（30 分鐘，50 題）、行測（60 分鐘，59 題）和性格測試（25 分鐘，90 題）
3	中國農業銀行	是	在線筆試	第一部分：綜合知識（50 分鐘，70 題） 包括：時政 10 題，專業知識（金融、會計、法律、管理、計算機等）50 題，農行相關知識 10 題。 第二部分：行測（45 分鐘，50 題） 包括：言語理解，若干數學，幾道圖形推理等，材料題（2 個材料，每個材料 5 個小題）。 第三部分：英語 100 道（60 分鐘，100 題） 包括：40 個單選，20 個完形填空，40 個閱讀，英語閱讀題量很大。 第四部分：性格測試（30 分鐘，72 題） 行測 + 時事 + 農行相關知識

續表

編號	單位	是否筆試	筆試形式	筆試內容
4	中國銀行	是	在線筆試	1. 英語部分：60 分鐘，100 題，包括 40 題單選，12 題完形填空，48 道閱讀，完全的托業題型。題目中規中矩。 2. 職業能力測試：邏輯推理（圖形），語言理解（語病，排序），數量關係，數字推理，資料分析（3 篇）。 3. 行業知識（總共 80 題）：包括 55 道單選題（62 分），內容含西方經濟學，金融學，法律常識（合同概念等）；多選 25 道（38 分），包括專業知識（西經、中國銀行相關知識，中國銀行核心價值觀；時政新聞中的經濟熱點以及少量其他知識，如法律）。 4. 職業能力之「認知操作」；英語（單選＋閱讀），行測題，專業題，考眼力的各種題以及性格測試，其中英語部分為銀行考試裡較難的，題量也大
5	交通銀行	是	在線筆試	1. 綜合能力測試：140 分鐘，192 題，包括行測（70），綜合（80）和英語（42），均為單選。 2. 心理測試：30 分鐘，60 題，每題四個選項根據自己情況的符合程度排列順序
6	招商銀行信用卡中心	是	在線筆試	均為選擇題：行測，包括邏輯、數列、計算、推理、圖形等
7	招行銀行總行	是	在線筆試	總行分行進行統一考試，分為英語（單選＋閱讀），行測題，專業題，考眼力的各種題以及性格測試，包括招商銀行相關知識
8	民生銀行	是	在線筆試	行測＋托業英語＋綜合知識＋寫作 1. 綜合能力：60 分鐘，60 題，包括文字 15 題＋數學 10 題＋邏輯 15 題＋思維策略 5 題＋材料分析 15 題。 2. 專業知識：45 分鐘，70 題，包括單選 40 題＋多選 15 題＋判斷 15 題。

續表

編號	單位	是否筆試	筆試形式	筆試內容
8	民生銀行	是	在線筆試	3. 英語：45 分鐘，60 題，其中 30 道單選，其他 30 道題分布在若干短文後面，托業題型。 4. 寫作：二選一，400 字
9	浙商銀行	是	在線筆試	150 分鐘，10 題，包括簡答題（必答）5 道，分析題（選答）6 選 4，綜合題（選答）5 選 1
10	興業銀行	是	在線筆試	1. 單選：涉及的內容較廣，地理、會計、金融、人文社科都有涉及。 2. 多選：一些數字的讀法，比如 808000 的正確讀法；金額的大寫寫法，比如 160.23；興業曾提出的一些口號；中國個人貸款的種類；信用卡的種類；銀行的工作人員面對顧客的態度等。 3. 判斷：先是中文判斷題，有十道左右，內容大體和選擇題相似，涉及較為廣泛（例如廣州是不是第一屆亞洲殘疾人運動會的舉辦地）；之後是六道英文判斷題，主要是銀行的相關業務
11	廣發銀行	是	在線筆試	第一部分：行測 + 專業知識（120 分鐘，110 題），包括：語言理解 25 題，數學計算 25 題，數字推理 20 題，資料分析 15 題，專業知識 25 題； 第二部分：托業英語（35 分鐘，48 道）:28 道單選——語法、詞彙；20 道閱讀——兩三個選項的托業題； 第三部分：性格測試（25 分鐘，12 頁）
12	平安銀行	是	在線筆試	1. 數量關係：第 1~5 是比較傳統的數列題，第 6~10 是應用題。 2. 判斷推理：第 11~15 是圖形推理，找圖形規律；16~17 是類比推理（例如蝴蝶，桑葚）；18~20 是邏輯判斷（往句子中填寫恰當詞語）。

續表

編號	單位	是否筆試	筆試形式	筆試內容
12	平安銀行	是	在線筆試	3. 語言表達：第 21~25（文段主要內容，可以得出何種結論，哪些選項能夠否定文段結論等）。 4. 邏輯推理：第 26~30（例如題目中四個人各有一句陳述，但只有一個正確，需要求職者找出正確表述）。 5. 商業銀行基礎知識：第 31~35 是商業銀行業務基本知識（例如央行的非負債業務、實際利率、風險等）；第 36~40 平安銀行相關知識（本行新聞，非本行的業務，推出的微博理財面向客戶，本行理念等）。 6. 資料分析，給出一整段材料進行分析
13	浦發銀行	是	在線筆試	題型：行測，英語托業（單選 45+ 閱讀 35），性格測試 1. 行測部分：70 分鐘，70 題，其中語言 20 題，包括排序、選詞、挑病句；數學計算 10 題；邏輯 25 題，包括數列、圖形、邏輯判斷；資料 15 題，以閱讀為主。 2. 英語部分：55 分鐘，80 題，英語的題型主要是選詞填空和閱讀。 3. 性格測評：20 分鐘，共 12 頁。 4. 信息科技（總行科技類）：30 道單選題，另有 20 道多選題。考點分布全面，理論知識居多
14	中信銀行	是		筆試內容不包括本行簡介及時事政治。主要包括：經濟、金融基礎知識，60 題；財務、會計專業知識，20 題；管理基礎知識，20 題；英語，20 題。 第一部分中還包含了統計學、管理學、財政學、發展經濟學、市場營銷、公司法的題目，偏向於金融
15	上海銀行	是	在線筆試	行測 + 專業知識 + 英語 + 性格測試

續表

編號	單位	是否筆試	筆試形式	筆試內容
16	上海農商銀行	是	在線筆試	行測 + 專業知識
17	寧波銀行	是	現場筆試	行測題：數列、邏輯、推理、圖形、學習能力（例如給出示例流程圖，根據示例的推理方法做其他的題）等，整體題目偏難，建議先做語言題，不要在數列及較難題目上花太多時間
18	順德農商行	是	現場筆試	行測題
19	恆豐銀行	是	在線筆試	行測 + 性格測試
20	工商銀行總行	是	在線筆試	行測題 + 英語（單選 + 閱讀）+ 專業題 + 時事政治及少量與工行相關常識題，最後還有一個小作文。主觀題（二〇一五年校招給了Uber、快車等新型出租車的相關材料，自選角度）
21	建設銀行國際單證中心	是	機試 / 現場筆試	行測 + 辨認能力測試（類似「找你妹」遊戲）+5 題英語（較難）
22	渤海銀行總行	是	現場筆試	行測（時事，渤海銀行相關信息考查較多）+ 公文寫作
23	中信建投	統一筆試後，部分部門獨立考試	在線筆試	首先統一筆試，筆試完統一初面，初面完各個部門再單獨組織專業考試（比如應聘投行部就考投行相關題目）。 初試：行測題 複試：專業課，主要是會計和法律知識
24	天風證券	是	在線筆試	60 分鐘，4 題，開放式大題，題目主要結合當下熱點；前兩題必做，後兩題二選一，多與互聯網金融相關
25	江海證券	面試通過後筆試	現場筆試	行測題 70 分 + 問答題 30 分，問答題是為何從事證券業，為何加入江海證券，以及三至五年的職業規畫

續表

編號	單位	是否筆試	筆試形式	筆試內容
26	中信證券	是	在線筆試	SHL（邏輯推理測試＋性格問卷＋數字推理測試＋語言推理測試＋動機問卷），3 小時左右
27	申萬宏源	是	現場筆試	行測、金融基礎知識、時事新聞、英語（語法選擇題＋閱讀）
28	南京證券	統一筆試，各部門之間內容一樣	在線筆試	行測＋證券從業知識＋性格測試
29	招商證券	宣講會（按地區）後筆試	現場筆試和在線筆試結合	90 分鐘，150 題，其中 60 道行測，80 道專業，10 道招商證券相關知識
30	九州證券	是	現場筆試	題量很大，行測、專業知識均有涵蓋
31	平安證券	否		財務崗位沒有筆試，其他不知
32	第一創業證券	是	在線筆試	首先初面，初面通過以後筆試，題型為行測＋性格測試
33	國泰君安	是	在線筆試	行測題
34	財富證券	是	現場筆試	行測題
35	國信證券	是	在線筆試	專業題，比如合併報表、財務預算
36	招商基金	是	現場筆試	投研崗：英語翻譯＋金融基礎知識＋簡答計算收益率、無風險利率等＋名詞解釋（納什均衡、美式期權等）＋綜合題（比如註冊制對資本市場的影響，分析一個行業等）；產品設計崗：英語中譯英 1 題，英譯漢 2 題，都是原文（例如 G20 習主席的發言）；填空題，經濟金融知識；簡答題，一題英文計算，一題中文計算；名詞；簡述，同時事相關

續表

編號	單位	是否筆試	筆試形式	筆試內容
37	東方基金	統一筆試，但各部門筆試內容不一樣	現場筆試	行測＋基金相關知識＋投研相關知識（比如估值、計算資產負債率等）
38	南方基金	是	在線筆試	高難度行測，過的概率極低
39	中科沃土基金	是	現場筆試	先初面，初面通過後筆試，筆試內容為行測＋開放性試題，開放性試題 5 選 2
40	新華保險	是	在線筆試	行測＋性格
41	泰康資管	分崗位筆試	在線筆試	崗位相關專業題（主觀、客觀題均有）；其中資產配置崗考了美林時鐘、科柏 - 道格拉斯生產函數等
42	中國人保	是	現場筆試	第一部分（行測＋英語）＋第二部分（寫作），時長 2.5 小時。
43	中國人保資管	統一筆試後，部分部門獨立考試	現場筆試／機試	分部門和崗位，一般涉及財務、金融工程、宏觀經濟等，包括填空、計算和論述題，每個崗位都要進行行測和性格測試
44	安邦保險	是	在線筆試	行測題
45	東方資產	是	在線筆試	行測題（全選擇題），但是題量大，題目較難
46	外貿信託	是	在線筆試	行測題（全選擇題）
47	百瑞信託	是	宣講會現場筆試	金融類基礎知識
48	中國銀聯	是	在線筆試，需拍照驗明身分	行測題為主（全選擇題），包括英語部分、專業題及少量與銀聯相關的常識（經典題目包括：客服電話、銀聯三個顏色的順序）
49	上海清算所	是	在線筆試	行測題，專業題，還有一些考察辨認能力的題，包括著名的 5 分鐘 96 題

續表

編號	單位	是否筆試	筆試形式	筆試內容
50	上海文交所	各部門獨立筆試	現場筆試	總時長 1 小時，財務 + 法律 + 開放性試題
51	中糧集團	是	現場筆試	行測 + 專業測試 + 英語
52	中石化（所有子公司統一）	是	在線筆試	行測題（全選擇題）
53	普華永道	是	在線筆試	行測，性格測試，英文寫作
54	德勤	是	在線筆試	行測，性格測試
55	時代伯樂創投	是	現場筆試	首先初面，初面之後筆試，筆試為 30 道行測題，總時長 30 分鐘
56	小牛資本	是	現場筆試	現場筆試，行測題，總時長 1 小時

面試準備及要點

簡歷篩選、測評和筆試環節是招聘企業對求職者進行的「靜態」瞭解。簡而言之，這只是企業為接下來更深入、更細緻的瞭解和溝通所做的準備，是招聘的第一階段。面試則是招聘企業與求職者之間的「動態」瞭解過程，這不僅是企業與求職者當面溝通的機會，也是求職者進一步瞭解企業的良機。從企業的角度分析，面試官會綜合考量面試者的溝通能力、臨場應變能力和言行舉止等能力，進一步判斷求職者是否與企業相匹配。在面試中要牢記這樣一句話：最後獲得錄用的候選人一定是讓面試官覺得「最適合」這個崗位的，而不一定是最優秀的。因此，面試環節求職者的發揮顯得尤為重要。

典型的完整金融求職面試流程包括「三面」：一面人力官，二面業務考官，三面高管。實際中為了提高招聘效率，部分金融機構可能會只進行其中一兩場面試。

關鍵時刻更不能疏於細節，本節將全面剖析面試前、中、後三個時間點的重點注意事項。

面試之前要做的準備

不少觀點認為面試無非就是臨場發揮，因此不提倡做準備，反而鼓吹做最真實的自己。但大部分求職者都會高估自己的臨場能力，毫無準備只會導致陣腳大亂。在千軍萬馬爭搶的 Offer 面前，所謂的「做最真實的自己」無疑顯得過於理想化。筆者作為「過來人」的看法是，優秀的求職者往往從自我介紹這個環節開始就做足了準備，一詞一句都經過反覆的修改和打磨。

要得到任何一個職位，都必須經過面試這一關，短短幾十分鐘的面試也許就決定著你的職業生涯，當你接到企業的面試通知電話之後，應當做如下的準備：

◆ 問清詳情

接到面試通知電話的時候，一定要問清楚應聘的公司名稱、職位、面試地點、時間等基本信息，如果方便，讓對方發一條短信或者郵件。最後，別忘了道聲謝謝。這里提醒大家，盡量按要求的時間去面試，因為很多時候都是統一面試。如果確實需要調整時間，要及時溝通，且態度盡量誠懇。

◆ 在網上對企業及應聘崗位進行背景調查

公司背景包括企業所屬具體子行業、股東背景、歷史沿革、行業地位、優勢業務等情況。應聘的職位情況則包括所投職位的名稱、工作內容和任職要求等。在瞭解這些信息之後，才能在面試前做好有針對性的準備。

◆ 問問親朋好友中有無「內行人士」

身邊的親朋中也許就有能助你職業生涯一臂之力的「貴人」。如果在公司內部有熟人能夠幫忙美言幾句，讓面試官對你產生良好印象，當然是事半功倍。即使做不到如此地步，挖掘人脈往往也能夠幫助你獲取寶貴的公司內部信息——福利待遇、崗位要求，面試官的履歷和個性，甚至是你未來老闆的性格和處事習

慣，這些「內幕」將幫助你在面試中脫穎而出。

◆ 學習一些實用的面試技巧

如果你的個人履歷和能力是原始圖片，那面試技巧就是美圖秀秀甚至Photoshop。如何在1分鐘內做一個令人難忘的自我介紹？如何盡可能展現自己的優勢和實力？如何讓面試官相信這個崗位非你莫屬？有許多實用的面試技巧能夠讓你離這些目標更近一步。我們建議求職者多逛逛相關論壇和網站，掌握一些常用的面試技巧，並就一些常見的面試問題做好準備。此外，最好能找熟悉的朋友做個模擬面試演練，這可以大大緩解面試中的緊張感。

◆ 複閱簡歷

在許多情況下，你的簡歷將是被提問的焦點。花一些時間看一遍你之前寫了什麼，是如何表達的。如果你不能就自己簡歷中的內容做出令人滿意的回復，面試官可能會認為你偽造了相關經歷。在回顧簡歷的時候，可以考慮一下用角色轉換的方法，跳出自己本身，從招聘者的角度苛刻地看自己的簡歷，然後自我提問並回答。一旦想到了面試者會提問的點，你就可以想出一個很好的回答方式，在面對面時送上驚喜。

◆ 情緒準備

面試前在心裡默念三句「你最棒」。記住，自信不一定成功，但不自信一定失敗。心態上要平和一些，積極一些，成熟一些，不要緊張。讓人感到你既有才幹，又敬業厚道就行。要記住，人品或性格存在較大瑕疵的人，即使才華橫溢往往也難以贏得上司和同事的喜愛。在理想情況下，面試官和被面試者都同樣有興趣找到雙方的契合點，希望能和將來一起共事的同事愉快相處。

◆ 準備一身得體的職業正裝，這在金融業尤其重要

首先，你需要選擇合適的襯衫，顏色最好是純色，切忌穿短袖，即使是在炎熱的夏天，男生也需要根據襯衫的顏色佩戴花紋較為含蓄的領帶；其次，穿在最外面的正裝長度需合適，顏色最好為黑色，顯得比較幹練；最後，請穿好乾淨的

深色皮鞋和深色襪子。另外，其他細節也需要注意到，如保持頭髮、臉部和指甲的整潔。

◆ 估算一下路途時間

一定要留出寬裕的時間，絕對不要遲到，也不要太早到達，最好是提前5~10 分鐘進場。如因堵車等原因不能準時到達，也要電話說明情況，請求諒解。

初面準備

初面，一般為 HR 面試，由企業人力資源部門負責。HR 面試主要側重考核個人綜合素質，看重求職者個人的邏輯思維能力、快速反應能力、團隊協作能力以及語言表達能力等。HR 面試常用的考察形式是無領導小組討論，或者壓力面試。接下來我們對這兩種形式的考察進行詳細介紹。

1. 無領導小組討論

無領導小組討論是指由一組應試者組成一個臨時工作小組，在一定時間內討論給定的問題，提出相應的解決方案或觀點，並以最終陳述的形式呈現結果的一種面試考察形式。由於小組是臨時拼湊的，並不指定領導者及每個人相應的團隊角色，每個求職者都需要在短短的討論時間內找到自己的角色並完成小組任務，因此能夠較好地考察個人的綜合能力。無領導小組討論的總用時一般不超過 20分鐘，包括閱讀問題、討論、最終陳述三大環節。

（1）無領導小組討論的內容。無領導小組討論的試題從形式上而言，可以分為以下五種：

開放式問題：該類問題一般較為宏大，答案靈活性很高，主要考查求職者思路是否清晰、是否有新的觀點和見解。例如：你認為什麼樣的領導是好領導？

兩難問題：該類問題提供兩種互有利弊的答案，需要求職者選擇其中一種，並說明理由，主要考查語言表達能力以及說服力。例如：你認為領導應該以工作為導向還是以人為導向？

多項選擇問題： 該類問題讓求職者在多種備選答案中選擇其中有效的幾種或對備選答案的重要性進行排序。主要考查求職者抓住問題本質的能力。

資源爭奪問題： 此類問題適用於指定角色的無領導小組討論，是讓處於同等地位的求職者就有限的資源進行分配，從而考察其語言表達能力、概括總結能力、發言的積極性和反應的靈敏性等。例如，讓考生擔當各個分部門的經理並就一定數量的資金進行分配。

以上各種類型試題面臨的都是選擇問題，在選擇中最重要的就是確定標準。選擇A或選擇B都可以說出讓人信服的理由，但是兩種選擇會有不一樣的側重點，在這個時候提出一致同意的選擇標準並引導話題方向，比簡單地爭取發言機會更有亮點。

操作性問題： 提供材料、工具或道具，讓求職者利用所給的材料製造出一個或一些考官指定的東西。主要考查動手能力、合作能力以及在一項實際操作任務中所充當的角色特點。此類問題比其他類型的問題更多地考查考生的操作行為，情景模擬的程度要大一些，但對語言方面的能力則考查較少，必須充分地利用現有的一切材料。

（2）無領導小組討論的角色。參與無領導小組討論的成員，一般情況下可以分為以下角色：

破冰者： 自由討論中第一位發言的考生被稱為破冰者。破冰者需要勇氣，往往由性格比較外向的人來擔當。破冰行為有利於求職者給團隊成員和考官留下更深刻的印象，也往往被解讀為嘗試擔當團隊領導者角色的信號，但破冰者也因此要承擔一定的風險。如果破冰者嘗試擔負起領導團隊的責任卻表現不佳，則會帶來較大的心理壓力和負面效應。因此，求職者要認真權衡，自己是否真的適合做破冰者。

時間掌控者： 時間掌控者是一個會注意時間進程，確保小組時間分配合理、能夠及時完成任務的角色。如果討論小組的成員中缺乏時間意識強的成員，則在

自由討論階段很可能會出現爭論不休而沒有令人信服的結果，到最後被考官強制打斷的局面，甚至會出現連總結彙報都沒有時間的情況。時間掌控者的職責就是針對小組任務合理安排各項工作的時間，並在討論過程中保持對時間的監控，確保討論大體按計畫進行。在無領導小組討論中，時間掌控者是必需的角色。

引領全局者： 引領全局者是掌握整個討論節奏，對內容不斷進行總結和昇華的求職者，是不斷地推動討論實質性進展的人。因此，他必須擁有較好的邏輯思維能力，能夠提出討論的框架；同時需要善於傾聽和溝通，能不斷吸收討論中的有益觀點，將其納入框架中；還需要有一定的領導能力，能夠團結小組成員，控制爭論程度，把握討論節奏，保持小組的方向正確，也可以主動給小組成員分派任務。引領全局者如果做得成功，往往就是本場面試得分最高的求職者，面試官對其的印象也會非常深刻；但風光背後也是風險重重，如果引領全局者不能很好地團結小組成員並控制局面，導致任務完成狀況不佳，要承擔的責任也是最大的。因此需要提醒各位求職者注意，並非所有人都適合擔任引領全局者，在站出來前需要充分考慮自己的能力和性格是否適合，以免弄巧成拙。

組織協調者： 組織協調者是調動團隊氣氛、調和大家的意見、調配發言權的小組成員。該角色能夠改善團隊的討論氛圍，充分調動大家的積極性，幫助團隊展開頭腦風暴式的討論，並且在一定程度上消弭爭端。組織協調者與引領全局者的角色看似頗為相似，其實有本質的區別。引領全局者獲得領導地位憑藉的是領導力和邏輯思維能力，組織協調者憑藉的則往往是親和力和良好的溝通能力。因此，組織協調者更適合由性格親和、易於取得大家信任的成員擔當。

總結陳詞者： 總結陳詞者是代表小組進行彙報總結的小組成員，該角色類型可以細分為預彙報人和正式彙報人。在無法取得正式彙報人角色的情況下，擔任預彙報人，讓正式彙報人成為自己的發言人也是一個不錯的選擇。同樣，該角色對求職者而言也是機遇和挑戰並存：如果發揮得好可以給考官留下比較深刻的印象；如果總結邏輯混亂拖沓、表意不清晰，則會嚴重影響面試成績。因此這一角

色不但需要總結陳詞者具備良好的總結概括能力，還對其抗壓能力、臨場發揮等方面的能力有所要求。

綜上，無領導小組討論中的各類角色各具特點和利弊，沒有明顯的優劣之分。充當任何一個角色均有機會獲得面試官的青睞，進而順利通過該輪面試。各類角色對求職者的素質、能力、性格的要求差異較大，因此建議求職者針對自身特點，選擇適合的面試策略。當然，與其他類型的面試類似，在無領導小組討論中的表現也可以通過積極訓練得到提升。因此，在正式面試前進行模擬小組討論有利於求職者熟悉流程，消除陌生和緊張感，並瞭解自己的特長和不足，從而在正式面試中揚長避短，選擇合適的角色，展現出最好的一面。關於模擬無領導小組討論的相關信息，請關注金融小夥伴微信平台，或小金窩網站（www.xiaojinwo.com）、小金窩 APP。

（3）無領導小組討論的注意事項。參加無領導小組討論的求職者應牢記，討論並沒有非黑即白的標準答案，面試官注重的是求職者在討論過程中展現出來的相關能力，過程比答案本身更為重要。以下是筆者整理的無領導小組討論中的幾點注意事項：

◆ **在角色選取時需要結合自身情況和面試時的局面，靈活處理，量力而為**

這是上文反覆強調的一點。不同角色意味著迥異的要求，也意味著不同的責任，如果執行不力，弄巧成拙的概率或許更大。

◆ **切記決定面試成敗的是「有效發言」，而非角色定位**

一般而言，團隊角色定位明確的求職者在討論中表現機會更多，且對團隊的作用表現得比較明顯，更容易出彩。但這並不意味著無領導小組討論僅是一個「搶角色」的過程，搶到了就可以高枕無憂。事實上，最重要的還是求職者在討論過程中「有效發言」的次數和質量。有效發言是指能夠切中問題核心、推動討論進程，對小組形成最終結論有實質貢獻的發言。根據筆者的經驗，一次 20 分鐘的討論中，求職者至少要做出 3 次有效發言方可得到面試官的足夠注意。因此，

決定成敗的關鍵不僅在於選取合適的角度定位，更在於你是否有有效發言，是否在討論過程中做出實質性貢獻。

有些求職者看了一些面經，發現「時間掌控者」這一角色貌似難度不大又必不可少，帶個搶眼的手錶就能輕鬆拿下，發揮得好還能順勢成為引領全局者，於是便爭當時間掌控者。但是應注意，當你主動要做時間掌控者的時候，就挑起了掌握節奏、全程監控時間的重擔。如果最終因為時間問題討論沒有完成，面試官一定會詰問你是否真正承擔起了掌控時間的責任，及時提醒其他成員注意時間。如果沒有，那麼面試官將給出很低的分數，通過此輪面試基本無望。例如，筆者曾經遇到過幾位求職者，在討論開始時就搶到了時間掌控者的角色，但討論時手錶在桌上放著，他們卻自始至終沒有看過一眼。討論過半的時候，別人問他們時間還剩多少，他們才想起來自己根本沒有關注過時間。最後結局也可想而知。

◆ 注意立場問題

求職者在討論中一定要有自己的觀點和主見，即使與別人意見一致，你也可以闡述自己的論據，補充別人發言的不足之處，而不應僅僅簡單附和。一味附和會讓面試官感覺你是個沒主見、沒個性的人。此外，在觀點陳述的時候建議盡量做到分點陳述，一般以列出 3 條左右為宜，條分縷析的闡述可以幫助你展現思維的嚴謹性和邏輯性。

◆ 靈活處理意見不一致的情況

如果出現意見不一致，一定要充分傾聽其他成員意見，尊重每個人思考的成果，不能簡單壓制其他成員的發言，不要全面否定別人的觀點，也不要在過程中出現多餘的動作。在討論的過程中，面試官對團隊成員的考核是全方位的，眼神、動作、姿勢等身體語言也是考核重點。例如，曾經有一場面試中兩位成員在表述方面都很優秀，但是由於一個人在抖腿，一個人眼神飄忽不定，所以兩人都沒有進入接下來的面試。

對於別人的不同意見，應在其陳述完成之後，沉著應對，冷靜分析對方的觀

點，而後以探討、交流的態度，在較和緩的氣氛中充分表達自己的觀點和見解。如果其他成員觀點基本一致，而自己持不同意見，除非自己有非常完善的邏輯架構，否則不宜過分堅持。在大家發表意見後，表示已經接受大家的觀點，一方面促成討論的成功，一方面也給自己「加戲」，留下一個有思考能力且善於接受觀點的印象。具體而言，在討論過程中，求職者應表現得有「風度」。這是指要積極參與討論，既不輕易放棄自己的觀點，也不要隨意攻擊別人的觀點。就算最後不得不放棄自己的觀點，也要注意對其他人的觀點加以補充，不要過分糾纏對方在細枝末節上的漏洞，更不要對對方進行人身攻擊，最最不可以做的是對對方的觀點表示出明顯的輕蔑之情。面部表情要略帶微笑，表現出親和力。

綜上，小組討論成功的要點並不在於是否擔任了某個角色，而在於求職者針對問題是否提出了有建設性的意見、是否推動了小組討論的順利進行、是否幫助小組得出了合理的結論。面試官會在這個過程中綜合考察求職者的語言表達能力、思維能力、邏輯組織能力、臨場應變能力、言行舉止及胸襟度量等。筆者再次建議各位求職者：若沒有無領導小組面試的實戰經驗，可以通過模擬面試進行訓練，也可以在實際求職過程中多報一些職位，通過實戰練習來瞭解面試內容以及自己的特點，保證在心儀的公司的面試過程中正常發揮。

2. 壓力面試

壓力面試（stress interview）是指面試官有意製造緊張環境，通過觀察求職者在此環境下的表現，從而評估求職者如何處理工作壓力。一般而言，面試官會刻意提出生硬的、不禮貌的問題使求職者感到不舒服，或針對某一事項或問題做一連串的追問，直至求職者無法回答。比如某著名保險資管終面的時候就是典型的壓力面試，面試官會拋出一系列類似「你本科××大學不夠好，高考成績多少？碩士就兩年，究竟學到了什麼東西？你覺得你適合這個崗位，大家都覺得他們才是最適合的，憑什麼選你？」等問題，其目的是評估求職者對壓力的承受能力、在壓力下的應變能力和人際關係能力等。壓力面試是典型的面試類型之一，下文

將對此進行解讀。

◆ **壓力形式**

①環境壓力：通過對面試現場的場景布置來達到壓力測試的目的，比如面試場所狹小、逼仄。②言行壓力：通過粗魯、直接的行為和語言讓求職者產生壓力，比如直接質疑求職者的衣著、舉止或學歷。③內容壓力：一是追問刺激性話題、隱私性話題，讓求職者不舒服，從而產生壓力感；二是拋出兩難問題，無論如何回答均有破綻，也會讓求職者產生心理壓力。④僵局壓力：當求職者回答完上一個問題後，面試官陷入沉默，使得面試陷入僵局，來觀察應聘者反應。

注意事項

①保持鎮定：求職者切忌被突如其來的質問或追問嚇倒。事實上，只要以認真的態度面對每個問題，思考過程符合邏輯，回答能自圓其說，就已經能夠通過面試。一些難以回答的追問或質問，無法給出完美的答案才是正常的，此時務必保持微笑。②耐心解釋：一個小技巧是，可以把面試官當作難纏的客戶，在堅持自己見解的同時，對其無理挑剔給予心平氣和的解釋，要顯得有耐心和涵養，盡力表現出一個職業經理人應有的沉著和冷靜，而不是激動、失態地據理力爭。③看清情況：求職者需要嘗試著去揣摩面試官真正想考察的內容，而不被局限於所問的問題本身。舉個例子，在壓力面試中最常見的問題就是「你認為自己最大的不足是什麼」，表面上這只是一個自我檢討的問題，我覺得自己哪裡做得不夠好，承認不足只是一個開始，真正重要的是要看清問題背後面試官的考查要點。如果已經知道不足之處，有沒有採取相應行動，行動有沒有收效，能力有沒有改善，這些才是面試官真正關注的點。④提出反問：在適當的時機提出一些問題，比如「您覺得我的簡歷有什麼需要改進的地方」或「您對我的面試表現失望，麻煩您針對具體的不足給予指導」等。

初面和複試

初次面試考核的是個人的綜合能力，看重的是求職者的全方位素質。而複試或者說業務方面的面試官通常是各個業務部門的業務精英或者部門領導，側重考查的是求職者的專業能力，即求職者對所應聘崗位所需的專業知識的理解和應用程度，同時也會考察求職者的性格與崗位的契合度。

一般而論，進入複試環節的人員較少，通過率約為 30%。由於參加人數有限，二面形式一般是多對一或者多對多，面試方式一般是情景模擬和自由提問。此環節屬於非結構化面試，沒有固定的形式與模板，相對靈活。以下是一些常見的初面和複試環節的問題，求職者可以根據本書的建議再結合個人經歷靈活應對。

1. 自我介紹原則

自我介紹也被稱為「面試第一問」。在自我介紹中，面試官可以藉機考察應聘者的語言表達能力和應變能力，應聘者也可以主動向面試官推薦自己，展示才華。這一問的回答在複試中尤為重要，因為在非結構化面試中自我介紹往往決定了面試官對求職者的第一印象，這對之後的面試進展會產生較大影響。一般而言，自我介紹的時間為 1~3 分鐘，據經驗，自我介紹可提前準備，並且求職者最好有針對性地準備三個版本——3 分鐘版、1 分鐘版和一句話版，較短的版本可在較長版本的基礎上濃縮。

一段典型的自我介紹應該包括基本信息（姓名、學校專業等）、主要實習經歷、個人亮點這三類信息，在此基礎上再適當擴充。自我介紹核心點包括：①與所面試公司／崗位相關的個人能力或經歷，譬如擁有何種證書，或曾在相關行業實習，或曾完成該行業的研究等；②突出的個人特點或優勢，譬如曾獲得獎學金，或擅長該崗位要求的技能，或某種特長（樂器、體育運動等）。

另外，自我介紹應真誠且個性鮮明，給面試人員留下「記憶點」。想做到這一點，除了有好的內容外，其組織形式也不容忽視。基礎版本的自我介紹至少要

保證各項內容分別闡述，切勿混在一起。進階版自我介紹則可以在介紹中隱含某種線索，每一項內容都與該線索相互聯繫；比如可以說「我的特點可以用1、2、3三個數字來概括，1是指排名年級第一，2是指有兩個專業證書，分別是×××和×××，3是指有3段實習經歷，分別是×××、×××和×××，其中×××的工作內容與本崗位相關，我負責的是……」。進階版更有新意，會給面試官帶來不同的感受，當然如果組織不力，反而可能會增加風險，因此邏輯的把握尤為重要。

2. 自我介紹要點

◆ 時間把握得當

一般需要準備一句話、1分鐘和3分鐘三個版本。在時間的分配上，按照3分鐘的標準，第一分鐘可談談學歷等個人基本情況；第二分鐘可談談工作經歷，曾在哪些機構實習，負責什麼，學到了哪些技能；第三分鐘可談談自己的職業理想和對本職位及本行業的看法。如果自我介紹要求在1分鐘內完成，就一定要有所側重，突出一點，不及其餘。

◆ 切勿照本宣科

自我介紹可以事前準備，但表現形式上應避免過於書面化，而應使用靈活的口頭語言。切忌以背誦的口吻介紹自己，這種展現形式對面試官來說將是無法忍受的。自我介紹過程中還要注意音量和說話節奏的控制，盡量讓聲調聽來流暢自然，充滿自信。

◆ 突出亮點信息

自我介紹時要投其所好展示亮點，所提及的成績、特點、技能等必須與應聘崗位相關。記住，你只有1~3分鐘，你不是要告訴考官你是多麼優秀的人，而是要告訴考官，你有多麼適合這個工作崗位。那些與面試無關的內容，即使是你引以為榮的優點和長處，都應該果斷捨棄。

下面給出一個自我介紹的案例。

尊敬的各位面試官、親愛的各位同學：

大家下午好！我叫金少，很幸運今天能夠與這麼多優秀的求職者一起來參加面試。接下來我將從教育背景和工作經歷兩方面介紹自己：

在教育背景方面，我本科畢業於金嘉研究院大學（純屬虛構，請勿對號入座）金融專業，現就讀於金嘉投行社大學（純屬虛構，請勿對號入座）。會計專業，將於二〇一六年六月畢業，在校期間曾獲得 3 次一等獎學金。並且，我目前已通過了 CPA 考試會計、經濟法科目，有較紮實的理論基礎。

在工作經歷方面，我曾在 2 家證券公司進行實習。在某證券公司實習期間，我主要的工作職責和內容是撰寫招股書及底稿，同時也參與了併購、新三板項目。通過這份實習，我一方面掌握了這一崗位所需的 xx、xx 技能，另一方面也明確了在 xx 領域開始自己職業生涯的想法。

因此，我覺得自己對於這個崗位，有如下競爭優勢：「1.……2.……」。憑藉自己在教育和工作方面的積累，我有自信能夠勝任投行崗位的工作，希望能夠有機會加入這個大家庭，謝謝大家！

3. 根據簡歷提問

面試官在面試之前對求職者的所有瞭解均來自簡歷，因此面試官也期待通過提問來深入瞭解求職者。求職者對自己簡歷上提及的內容應有較深入的理解，可以說，回答不好簡歷問題，面試失敗的可能性很大；相反，如果能夠做出深入、精彩的回答，那麼通過此輪面試的概率將大大提高。因此，求職者在面試前不僅要熟悉簡歷上的所有內容，還要仔細分析哪些點可能會被問到，進行有針對性的準備。

面試過程中經常會出現這種情況：有些求職者簡歷很精彩，但面對面試官的問題卻無法給出滿意回答。這會給面試官留下非常不好的印象。因此，書寫簡歷雖有技巧，但不應脫離事實，同時面試前也應做好充分準備。例如，曾經有一位求職者面試某券商債券承銷部時，其簡歷上有一段在券商債券承銷部的實習，簡

歷上描述其經歷了完整項目，但其對於面試官提出的關於債券承銷的基本問題卻無法準確作答。於是，面試官當場就批評「你是一個經歷過完整項目的人，不應該對於這種基本問題都不瞭解」，面試結果也可想而知了。

針對簡歷上的實習和項目經歷，求職者可以按下述的思路來準備或回答。第一，瞭解實習或項目的主要情況，如能夠記住細節則更好；比如問及實習過程中參與了哪個 IPO 項目，應能明確清晰地回答出這家公司的主營業務、商業模式、財務狀況等基本信息。第二，明確求職者個人在項目中承擔的主要職責、工作內容以及工作成果，最好精確到細節。第三，對在實習或項目中遇到的問題，求職者的解決方案，以及求職者的收穫。

建議求職者在準備簡歷問題的時候，花點時間系統地整理自己的每一段實習或項目經歷，形成一個「簡歷問題答疑點」的文件，然後在電腦和手機中各備份一份，在每次面試前進行瀏覽。進一步來說，不同行業或崗位的面試，面試官可能會對求職者的不同實習或項目經歷感興趣，因此在每一次面試前，求職者也應根據所面試行業和崗位的特點，有針對性地加強相關經歷的準備。關於具體如何準備簡歷問題答疑點，此處給出示例供讀者參考。

【示例：金融小夥伴證券公司——投行部實習 A 項目】

（1）項目簡介。

公司主營業務：公司主要從事房地產 ××，擁有工程設計（建築行業）甲級資質，業務面對的是房地產開發商。

公司主要產品：與業內其他建築設計公司相同，A 公司最終產品是 ×× 圖紙，包括方案設計圖紙、初步設計圖紙和施工圖紙。

公司主要經營業績見表 10-3。

表 10-3　主要經營業績

單位：元

項目	2009 年	2010 年	2011 年
營業收入	65 999 666.77	55 552 333.20	48 111 888.88
淨利潤	2 888 777.92	2 777 555.68	3 000 333.95

（2）商業模式。

建築設計行業的經營模式主要有：設計總包模式、單一設計模式、以施工圖設計為主的技術勞務模式。各業務模式的主要特徵和競爭優勢見表 10-4。

表 10-4　主要經營模式

業務模式	主要特徵	主要競爭優勢
設計總包模式	不僅能夠為建設項目提供建築設計服務，還能夠提供與建設工程相關的區域規畫設計、室內外裝飾設計、園林景觀設計、市政配套設計、幕牆設計、×× 設計等全過程的「一攬子」服務	有效降低業主的協調成本，提高設計工作的整體質量和工作效率
單一設計模式	僅為業主提供單一的設計服務。如建設項目涉及與建築工程相關的 ×× 配套設計、風景園林設計、規畫設計等，則須委託其他專業公司一起參與	專業化程度較高，有利於集中精力和資源做大做強特色專業，實現差異化競爭
以施工圖設計為主的技術勞務模式	一般不參與建設項目的方案設計和初步設計工作，而專門為大型設計企業和外資設計企業做施工圖設計的外包服務	以專業化的技術勞務服務參與市場競爭

（3）存在問題。

獨立性問題：據瞭解，此次調查範圍內各家公司之間存在財務部門人員混用的情況；而且由於分公司屬於承包經營，A 公司未對分公司財務設立管理制度進行管理。

而《首次公開發行股票並上市管理辦法》第十六條規定:「發行人的財務負責人不得在控股股東、實際控制人及其控制的其他企業中擔任除董事、監事以外的其他職務;發行人的財務人員不得在控股股東、實際控制人及其控制的其他企業中兼職」;第十七條規定:「發行人應當建立獨立的財務核算體系,能夠獨立做出財務決策,具有規範的財務會計制度和對分公司、子公司的財務管理制度」。

4. 通用型問題匯總

通用型問題指的是專業知識以外,關於求職者求職動機、性格、行為的相關面試問題。面試官希望通過這類問題,更好地瞭解求職者的個人情況,衡量求職者與崗位的匹配度。在某些公司的面試中,這一部分會單獨摘出成為一個獨立的面試環節,被稱為結構化面試,雖然這部分問題靈活性大,但萬變不離其宗。下面列舉一些常見的通用型問題,以及對這些問題的分析和應答技巧。

問題一:為什麼選擇某行業(銀行、基金、券商等)?

分析:這一部分面試官主要考察的是求職者對行業的瞭解、對未來的規畫以及求職者的職業穩定性,可以從行業發展、興趣性格、自身匹配度等幾個方面來作答。

①行業發展:求職者可描述行業的發展情況以及未來的發展方向(可適當引用時事以及目標企業的動態),說明自己選擇這一行業主要是基於可以預見的前景。

②興趣性格:列舉自己在這一行業的經驗及收穫,明確指出哪一部分工作內容對自己最有吸引力,同時對自己進行評價,表示自己選擇這一行業也是因為自身能力與行業要求相吻合。

③自身匹配度:包括個人的專業背景、知識儲備、相關證書、實習或項目經歷與該行業的匹配程度。

問題二:談談你的缺點。

分析:該問題實際上給求職者帶來兩難選擇,求職者既不能對自己的缺點避

而不談，比如用「我最大的缺點就是沒有缺點」這樣的俏皮話以期矇混過關，也不能對自己的缺點滔滔不絕，這樣會給面試官一種「滿身缺點」的感覺。因此，回答此問題時應把握尺度，適度回答，建議有選擇地闡述一兩個缺點，並且這樣的「缺點」並不會對應聘的工作產生重大影響；在講完缺點之後，建議繼續闡述自己採取了哪些措施進行改正，以及目前的進展等。這種回答，會讓面試官覺得求職者既能夠認識到自己的缺點，同時也在行動中努力改進。

另外需要注意的是，不少面經中推薦的經典回答，例如：喜歡追求細節導致項目／作業未能按期完成，或者不知如何拒絕同事，影響自身工作進度。上述回答本身不錯，但問題是近年來被用得太多，已經落入俗套；而且這些所謂的缺點，實際上是在宣揚自己的某種優點，比如「細緻」和「熱心」，說多了反而會導致面試官產生反感。

舉例：我最大的缺點是太過年輕，相關經驗不是很豐富，還需要繼續多歷練、多學習才能很好地完成相關的工作。但是我會很積極、很努力地去盡快彌補這一點。

問題三：請談談你的某一份實習經歷。

分析：複試時面試官最看重的就是求職者個人的相關實習經歷，幾次有價值、含金量高的實習經歷作用遠大於簡歷上的榮譽、獎項等。針對每一個實習經歷，求職者均可準備一份 2~3 分鐘的闡述，包括以下幾點：①實習崗位工作內容，包括完成的某個典型項目；②求職者如何完成上述內容；③實習過程中最大的挑戰和應對方案。這裡又涉及簡歷和面試的匹配度問題：如果簡歷上寫得天花亂墜，但實際闡述卻不知所云，會給面試官造成很大的落差。所以再次提醒求職者要注意簡歷上不要過分美化，同時也需要精心準備與實習經歷相關的面試問題。

另外，闡述實習經歷時，筆者的建議是「小中見大」，即描述一個實習經歷應該從一個具體的項目入手，表明在金融機構實習時踏踏實實地學到了東西，讓面試官對這份實習和求職者個人的價值更為信服；如果沒有好的實習單位也不用

擔心，也應從小處入手，著重表達在實習過程中的具體工作內容、細節及所獲成果等，讓面試官逐漸淡化實習單位較小的事實，從而關注求職者踏實肯幹，能夠把小事做好做精，真正將知識應用到實踐的品質。反過來說，闡述實習經歷時切忌誇誇其談，比如跟某總非常熟悉、跟某公司老闆交情很深，或已經精通某個領域等。

問題四：談談你個人的職業規畫。

分析：面試官詢問與職業發展、職業規畫相關的問題，一方面考查的是求職者對應聘崗位所處的行業是否有較深入的瞭解，對個人的職業發展是否有明確清晰的計畫，另一方面也是為了瞭解求職者的職業穩定性。金融行業的工作通常壓力較大，工作強度高，不僅需要較強的抗壓能力，更需要明確的奮鬥目標作為支撐。因此，關於此類問題的回答，求職者可以分階段闡述，結合所處行業從學習、成長、發展三個階段分別闡述個人的職業規畫，同時回答內容應避免過於假大空。實際上金融行業瞬息萬變，3~5 年內行業格局可能劇變。給求職者的建議是有選擇的保留，但是不要欺騙。

舉個簡單例子，比如求職者的初步計畫是先在公司學習幾年，之後擇機選擇，不一定會在公司長遠發展。那麼面試官問及此類問題時，求職者不應做出「我很想長期留在公司」等類似表述，因為這樣的回答具有一定的欺騙性，會被面試官輕易看穿；但也切忌直接表達出只是想在公司學習幾年，未來一定會跳槽。雖然這個想法合情合理，但是企業需要招聘能陪伴公司共同成長的人，因此應謹慎回答此類問題。比較理性的回答是「職業初期個人想在公司這個大平台上認真踏實地做好自己的工作，提升個人專業技術方面的能力，也相信公司會給每一個優秀的人才提供廣闊的發展平台」，此類說法巧妙地避開了上述問題的兩難，是一個不錯的選擇。

問題五：為什麼選擇本公司？

分析：通過這個問題，面試官主要考查的是求職者對所應聘公司及招聘崗位

的瞭解是否充足，求職動機是否強烈。因為招聘是一個雙向選擇的過程，公司需要確認自己錄取的求職者確確實實希望進入公司。求職者可以從個人淵源、行業地位、職業發展等幾個方向來作答。

個人淵源：即求職者個人與公司在哪些時候、哪些方面有過交集，或者個人曾經接觸過公司的哪些員工或服務。因為個人有過親身的接觸，因此認可公司的業務開展，或對該公司早已仰慕等。

行業地位：公司業務開展如何，在業內排名情況，同業對公司的評價，在上述基礎上認為加入該公司符合求職者的動機。

職業發展：即公司非常符合求職者的職業規畫，有利於職業發展，具體可以展開如下：①公司對新員工的培訓；②公司業務對員工的鍛鍊；③未來發展契合求職者的職業規畫。

問題六：應聘這個職位你有什麼優勢？

分析：這個問題主要考察求職者對於崗位和自己本身素質的雙重認識，面試官希望通過這個問題瞭解求職者對於自己優勢的認識，從而側面印證自己對於求職者的看法，另一方面也可能發掘一些簡歷中沒有的亮點。因此，求職者首先需要對職業所要求的技能和素質有全面的認識，在此基礎上針對性地選擇自身的亮點予以回應，同時在四平八穩地回答完問題後，最好能夠有一個非常突出且契合職位要求的亮點，給面試官留下深刻印象。

在具體回答的時候可以按以下思路作答：首先，簡單地談一下個人對所應聘崗位的理解，認為需要哪些素質和能力，可以歸納為 1~2 個要點。其次，根據總結出來的要點，結合個人情況作答。最後，選擇一個亮點突出闡述，留下深刻印象。例如應聘某券商研究員崗位，可回答：研究員最需要過硬的研究能力和良好的溝通技巧。關於研究能力，我的專業課知識排名××，已通過 CPA、CFA 等考試，在 SCI/SSCI/ 核心期刊發表了 × 篇論文，並曾經在 ××× 研究所實習，可獨立完成深度報告等；關於溝通能力，我曾經是學生組織負責人，負責與 ××× 溝

通，成功組織過 ×× 比賽。最後，我在 ××× 方面有特長 / 曾經在 ××× 有長期的經歷，對於以後從事研究員的工作將有所裨益。

上述問題是最為典型的面試問題，求職者應把握不同問題背後面試官考查的動機，根據所面試公司、崗位及自身的情況靈活作答。以下問題在面試中也時常出現，本書也將給出一些參考性的回答。

問題七: 剛入行給你分配較多瑣事，你會如何對待?

參考回答: 我認為剛入行時正是一個新員工的沉澱期。作為公司資歷最淺、工作經驗最少的員工，做一些比較瑣碎的事情是必要而且應該的。比如說，將領導的發票準確有序地貼好、在項目現場負責項目材料的複印等，這些事情能夠鍛鍊一個人的細心程度，同時也是從校園到社會必經的一課。做好這些小事也是一個新員工工作負責的表現。

同時，認真對待瑣事，留心學習相關的合同、文件、材料等內容，是一個提高自己、瞭解公司內控制度的好機會。

問題八: 你是怎麼平衡自己的工作和生活的?

參考回答: 關於工作和生活，我認為如果處理得好，是能夠兼顧的。我通常有這樣一個習慣，將工作分為重要緊急、重要不緊急、緊急不重要、不緊急不重要四個層級，平時也會準備比較多的便利貼在辦公桌上，用不同顏色來區分事情的輕重緩急，從而分配好時間和精力，保證優先完成最重要、最緊急的事項。對於剛步入職場的新人而言，我也認為應適當地向工作傾斜，在工作有需要的時候適當的加班既能夠完成公司和領導的要求，也有利於個人快速地積累和成長。

問題九: 爲什麼選擇來北京（或上海、廣州）?

參考回答: 我選擇北京來工作主要原因有工作及生活兩方面。

工作方面: 第一，更靈活的競爭機制。回到老家的三四線城市，無論是日常工作還是升職加薪，很大一部分取決於家庭關係，而非個人能力。北京雖然也存

在各種問題，但提供了一個相對公平、純粹的競爭環境。我相信在北京這座城市中，只要肯付出，一定能夠得到與之相匹配的回報！

第二，北京作為大城市，資源比較集中，具備一些其他城市無法提供的優勢。從工作崗位上來說，北京的金融機構集聚促進了高端金融服務的繁榮，例如投行、投研、投資等在北京就會有很多機會，而三四線城市的金融機構以銀行分支行為主。

生活方面：北京能夠提供全國最好的教育資源、醫療資源，甚至娛樂資源。比如我很喜歡看話劇，著名劇團演出的話劇在北京出演的頻率要遠遠高於三四線城市。

問題十：在你的實習經歷中，哪一件事最讓你自豪？

參考回答：實習當中，最自豪的一件事當屬在業內某頂尖券商的債券資本市場部實習。當時部門主要做公司債，領導基本上是來項目現場一兩天就去其他項目了，然後團隊其他幾個人留在現場做材料，收集並整理底稿，撰寫募集說明書。那段時間客戶為了盡快完成融資，進度安排非常緊湊，項目組連續加班 20 多天，經常熬夜到 3 點多。我因為之前沒有負責過撰寫的部分，所以對某些地方拿捏不準，只有熬夜反覆修改、趕工。經過數次修改和補充，項目組終於按時完成材料申報，項目也如期獲得受理，團隊得到了客戶和公司領導的高度評價，我通過此項目不僅熟悉了債券公司債的發行流程，也體會到了投行對從業人員的高標準要求。

問題十一：你在行研（或投行、投資）實習這麼久，最大的收穫是什麼？

參考回答：我在行研實習過程中，最大的收穫是邏輯思維能力得到了提升，這一點前後對比非常明顯。舉一個簡單的例子：在分析一家公司的時候，沒有實習之前，我會將分析的思維以及報告發展成為論文的模式，會找一些硬邦邦的理論文字或者過期的數據來支撐我最後得出的模稜兩可的結論。但是在行研實習之後，我發現需要自己去挖掘，去創造，去佐證自己的想法。看到一個主題，首先

想到的是為什麼要討論這個話題，而不是接到任務就悶頭去做。瞭解大致背景之後開始構思框架，思考業內人士希望瞭解該話題的哪些方面，從而確定從哪幾個方面來完整地將這件事講清楚。最後再針對每一個部分查找資料，用數據說話，用圖表展示，讓整個報告看起來條理清晰，前後邏輯線條明晰。這種周全嚴謹的思考方式在處理其他事情的時候也非常受用。

問題十二：你對薪資有什麼要求？

回答提示：這是很多人覺得比較棘手的問題，如果你對薪酬的要求太低，那顯然貶低自己的能力；如果你對薪酬的要求太高，又會顯得你自視過高。一些僱主通常會事先對求聘的職位定下開支預算，因而他們第一次提出的價錢往往是他們所能給予的最高價錢，他們問你只不過是想證實一下這筆錢是否足以引起你對該工作的興趣。

參考回答一：我更重視的是這份工作帶來的職業提升機會，具體的待遇和公司內同等級別的員工相同即可。

參考回答二：我有 ×× 相關經驗，之前 ×× 公司給我的是 ×× 待遇，我希望能往上有一個浮動。

參考回答三：如果你必須自己說出具體數目，就說一個行業的平均價，市場大概是這樣的水平，你覺得給這麼多比較合理。

5. 專業問題解答

專業問題是為了進一步考察求職者的專業及行業素養，特別是對於財務知識的運用，或者對某個具體行業的認識。下面給出一些經典問題的回答，供各位求職者參考。

問題一：提高折舊率對於三張報表（資產負債表、利潤表、現金流量表）有什麼影響？

參考回答：首先，針對利潤表，提高折舊率影響當期損益，費用支出增多，企業利潤減少，從而導致應繳稅收減少。從現金流量表看，因為折舊不涉及現金

支出，但繳納的稅收減少，因此現金流量表中的經營現金流增加，最終企業的貨幣資金會增加。從資產負債表看，資產端因加速折舊，固定資產下降，貨幣資金有所增加，但幅度不如固定資產下降的大，因此企業資產總額下降；負債端，未分配利潤下降，所有者權益下降。特別需要說明的是，資產端的貨幣資金增加和現金流量表中經營現金流增加相互勾稽，均來源於節省的稅費，等於增加的折舊費用乘以稅率。因此貨幣資金增加幅度小於固定資產的下降，比如所得稅稅率為25%，折舊增加 10 元，那麼貨幣資金增加 2.5 元，固定資產降低 10 元，資產總額依然下降 7.5 元。

問題二：利潤表的科目包括哪些內容？

參考回答：利潤表科目有營業收入、營業成本、營業稅金及附加、銷售費用、管理費用、財務費用、資產減值損失、公允價值變動損益、投資收益、營業利潤、營業外收入、營業外支出、利潤總額、所得稅、淨利潤等。一般企業自上而下是：營業總收入，再細分營業收入、利息收益和其他收益。大多數製造類企業的營業總收入就等於營業收入，因為利息收益一般為 0，但是對於金融類企業來說，利息收益占比很大，營業總收入和營業收入差別很大，所以在計算各種指標時，即便法規中只出現了營業收入，還是要以營業總收入作為標準進行計算。營業總成本和營業稅收及其附加統稱直接費用，因為每筆費用可以與每筆收入一一對應。管理費用、財務費用和銷售費用統稱間接費用，無法做到每筆費用與收入一一對應，只能分攤到一個會計年度進行計算。(對財務報表的提問不一定會這麼的細或專業，但如果你專業背景是財會或者簡歷上財會是你的特長，那麼一定要好好準備相關的專業知識。)

問題三：談談你對賣方研究未來發展趨勢的看法。

參考回答：賣方研究作為投資的有力支撐以及證券公司的品牌體現，是資本市場不可或缺的一部分。我認為賣方研究目前主要是兩塊：研究和服務。

第一，從研究分析，這個行業未來應該是朝著更加專業化、細分化的方向發

展，應該會找到更多研究的價值點和優勢所在，只會做服務的賣方最終一定會被市場淘汰；同時，研究也會將一級和二級市場更多地聯動起來。第二，從服務分析，賣方研究服務的客戶範圍未來會進一步增加，從目前的公募基金、保險資管為主擴展到包括券商資管、自營、私募基金等更大範圍的客戶群體；同時，互聯網時代的賣方服務方式會更加高效和及時。

問題四：談談你對投資銀行的認識。

參考回答：投資銀行作為資本市場的中堅力量，參與並影響著各類金融資源的有效配置。狹義的投資銀行是指在資本市場上為企業發行股票、債券等，籌集長期資金並提供中介服務的金融機構。我國投資銀行飛速發展，但與國外相比還存在一些問題：①資產規模較小、國際競爭力不足；②機構數量眾多，缺乏行業集中度；③業務品種單一、結構趨同、創新能力不足等。隨著註冊制的推進，未來我國投資銀行會從這幾方面進一步完善：①通過行業內及跨行業兼併重組做大規模、提高行業集中度；②注重業務創新、實現多元化趨勢；③加強專業人才培養以及風險控制管理。我國投資銀行的國際化之路剛剛起步。

6. 向面試官提問

「你還有什麼問題要問嗎？」一般面試的最後，面試官都會問一個這樣的問題。這裡看上去可有可無，其實很關鍵。很多同學一般會問一些無關痛癢的問題，如「什麼時候有結果」，或者「實習待遇有多少」。當然，企業更加不喜歡的是那些說「沒問題」的人。

一般來說，企業都會很注重員工的個性和創新能力，希望看到一個積極向上、對業務動態有所瞭解的人。對這個問題，可以問公司對新員工有哪些具體的培訓機制、公司的內部競爭制度等，也可以問更具體的，比如在如今的行業動態下如何應對某某業務。比較加分的就是提及最近某公司做的某項「得意之作」項目，這樣可以打開話匣子，並且讓對方覺得你很用心，對公司的具體業務有所關注。

但也需注意身分，這時你還是一個「提問者」的角度，所以要抱著學習的態度和語氣，另外要避免問到企業近期尷尬的問題，以免引起反感。

7. 初面覆試總結

總而言之，如果只能提一個建議，筆者建議求職者回答問題的時候盡量簡潔、有條理，按照「第一，第二，第三」分點論述的方式進行組織。

有些非金融專業的問題，用人單位想要的不是求職者回答的具體內容是否正確，而是考查求職者的思維方式是否適合，邏輯是否縝密。所以，不要過分糾結於問題的答案，應盡量把思路清晰展現出來。

專業知識在面試中也占很大比重，一般涉及金融、會計、經濟學等。如：人民幣升值 10% 會如何影響宏觀經濟？你對於中國的資本市場有什麼看法？最近你有關注什麼經濟問題？對某家上市公司的股票漲跌有什麼看法？你是否知道過去一年裡有哪些主要的 IPO 和併購交易？對於專業知識的複習我們在前期準備和筆試準備中已經詳細分析，此處不再贅述。

終　面

1. 高管終面概述

高管終面環節是求職過程中的最後一環，在經歷層層篩選後，求職者的個人素質已經達標，因此整體而言高管終面的通過率也比較高，但求職者仍然不可掉以輕心，否則容易前功盡棄。

最後這一關面試通常由用人單位的部門最高負責人出面，這些負責人在今後往往是被錄取的員工的頂頭上司。能夠在前述眾多比併、考核、篩選環節中脫穎而出並進入這個環節的求職者，能力方面基本是毋庸置疑的，所以終面考官更多的是確認求職者的性格與團隊是否合拍，是否能夠很好地融入整個公司的氛圍當中。

與前述各輪面試很大的一個不同在於，此輪進行面試的高管經驗豐富，閱人

無數，已經不需要通過流程化的程序、套路式的問題來考察候選人，高管們大多會採用「閒聊」的方式來觀察應聘者的表現，其背後具體的面試邏輯因每位高管風格和經歷的不同而存在差異，但整體上的著眼點在於個人形象氣質 + 溝通能力 + 求職動機。

在終面這樣一個採用閒聊為主要方式、相對隨意的面試環節，負責面試的高管往往希望求職者主動出擊，用「提出問題」的方式表達自己的上進心和責任心。高管終面應達到的效果是讓高管從感情上產生「我願意和這樣的人一起長遠共事」的想法。

例如，一個非常經典的問題是：我能在這裡得到怎樣的成長？對面試的高管來說，這往往可以反映出幾個積極的方面：這位求職者知道自己並非無所不知，有足夠的慾望去促進自己的成長和進步，並且能將是否成長作為一種判別機會的標準。

又如：您認為這個職位在未來三年裡將會有何發展？當求職者提出這個問題時，實際上已經讓面試高管清晰地知道，他自己是一個致力於職業長期發展的人，願意去選擇那些有助於幫助自己職業發展的職位和公司。

2. 高管終面考核要點

◆ 自我介紹

以 1 分鐘的自我介紹為例，前 30 秒的時間用來介紹常規性的經歷和背景，例如學校、專業、績點、實習經歷、學生工作、科研成果，要點在於這 30 秒的陳述必須要形成若干結論。比如突出學習能力強，通過描述績點和排名進行支撐；突出實習經歷的收穫重大，通過講述實習過程中達到的某一項具體成果來體現。

後 30 秒的時間則需要放在一個關鍵點上，從具體的事件中突出某些方面的才能，可以是參加某一社團的經歷或是一份難得的實習。盡量用極簡練的語言來描述自己的結論，讓面試官自己找到論點，也讓面試官感受到應聘者的交流能力、

團隊合作能力、領導能力和知識視野。在高管終面時，還需要闡述的一點是求職動機，即為什麼希望加入公司。

◆ 高管提問

高管提問不同於 HR 面對初出茅廬的實習生，不會循規蹈矩地提問，而是將問題穿插在閒聊的過程中，例如：「你覺得你在實習項目中做得最成功的一件事是什麼，並說說你是怎麼完成的」、「你如何確定一件事的重點，並決定採取哪些步驟來獲得最後的成功」、「描述你是如何有效地與他人合作完成一件事的」。求職者在面對面試官的問題時，應短暫地思考其背後到底想考查的是什麼，並簡明扼要地回答。終面的高管更加忌諱空洞的長篇大論，因此求職者應在面試之前有針對性地總結，具體的經典問題可見上一節的通用性問題部分。

面試之後

整個求職過程基本上將在高管終面後告一段落，但是筆者建議，在面試結束後靜待消息之餘，還可以在一些細節上主動出擊。也許這些努力並不能實質性地改變面試結局，但有時候也會帶來意想不到的收穫。

金融行業中的求職者有時候會同時面試多家金融機構，一些優秀的求職者最後可能會收到來自多家公司的錄用通知，因此會同時占用多個錄取名額，但該求職者最後只能決定去一家機構，導致會有相應的名額出現空缺。所以很多企業在發放錄取通知之後不久都會要求求職者確認是否入職、簽三方協議等，如果前面的求職者最終拒絕了這個職位，而剛好此時面試官對你印象深刻，那麼最後幸運之神往往會眷顧你。

所以，面試結束後不能偃旗息鼓，還可以進行以下後續工作。

第一，回顧面試過程，判斷是否有通過信號。

在面試過程中，如果 HR 主動詢問求職者到崗時間、向你熱情介紹並展示公司、主動留下聯繫方式、主動詢問薪資要求，甚至主動透露出錄取概率大等，那

麼要恭喜求職者，很可能你是企業感興趣的人才，最後錄用的可能性很大。

第二，努力多方打聽，確認求職結果。

每家公司的人力資源政策差別較大，不同公司最終確認錄用名單通常需要經過不同的流程，比如有些公司不僅需要 HR 確認，還需要對應部門負責人簽字確認。總而言之，需要求職者耐心等待一定的時間。通常情況下，在面試結束後7~10 個工作日內就會有電話、短信或者郵件告知你通過面試或者已被錄用。若7~10 個工作日內未接到對方回應，求職者可以通過以下兩種方式來確定是否還有機會。

◆ 自行聯繫 HR，詢問錄用情況

有時一個郵件或電話或許會改變命運，一個專業的 HR 不會去主動打擊求職者的積極性。當機會平等地擺在每個人面前時，最後往往被那些努力爭取的人得到。切記，不要因為害羞而不敢去詢問。但是求職者應注意選擇適當的時機、適當的方式提問，溝通時應注意態度，保持謙遜。如果能找到公司或者 HR 的郵箱，盡量以郵件的方式溝通，避免直接打電話。原因很簡單，HR 每天可能會接到很多電話，如果魯莽地電話溝通，效果會適得其反。

◆ 詢問周邊的朋友或者一起面試的求職者

面試結束後求職者可以主動積極地向一起參加面試的求職者索取聯繫方式、互加微信等，此後也可保持適當的聯繫，交流錄取通知發放信息。

此外，如今網絡信息發達，求職者還可以通過網上求職論壇、求職社區、新媒體下的微信求職群及時瞭解信息。比如金融小夥伴微信公眾平台（微信號：jrxhb2014）有按各大行業細分的求職群，其中匯聚了全國金融圈的從業人士和求職者，既可以隨時咨詢求職經驗，也可及時分享求職信息，還可以在求職路上認識很多志同道合的朋友。另外，金融小夥伴旗下小金窩（www.xiaojinwo.com）已打造出求職動態跟蹤社區，全面匯聚了最新求職消息。

寫一封言辭懇切的感謝信

很多求職者在面試結束後並沒有寫感謝信的習慣，但事實上感謝信既是對HR 的尊重與禮貌，也是自我引薦的一種有效方式。前提是需要得到對方的郵箱，所以在一開始的時候，可以問面試官「可否給一張您的名片？」

簡而言之，感謝信有幾點好處：首先，證明求職者是一個懂得感恩，努力與他人建立良好人際關係的人；其次，感謝信可以改善 HR 對求職者的印象，增加面試成功的可能性；再次，對之前面試中回答不好的問題，可以補充回答；最後，感謝信或許還可以幫助求職者多交一個朋友，給自己未來多一個機會。不過感謝信要注意言簡意賅，以下提供一個感謝信的示例，求職者可結合自己的經歷，事先擬一個範本供求職時使用。

尊敬的×先生 /B 公司經理：

您好！我是就讀於金融小夥伴大學金融專業研二的學生金少，非常感謝貴司給予的面試機會，感謝您在昨天面試過程中對我個人簡歷、求職和未來職業發展方面做出的指導，在此向您表示深深的謝意。

結合您昨天在面試過程中的提點，我對自己總結分析了以下兩點。一方面，我相信本人完全有能力承擔您所描述的工作職責，曾經在小金窩投資銀行部實習，全程參與了萬邦金服 IPO 項目以及在金嘉證券研究所半年多的經歷，讓我更相信自己符合所聘崗位的條件。另一方面，通過與您的交流及與其他前輩的溝通，我很喜歡貴公司的文化與工作氛圍，也十分渴望融入其中。針對之前在面試中所提的職業規畫問題，我回去思考了一下，應該是研一時剛開始找不到合適的實習，因此找的實習跟現在的職業規畫不太相符，後來明確了職業目標之後，我將重點都放在了投行領域，因此我在研一下學期開始考 CPA，以及去投行實習。

進入投行一直是我努力追求奮鬥的目標，之前的學習和實習經歷都讓我更堅定了自己的職業發展道路。可能我目前還不是最優秀的，但我會按照您的提點去

努力進步。誠摯希望能加入貴公司，與公司共同成長，共同進步！

望有機會再次向您請教學習，祝您工作順心，萬事如意！

——

順頌商祺！

金少　金融小夥伴大學

聯繫方式：188-8888-8888

郵箱：career@xiaojinwo.com

二○一六年 xx 月 xx 日

結　語

每一次真槍實彈的筆試、面試都是求職者成長的機會，都應認真對待。每次求職結束後，求職者都應深刻分析總結優缺點，避免再犯錯誤，只有這樣才能讓自己變得越來越優秀。每一次終面結束後求職者至少應對以下兩個方面做個總結。

（1）求職過程的總結。不管面試失敗還是成功，求職者都需要對這次面試進行總結和分析，總結經驗吸取教訓。首先整體分析個人求職中失敗 / 成功的原因，若失敗，是因為求職者個人的硬件條件不足還是面試發揮不好？其次，針對求職過程中面試官提出的問題，進行進一步思考與完善，比如簡歷的修改以及答題思路、要點的調整。最後，回顧思考個人與他人對所應聘崗位的優勢和劣勢，並結合經驗教訓為以後的面試做準備。

（2）對自身職業規畫的總結。通過面試與 HR 或者相應的領導交流後，求職者可能對某個崗位有了更深入的認識和理解。這時需要反思所應聘的崗位是否仍然與個人職業規畫相一致，工作的強度、前途、內容等是否符合個人發展規畫。

求職是每個學生脫離學校襁褓、走入社會風雨中的必經之路，既痛苦又幸

福。求職季如同當年高考，備戰時痛苦煎熬，讓人無數次想要退縮放棄，卻也只能咬牙堅持走向一片新天地。回首求職路，你會發現有壓力有打擊，但也會看見自己的成長與收穫。昨天的你為死板的簡歷格式發愁，明天的你經過反覆修改終獲完美簡歷；昨天的你為彆腳的自我介紹著急，明天的你從容不迫全面展現自己；昨天的你為紛雜的求職方向迷茫，明天的你堅定不移奔赴夢想彼岸……一切的一切，都需要你今天的努力與堅持！求職帶來的不僅是一個崗位，更是一份磨練、一份突破，還有一個更加強大優秀的自己。

　　從求職菜鳥到職場精英，每個人都需要一個過程，希望每一個真心渴求進入金融行業發展的人都能夠仔細揣摩本部分的內容，精心準備好簡歷，準備好自我介紹，準備好金融從業人員必備的素養，如此，心儀的公司和職位一定會在未來等著你！

附　錄

金小妹求職記

　　大家好，我是金小妹。現為金嘉研究院應屆畢業的小碩一枚，剛剛經歷了「史上最難」求職季，可謂感慨頗深：已然記不清經歷了多少場筆試面試，也記不清跑了多少場宣講會，更記不清投了多少份簡歷。每天手機鈴聲一響就哆嗦，平時生怕手機沒信號出問題，遺漏了任何一個關於面試的通知……

　　求職是人生必須經歷的一個過程，如果沒有它，對於學生階段的我來說，甚至會感覺有點不完整，就像每一個人青春必經的高考，經歷時是痛苦、煎熬的，但回憶起來卻又苦澀而美好！這一路的艱辛和汗水也許只有自己知道，不過，皇天不負苦心人，幾經周轉，最後我成功應聘上了國內著名券商金嘉投行社的工作。

　　在細述求職細節之前，金小妹想告訴大家幾句看似廢話但頗為受用的箴言。首先，要相信努力就一定會有所收穫。明天所有的成功，其實都是由你昨天和今天的努力積澱來的，不要等到面試的時候看到大神們對問題的透徹分析以及他們敏銳的反應能力後，才來感慨「黑髮不知勤學早」。所以請記住一定要好好規畫自己的學生時代，學習、實習、考研、活動、比賽、培訓等，盡量多充實自己。其次，相信自己真的很重要。每一個人心中都存在幾分卑微，筆試面試完很多人都有一個共同的感覺，那就是「真的不難」，但是為什麼就緊張了呢？可能學歷、教育、背景這些硬性的東西我們已然無法改變，但是性格、行為、能力完全都是

靠自己培養的。在進入面試環節以後，面試官其實更看重一個人的內在素質與綜合能力。每一個企業都希望找到一個自信、陽光、真誠、踏實的工作夥伴，所以請相信自己，自信能夠給你帶來力量！最後，想告訴大家求職中要耐得住寂寞。不要氣餒，送上小妹自己想的一句話：「堅持不放棄，總有柳暗花明又一村的一天，你現在還沒有看到花，那是因為你還沒有走到村口」。

絮絮叨叨了這麼久，下面與學弟學妹們分享下金小妹自己一路的求職過程。先簡單介紹下金小妹的背景：國內某尚算知名的高校金融碩士，成績排名靠前，擔任班委，研究生會宣傳部部長；兩次投行實習，一次某四大事務所暑期實習，一次 PE 實習，平均每次實習時間在 3 個月以上。金小妹覺得，對於求職自己要有一個清晰的規畫，每一步要做好每一步地事情。因此，金小妹把求職分成了三個階段，第一個階段是求職前準備階段，第二階段是求職中進行階段，第三階段是求職後等待階段，每一個環節、每一個階段都很重要，下面金小妹就按每一個階段分別細說自己的求職經歷。

第一階段，求職前準備階段。求職過程就是一個相親的過程，當然要把自己最美好的一面展現給招聘企業，而這個工作的開始就在求職前準備階段。在這個階段，你首先要準備好一份精美的簡歷（包括一份中文簡歷和一份英文簡歷）、一封真誠、態度誠懇且能夠表達自己職業生涯追求的求職信以及一個簡短的自我評價。

關於簡歷，除了很多書中介紹的簡歷撰寫要點外，金小妹自己也總結了幾點原則：①簡歷不能超過一頁紙，求職過程中發現有的同學給自己的簡歷增添了漂亮的封面、生活照等，結果 HR 看了就搖搖頭，問了句「你知道我一天要看多少份簡歷嗎？」最後可想而知；②簡歷一定要突出自己的亮點，HR 在看簡歷以及面試的時候都喜歡找簡歷的亮點，其實每一個人都有自己的亮點，比如你持續匹配的實習經歷、鋼琴過十級、馬拉松等體育特長，這些都是亮點，好好想想，寫出來體現在簡歷上；③簡歷要重點突出、主次分明、契合崗位，求職研究類的工

作就要突出自己的科研能力，求職業務型的工作就要突出自己的實踐能力、快速學習能力等，寫簡歷時一定要有詳有簡，能夠量化的內容盡量量化，不要敷衍了事。

關於求職信，金小妹覺得也非常重要，切忌在網上複製抄襲，也不要寫那些千篇一律的內容，一定要體現出自己的優勢及匹配性，對應聘行業的瞭解、熱愛，對應聘公司的信任，自己的職業規畫，遠近期目標等。如果 HR 能被你的求職信感動，你就成功了一半。關於自我評價，很多人都會敷衍了事，其實這在求職過程中非常重要。HR 會從你自我評價的內容中看出你的態度，因此一定要肯花時間寫一個簡潔的「讚美」的自我評價，可以從學習、生活、工作、性格等各方面展示自己，分析自己適合應聘崗位的原因等。

第二階段，金小妹把它叫作求職中進行階段，在這個階段要做的事情最多。金小妹曾經也是一個愛玩的大大咧咧的女漢子，求職過程中什麼事情都不懂，不過好在一路上有師兄師姐的分享，同學朋友的幫助，讓自己成長了許多。一開始求職時，金小妹也是一頭霧水，不知從何做起，但是通過交流分享以及最後找工作的經歷發現，找到正確的求職渠道真的很重要！

總結了一下金小妹在求職過程中覺得最實用和有效的求職渠道分享給各位小夥伴：①主動與已經就業的師兄師姐交流是最有效的渠道，由於金小妹平日裡性格較外向，樂於助人又向上好學，師兄師姐們都很願意跟我交流，師兄師姐們對自己入職單位的情況比較熟悉，又認識公司同事，問他們是最直接快捷的渠道；②參加宣講會，有的公司宣講會會現場收簡歷，還有多位 HR 和公司同事分享，聽宣講會也是求職重要的渠道之一；③微信公眾號、校園 BBS、學校就業信息網，這三大網絡渠道也是金小妹最經常關注的渠道，基本每隔一兩天都會刷一遍。現在是微信時代，像金融小夥伴這種微信公眾號能夠及時把各類校招信息匯總在一起，而且每日更新，只要定期關注就可以，自己學校和其他學校的就業信息網當然就不用多說了，上面的信息肯定都是真實、準確、可靠的。此外，還可以關注

公司官網、專門的金融招聘網站比如小金窩等。

金小妹找到了適合自己的渠道後就開始瘋狂投簡歷，終於有一天收到了國內某券商投行部的筆試通知。很多券商筆試環節內容都一樣，有專業知識也有一套行測的內容，所以金小妹給大家一個小小的建議，可以考慮用公務員或者銀行從業的教材有針對性地去練習。此外，當你收到某家公司的筆試通知時，一定要去應屆生等論壇或者網上搜搜以前大神留下的關於該家公司的筆經，做個有準備的求職者。筆試主觀性不大，這裡就不詳細說了，下面重點跟各位小夥伴詳細分享面試的過程。

面試前也要記得做好必要的準備工作，比如應聘投行部的崗位，那你在面試前首先需要瞭解下這個行業幹什麼、怎麼樣、如何發展、前景如何。拓展開來，對宏觀環境、國家的經濟政策、金融改革等各方面最好都有所瞭解。金小妹喜歡每次面試前都對這些工作做個梳理，形成自己的思路，這或許也是金小妹成功應聘的原因之一吧！

金小妹已經不記得自己到底面試過多少回了，一路的面試經歷就像是一個成長的過程，從第一次面試的緊張，害怕 HR 問些自己不清楚的問題，慢慢地，金小妹對各種各樣的面試越來越熟悉。總結起來有以下幾點經驗值得借鑑：①基本工作要做到位，時間、穿著一定要注意，簡歷一定要事先準備好；②每次面試的時候都要對自己做一個小小的總結，比如自我介紹、大學生活怎麼規畫等之類的問題，不能敷衍了事；③一定要對自己的簡歷內容熟悉，因為可能為了美化簡歷有些內容寫得過於高大上了，但是請記得要會自圓其說，不要漏出破綻，讓人家覺得你是在「裝」；④面試時態度須謙虛真誠，不管和誰面試，都是一個學習的過程，相信沒有哪一個人喜歡高傲、自以為是的求職者，面試的時候記得帶上簡歷和筆，面試官面試時說的重點內容最好記下來，這對提高自己的面試能力有很大幫助。

第三階段，求職後等待階段。面試結束後可以適當和 HR 保持溝通，發個郵

件表達一下對今天面試的感謝，謝謝各位老師對自己的提點，有時候如果能和 HR 建立一種聯繫，對你的面試結果也是有很大幫助的。記得有一次金小妹面試某券商的資管崗位實習時，在等待階段一直沒有消息，金小妹就發短信詢問 HR 姐姐自己哪裡表現不好、哪些地方需要改進，後來 HR 姐姐告訴我，金小妹真誠的態度和上進的心讓她很喜歡。最後在兩個面試者之間猶豫選擇時，HR 姐姐向部門推薦了金小妹，金小妹也因此獲得了一次寶貴的機會。

　　總結金小妹一路求職的心路歷程，相信每一個小夥伴在求職季都會經歷這些環節。每一個人的求職之路都很漫長也很值得期待，明天很遙遠也很近，為了讓自己的求職之路充滿精彩，從現在開始加油吧！

CHINA'S FINANCIAL SECTOR: INSIDER'S GUIDE AND CAREERS

Choose China's Finance Sector, Choose Opportunities

故事篇

11

糾結的你，該不該選擇銀行業[1]
——人生總是在糾結中成長

　　應金融小夥伴約稿，本想借此機會反思一下自己入行以來的工作，但揮筆之時，回首一顧，工作時間貌似也不長，校園裡深夜喝酒吹牛的日子恍如昨日。銀行職場之路漫漫，鑑於自己也剛剛步入其中，未必能分享太多深刻的經驗。但作為剛剛邁出校園的師兄，希望能和大家分享自己所瞭解的銀行生態，順便談談往日的經驗教訓。由於筆者經歷有限，分析中或有不恰當不全面之處，故僅供各位參考。

　　我本科時是個典型的理工男，其後不知從何處聽說金融圈裡混的都是高富帥，於是懷著對金融業的憧憬，毅然來到北京大學攻讀經濟學碩士。然研究生時光匆匆而逝，尚未來得及細細體味就悄無聲息地畢業了。最後果真也遂了當年的願，進入一家大型股份制銀行的零售部門，成為一枚正式的金融業民工。

---

[1]　作者爲吳文超，畢業於北京大學經濟學院。

為什麼選擇銀行業

　　從面試時受審，到入職後領導談心，以及相親時對方摸底，這個問題已經被問過無數遍。沒進銀行之前，一直想當然地認為銀行業是金融行業的核心，前途一片光明，升職加薪、出任行長、迎娶白富美、走上人生巔峰近在眼前。再加上自己性格比較悶騷，實習時飽受券商研究所與投行部摧殘，因此求職時希望能做個安靜的美男子，而不是每天都出差外地、衝鋒陷陣與客戶鬥智鬥勇。雖然面試時，現在的單位也很誠懇地告知這份工作虐人，壓力很大，但依然天真地以為HR太善良，再虐也比不過我之前在券商的經歷。此前認為銀行是金融業的核心，主要依據是各種金融業的數據榜單，二〇一四年中國金融500強上榜企業中有239家銀行，銀行業的資產規模已經超過150萬億元；二〇一四年中國500強最賺錢排行榜單顯示，國有四大銀行在中國500強中利潤最高，工行位居首位；諸如此類，不一而足。

　　客觀而言，當前銀行業的發展已經進入瓶頸期，曾經跑馬圈地的粗放式發展模式已經很難延續，這從近年來各大銀行，尤其是國有銀行利潤增速放緩甚至下降的趨勢中可見一斑。《華爾街見聞》曾做過專門報道，二〇一五年前三季度中國四大國有銀行淨利潤增速均不足1%，工行、建行、農行、中行淨利潤增速分別為0.65%、0.73%、0.57%、0.79%，股份制銀行淨利潤增速多為個位數。三家國有銀行ROA和ROE同比均有所下降。其中，農行、中行、建行ROA同比分別下降0.12%、0.09%、0.12%，ROE同比分別下降2.93%、3.01%、2.69%。此外，商業銀行的貸款規模也在下降，央行公布的統計數據顯示，截至二〇一五年十月底，工行、建行、農行和中行貸款規模總計35.69萬億元，較九月份減少656億元。由於實體經濟的下行，風險也在逐漸累積，銀行普遍面臨不良貸款增加、不良率攀升的潛在壓力，其中農行不良率高達2.02%。二〇一五年九月末，

農行、中行、建行不良貸款餘額較年初分別上升 542 億元、286 億元、368 億元，不良貸款率較年初分別上升 0.48、0.25、0.26 個百分點。銀監會數據顯示，截至二〇一五年第三季度末，中國商業銀行可能發生問題的貸款增至近 4 萬億元（6 280 億美元）。不良貸款餘額近 1.2 萬億元人民幣，不良貸款率 1.59%，如果算上關注類貸款，這兩個數字分別升至 3.99 萬億元和 5.4%。3.99 萬億元這一數據超過了瑞典的國內生產總值（GDP）。以上種種均表明，銀行業面臨的潛在金融風險日益加劇。

箇中原因眾多。一方面，宏觀經濟下行，製造業產能過剩，存量信貸兌付風險陡增，新增需求疲弱；另一方面，互聯網金融異軍突起，其較高的收益撬動了銀行的儲蓄資金，使銀行業的生存環境雪上加霜。對於銀行從業人員來說，直接反映就是降薪，福利條件縮水等。據某位國有行總行的同志說，入職以後就沒見過傳說中的「購物卡」！

所以，銀行的工作除了表面的高大上，背後更多的是辛勞。面對如此嚴峻的環境，最重要的是想清楚進銀行是為了什麼，從事銀行業究竟有何利弊。我從以下幾個方面來分析行業動態。

進入商業銀行工作，如果是業務部門，主要包括三大條線：零售、對公和金融市場。對公業務，就是「對單位的業務」，包括單位存款與貸款業務、機構業務、國際業務等，一言蔽之，即以企業法人、單位為服務對象，為其解決資金存款、貸款、結算等各方面資金需求的業務。在商業銀行中，主要職能部門在總、分、支行幾個層面都有涉及；金融市場業務則複雜得多，商業銀行的金融市場部主要承擔商業銀行本外幣金融市場相關的交易、投資、風險管理和研究等各項職能。而「金融市場」的範圍，根據交易工具的期限，一般可以分為「貨幣市場」和「資本市場」，前者解決短期資金融通問題，包括金融同業拆借市場、回購協議市場、商業票據市場、銀行承兌匯票市場、短期政府債券市場、大額可轉讓存單市場等；後者供應中長期資金融通，包括中長期信貸市場和證券市場等。商業銀行的金融

市場職能一般由總行、分行承擔，支行網點不涉及，具體由金融市場部（同業部）、投資銀行部等執行。

談及我所從事的零售業務，實際是對所有個人業務的統稱，具體包括個人儲蓄、貸款、委託理財等，在某些銀行可能還包括小微企業經營貸款業務。具體囊括銀行存款、申請信用卡、按揭貸款、車貸、個人經營貸款、理財、基金、保險、國債、黃金等產品銷售。總分行的零售業務部門較少直接參與業務開展，一般提供數據、產品、營銷方案與物料、消費者權益等方面的保障。其實零售業務中，壓力最大的莫過於支行網點，不僅在面對客戶形形色色的要求時要及時妥善地解決，還需要時刻面帶微笑盡心服務，以免被檢查扣分或遭遇客戶投訴，被扣減績效獎金。因此，身處如此艱苦的工作環境，自稱「弱勢群體」也不為過。

除了以上所說的業務條線，銀行還有風險管理、信貸審核、計畫財務、行政管理、人力資源、信息技術等中後台部門，對此筆者知之甚少，故不予詳述。

在銀行工作收益幾何

在銀行，不同業務條線、同一業務條線的不同部門，甚至同一部門的不同處室，薪資水平都有可能差距懸殊。如果你「幸運」地被分配在支行工作，那麼你的薪資將與支行業績掛鉤，業績優良的支行的「桂圓」，工資可能比另一業績平平的支行的「跪員」高出一倍，而實際所做的工作相差無幾。

然而總體來看，金融市場條線水比較深，具體情況不明，但是對公條線的薪資水平要優於零售條線，這種差異在支行層面體現得尤為明顯。

進入銀行的試用期（一般為三個月到一年不等），就不要和基金、券商等非銀行金融機構的同學們比工資了。如果一定要比，一般情況下，可能是他們的二分之一到五分之三。轉正以後，基本還是能生存下去的，但是如果職級不往上走，那麼工資的漲幅很平穩……不過大家也不要失望，銀行是個大平台，如果你是個

有心人，這裡能夠極大地豐富個人閱歷，提升水平，積累知識！在人生這場長跑中，在終點贏得勝利的人，不一定是開始時跑得最快的人。言歸正傳，銀行的基本薪資主要包括基礎工資 + 福利 + 補貼 + 績效獎金。

基礎工資：銀行的基礎工資是根據不同的員工職級來發放的，分成不同的檔次，比如大多數銀行會分成若干個職級，每個職級對應不同檔次的基礎工資。剛進銀行的人通常是最低職級，基礎工資最低，如果銀行經營業績好，基礎工資每年會有 5% 左右的漲幅。

福利：此處只能說「理想很豐滿，現實很骨感」。一般的福利是和普通企業一樣的五險一金（醫療保險，失業保險，工傷保險，養老保險，生育保險，住房公積金），這部分是從基礎工資裡扣除，大概會扣掉基礎工資的 20%~25%，在這裡不能奢望太多，比如養老保險扣得比較多，但這是區域統一的，其中並沒有較大差別。此外，交住房公積金比較划算，假如你自己每個月扣 500 元，那麼單位相應地會在你的公積金賬戶裡存 500 元，相當於你一個月有 1 000 元的住房公積金，買房時大有用處。節日慰問金也是一項福利，不過近年來相對縮減，一般形式是發放超市的購物卡，每逢五一、國慶、春節發放，每次幾百到一千不等。近年來由於政策原因，幾乎已不存在。

補貼：這一項在不同的銀行區別較大，比如交通補貼，部分銀行每月 500 元，好一些的城商行可能有 1 000 元以上不等，職位越高則越多。部分銀行還會有數百元的通訊補貼、餐補等福利。

績效獎金：銀行的季度獎視各銀行的具體情況而定。大部分是有年終獎的，但差距較大，與平時銷售各種銀行產品掛鉤。有些比較厲害的客戶經理一年僅銷售獎勵就可達 5 萬多元，但做櫃檯業務的相對就會比較少，不可一概而論。

綜上所述，一般銀行員工，也就是櫃員和客戶經理，待遇在 5 萬 ~15 萬元不等。不同的城市差別也較大，在北京、上海、深圳等一線城市有 10 萬元以上，而偏遠城市的話大概僅 4 萬 ~5 萬元。

　　加班在銀行是家常便飯。在基層網點，每天下班後，點錢，打印流水，整理現金庫存，整理憑證，勾流水，清保險櫃，收拾裝箱，等運鈔車，搬箱上車，最後順手打掃衛生，做完這一切，一天的工作才正式結束。此外，工作之外的培訓也是必不可少的，與培訓比較相似的還有開會，金融業的會議頗多，銀行尤其如此。

　　最後還有更加難受的加班活動——考試。原本以為我跨過了高考，熬過了大學，終於可以徹底擺脫考試，進入銀行之後，我又找到了青春的回憶——禮儀培訓考試、反假幣考試、數錢操作考試，等等。為了考取各種銀行相關的證書，我勤奮地保持著「學到老，考到老」的精神。

關於銀行業的推薦讀物

　　最後推薦一些銀行業相關書籍：《現代商業銀行客戶經理營銷實用策略》、《商業銀行核心競爭力研究》、《上海銀行發展之路》、《商業銀行信貸風險度量研究》、《銀行併購問題研究》、《中國股份制商業銀行發展戰略》、《中國信用卡產業發展模式研究》、《商業銀行中間業務風險監管》。

　　在北京的大雪夜裡寫下這篇文章，希望能真正解決一些關於銀行求職的困惑。但困惑永遠比答案多，作為曾經與小夥伴有過密切聯繫的「過來人」，金融小夥伴在求職方面確實積澱了許多優良的資源，不僅是豐富的資料，更重要的是優秀的人才，也希望大家能在小夥伴的平台上多多增進交流，在這裡一定潛伏著能解決你所有疑惑的各路牛人！

　　祝大家都能找到順心如意的工作，希望將來有機會與你交流，請你也給我講講屬於自己的職業見解！

12

風雨投行路[1]
——風雨過後，總會見到彩虹

選擇求職投行就意味著選擇了拚搏，需要名校碩士背景、知名金融機構的實習經歷，此外通過 CPA 及司法考試職業考試等也是加分項。而這些，僅僅意味著你可能擁有面試資格，之後網申、筆試、多輪面試、實習考核，每一輪進階都可謂風雨兼程。

踏上征程

由於不願從事本科所學專業對口的行業，我成了考研「跨考」大軍中的一員。經過各種投行高大上形象的衝擊，我的投行之夢逐漸萌芽。美好的故事總是伴隨

---

[1]　作者爲陳利俊，畢業於南開大學金融學院。

著曲折的過程，這份夢想之後支撐了我兩年的考研路。崢嶸考研歲月，的確是一份珍貴的記憶，心酸卻又充實。

研究生階段，一切又回到了正常的學生軌道。只是在上課之外，更多是在跟導師做一些學術項目。很慶幸自己的恩師善解人意，在我離校實習期間給予了理解。整個實習之路比較曲折，因為一方面本科的教育背景較弱，另一方面也從未有過券商、基金核心崗位的實習經驗。我以一份知名金融機構的非金融崗實習作為起點，後經師兄推薦進入某 Top 券商進行較長時間的實習，而後以此為鋪墊謀得另一份 Top 券商投行的暑期實習。實習結束時，一直覺得自己的努力應該有一個好的回報，但實際卻並沒有獲得預想中的留用機會。實際上，我們那批暑期一起實習的人，沒有一個獲得留用。

於是乎，到了十月份，便踏上了百萬校招大軍求職路。「當潮水退去的時候，你會發現誰在裸泳」。那些優秀的教育背景及實習經歷，也在校招大軍的衝擊下顯得「然並卵」。所有引以為傲的資本帶來的自信早已蕩然無存，基本上所有的校招人都經歷了不斷期待、興奮、失落甚至煎熬的過程。慢慢地，大家習慣了一次次的被拒絕，習慣了半夜收到通知時的興奮，習慣了嫉妒身邊的人有機會穿上帥氣的面試西裝。然而到了十二月之後，各機構開始陸續發放 Offer，每年春節前的一月份是 Offer 發放相對較為集中的時期，大家都期待著帶上一份滿意的 Offer 回家過一個安心的年。與其他人一樣，我的工作最終落定也是在一月份，也即目前所在的某券商投行併購部。其實最早拿到 Offer 是在十月，但並非自己所鍾愛的投行，因此選擇了繼續追隨最初的夢想，最終如願以償。

求職經驗分享

首先，需要明確自己是否發自內心地喜歡這份工作，是否可以忍受這樣的生活狀態。投行確實會帶給你專業技能的飛躍提升、良好的後期發展的平台，甚至

相對較為快速的個人財富積累。但是，如果你嚮往的是每天朝九晚五、週末休息的生活，那麼投行可能不適合你。在靜下心來思考之後，依舊願意付出大部分的時間，投入精力去追求這份夢想，那請你好好看看以下我個人的一點經驗分享。

進入投行的路徑一般有兩種：一種是實習留用，且以暑期實習留用為主；另一種便是校招。

路徑一：暑期留用。這是最省心的方式，凡是暑期留用的同學在校招期都過得比較滋潤，至少心理壓力小很多，此等大牛一般在校招期間還會繼續求職，去占各種坑。如何選一份可以留用的實習也有一定的技巧。一般自己投簡歷、官方發布的實習，留用概率會更大。很多師兄師姐介紹的實習都是團隊臨時招的實習生，留用機會較小。一般有多人離職的團隊或新組建的團隊留用概率會大很多（該換別的坑記得早換，或許換一個合適的坑，就會看到前途一片光明）。至於具體哪家能留用，請咨詢你被券商「坑壞」的眾多師兄師姐（一般還是比較有規律的，各家 IBD 對實習生的態度及風格各具特點）。這裡我跟大家分享一下如何實現在券商的實習留用。本人當初實習的時候，也是每天對著電腦，要麼是在萬得資訊找數據，要麼是不斷刷新一季報、半年報、三季報或者年報，幾周後，又開始刷新各種財務數據，再就是大家普遍體驗過的打印機大戰，非常無聊和沒有「技術含量」。在這種狀態下必須告訴自己，我要做點「不同的」。比如，錄入數據這種瑣碎的小事，要認真去做，簡單而又重複，反覆錄入、反覆查找並更新，並且要保證這些數據沒有任何錯誤。一般招股說明書或者債券募集說明書多達一兩百頁。只有讓自己始終懷著某種使命感，「拿出去的申報材料，是要直接拿給監管機構和投資者看的」，才能堅持細緻地做好這個「體力活」。有了這個基礎，你就戰勝了自己。更加重要的是，通過這一過程的積累，你可以打動老闆或者同事，告訴他們：我足以勝任這項工作，並且可以從事更加複雜和具有挑戰性的工作。如此，通過一個良性循環，你可以做得更好，肩負更重要的工作和責任，這對於你的留用有更大的幫助。

路徑二：常規校招。這是大部分人的途徑，對普通人來說也是長期的煎熬與折磨，一般投行校招需要通過簡歷 + 筆試 + 面試（兩到三次面試為主）+ 實習這四個階段，IBD 正式錄用前一般都要實習。通過校招路徑的實習一般時間會短一些，留用比例取決於公司風格與需求。

求職前的準備

找一份投行的實習：一是平台渠道。推薦金融小夥伴，每天實習校招日報收集各大金融機構和業務人員直接提供的實習信息眾多。而你自身通過其他一些通用招聘平台網站篩選出高質量的金融實習信息太費時。當然，諸如金融小夥伴微信平台和 APP、人大經濟論壇、各大高校的 BBS、應屆生求職網之類的平台也可以時常瀏覽，多渠道兼顧；二是校友推薦。注意方式，別一上去就請求介紹實習，這樣一般都會失敗。不是師兄師姐不願意幫你，而是連你是個什麼樣的人都不瞭解，怎麼幫你？推薦你去，你做事態度不積極、質量低，甚至部分人只是為了刷簡歷，既得罪朋友，又有損自身口碑。所以請先做好鋪墊再求助。與人交往目的性太明顯也無益於進一步交流。你可以經常參與一些校友活動，或在校友群等公開場合盡可能幫助他人。先留下好印象，之後聯絡就會比較順利。不過前提是你行事、為人真的靠譜。沒點真本事、不能踏實高效做事是不行的；三是親友推薦。多找找靠譜給力的親友，一般你教育背景良好、本人非常懂事，各種親友但凡能提供幫助還是會幫助一下的。

簡歷：力求精緻、專業、匹配，只要是券商總部的崗位，特別是投行、行研、資管，都有堆積如山的簡歷。你需要在如此優秀的人群中脫穎而出，需要對簡歷進行反覆精心打磨。相當一部分同學的簡歷實在是太慘不忍睹，而且自己毫無知覺，海投無果之後便開始懷疑自己的教育背景太差，懷疑自己所學專業不對口，但從來沒意識到自己的簡歷出現了問題。一份精美的簡歷首先應具備排版佈局的

合理性，個人的教育背景、實習經歷、科研項目、專業技能等能合理地安排，根據自身的實際情況及亮點進行搭配，通過表格線隱藏的方式製作整齊簡潔的簡歷版式。對於細節，需要進行專業化的描述，盡可能避開那些占據了很多實習時間但對求職崗位無意義的文字，通過細節中篇幅的控制和關鍵詞的加粗突出自己要展示的內容。寫簡歷是一門藝術，盡量多請教一下已經求職成功的師兄師姐。

筆試：行測 + 專業知識 + 金融熱點。如果你「有幸」需要走校招，那就請你好好地準備筆試，每年招聘的券商有限，能通過券商簡歷篩選的更是鳳毛麟角，所以還是盡量珍惜每一次筆試機會。筆試以行測為主，這是校招筆試的必考題。此外，經濟學、金融學、財會基礎及證券從業也是常考的題目，當然還包括一些金融熱點等開放性的題目。這一塊沒有捷徑，大家只有提前多練習準備，如果筆試準備不充分，風險很大。

面試：自信 + 專業 + 沉穩 + 有料。走出象牙塔後，沒有任何人再催著你前進，所以 Offer 需要自己去爭取，在交流中向面試官傳達出自己可以勝任這份工作的自信。面試投行的時候，你會發現身邊所有一起面試的人都具有非常優異的教育背景及實習經歷。要有專業素養，你是某某名校某某專業意味著你有相當的專業準備，可以解決或者嘗試解決該崗位的一些難題。要沉穩，比如投行，作為一個初出茅廬的新人，你要去跟上市或待上市的商管提供各種方案，就需要成熟的思考及表述，這裡的成熟說的不是年齡而是心智。不少人或許會說，學長我長得就是萌噠噠，那怎麼辦？其實沉穩更多來自平時的積澱，多思考、多學習，注意自己說話的方式，那麼你講出來的東西就是有底蘊的、成熟的。不過說句實話，萌妹子進投行之後，很快會變身為女漢子，所以想繼續做萌妹子請繞行，投行不適合你們，如果確實有投行夢，或許可以考慮找個投行男民工。

學校門檻：我列舉一下面試中經常會遇到的國內學校：清北復交、人大、南開、南大、外經貿、中財、上財、武大、中大、廈大、西財、暨大、中南財、華科及其他部分不錯的 985 高校（有，但真的少很多）。本科的學校確實相當重要，

不少券商對本科的學校有嚴格要求，本科非 211 的話將是很大的硬傷。以上，不是讓本科背景一般的同學放棄，是希望大家以正確的心態看待已成事實的差距，並付出更多的努力讓自己變得更優秀。金融考研可盡量選擇上面所列的學校，排名無先後，可能有非常強勢的學校被遺漏，個人愚見如有差錯，還請原諒。

一般情況下，通過投行簡歷是需要相關實習經歷的，現在在名校裡面，擁有各種投行部實習經歷的學生很多，你在校招面試的時候就會知道，大家自我介紹的時候都有多家投行部的實習，努力獲取兩個及以上同行業實習經歷是不錯的，並且要確實學到東西，不要混，混過來的是很難在面試中脫穎而出的。有人選擇在學校混、實習混、集體中混，最終都要付出代價。

CPA+ 司考：這兩項是絕對的加分項，投行部十分鍾愛（CFA 證書相對弱一些，但也加分）。本人不才，一個都沒過，實習經歷匹配加上簡歷寫得不錯故而校招時也通過了一些券商的簡歷關。至於證書是否一定要有，並非絕對，主要取決於個人，上海地區考證氛圍相對濃厚（從金融小夥伴上海群及面試上海券商跟 HR 溝通中能體會出）。其實在求職中，有幾處匹配點（如學校 + 實習 or 其他）即可。

其實，證書不是考證的最終目的，但絕對有實際意義。比如財務裡的公司估值，經濟法中的證券法，這些在實際工作中隨處都會用到。所以抱著考證的心態來考試，一般效果和效率都不盡如人意。那麼考證應如何選擇呢？相對而言，有志於從事投行的強烈建議 CPA 一定要考，對業務處理大有裨益。其他則可以根據自己的時間和精力來靈活選擇，作為一個加分項。

投行新人入行感悟

與其他崗位的工作相比，投行的工作強度偏大，如果遇上拚命三郎般的領導，那麼你的投行生活會過得特別「充實」，可能連續幾個月都難有週末。一般而言，

投行工作強度跟項目類型及所處的階段有很大關係，如果整個項目進程十分緊湊，通常工作強度就會很大，休息時間也較少；如果整個項目進程較為寬鬆，那麼也有希望和普通上班族一樣朝九晚五。

投行整體的工作壓力和狀態比較苦，出差和加班是常態。「投行狗／一級狗，拉著行李全國走」，這是形象化的描述。具體可以看看《投行阿貓阿狗的故事》這篇網絡文章，部分地方略有誇張，總體比較接近真實狀態。一般早上九十點上班，晚上可以七八點下班，但是下班只是形式上的，回家後很可能要繼續工作到凌晨1點之後。然而這只是常規狀態，如果遇到項目出現問題，或者項目處於申報狀態，那就只能沒日沒夜地工作死扛了。因此，這個行業的員工身體大多處於亞健康狀態，這也是很多人選擇離職跳槽的原因之一。

在待遇方面，在不同的公司和不同的部門，甚至不同的團隊間，區別較大。但相對來說，投行的待遇還是高於一般的金融行業。尤其是在股債比較好的時期，獎金超出你的想像。但對於新入職員工，10萬~20萬元的底薪是標配，獎金則與大環境、公司、團隊等有很大關係。相對來說，大券商底薪較高，獎金較少；而中小券商底薪較低，獎金較高。

關於投行業的推薦讀物

最後向大家推薦一些課外可供研讀的書籍，也是我自己看過的一些書：《說謊者的撲克牌》、《中國資本市場二十年》、《中國資本市場發展報告》、《上市公司併購重組監管制度解析》、《紅籌博弈》、《公司上市審核與保薦重點》、《企業上市典型案例深度剖析》、《企業上市審核標準實證解析》、《中國企業債券融資：創新方案與實用手冊》。

13

行業研究漫談[1]
——尋找那份你最愛的事業

平凡的我

本人背景如下：本科為某非 211 一本計算機科學與技術專業，研究生為滬上一所 211 財經院校金融專業，目前就職於某證券公司傳媒互聯網行業組，做行業研究工作。我的本科學校並非 211 或 985 名校，時至今日能夠進入金融業，一方面是因為讀了研究生，而另一方面更多靠的是勤奮刻苦。

應金融小夥伴之邀，分享一下從學生至今學習、求職、工作感悟的故事。我個人覺得勵志故事 / 成功學對於個人的成功作用不是很大，因此我將不會重點講前兩項，而更多講講我在實習和工作中的經驗，希望對大家有所幫助。

---

[1] 作者為邵偉，畢業於上海財經大學。

追求自己所愛——二次轉行

專業上的轉變：計算機→金融

計算機、互聯網作為當今社會的熱門行業，每年吸引了很多的人才湧入。從薪酬上看，互聯網行業起薪很高，在金融領域做著實習拿著 60~70 元日薪甚至免費的同學，可能對互聯網公司願意免費給實習生進行暑期技術培訓，並且在實習期間給實習生開出 5 000 元左右的實習工資（當然並非大公司）比較驚訝。從企業文化上說，互聯網公司年輕的文化氛圍也是非常吸引人的。

但我為什麼還要轉行？一方面因為經常與經管學院的朋友溝通，以及在學校創業類社團的經歷難以讓人專注於一個行業，感覺世界還存在其他機會，想進行不同的嘗試。我起初想去的是 PE/VC，認為未來可以實現自己價值的地方在於股權性的投資。另一方面，雖然從事科學研究工作也有可能帶來成就感，但我逐漸感到商業、創業這類關鍵詞才能更好地調動我的興奮神經。於是就走上了考研的道路，從計算機專業轉到金融專業。

除了上述因素使我轉行業外，還有如下幾點原因：

◆ **互聯網行業看起來很美，但並不是每個人都可以出頭**

以一位垂直電商的朋友為例，當初畢業時年薪令人羨慕，但至今工資上漲幅度不盡如人意，雖然有公司期權，但公司上市遙遙無期。且一旦跳槽，期權將作廢。公司以此把員工利益和公司綁在一起。年輕人的時間成本真的很高，試錯機會真的很少。

◆ **互聯網公司加班也是家常便飯**

互聯網行業每天接觸的基本是機器以及內部同事，而行研最大的優勢就在於在職業生涯早期就可以與董事長、CEO 等有深入的交流，可以得到更大的成就

感。所以，我個人覺得後者更能較快地提升個人的綜合能力。

互聯網行業目前發展較為迅猛，但是未來的發展具有一定的不確定性；而金融市場將伴隨人類社會更長的時間，資本市場的機會相比之下更多。

金融子行業間的轉變與適應

進入研究生階段後，我經歷了 PE/VC 的實習、行研的實習，最後出於因種種原因求職於某基金公司的子公司，以資產管理業務作為職業生涯的起點。資產管理行業較為寬泛，而基金子公司因此前的制度紅利原因，更多活躍於一級市場，大部分是通道業務，工作性質、組織結構更像投行。這種上下級關係，以及偏向固定收益的投向不是我所期望的，於是憑藉之前行研實習的底子轉向了現在的行研工作。

對於資產管理行業，我認為，在固定收益領域，通道方通常以監管套利的形式存在，銀行通道業務中，風險不會消失，但在財務報表的數字上進行了一定的隱藏，幾乎不創造價值。資產證券化項目的通道業務中，通道方通常作為 SPV 存在，資金和項目往往兩頭在外，無法自己控制，因此其主要的核心競爭力是「快」，而「快」又會導致風險暴露。融資類項目的通道業務，一則沒有利率優勢（無法與銀行競爭），二則高利率項目通常伴隨高風險，容易造成風險暴露。一定程度上，固定收益類項目的風險很難避免，其主要核心競爭力在於通過風控措施，在出風險的時候有人可以兜底，通過條款的設計使得出風險的時候在受償上獲得優待。

而在權益類的通道業務中，新人的項目通常由於風險問題不太受重視，沒有足夠的研究經歷很難說服以融資類業務為強項的風控團隊。而資管機構因缺乏相應人才，目前也大多暫無主動管理的能力。

以上困境讓我轉行到了賣方行業研究員的工作。行研的好處在於：年輕人可以憑藉自己快速接受新事物的能力獲得買方的認可。基金經理可能對汽車行業、

玩具行業、電子行業非常熟悉，但可能不太瞭解汽車電商、二次元、虛擬現實，這正是年輕人的優勢所在。行研雖然苦逼但職業起點較高，未來出路較為廣闊。而且對資本市場的熟悉對未來自己的投資也是有幫助的。

背景不突出，如何突破桎梏轉行

考研的經歷在這裡就不說了，我主要想談談背景經歷並不突出的人如何去突破自己背景的桎梏，找到自己相對滿意的工作。另外需要說明幾點：我並沒有通過任何一門 CPA，僅通過 CFA 1 級，通過證券從業資格證 4 門，績點也很低，上述背景應該已經算是底層了。說這些，並不是強調不努力也能心想事成，只是想表明在考證、學習和實習之間，確實應該有一個明確的取捨。

研究生入學之初，我就去尋找 PE/VC 的實習。但大部分簡歷如石沉大海，少部分獲得面試機會後也沒有了下文。後來我總結出，沒有財務背景、學校普通、實習經驗不足等均是重要的原因。情緒低落的我只好經常去參加各類校友聚會，包括本科和高中在滬校友聚會，最後在一次聚會中，我主動向一位創投基金總裁校友遞上自己的學生名片，希望獲得實習機會，她很爽快地答應了。後來通過瞭解，發現相比於背景，她更看重年輕人的主動性，另外擁有自己的名片讓她眼前一亮。

我很感激這位老總，她經常開車帶我去看項目，並讓我負責各類 case 的研究分析，代她參加一些創業者為我們舉辦的路演活動，幫她維護行業內的人脈資源等，並表示如果願意長期實習並留下來，薪酬好商量。如果真能獲得如此高起點的工作，我也就實現了最初想做的事情。但，我發現我的研究能力嚴重不足，因為沒有乾貨，所以與創業者和各個老總交流起來較為困難，完全不像當初想像中那樣成為人生贏家，所以我希望能有更多的積澱。

在這份實習之後，經朋友介紹，我向某證券公司研究所的環保行業投遞了簡

歷，尋求研究能力的突破。實際上在此之前，我已經向無數研究所提出了研究實習申請，但總是石沉大海。這位組長的特點在於，只有在完成了他要求的任務後才能獲得面試機會。後來他說，之所以招我進去，是因為我提交的任務文檔是最接近他要求的，雖然很粗糙，但是令人眼前一亮；並且本科不是名校，應該是個吃苦耐勞之人。於是，我獲得了難忘的行研實習經歷。但最後仍然因為實力不足而沒能留下，更深層的原因也可能在於對環保的興趣不足，並未投入所有的時間聚焦於這個行業的研究。要知道，我畢竟是學計算機出身的。

後面的事情如上所述，經歷了一段資產管理行業的工作之後，加上之前的 PE/VC 的實習經歷、行業研究實習期間認真寫的深度報告（否則行研一般需要較長的實習期）、計算機專業背景再加上對互聯網的熱愛（唯獨差海龜經歷），我找到了目前的行業研究工作。

如果我的經歷具有參考價值的話，請背景普通的同學務必保持獨特性，最好不要通過傳統的渠道與大牛競爭。

研究工作感悟

入行不算很長，僅提供以本人的視角得出的感悟。

◆ 興趣很重要，身體很重要

首先你應該對自己想從事的行業感興趣。有的人只對收入有興趣，這份工作做好了收入確實沒有上限。研究員只有喜歡這個行業，才會時時刻刻關注它的動態，對它有敏感性，願意接觸每一個與之相關的產品。興趣將驅使你有動力熬夜，而熬夜在行業研究這一行不可避免。有時候為了能夠及時發出一份深度報告，連續熬夜幾天都很正常；而外出調研之前，也需要熬夜瞭解公司的方面，避免問出愚蠢的問題。

然而，一般人都是對收入感興趣（可能有行業外人士的幻想因素），但是對

高強度的工作狀態不感興趣，這部分人實際上並非對金錢感興趣，而是對毫不費力地賺錢感興趣。如果有這種想法，或許你並不適合行業研究。

◆ 人脈很重要，積累人脈要做活雷鋒

《證券分析師的最佳實踐指南》裡說到，一個優秀的研究員不僅要挖掘市場忽略的信息，而且要建立自己獨特的消息源。這些消息源包括同事、朋友、各類行業人脈等。但二級市場與一級市場割裂的地方在於，大多數的二級市場研究員通常與非上市公司沒有聯繫。但我認識的優秀前輩，通常是不求回報地為非上市公司提供幫助，比如提供研究服務、提供自己的觀點、幫助其與上市公司交流、幫助其融資收購等。這樣做收穫的除了友誼還有信任。記得一次在某活動上與行業人士交換名片，對方發現我是研究員，就隨口說他也經常向趙曉光咨詢行業問題，可見前輩的觸角真是無所不在。

◆ 市場中存在各種風格的研究員，要找到自己的風格

記得剛入職，組長就對我說：咱們研究員有兩種生存法則，一種是研究型，一種是推票型。

研究型的研究員是真的要對整個產業的各個方面都很熟悉，比如上下游各家公司，以及產業內的人脈等，能清晰地講述行業邏輯，並能幫助投資者學習，以幫助他們投資。人脈不僅包括二級市場，一級市場中的非上市公司也應該掌握。雖然研究型的研究員推薦的股票不一定很出色，但仍然能夠體現出賣方提供服務的價值。

另一種是推票型，這樣的研究員要做有效市場建立過程中勤勞的小蜜蜂，盡量消除市場與公司之間的預期差，挖掘市場忽略的信息，力爭做推票小能手。我們一眼就能看出市場上各研究員的風格，各有千秋，無須贅述。

◆ 賣方的本質是服務

賣方的本質是服務。作為賣方研究員應該根據買方的需求提供相應的服務。準確推票是服務、組織調研是服務、寫研究報告為買方路演推介觀點也是服務。

因此，發表觀點就顯得特別重要。只有發聲才能傳遞自己的觀點，從而獲得關注。

◆ 行業研究的本質

有時候會想，行業研究的本質是什麼？我個人認為，應該是努力尋找低估的標的，並使之合理定價；通過發表投資觀點，引導投資者在最優的行業和公司上配置資源。

同時，我個人覺得，A 股的概念炒作不一定會擾亂資源優化配置。例如樂視網起初只是默默無名的視頻網站，上市後逐漸發展壯大，成為第四大視頻網站，其餘的生態系統的想像空間仍然巨大。A 股上市重盈利，但二級市場的高估值能夠幫助想像中的盈利成為真正的盈利。美股同樣也相信故事，虧損公司也有上市的機會，這樣提供了更大的講故事的空間。

作為行業研究員，雖然在股市波動中獲益良多，但是只是講故事似乎也並未提供太大的價值。我更加認同產業研究的理念，即做一二級市場的聯結者。

給後來者的一些建議

每一位後來者都會糾結，實習的時候應該選擇哪個行業進行研究，選擇怎樣的券商會更加合適，買方和賣方該如何抉擇。

我的建議是：

◆ 如果沒有特殊偏好，可選擇與自己專業背景或經歷相關的行業

例如醫藥、化學、機械等專業性較強的行業，一個外行要付出比內行多得多的努力，還未必能夠達到很高的研究程度，相比之下，具備相關行業經歷或者背景的人通常更容易投入到這個行業的研究中來。另外，在該行業有一定的工作經歷也有利於具備更多的行業人脈用以獲得行業最新動態信息。當然，像金融、建築、資源等行業可能更多與宏觀經濟掛鉤，那麼金融專業背景也可以勝任。

◆ 新興行業重行業經歷，成熟行業重財務，任何背景均能找到合適的行業

類似於 TMT、醫藥這類新興行業，更重視行業的學習經歷和工作經歷，因為這些經歷有助於更快掌握行業最新發展動態，在前瞻性研究上更具優勢。而已經處於成熟期的行業，金融、財務等背景仍然可以非常好地勝任。因此我們可以看到，新興行業的研究報告很少進行財務分析，而更多進行技術、應用、市場空間等前瞻性的研究，而成熟行業更關注財務方面的分析。

◆ 應屆畢業生的擇業選擇

一般情況下，大機構適合大多數人，至少適合尚未對自己有明確認識的應屆生。而小機構更加適合有極強主動性的人。一方面，大機構更加穩定，對新人會有一段時間的保護期，使其安心研究。另一方面，大機構的資源更多，培訓體系也更完善。因此，若有人問我機構的選擇，我給出的答案是：大買方→大賣方→中小賣方→中小買方。但一般來講，大機構是用來學習的，小機構是用來變現的。

大型買方的優勢在於，會有無數的賣方為它服務，作為剛入門的應屆生可以獲得更多的學習機會。而賣方的適合面更廣，如果覺得自己不適合買方的工作性質，並且研究能力較強，在賣方仍然能夠發光發熱。賣方的另一個優勢在於，跟上市公司建立的是長期關係，並且與一級市場或者投資機構有較多的接觸機會，是職業生涯一個非常好的起點。

◆ 怎麼知道自己是否適合行研

拋開後台、風控、IT 等職業，金融行業基本上是業務驅動的。如果你不喜歡嚴格流程的東西，希望一入行就能發揮自己的能動性，喜歡鑽研，對新鮮事物有好奇心，樂於寫文章分享觀點等，我覺得你適合行研。再進一步，若你具備理工科複合學習或工作背景，那你就是行研行業中不可多得的人才。

◆ 如何事先對行研有所瞭解，從而提高面試的成功率

對行研沒有瞭解的同學，可以從以下幾個方面瞭解行研：

● 看券商的行業 / 公司深度研究報告，讀懂行業研究 / 公司研究的邏輯，重點關注行業變遷史、行業驅動因素、國外標桿的發展史等；

- 看書：《波特三部曲》、《證券分析師的最佳實踐指南》等；
- 如果想從事的目標行業較成熟，通過 CPA 考試、CFA 考試會加分；
- 證券從業資格證，雖然簡單但通過也能加分；
- 外文：需要前瞻性研究的新興行業，需要閱讀大量外文資料，若掌握英語乃至小語種語言，在有需求的行業可能會加分。如環保行業有時需參閱日本、歐洲、美國的資料，那麼掌握日語、英語將加分。

◆ 如何投遞簡歷，獲取注意

平日招聘實習生的時候會有這樣的感覺：有的人學習經歷非常漂亮，但亮點不突出。下面我將對經常出現的簡歷投遞問題給出建議。

只發附件沒有正文，而且附件的標題未按照招聘啟事的要求設置。建議正文中簡單介紹一下自己，表現出自己的亮點，可以寫上自己的經歷、專業背景、聯繫方式等，甚至僅僅是自己的滿腔熱血也可在正文中顯露出來，注意一定要有特色。簡歷文件名一定要按照招聘啟事的要求命名。

有相關證明自己實力的作品一定要傳到附件中，附件請用 PDF 格式。證件照一定要好好拍，或者乾脆就不要放照片，有時候形象也挺重要的。

求職目標要明確，例如明明是應聘行研，就不要在簡歷中寫上「求職目標：行研、投行、資產證券化等金融業務均可」。

寫在最後

做一個研究員雖然很累，但適合這個職業的人其成長速度通常快於同齡人。銀行流程化、投行等級森嚴、一級市場投資長週期、實業不景氣，因此，研究員的好，懂的人自然懂。我見過不少朋友因為不滿研究員工作的高強度而找了別的工作，不久之後又回到了這個坑中。我想，正是這個行業的魅力讓他們重返戰場的吧！也祝願希望在本行業發展的朋友獲得動力、找到風格、飛速成長。

14

應屆生適合做私募嗎[1]

——世界會向那些有目標和遠見的人讓路

對於大多數金融在校生而言，私募股權投資（PE）都是神秘甚至有些望而生畏的行業。事實上，PE 也確實是各個金融子行業中較為年輕的一類，二十世紀七〇年代才開始發展，在國內，則直到二〇一〇年以後才逐漸為人所知。在本章中，筆者將首先從 PE 行業需要的相關能力展開，聊聊 PE 行業的日常和工作感悟。

PE 行業需要什麼樣的能力

從事金融各行業所需要的能力，總結起來可以分為以下三種：研究能力、執行能力以及溝通能力。這三種能力又各自對應著高級形態：研究能力會逐漸成長

---

[1] 作者黃懿傑，畢業於清華大學；劉年康，畢業於重慶大學。

為對行業、對公司的判斷；執行能力會演變成為完成交易，成為 deal-maker 的能力；溝通能力則會演變為各種業內資源和進一步獲取資源的能力。如果說投行對於執行和溝通能力要求較高，行研需要較強的研究和溝通能力的話，PE 則對上述三種能力都有非常高的要求。要成為一個好的私募股權基金投資人，既需要能夠快速學習、瞭解行業、做出投資判斷，又要主導交易結構設計，完成交易從前期盡調到後期各類手續和流程，同時要能夠獲得好的投資標的，與同業和企業保持良好的關係。下面就從這三種能力展開聊聊私募行業的日常狀態和工作感悟。

研究能力

研究是 PE 的必備技能，也是剛入行員工的基礎工作。一般而言，當某個投資機會出現的時候，需要做的第一件事就是進行研究，從而初步判斷是否有投資價值。研究可進一步分為行業研究和公司研究。前者與券商研報的行業研究有一定的相似之處，很多時候會進行借鑑，但券商的行業研究偏宏觀，只覆蓋上市公司所在行業，PE 的行業研究則會非常細緻。事實上，很多公司並沒有完全一樣的上市公司對標，要瞭解這一行業就需要另起爐灶，在較短的時間內理解行業。PE 常用的行業研究手段除了傳統的數據分析外，很重要的一個環節是專家訪談，訪談對象往往是在行業內有多年經驗的專家，或對投資標的較為瞭解的人士。在專家訪談環節中，投資人可以獲得第一手的信息和觀點，這是傳統行業研究所不能比擬的。公司研究則包括公司戰略、運營情況、財務分析和預測等多個方面。公司研究很大程度上依賴於對公司進行的盡職調查，這也是 PE 投資中非常重要的一個環節，是瞭解整個公司的真實運營情況的關鍵所在。

在行業研究和公司研究的基礎上做出的成果就是財務預測模型，即預測未來該公司的發展情況、淨利潤（是一般而言最關注的指標）的增長速度和絕對值等。一般認為，財務預測最關鍵的地方在於假設。假設不準確，再精美的模型算出來

的數字都是垃圾。準確的假設來源於對行業和公司的準確理解，這是前面研究的成果。比如說，未來整個行業的發展速度如何，行業集中度是進一步集中還是分散，公司的現有產能能否支持快速擴張，目前的商業模式在未來是否會暴露出問題，等等。每一個關鍵假設都需要有堅實的數據基礎和完整的邏輯支持。

從研究能力的角度上說，進入 PE 行業之前，券商行研、基金投研、咨詢公司、四大（從財務角度）、發表的某篇論文甚至是在某個領域跟導師的課題都是寶貴的經驗。因此，即使是在學校的某個作業對培養自己的研究能力都是有幫助的，而研究能力也是需要逐漸積累、不斷打磨的基本功。

執行能力

執行是什麼？相信很多在校的同學都不太能夠理解。按照筆者的理解，執行就是把一件事做成的過程，比如在社團組織某個活動，從前期拉贊助、貼海報，到組織報名、安排場地，再到活動中的主持、茶歇、問答，最後活動結束安排嘉賓離場、撰寫新聞稿……整個活動的點點滴滴都是在執行，都是促使這個活動按照前期的計畫和安排有條不紊地完成，取得預期的效果。在 PE 投資中也是如此，前期的研究和預測固然美好，但交易要順利完成，盡職調查的進場，交易結構的安排、架設，相關協議的簽署等等一系列環節都得一絲不苟地落地。就小事說，複印、掃瞄相關交易文件是執行；就大事說，整個交易結構如何設計也是執行。從接觸投資標的到最終投資，期間有大大小小各類細節需要注意，每一件事都不難，但需要在規定的時間內零差錯地完成，這就對執行能力有很強的要求。

從筆者個人的觀察看，執行能力是很多同學相對欠缺，且不容易引起重視的能力。而事實上，執行能力是剛入行菜鳥的基本素質，也是脫穎而出的必要條件。試想，如果連最基本的填寫合同都會出錯，領導怎麼會放心讓你去參與甚至主導重要的投資項目呢？相信很多同學在剛開始實習的時候會接觸到不少整理材料、打印、複印、掃瞄、填寫合同等較為枯燥無味的工作，但如果能夠在一段時間內

將這些工作零失誤地完成，你的上級肯定會覺得你是一個靠譜、細緻的人，未來會放心地把更重要的事情交給你去做。有了這種信任，才能夠不斷接觸到新的、越來越難的內容；才能夠不斷成長，不斷進步。而人與人之間的這種信任，是金融業的根基所在。

執行能力很虛，這裡再詳細敘述。首先需要的是細緻，是在各種瑣碎的流程中仍能夠保持注意力集中，不會出錯的素質。這一點說起來很簡單，但對於心比天高的我們，卻是很容易忽略的一點。其次，需要養成良好的工作習慣，高效安排工作開展流程，進而形成一種大局觀。說實話，私募基金對這方面的培訓比較少，而很多大型銀行都很看重這一點，因此，想進入 PE 的同學要注意培養好的工作習慣。筆者的感覺是，之前在資管行業有做過通道業務的經驗，對於養成好的工作習慣、培育執行能力，有較大的幫助。

溝通能力

溝通無處不在。在研究中需要跟賣方、專家、投資標的管理層和內部員工進行溝通；在執行過程中需要跟會計師、律師、本公司的風控部門、投資委員會的大佬們進行溝通。這一技能非常重要。但是，這一重要的技能，卻不像前面的研究和執行，可以拿出來展開說很多。這裡我簡單把溝通分為三類：對內、對外和社交。

對內溝通指的是跟自己的直屬領導、團隊內的同事，以及其他部門的同事進行高效交流的過程。與領導和團隊內的同事需要保持充分溝通自不必多言。在某項投資過程中，投資團隊往往起到牽頭的作用，因此要協調公司各個部門，這就涉及與其他部門進行充分溝通。在規模較大的 PE 中，相關人員較多，要想帶動其他部門的同事跟上投資部門的節奏，同時讓各個部門感到舒服，需要非常強的溝通技巧。目前比較大的私募基金，特別是偏債權類的，很多時候風控部門都較為強勢，是制約投資部門的主要力量。如果能同時照顧風控部門的情緒，又實現

自己的投資方針，非常考驗情商。

　　對外溝通指與第三方盡調機構及標的企業進行溝通。PE 作為買方，在與第三方盡調機構打交道中一般較為強勢，但同樣也需要進行充分溝通，瞭解盡調的進展，確保盡調程度達到預期要求。更重要的是與標的企業進行溝通，包括溝通獲取標的企業的數據、信息、相關文件，同時傳達自己公司的投資意向和相關要求。上述過程實際上是較為微妙的，哪些內容該好好詢問，哪些條款不能多說，都需要好好揣摩。

　　最後是社交。大家都知道，金融是最講究人脈的，除了平時業務活動積累之外，另一個重要的渠道就是進行社交。社交有很多種，既有吃頓飯、喝點酒、唱個歌，之後也沒什麼聯繫的；也有交流業務，相談甚歡，最後成為合作夥伴的。從筆者有限的經驗看，學生時代的朋友往往比工作之後更為難得，因此同學們不妨現在就多出去看看，跟打算從事金融行業的其他學校，甚至其他城市的小夥伴們建立聯繫。在這個過程中，溝通技巧已經不是最重要的，最重要的是有一顆熱愛分享和交流的心。有的時候熱心回答他人的一個問題就會為你收穫不止一個朋友（因為其他小夥伴也會因此而認可你）。

　　綜上，從事 PE 對個人的研究能力、執行能力和溝通能力都有較高的要求，也正因為如此，PE 會帶來豐富的工作體驗、持續的挑戰和滿滿地成就感。也正是因為一直在進行多方位的鍛鍊，PE 行業才能造就個人的快速成長。但凡事都有另一面，PE 行業的投資週期較長，如果學習能力不強，又不夠細心，也很容易在很長一段時間內顆粒無收，這也是為什麼很多人會選擇先去賣方鍛鍊幾年。PE 並不會拒絕優秀的應屆生，但確實不適合沒有做好準備的同學們。選擇之前，好好問問自己，做好了準備嗎？

從事 PE 行業的感悟

為什麼選擇 PE 行業

首先，PE 投資客觀來看需要全面的知識體系，包括：財務知識、法務知識、稅務知識和紮實的行業基礎知識。一個出色的投資人必然是某一個行業的專家，對上下遊行業要非常熟悉；從工作挑戰的角度看，這對筆者而言非常有趣，PE 投資推動筆者每天不斷學習，不斷豐富自己，這讓筆者感覺很充實。其次，PE 在其他方面，對個人附加值增值很快，工作中需要不斷與同事溝通，與客戶談判，不斷換位思考，不斷去揣摩對方，客戶訪談也經常會遇到各行各業頂級的企業家、行業專家，對情商也是很大的歷練，一以貫之，成長速度將比同齡人快很多，軟實力相信也會有較大提高。最後，PE 投資是積累業界資源、更新人脈極佳的切入點：很多 PE 投資同行思路寬廣、思維活躍，筆者與他們很多人成為非常好的朋友，同時，也會有機會接觸行業個中翹楚，眼界也有較大提高，這都是個人職業發展過程中寶貴的財富。

從事 PE 行業的感受

根據最新統計，截至二〇一五年十月，國內已備案私募基金 20 123 隻，認繳規模 4.51 萬億元，實繳規模 3.64 萬億元，私募基金從業人員 31.74 萬人。私募股權同質化嚴重，處於高度競爭狀態。具體到筆者個人層面，PE 投資工作強度大、節奏快，在私募行業生活和工作很難做到平衡，大多數投資人的工作和生活都融為一體了。回憶筆者剛入職的時候，高級投資經理沒有足夠的時間指導我，大部分時間靠我自己主動去爭取、去學習，保持對行業、生活的高敏感度，入職第一年，平均每天都加班四五個小時；同時，很多工作內容其實需要較強的研究

能力、較深的社會閱歷，我也需要不斷向前輩主動溝通請教。

◆ 應屆生是否適合做 PE

首先，PE 行業對從業者綜合素質要求較高，很多人把 PE 行業比作一級市場皇冠上的明珠是很有道理的。相較而言，應屆生知識體系儲備不足，很難具備紮實的行業基礎以及相應的財務技能和法務技能。譬如有過咨詢公司工作經驗的，對企業整體架構、戰略有較好把握；在投資銀行部做過的，對交易架構、企業估值瞭然於心；有過實體行業經驗的人，對整個行業核心競爭力、未來行業走向的敏感度更高。因此，正規的大型 PE 機構不太接納應屆畢業生，因為相比於有經驗的從業者，應屆生的價值輸出比較少。

不過，如果有機會可以直接進入 PE 投資，不必拒絕。PE 投資讓我們有機會直接接觸更多的行業，更容易看到資本市場的全貌，何樂而不為？此時此刻就要嚴格要求自己，加強對知識體系的梳理，積攢工作實習和社會交往經驗。

◆ 對應屆生從事 PE 的建議

入行需謹慎，問問自己是否真的喜歡 PE 行業，願意深耕下去。PE 投資看上去光鮮靚麗，實則需要巨大的時間和體力付出；從職業發展的角度來看，直接從事 PE 投資工作容易讓應屆生對行業甚至對職業生涯的認知出現偏差，若日後轉行做其他行業，容易出現眼高手低、工作不踏實的情況。

◆ 對入行之後的建議

接地氣、勤奮、主動這三點在我看來是比較基礎的。PE 投資會讓你接觸大量優秀的人，甚至會接觸很多成功的「捷徑」，保持謙虛，不自我膨脹，慎始敬終，始終如一很重要；如果不想被淘汰，尤其是目前行業激烈競爭的狀態下，要保持十足的勤奮和主動，像蔡蕾總在昆吾九鼎多次提及的「天下武功唯快不破」，只有勤奮和主動，才會有可能比其他機構、其他競爭者抓到好的投資機會，才有可能在行業內立錐立足。

15

誤入信託業的法科學子 [1]
——跌跌撞撞，一發不可收拾

　　此文是較久之前寫的，僅更新了個別的數據。時過境遷，目前信託業乃至資管業與之前所處環境相比可能發生了較大變化，許多政策包括數據已經不夠新。許多原先認為是業務的一個方向的，如今在實踐中也已經大量出現，還請大家見諒。但是很多對於從業的感悟和理解都還是通用的，真心希望能對大家有所幫助。

　　回想起幾年前，對大資管還是一知半解，不記得是被師兄忽悠的，抑或是看媒體上傳播覺得大資管很掙錢，開始瘋狂地投簡歷給各種信託公司及資管機構。最終，不知道是運氣好還是不好，誤打誤撞進入了滬上一家大型基金子公司從事類信託，再後來跳槽到另一家基金公司從事專戶業務，至今在資管業的從業已兩年有餘。

---

[1]　作者為鄒永勝，畢業於華東政法大學。

　　唏噓感慨時間飛逝之際，在此做個總結，也為對資管業有興趣的師弟師妹們提供一點自己的感悟與經驗。資管業的先驅是信託公司，所以本章探討的資管多以可利用信託制度開展資管業務的各家機構為主，單論大資管的話範圍太廣，恐難以討論詳盡。

　　關於信託業從業經驗的文章已然不少，如當初最早入門時讀過的《我的信託法務入門》、《我所認識的信託》等名文，風格不一，各有所長，有興趣的師弟師妹可自行問度娘。與前輩達人們不一樣的是，筆者資歷尚淺，對行業理解亦不深，但勝在可能與後輩們年齡相當，考慮問題的方式較為接近，也許提供了不一樣的視角。念在小弟入行不久，分享全因熱心，請各位資深人士輕拍。

資產管理市場的現狀是什麼樣的

　　記得二〇一四年初，107 號文[1]剛剛發布，網上流傳著一篇非常幽默風趣的段子文《理財黑社會》，把銀行比作黑幫老大，把地產、平台等非標比作販毒，信託是幫內二把手，曾立下不少汗馬功勞，但已被局裡盯上了；券商小弟自從有了「定向」神器和海歸基金公司的兒子公司，就成了新受寵的小弟……當真寫得生動形象，惟妙惟肖，感興趣的同學可自行百度閱讀。

　　確實，在整個資產管理領域，銀行是當之無愧的老大，無論是體量還是資源的獲取能力。實質上，我覺得銀行做簡單的貸款業務也可以算做是廣義的資產管理。因為銀行資金充足且融資成本相對低廉，所以銀行永遠都是客戶融資的第一考慮，往往也是各大企業項目第一個接觸的金融機構，其在資金端和項目端的把控能力都是其他金融機構遠遠無法望其項背的。自同業潘朵拉魔盒打開後，銀行

---

[1]　107 號文：指國務院辦公廳發布的《關於加強影子銀行業務若干問題的通知》。該文件首先釐清了中國影子銀行的概念，並明確影子銀行監管責任分工，以及各類金融機構如何監管的問題。

的投行部、金融市場部等各種創新資產管理模式湧現，傳統的信貸業務很多以轉為投資非標資產的方式為地產、工商企業等輸血。除了獲取更高額的收益外，更通過各種設計降低風險資產占用，突破監管限制，許多做得「野」的銀行資產管理規模激增。然而，也正是因為銀行體量大，牽涉面最廣，監管當局對其的監管也最為嚴格，導致銀行的資產管理效率很低，很多高風險高收益的業務無法開展。這個時候，要突破監管，獲取高額的收益，就需要其他資管機構的參與，信託、券商、基金子公司等各路小弟就跑出來了。自 127 號文 [1] 及後續的一系列監管文件出台後，銀行的同業、金融市場業務受到了巨大的衝擊。但是從長遠看，基於混業經營的大趨勢，銀行作為金融市場中的航母，肯定能夠參與市場中的前沿業務，即使它受到的監管最嚴，也一定能找到自己的定位或者變通方案。如今銀行業在逐漸嘗試原先屬於其他專業金融機構的業務，例如，雖然法律明確限制銀行不得做股權投資，但目前許多銀行都把 PE 業務作為自己的一個戰略發展重點，做了許多不同方式的創新。銀行一旦摸索出屬於自己的創新道路，其增長速度絕對是其他機構無法比擬的。

信託業目前的領頭羊自然還是信託公司，二〇一〇～二〇一二年經歷了絕無僅有的幾年發展，信託公司徹底瘋狂了一把，目前規模已突破十幾萬億元，成為金融業當之無愧的老二，但目前被銀監會等列為重點監視對象，正在經歷轉型之痛。信託業其實一直是壞孩子的形象，在五次整頓後，信託業其實一直沒有找到自己的定位。直到後來才逐漸摸索出了一套類銀行信貸的業務模式，但也不溫不火。早期的歷史性機遇，使信託得以給銀行當小弟，通過其牌照紅利，為銀行業務立下了不少汗馬功勞，除通道費賺得盆滿缽滿，也積累了一些自己的客戶。如今通道端面臨著牌照放開後各種機構的競爭，而主動管理則隨著監管從嚴、整個

---

[1] 127 號文：指「一行三會」和外管局聯合發布的《關於規範金融機構同業業務的通知》（下稱 127 號文），用以進一步規範銀行同業業務。127 號文由央行金融穩定局牽頭五部委制定。銀監會也在同日發布《關於規範商業銀行同業業務治理的通知》（下稱 140 號文）。

行業兌付風險壓力的存在，以及信託公司內部風控的逐漸轉嚴，同樣較難開展。

　　但與基金子公司等新晉機構相比，最關鍵的是信託公司目前已基本獲得了市場的認可，具有項目沉澱和投融資人員優勢，開展主動管理及創新業務具有較大優勢。現今市場進入了一個資產荒的時代，傳統業務越來越難做，以傳統非標業務見長的信託公司，也一直處於轉型的陣痛之中。目前信託公司陸續開始開展各種新的轉型業務，如私人財富信託、土地流轉信託、企業資產證券化等，還積極介入股權投資、併購重組等資本市場業務。由於信託牌照的特殊性，在各種前沿業務中加入信託作為 SPV[1]，可以變換出多種交易結構，具有一定優勢。如中融信託之前主要做地產及平台業務，如今立志轉型做各類資本市場業務。對傳統業務「壯士斷腕」，可謂非常果斷與堅決。

　　券商資產管理此前受困於投向及委託法律關係的問題，小集合不能投資非標，故主要以投資二級市場居多。隨著大資管新政的放開，獲定向資管計畫，搶食通道業務，小集合主要通過借用通道等形式也風風火火地做起了非標和許多主動管理業務，目前規模逐漸突破十數萬億元大關。真正的券商資管目前仍然受制於較多的法律限制問題，在二級市場主動管理，一級市場方面有較多參與。但在一級市場方面，如若能很好地憑藉其營業部銷售端、投行項目端、資管產品端三者聯動，定將極大地影響目前資管行業的地位排名。另外曾經的大集合被暫停了，但券商現在陸續在申請開展公募的資格，憑藉券商的行業研究能力，在二級市場肯定也會非常有作為。如東方證券的東方紅就是一個很好的例子。

　　若論金融圈的當紅小生，非基金子公司莫屬。成立至今，總量規模狂飆突進。因最早的監管極其寬鬆，基金子公司牌照被業內稱為「萬能神器」，各機構不能做或需要規避監管的，紛紛找基金子公司做通道。目前基金子公司不到 70 家，

---

[1]　SPV: Special Purpose Vehicle 的簡稱。在證券行業，SPV 指特殊目的的載體，也稱特殊目的機構／公司，其職能是在離岸資產證券化過程中，購買、包裝證券化資產和以此為基礎發行資產化證券，向國外投資者融資。是接受發起人的資產組合，並發行以此為支持的證券的特殊實體。

但真正開始做業務的只有二十多家，這與股東發展思路有重要關係。銀行系的子公司勢頭很猛，背靠大樹，做了許多通道業務，開展創新業務也有資本。招商財富、民生加銀、平安大華等按規模核算，也是當之無愧的行業先鋒。但與信託的問題相同，證監會的監管也逐漸收緊，26 號文[1]叫停了資金池與一對多的通道，同樣面臨著轉型的問題。根據證監會的會議精神，對基金子公司會一直遵從放鬆管制、加強監管的理念。

最近面對市場上的兌付風險事件，證監會也對相關機構做出了暫停業務進行整改的監管措施。據筆者所知，對於非標業務，目前大多數的基金子公司也主動提高標準，嚴格風控。至於在二級市場方面，基金子公司更多的是做基金專戶，未來基金子公司的牌照紅利也註定會和信託一樣，面臨稀釋的問題，未來到底能走多遠，能否成為市場中的執牛耳者，最終還是要看基金子公司從業人員的努力。

保險資管、融資租賃、私募基金作為大資管的一員，在市場上也有著不容小覷的地位。保險作為金融市場的土豪機構，在保監會推出不少保險資金運用創新政策的條件下，一定比例的保險資金可以投資非標產品，保險資管可以開展債權計畫、資產計畫等方式參與資管市場，前途非常廣闊。融資租賃一直非常火爆，其實做的很多也是類似信託的活，只是投向更多是實業生產等，很多人認為融資租賃是解決中小企業融資一個重要的途徑，未來值得期待。私募新規下獲得承認的私募機構，將獲得更大的發展。原先私募本就以專業見長，如私募證券投資相對於公募機制更靈活、激勵機制高，業績不俗；私募地產基金也是給地產項目融資，但是一般以股權形式投入，實際參與項目運營，靠的是專業能力，承擔風險的同時，賺取高溢價。

---

[1] 26 號文：中國證監會辦公廳向各證監局下發了《關於進一步加強基金管理公司及其子公司從事特定客戶資產管理業務風險管理的通知》（證辦發〔2014〕26 號），業內稱「26 號文」。

信託經理／項目經理到底做什麼

很多同學可能對信託的工作內容不甚瞭解，實際上信託公司的信託經理和券商資管／基金子公司的項目經理，工作內容大體相同。《信託經理：人民幣的搬運工》很形象地說出了信託經理的從業要求：「首先，要經驗豐富，業務全面。其次，要效率恐怖，隨叫隨到。最後，要人脈廣闊，能拉項目。」

之前在微博、朋友圈裡流傳甚廣的那個經典廣告更為形象：「本人經驗豐富，業務全面，效率恐怖。銀信合作，買入返售，存單質押，一級承銷，二級結構化加傘形，股債投資無不精通，合同修改過目不忘。專注資管多年，每天只睡 3 小時！QQ、微博、微信、陌陌 24 小時在線，手機、飛機 24 小時待機！千里之外接通道業務，瞬息之間走完流程。身體強壯，健步如飛，連續工作 100 小時不睡覺，溝通合同 3 小時不喝水。銀行要求全滿足，費率低到無底線，服務好到爽到爆。跪求通道業務！！！」略有誇張，但形象地描述出了信託經理的大致工作狀態。

上述的段子多在調侃通道業務。筆者進一步補充一下，信託的主動管理大致做些什麼。首先，何為通道？何為主動管理？業務界、各家公司的定義可能有所不同。在此筆者也不嘗試做定義，僅簡單列舉通道的特點：合同明確約定管理人不盡調、不擔風險、依投資人指令進行投資，委託人自行承擔風險，接受無條件原狀分配。而至於何為主動管理更是眾說紛紜，只要起到了向市場募資的作用即算主動管理，也有人認為投資之後進行適當的投後管理的才叫主動管理，我支持後種觀點多一些，在此亦不多做討論。

總而言之，每家公司的流程雖不同，但大致是一樣的。主動管理的第一步是項目的承攬。信託經理要嚴格地按照公司的風控指標進行項目的搜尋及篩選，對於初步確定可以滿足要求的項目則索要相關的盡調材料製作申報材料，與風控部

門項目評審人員溝通，確定風控要點是否滿足，不滿足風控要求的項目會被直接放棄。如果通過了風控部門的審批，再做進一步深入的盡調，此處一般須引入專業的第三方機構（一般是律所）進行協助，最終製作有理有據的上會材料，上公司的投決會。投決會是信託公司關於項目投資的最高決策機關，一般由公司高管及風控人員組成，投決會將對項目進行評審，明晰風控點，最終投票表決是否能通過。千辛萬苦通過了投決會的審批，就可以名正言順地法審敲定合同，進行面簽，確定交易放款日。項目成立後安排募資事宜，一般會有代銷方（三方、券商等），最終募資結束後進行放款，中途有一系列滿足監管的報備手續等。之前大多數的信託公司把錢放出去之後大概就萬事大吉了，但筆者覺得真正的主動管理是要考慮資本的運作及升值的，信託公司把自己作為等同於銀行的角色，給信譽高的交易對手放出款之後，履行的僅是類似銀行的催收職責，這不能叫作真正的主動管理。

與此相比，同期市場的私募地產基金，雖然其融資成本比信託更高，但其從業人員許多出自大的地產商，對於地產行業具有很深厚的理解及運作能力，能夠有效地篩選出優質項目，通過股權加債權的形式為地產項目進行融資，並參與具體項目的監管與運營，最終退出獲得較高的溢價，這是真正的主動管理。所以說許多信託從業人員感慨沒有項目做，風控太嚴，其實也是由於本身缺乏較高的主動管理能力。目前許多信託公司的風控把房地產開發商的指標列得很高，如排名前幾十，區位要多好多核心，也是無奈之舉。一些轉型的信託公司已經開始修改自己的風控要求，更多地提供技術控制，如通過股權的方式進入，加強對項目的把控能力，通過更多投後管理的方式確保降低風險。

從總體的工作狀態來說，信託經理項目多的時候也經常需要加班，但相對投行的業務人員來說會好很多。首先每個信託項目的週期短且效率高，而且不像券商，很多工作內容是為了應付監管，需要做大量重複的工作。出差也以短期為主，主要是看項目及做盡調，經常去的也是較大的城市，無須像投行業務人員一樣長

期在山溝溝裡駐場。業務穩定的話，總體來說不輕鬆，但是不至於很累。

從事信託行業需要哪些知識與技能

此部分參考上班第一天部門領導發給我們的一封郵件《我們需要什麼知識》，簡要談談我們所需要的知識結構與技能。原文當真是字字珠璣，希望有天能徵得其同意發出來讓大家一起學習。在此僅表達個人看法，許多大牛或許對這些技能根本不屑一顧。

基礎階段

◆ 法律法規

對於信託業的法律法規的掌握絕對是第一基本功。

首先，作為一名信託經理，其實大部分時間都在與法律文本打交道。所有的談定交易模式最終都是以合同的形式確定下來的，這中間會涉及信託合同、融資合同、保證擔保合同、合作備忘錄等形式各異的法律文本，要看懂甚至修改這些合同，必須具備基本的合同法、公司法、物權法、擔保法等相關法律的基礎，如涉及複雜的資本市場業務，還需要對商法、證券法等有一定瞭解。不懂財務可能只是很難獨自操作主動管理的項目，而如果對法律一竅不通的話，甚至連通道都無法操作。

另外可以很確定地說，信託業是一個受政策影響極大的行業，任何一個法律法規、監管文件都可以改變整個資管格局。故從事信託業要保持絕對的政策敏感性，入門首先需要熟讀信託業的一法三規，熟悉地記憶信託法的核心內容及特點。

除了信託法以外，對銀監會下發的監管文件要保持敏感性，如之前的 99 號

文[1]對信託業的影響非常巨大。除了信託業的基礎法律，其他資管業的法律也要有所瞭解，對同屬資管業的券商、基金公司的法律法規也給予適當關注並知道各個資管牌照的差異點，對於新出的私募新規涉及行業監管巨大變動的要重點研究。另外因與銀行、保險、租賃、上市公司等機構合作空間巨大，要非常關注這些機構的基本法律法規、行業動態。如針對銀行的 127 號文是否同樣對整個信託業影響深遠？保險資金的運用新政策是否孕育著更多的空間？上市公司併購重組新規是否有新的業務空間？另外對信託業務投向的相關領域的政策法規也需要異常關注，如對於房地產的調控政策會對房地產信託項目造成什麼影響？關於清理地方政府融資平台的 43 號文[2]出台後平台業務何去何從？這些都是需要思考的問題。

◆ 財務知識

除了法律知識外，財務知識舉足輕重。從一開始判斷交易對手的資質，就需要運用財務知識，從企業的審計報告中判斷企業的經營狀況、償債能力等關鍵要素。另外，主動管理類的項目，撰寫盡調報告，製作上會材料，對項目進行收益測算等，都需要用到比較複雜的財務知識。除此以外，許多創新的機遇都掩藏在財務規則、法律制度當中，沒有一定的財務功底甚至很難理解業務興起的原因，何談業務的創新？對於金融機構來說，財務知識非常重要，這也是許多在四大做審計出來的人受到金融機構青睞的原因。

◆ 對交易結構的理解

以上只是基礎知識，要快速地融入業務，你還必須懂得各種交易結構的內在邏輯，懂得如何設計交易結構。最好的學習交易結構的方法是仔細閱讀目前已經成熟的各類業務合同。從最基本的信託資管的主合同，到融資所需要的所有底層合同，都要熟悉，要理解條款為何設計，瞭解背後的風控點。交易結構設計其實

---

[1] 99 號文：銀監會下發的《關於信託公司風險監管的指導意見》（銀監辦發〔2014〕99 號）。

[2] 43 號文：國務院下發的《國務院關於加強地方政府性債務管理的意見》（國發〔2014〕43 號）。

無非是想辦法以一種最優的方式完成交易，或出於資產出表考慮，或為交易便捷，或為稅收等種種原因，而這些也是財務及法律手段的一個綜合體現。只有具備了足夠的基礎知識，才能在複雜的條件約束下，找出交易雙方的契合點，或在現有的法律結構、財務制度中找出最佳（最經濟、最易實現）途徑達到交易目的。

進階階段

◆ 資源獲取能力

如果問信託業最重要的是什麼，相信很多人都會回答：資源！信託資源的體現主要就是項目與資金的積累，看項目端是否具有優質的項目儲備，資金端是否有靠譜的資金。

無論是通道還是主動管理，資源的重要性均不言而喻。做通道其實就是一種資源整合。以前信託牌照稀缺的時候，大家自動找上門，自然輕鬆，號稱能躺著賺錢。如今資管牌照已然大量放開，信託、券商資管、基金子公司等都面臨同質化的競爭。憑什麼把通道項目做成做好？除了提供高效高質量的服務外，就是具備找到項目，或找到資金，撮合交易的能力。只有真正具備了配置資源的能力，才能算有實質的競爭力，面對交易對手才有議價的空間，不會被輕易替換。

所以，做通道項目其實需要積累大量的有關項目資金的客戶資源，短途出差交流拜訪機構客戶，聯絡感情是常態。主動管理項目則有所不同，資金多是向市場募集的，故對項目的要求更高。此時主要在於開拓優質的項目，以前做房地產的要和開發商管理投融資的拿項目，做政信類的需要在政府等體制內有資源，做上市公司、國企、工商企業融資的更需要有一定途徑獲得資源。市場中確實項目滿天飛，但是好的項目真的需要特別用心去找。資信情況特別好的交易對手，特別優秀的項目，在銀行端已經很容易融資，在市場中也是被哄搶的對象，憑什麼找你做？資源，還是資源。

如何積累資源？相信很多人都會有這個疑問，尤其是在校的學生都非常擔心

這一點。其實大可不必擔憂，大多數人的資源都是自己積累下來的。不排除高富帥、官二代有各種天生的資源，但畢竟是少數。而且即使有，人家和你也不在一個層次上競爭，擔憂何用？地命海心道不同。

那普通人如何積累自己的資源呢？答案就是——選一個對的行業，對的團隊，對的崗位。首先是選行業，其實並沒有大家想的那麼複雜。無論是券商、銀行、基金、信託等金融機構，能在金融市場中立足的機構都有自己的所長，在這裡歷練都能積累下來一些資源。然後就是進入對的團隊。並非說要跟著多厲害的老闆，但是你的上級願不願意將他的資源分享給你，比如說帶你去見客戶、讓你具體對接資源等，確實很重要。如果你的領導牢牢地把所有的資源都把握在自己手裡，那麼你想拓展資源就非常受限。對的崗位指的是那些可以積累資源的崗位，大多數情況是業務部門，一些銷售部門、機構部門也可以接觸大量的客戶，積累一定的資源之後，轉到業務部門也不是特別難的事情。積攢資源無非兩種途徑，第一種是積極跑，多認識人。所謂有資源，其實也就是能在對的地方找到對的人。另一種就是在本專業做專、做精，能做到別人所不能做到的程度，在業內的名氣響了，很多時候客戶會慕名而來，很多資源的獲得也會容易很多。

這其實印證了一句話：金融行業乃至所有行業只分兩種崗位，一是拉皮條，二是高精尖。二者並不互斥，作為沒有資源的普通人，那就從金融民工開始做，在承做中積累專業技能，逐漸積累客戶與口碑。等到有一定承攬能力後，注意客戶和項目的開拓，多跑多參加活動，多認識朋友。二者具備者，往往比較容易成為業內的大牛，當然越往後拉皮條的能力越發重要。畢竟工作到一定時間後也會有自己的團隊，剛開始團隊的成員在沒有獨自盈利能力時，都需要老闆所開拓的項目去養活。

◆ 創新整合能力

有句話叫「一切金融創新都是圍繞逃避監管開展的」。此言略有誇張，但確有道理。中國的金融業起步較晚，各監管機構的監管較為嚴格，可以說，監管政

策對市場的左右很多時候起到決定性的作用。如前所述，很可能一份監管文件就使得原先開展的業務無法進行。但資管業之前的很多所謂的創新業務，就是讓很多無法開展的業務重新進行。如銀行同業業務的興起，信託受益權買入返售的創新，「TRS 總收益互換」，「T+D」模式的更新，都是出於規避存貸比、風險資產占用等目的，信託在這些交易模式中都起到了重要的作用。不要小看這些創新，每一次新模式的出現都在市場中刮起了風潮，創造了大量的利潤。即使目前監管越來越嚴，尋找政策的空間，較為合規地將不能做的業務繼續做下去，依然是一個重要的思考方向。

上述其實只是中國特色的創新。然而筆者認為真正的創新無非發明或整合。發明一種新的模式畢竟太難，我們能做的其實是有效的加工整合。如今金融界最流行的就是跨界，把不同領域的概念整合在一起，往往有令人意外的驚喜。如硅谷天堂的「上市公司 +PE」私人訂製，並不需要概念多新多不同，在現有的基礎上進行整合，做市場中的第一個，就可以創造很多利潤。而信託業作為典型的資源整合平台，需要我們主動去思考，什麼樣的資源、什麼樣的東西可以放到一起整合，能擦出什麼樣的火花。這都需要從業人員發揮想像力，跳出思維的圍牆，做市場中第一個嘗試的人，引領一種業務模式的興起，這才是真正的高階能力。

信託從業人員的「錢景」與前景

關於「錢景」

本應先討論信託業的前景，再討其「錢景」，但由於之前網絡上的各種言論：信託悶聲發大財，信託業才是真正的高帥富行業……導致信託業待遇受到了很多人的關注，尤其是小夥伴裡的各位師弟師妹，一聽說是做信託的，馬上兩眼一亮，下一句幾乎就開始問待遇了。現實情況是媒體報道完全誇張了。其實目前信託從

業人員的具體待遇真的可以參考券商投行，因為券商投行部的待遇相對透明。除了特別高的幾家外，底薪大多是 6 000~8 000 元，獎金根據完成業績而定，業內較為平均的提成比例是 10%（至少按筆者瞭解的平均下來），如此算下來，一個 1 個億一年期的主動管理項目按 1% 管理費計，若完全獨立完成，獎金是稅前 10 萬元的樣子。

光看獎金比例確實感覺比券商投行高，但現實情況是目前信託業整體風控趨嚴，主動管理類過會極難，有信託業人員都說上會如上墳。而符合風控指引的項目實在太難找，真找到了非常優質的項目，因融資方實力很強，要價自然會很硬，融資成本打包就不高，管理費通常都打破了主動管理 1% 的底線，常常淪落到千分之幾的程度。事情已經如此艱難，獎金自然給力不到哪裡去。媒體口中動輒嚇人的百萬年薪、千萬年終獎的信託經理，那只是傳說……媒體報道的號稱金融業第一高薪，平均工資達 75 萬元的安信信託，引來無數人豔羨。為此筆者還特地問了一位在安信工作的學長，答曰：「呵呵，被平均了……」不過依據現在的情況，確實可以倒推之前的情況。以前風控沒那麼嚴、項目滿天飛的時候，或許媒體說的高薪似乎也不是那麼誇張的事情，具體能拿多少請自行腦補。另外，對於本身擁有很優越的資源，或者具備特別強的資源開拓能力的人，信託業絕對是一條康莊大道。而沒有資源，相對來說，需要適應的時間很長。

關於前景

對前景的問題，大家都非常關注。筆者覺得應分開來講，一是上升空間如何，二是出路如何。上升空間的話，金融行業做業務的都差不多，資源為王，業績說話。項目做得好，不僅會體現在年終獎上，同時也會更加受到團隊的重視。一般業務團隊規模都不大，如果你能獨當一面，有足夠的資源養活團隊成員，就完全可以組建自己的團隊。總體來說不像很多行業按部就班憑資歷，上升空間不錯。

至於出路，這個問題值得深入分析。現實中，信託公司最早的那一批從業人

員大多是從銀行出來的，而券商資管和基金子公司的從業人員，很多是挖自信託公司。大家思考一下，為什麼會這樣？那是因為信託之前的定位是做類銀行的融資業務，工作內容與銀行信貸其實有較高的重合性。即便是現在，一名信託經理的工作內容與知識結構，其實依然和銀行做信貸業務的具有較高的同質性。而券商資管和基金子公司業務放開或開展較晚，挖人的對象自然就瞄準已然較為成熟的信託公司。

透過現象看本質，其實一份職業的出路就是看你從中積累的資源和知識結構，鍛鍊的核心競爭力，是否可以適應下一份工作或者行業。如 PE 之所以喜歡投行出來的人，是因為 PE 大多做企業投資階段靠後甚至到 Pre-IPO 階段，所以需要精通財務和法律的投行人士參與項目的運作。而 VC 則更喜歡擔任過相同行業的高管或有創業經歷或管理咨詢的人，因為他們對相關的產業更有自己的理解，對一個非成熟的企業的管理也更有經驗。

所以我覺得，在信託業所能積累的最主要是財務、法律知識，另外對各行業的資源也都會有所接觸，每天接觸的是業內最新、最前沿的動態。只要沒有在混日子，培養出來的競爭力其實能帶來很好的出路。出路最廣的當然是投行，從一級市場出來基本都能混。投行在項目端資源多些，信託相對來說可能在資金端更有積累。而在信託業做得好的話，投融資市場基本上都能去。什麼？你問如果做得不好怎麼辦？對不起，如果做得不好，根本沒人要，哪兒都不能去！

工作感悟

又到了談工作感悟的時候。在此筆者寫下自己工作以來的切身體會，與那些灌水文相比，是發自肺腑的最深的感悟。

最難得的能力是靠譜

以前總看到各種招聘信息都寫著要求靠譜什麼的，一直認為這是廢話。但從自己開始工作後，不斷犯各種莫名其妙、糊里糊塗的低級錯誤，我發現我完全高估自己了，或者說很多人都高估自己了，我們一開始甚至連很簡單的任務都沒有辦法完成得很好。很多實習生剛來總覺得自己在打雜，其實筆者發現是因為他們真的沒有能力去接觸業務，團隊的人也不會給予其充分的信任。有句話叫「優秀不在於你能完成多麼困難的任務，而在於你能把簡單的事情做得完美」。筆者認為，花很長時間去讓自己變得稍微靠譜一點，盡量仔細、多重核對、多詢問、少想當然等都是很有必要的。

在此對那些在校生、實習生、初入職場的人說一句，不要想著一開始就接觸多麼高大上的業務，先從小事情中證明你的靠譜，老闆才會將更重要的事情陸續分配給你。

決定一個人能否成功的是學習能力

真正進入職場後，在學校中相差無幾的人會拉開很大的差距。撇開運氣和家庭因素，最具決定性的要素就是學習能力。學習能力到底有多重要？市場是變幻莫測的，只有保持敏感性，時刻關注市場，注意補充各種知識的人才能夠在動盪的市場中存活下來。對於初入職場的人，很多機構和單位，尤其是金融機構，並不會給予你多麼完美的培訓，就是老闆分配下任務讓你去完成，沒有任何的借口。你必須讓自己在短時間內飛速地成長，汲取一切基本的技能，漂亮地完成老闆交代的任務。

相對來說，即使是金融機構的職場老手，面對層出不窮的新業務模式，很多時候都是現學現賣，往往是頭天晚上在網上搜資料，第二天就必須在客戶面前擺出一副專家的樣子。所以非訴律師轉職金融業受歡迎的一個原因，就在於學習能

力特別強。非訴律師每天都要被問一堆或無明顯法律規定或極其前沿的問題，律師其實並不一定懂，但一定會根據法理及所知常識漂亮地搪塞過去，顯示出他的專業，最後再說「這樣吧，我搜一下具體的資料，給你寫個書面的材料」。一掛電話馬上到處去搜資料，做法律檢索，再根據找到的資料結合法律寫一篇看起來異常專業漂亮的文書給客戶。客戶一看，大為滿意，直歎律師果然專業，律師費花得不冤。所以說，學習能力基本決定了一個人的成長速度。

要寬容，解決問題，不要抱怨

剛入職的時候，部門總監陳總為每個新員工都推薦了一本書，有人分配到的是資產證券化、結構化金融的專輯，略微沒那麼專業的也是黑天鵝、第五項修煉，而筆者分配到的卻是《胡適與魯迅》。剛開始頗為不解，最終在交流分享中，陳總說是為了讓筆者跟大家分享胡適與魯迅這兩個人的對比，該書總體上是褒胡適而貶魯迅的。封面上寫道：「陽光與閃電是面對黑暗的兩種方式，在比較的意義上，溫和的胡適不妨是陽光，犀利的魯迅更適合是閃電。閃電以它的銳利，可以穿刺黑暗，讓黑暗現出原形。和閃電相比，陽光不是在黑暗中穿刺，而是在黑暗的外面將黑暗照亮。」二者確實都是大文豪，與胡適的溫婉寬容相比，魯迅更多是表達憤怒與不屑。胡適先生一生待人溫和，即使後來魯迅經常諷刺胡先生，胡先生依然保持著對魯迅的尊重。雖然有些宣傳中刻意宣傳了魯迅的形象，但是在國際上，胡適被認為是真正的大師。在此不挑起爭辯，有興趣的同學可以在網上搜更多的分析對比他們的文章，知乎上就有不少精彩的討論。但是在職場中，我們確實需要的更多是胡適這樣的人。工作中總有各種不如意的地方，無論同事、競爭對手還是合作夥伴，總會有交流不暢的時候，總會有各種的不滿與憤怒，一旦抱怨就會常來消極情緒，你真正要做到的是像陽光一樣去照亮黑暗，真正地解決問題。只有真正控制了自己的情緒，不去抱怨，才能夠戰勝逆境。

寫在最後

本人資歷不深，對絕大部分問題都是一知半解，無奈有著一顆跟比自己輩分更低的人分享的心，所以斗膽灌了那麼多水。此文主要針對職業介紹，未做更多深入的討論，希望能對信託業感興趣的同學有幫助。

16

從理工科闖進金融業[1]
——經歷塑造人格

　　應金融小夥伴之邀，在這裡分享一下自己從理工科轉至金融業的故事，希望能對大家有所幫助，尤其是一些對現狀不滿的理工科同學。

　　首先介紹下我的背景，本科學校非 211 重點高校，碩士學校為普通 985 高校，七年工科背景，對金融的有限瞭解都來源於自己的零碎積累，沒有系統完整的金融知識體系。我的教育背景相比於頂級院校的金融業學生來說非常普通，因此轉型之路頗為坎坷。

　　需要說明的是，我會適當地從偏愛金融業的角度行文，並非對實業界有任何負面評價，只代表個人選擇。同時，由於是自身對金融業和實業整體情況的一點感悟，更多地會從我親身經歷的角度去寫，缺少全面的調查與研究，因此結論和

---

[1]　作者爲彭波，畢業於華南理工大學。

數據難以確保完整和準確。

我為何離開理工科研

◆ 客觀原因：實業環境差，科研並非適合所有人

先說實業環境。從宏觀背景來看，我國的實業整體上仍以中低端製造業為主，目前已經連續低迷多年，行業整體利潤很低。新聞中不乏一噸鋼鐵不及一斤白菜利潤高的報道。持續低迷的實體經濟對大學生的就業產生了巨大的影響。從微觀環境來看，我本科畢業後曾在廣州一家德資企業從事技術型工作一年多，工資是稅前 4 000 元，基本只夠自己的正常開銷，毫無精神享受的餘地。

再談談我對科研界的淺顯認識。一個真正的科研工作者其實需要很強的素質，比如可以沉得下心做研究，有科研悟性，英語好，溝通能力強等，對人的綜合素質要求其實很高，包括我在內，很多人其實算不上真正的科研工作者，缺少對科研的敬畏之心。更多的人是被逼走上了漫漫科研路。所以我認為，科研只適合少數人。如果你熱愛科研，同時能沉下心不受周邊環境的影響潛心研究，那你就比較適合繼續在這條路上深耕。但如果對科研沒有誠摯的熱愛之情，在猶豫是否要從事科研工作的話，那我會建議放棄。

◆ 主觀原因：金融業對我的吸引力

首先，金融業帶給我新的眼界與新的思想，這是金融業最吸引我的地方。以前的自己在一個相對小的圈子裡快樂而自滿，而當我漸漸地深入接觸這個行業，就開始對自己目前所處的環境感到強烈的不滿，越來越想改變自己，那段時間是非常痛苦的。在之後的轉行過程中，我的眼界越來越開闊，想法也越來越不一樣，金融業帶給我的改變與成長彌足珍貴。

其次，從成長性來看，在金融行業的成長速度是遠遠快於實業 / 科研工作的。這裡曬一份成勝先生的履歷：二〇〇五年碩士畢業後就職于光大證券擔任行業分

析員，二○○七年五月加入銀河基金管理有限公司，歷任研究員、基金經理助理，二○一○年九月起擔任銀河行業優選股票型證券投資基金的基金經理。其後續職業通道不再列出，用一句話概括就是，五年做上了基金經理。反觀實業／科研工作者，苦苦尋求科研道路漫無止境，最後只有極少部分人能脫穎而出，功成名就，五年時間能在實業／科研的路上走到什麼程度呢？

最後，從科研人員待遇的角度來看，我所瞭解的初入職場的企業研發人員待遇基本在 7 000~10 000 元之間，博士的待遇稍高一些，與金融業相比，基本工資相差其實不大，但兩個行業的獎金相差甚遠。當然，金融業也有其讓人無奈之處，但在我看來，吸引力遠大於不足。

我的轉行經歷

大約是從讀研究生的半年後開始，我開始對現狀感到強烈不滿，很清楚眼前的生活狀態不是自己想要的，因此尋求改變。在此特別感謝新媒體時代帶給我們的便利，減少了信息不對稱，同時也非常感謝金融小夥伴這個組織，讓我對金融業的瞭解逐漸深入，還結交了一幫非常好的朋友。

結合自身專業背景，我開始嘗試找金融類實習。在找實習初期，簡歷常常石沉大海，杳無音訊，已經記不清投了多少簡歷後才得到第一次面試通知。我的第一份實習是在一家成立不久的私募做投資助理，由於個人認為私募相比於大機構並非主流公司，所以後來去了一家產業基金做研究助理。實習四個月後慢慢步入正軌，但後來因為需要完成開題報告，辭職回學校做實驗。第三份實習是在某大型券商研究所，這份實習時間比較長，也是堅定我要從事行研這份職位的重要經歷，但是因為本身不夠優秀等諸多原因最後未能成功留用。第四份實習是在另外一家券商研究所，因為有了之前的積累，這份實習我做起來更加得心應手。

除了實習，我也逐漸學著搭建研究框架，學習金融經濟知識和行業相關知識。

因此我選擇通過考證來補充金融知識。最基本的證書有證券從業資格證，重量級的證書有 CFA 和 CPA。本人慚愧未能拿下這兩個重量級的證書，所以在此希望大家有時間可以通過考證把財務、建模和研究等知識體系搭建起來。

世上無難事，只怕有心人

理工科轉行的思想準備

◆ 打開眼界

相比於商科學生，我身邊的理工科同學普遍的不足是眼界過窄。因為長期接觸的人和事主要來自身邊的同學和朋友，少有機會嘗試不一樣的事情，接觸自己圈子外的人。所以理工科同學的社交能力也略顯不足。另外，我所接觸的很多理工科學生，可能會花費大量時間在遊戲等愛好上，而商科的同學會把這些時間拿來實習、考證和社交。我並不是反對玩遊戲，而是認為，在青春最應該奮鬥的時候，應該把更多時間花在成長上。讀研的年紀，你已沒有任性的資本了。所有這些在找工作時會成為你的短板，蒼白無力的簡歷和個人經歷無論是在筆試還是面試時都會成為求職的極大阻礙。在此，我想跟大家說：世界非常大，打開你的眼界，跳出固有思維，創造機會出去走走，你會發現不一樣的自己。

◆ 樹立正確的行業觀

不要純粹為了金錢而轉入金融業。在此，需要強調的是：這個行業雖然是資本的市場，金錢的遊戲，但它最大的魅力反倒不是金錢，錢只是附帶的。因此，想轉行的理工科同學，不要因為能在這個行業獲得更多的財富而轉行，那樣你會迷失自己。正確的行業觀應該基於興趣、愛好、成長等比金錢更重要的東西。因此決定轉行之前，你首先需要問自己，對這個行業的印象是怎樣的，自己最看重這個行業的什麼，付出更多努力來進入這個行業你能堅持多久。行業觀將會在你

轉行的過程中深深地影響你的行動，因此轉行前請多瞭解下這個行業，詢問同學、朋友、師兄師姐，或通過網絡、社交渠道去熟悉。

◆ 確定自己的意願

行研是一個高強度、高節奏的工作，能在這個行業中走下去的人，一定對它是真愛。同時，這可能也是一個「屌絲」行業，剛入行的待遇也許並沒有想像中那麼高。一旦走上這條路，你可能需要犧牲時間，甚至愛情。尤其是理工科的同學，為了轉行你可能需要在研究生階段（因為碩士學歷是行研的標配）平衡好實驗、實習和論文的關係，每一項都不是簡單的事情，你需要在有限的時間完成兩倍甚至更多的工作量，如果怕了，那請放棄吧！你甚至可能會覺得很孤單，因為一旦走上這條路，你和身邊同學的共同語言會逐漸減少。最痛苦的事情是你明明知道自己要做什麼，卻受累於現狀而步履艱難。因此，想轉行，請做好思想準備，先想清楚自己到底願意付出多少，能付出多少，再去考慮怎麼做。

◆ 現在就行動起來

行動是治療焦慮的最好方法。倘若你確定了要走一條不一樣的路，請今天就行動起來，不要猶豫。卸載掉你的 Dota，處理掉你的 LoL 賬號，跟你的女 / 男朋友說一起努力奮鬥，對過去說一聲再見，然後花一周的時間好好想想自己未來 1~2 年的路要怎麼走，把規畫寫在紙上，馬上開始執行。時間不等人，不要埋怨，生活如果給了你曲折的經歷，是希望你以後做更大的事情。

你若確定願意並且能夠付出，來走這條不尋常的道路，接下來的內容想必對你有所幫助。

行研路徑

做行研的路徑一般有三種：第一種是以應屆生身分直接進入；第二種是從金融業其他子行業轉行；第三種是曲線救國從實業轉行。

1. 路徑一：應屆生身分進入

這是最簡潔的路徑。分為兩種：一種是實習留用，一種是校招。對於大部分公司而言，實習留用的比例普遍不高。

實習留用： 實習留用最靠譜的當然是暑期實習，很多暑期留用的同學之後一年的生活相當愜意，所以建議有暑期留用機會一定要去爭取。當然這個留人比例並不高，有些券商研究所甚至一個不留，所以即使沒拿到合適的暑期留用機會也別心慌，大部分小夥伴還是通過校招拿到 Offer 的。建議大家在找暑期實習前最好瞭解一下所申請的研究所的歷年留用情況，減少信息不對稱，做出最佳的選擇。

同時，日常實習一樣是有留用機會的，而且在某些券商，日常實習跟暑期實習是一樣的，甚至某些機構沒有暑期實習招聘。所以我認為留用需要滿足三個條件：第一，基本的專業、學歷等背景；第二，與團隊相處融洽，在實習期間能對團隊有所貢獻；第三，在有諸多競爭者存在時，可以做出一些讓團隊感動的事情來。如果不能滿足以上三個條件中的任意一個，那麼你需要在某些條件上足夠出色。

校招： 一般研究所校招需要通過簡歷＋筆試＋面試（兩到三次面試為主）＋實習這四個階段，相比實習留用，校招後實習考核時間一般會短一些，留人比率依公司而異。

研究所的校招名額一般比較少，多的十個以上，少則三四個，買方機構的研究員招聘名額更少。招聘人數跟二級市場的行情也有很大關係，二〇一四年的牛市為參加當年校招的學生提供了更多的名額，到二〇一五年末情況就糟糕一些。而競爭者往往很多，一般三四個賣方／買方研究員的崗位有上千人參與競爭，你都不知道自己會在哪個環節被淘汰。所以，如果你還沒有畢業，請一定要認真花時間去想一想，花時間去充實自己，對自己的未來負責。

2. 路徑二：從金融其他行業轉行

一般來說我不建議這樣做，因為有時間和成長成本。原因有二：

第一，願不願意轉的問題。如果畢業的第一份工作是投行、自營、資管等工作，那麼一般來說你不會願意轉行了，因為你做的行業本身也是非常有發展前途的，而且其實這些工作真的沒有行研那麼辛苦，性價比也更高，除非你真的對行研情有獨鍾。比如自營、資管或公募基金等買方機構從業者習慣了被賣方服務的感覺，其實是不願意再回到賣方去服務別人的。

第二，能不能轉的問題。前文已經說了，研究所的門檻相對較高，如果你在其他子行業從業在一年以內還有一些機會轉，如果超過一年，研究所可能會懷疑你的職業選擇以及你是否真的熱愛行研了。

3. 路徑三：曲線救國

這條路徑是針對理工科同學的。理工科同學，比如化工、醫藥、生物、機械等專業背景的同學，因為平日的科研壓力較大，所以能成功轉行的其實非常少，少數能轉行的要麼是科研壓力相對較小，能花一些時間去實習的（我自己就是屬於這種情況），要麼是個人素質非常好，能把時間安排得非常高效的。我認識的一位大牛，研究生階段不僅把實驗安排妥當，發表了論文，還通過了兩門註冊會計師考試，外加多份咨詢和券商實習經歷，後來直接留用在某大型券商研究所。聽了他的經歷，我深受鼓舞，也深知難度之大。介紹這位優秀學長的經歷是想告訴大家：此路雖然可行，但非常不易。

對絕大部分的理工科同學來說，在沉重的科研壓力下是很難去實習和準備轉行的，所以曲線救國也許是一條行之有效的路徑。但是這個也一樣有講究，如果立志要做行研，請注意以下幾點：

首先，請進入一個好行業，比如互聯網、醫藥、大消費等，如果你在一個未來幾年可能處於低迷的行業工作，那轉入金融業後能給賣方研究帶來多大的價值呢？而且這些低迷的行業研究機會已經相對較少了。

其次，在行業裡面選一個好公司，最好是上市龍頭企業，賣方／買方研究目前都主要是關注上市公司，你需要考慮如何將在實業的經歷轉化為未來轉行

研的資本。

再次，請注意在實業工作的時間，最好不要短於一年，也不要超過三年，因為太長了你可能沒有精力跟二十多歲的年輕人競爭了，轉行研後可能需要從零做起，這是時間成本。而過短的實習經歷又不足以成為跳槽的資本。資本市場和實業界是完全不同的概念，千萬不要以為在實業的經歷能給你帶來巨大的跳槽資本，賣方研究 2.0 時代不需要你對專業技術有多深的鑽研，在實業的人脈資源也許更能為你在賣方的職業生涯提供幫助。

最後，要知道曲線救國的道路這幾年來是越來越窄了，請最好不要選擇這條路，如果迫不得已請慎重考慮。

說了這麼多，總而言之，如果你想好了自己一定要選擇行研，那麼請一定堅定自己的目標，這是少數能讓屌絲逆襲的職業之一。人生是一場長跑，不在乎短期是否跑在了前面，幾年後驀然回首你會發現，通過默默地堅持，早已經將很多曾經的「佼佼者」拋在身後。既然如此，那又何必在乎一時得失呢？

行研實習和校招建議

1. 如何做好行研實習

一言以蔽之，在每一份賣方研究助理實習崗位上一定要做出成果來。具體來講分以下幾個方面：

◆ 認真實習，不要渾渾度日

珍惜每一段實習經歷，這都將會對你的工作和選擇產生重大的影響。在行研的實習中，首先一定要持非常認真的態度，認真是贏得別人尊重的基礎。如果 3 個月時間一直在做找數據、寫日報週報等相對低端的工作，請拒絕，可以考慮換一個實習。

◆ 做出一些讓研究員感動的事情

有的時候研究員為了趕報告、趕任務，加班熬夜是難免的，如果偶爾有這種

情況需要你也熬夜，請不要輕易拒絕。同時，接到任務請思考，交給別人的東西一定要是自己覺得不能再改的東西，不要給初成品。

◆ 實習時間最好在 3 個月以上

一般來說 3 個月以內的實習經歷是很難真正學到東西的，時間太短你可能一直在做一些基礎性的工作，那麼這份實習其實是不夠份量的，而且時間太短的話企業會覺得你浮躁，寫在簡歷上也不好看。所以，如果能在一個合適的地方實習半年以上，是不錯的加分項。

◆ 在離開的時候請至少拿出一份深度報告

有深度報告的行研實習才是完整的，在面試的時候，這段經歷就可以成為你和面試官侃侃而談的資本。而且，這份報告最好是自己獨立撰寫、經過研究員反覆修改後的成果，能公開發表就更好了。

◆ 爭取任何能參與調研和路演的機會

不是每個實習生都有機會參與調研和路演的，所以一旦有這種機會，請好好珍惜，即使自付費用也是值得的，這些東西能成為你區別於他人的重要因素。

2. 行研校招建議

關於校招建議，由於本書前面已有不少技巧性的東西，在此不再贅述，下面主要跟大家聊聊關於行研的一些校招建議。

◆ 想要什麼，能做什麼

我接觸的很多小夥伴，面臨校招時其實都沒有想清楚自己到底想要什麼，到底能做什麼。30 歲之前，社會是可以在一定程度上容忍一個人的一些錯誤和不足的，30 歲之後，社會對其容忍度日漸下降。人生的第一份工作對一個人的影響是很大的，它可能會在較大程度上決定你走什麼樣的路，過什麼樣的生活。

選擇金融業，意味著你是追求成長和財富的，不必隱晦自己對財富和成功的渴望，這其實是一種榮耀，同時也意味著你需要付出比同齡人更多的心血來追求夢想。所以在尚且來得及的時候，希望大家能多思考自己想要什麼，認清自己，

尋找自己的內心世界。這不是一件簡單的事情，但極其重要。

◆ **校招形勢解析**

校招是一段讓人焦急憂慮、心力交瘁的旅程，幾個月的等待和拚搏最後不一定能有一個圓滿的結局。但校招也一定是一個讓你印象深刻、令你成長和思考的過程，人往往會在經歷一些痛苦的事情之後迅速成長，在此也十分期待你的成長。

大部分的小夥伴在校招季都會經歷「充滿信心──期待──失望──絕望──喜出望外──重生──平淡」的過程。總體而言，這個行業高端人才緊缺，商科普通型人才過剩，尤其是沒有經驗的應屆生，是供過於求的。不過也不必過於灰心，積累了工作經驗後機會就會多很多，因此首先要進入行業的大門。

就行研而言，證券公司研究所校招放出的崗位每家平均在 5~8 個之間，全國有對外研究所的證券公司如果按 40 家來算，那麼每年招人數量也就在 300 人左右，而事實上這 40 家賣方還有不少沒有校招計畫，所以這 300 個名額還需要打一個大大地折扣。即使在經濟形勢比較好的時候會相應多一些，也遠遠無法滿足數以萬計的求職者的需求。經歷過校招的小夥伴應該知道，二〇一五年公布的某券商筆試名單，大多都是清北復交海外頂級名校背景，看完之後只想感歎校招成功不易。買方行研崗位競爭更加激烈，老十家基金行研崗即使招人也基本在 5 個以內，每家的競爭者卻有數千人，而且都是強勢競爭者，個中難度不言而喻。

◆ **行研喜歡什麼樣的人**

行研喜歡什麼樣的人呢？答案是：研究能力 + 溝通能力 + 思考能力。一個具有複合專業背景、較強的邏輯思維能力與溝通能力、獨立思考能力的人是很受研究所歡迎的。一般來說，能滿足所有要求的完美行研人是極少見的，因此應該盡量突出自己的特色和優勢，減少自身不足帶來的劣勢。金融業的小夥伴，突出自身的金融優勢很有必要，你的金融知識框架、金融行業資源等都是你的立足點和優勢；同時一定要加深對應聘的崗位所在行業的瞭解。如果你應聘醫藥生物行業的行研崗，但連基本藥物、醫保、純銷等這些概念都沒聽過，那實屬不應該。

理工科的同學，需要盡可能凸顯自身在產業的優勢和技術方面的專業知識，這是你的立足之地，請好好加強；同時也應加強自身的金融財會素養，瞭解相對估值、三大財務報表等基本的財會金融知識，否則企業如何相信你已經做好準備，能勝任這份工作呢？

目前尚有時間的小夥伴，請多花點時間搭建自己的素質框架，包括金融財會、行業研究方法、思考能力、邏輯分析能力等。校招和找實習是不一樣的，千軍萬馬過獨木橋，工欲善其事必先利其器，因此在參加校招之前務必做好充足的準備。

◆ 簡歷筆試建議

在此不再多談，只想告訴大家，不要讓自己輸在起跑線上。簡歷修改現在太多機構在做，請找一家良心的機構幫你改簡歷。關於筆試，參加校招之前大家務必花點時間準備行測、證券從業、貨幣銀行學等相關內容，這些是大概率會考的知識，尤其是行測和證券從業。也可以多參考公司往年的試題，做到心中有數，從容應對。

◆ 行研面試建議

此處主要跟大家聊一聊行研面試中一些個性化的問題。面試前請一定要全面瞭解以下兩個方面：第一是個人簡歷，不能是簡單地瞭解，而要深入詳細地瞭解，閉上眼睛後能對自己的每段經歷都有個清晰的框架；第二是所求職的崗位，瞭解崗位的工作內容、要求和前景等。

如何向面試官介紹自己寫的深度報告。請先確定你所寫的深度報告真的是你獨立完成的，如果不是，請寫清楚「參與」等字樣，或者不寫，誠信為本，不然一定會在某個時候露出馬腳。面試行研崗位時深度報告被問到的概率是很大的，所以對你所寫的深度報告一定要弄得很清楚，包括寫報告的邏輯、推票原因，以及估值方面如目前公司的股價、是否還可以買，以及技術層面東西等，不要停留在表面。談到公司的時候，語氣要堅定，說話要自信、連續，展現縝密的邏輯與完整的框架。

如何告訴面試官自己適合行研工作。基於對行研崗位的理解，應聘者主要需要從個人意向、個人素質、溝通表達等方面進行匹配，告訴面試官自己適合行研的崗位。首先，個人意向方面，不要簡單地告訴對方你喜歡行研工作，要通過自己的例子來說明，比如行研實習過程中你解決的工作難題，特別是一般情況下大家遇不到的問題，比如你發表到互聯網上的報告、陪研究員加班的經歷、對團隊做出的不一樣的貢獻等，表述要有理有據。其次，個人素質方面，從金融財會知識到行業積累到溝通表達再到個人身體素質等方面舉例說明你具備這個能力，或者說至少具備這個潛質。行研的工作屬性決定了你需要經常跟上市公司、基金經理、買方研究員等接觸，所以面試時你需要表現出自己的成熟度和專業能力，這對於今後的工作是非常重要的。

書單和網站推薦

行研是一個相對緊湊和忙碌的職業，尤其是賣方，入職的前兩年，你可能每週都滿負荷運轉。但是，一旦決定進入這個行業，持續學習是非常有必要的。金融業的知識本身很廣，同時更新速度也非常快，一段時間不學習，你可能就會掉隊。在此，向大家推薦一些比較好的書籍和微信平台。

書籍類：《證券分析》、《證券分析師的最佳實踐指南》，這兩本是必讀經典；《一個證券分析師的醒悟》、《金融鍊金術》、《偉大的博弈》、《彼得·林奇的成功投資》、《富可敵國》、《價值投資》、《滾雪球》、《尖峰時刻》等也是極好的瞭解行業、提升自己研究和投資能力的書籍。

微信平台：新財富，新財富分析師，新財富輿情，新財富雜誌，新財富plus，金嘉研究院，雪球，行業研究報告，跟我讀研報，各大行業主流公眾號，證券研究所公眾號（如國泰君安證券研究）。

最後，希望我的心得對大家有所幫助。行研路不易，且行且珍惜。

17

致正在參加金融業校招的你[1]

似乎每個走過畢業季的同學都會成熟很多。經歷著令人不安的校招，擔心明年的今日自己會在哪裡，又不捨即將離開的校園……最後驀然回首，突然發現自己在掙扎、困惑、興奮、沮喪各種情緒的交雜中成長了。

時光荏苒，一年的時光轉眼飛逝而去。當年我們也曾經歷過校招的彷徨無措，如今也算是立足於金融市場的小一分子，貢獻著自己的一分力量。又是一年校招季，看到大家眼中熟悉的惶惶不安有所感觸，所以寫下這些文字，希望鼓勵仍堅持走在金融求職路上的小夥伴們！

為什麼金融業校招成功這麼難

校招季開始以來，無數同學在金融小夥伴旗下的校招群內悲歎，感慨金融校

---

[1] 作者爲鄒永勝，畢業於華東政法大學。

招成功難度之高、宣講會、招聘會之擁擠、金融機構招聘崗位之稀少、投遞的簡歷數量之多……很多人得出的結論是就業形勢太差了，或者金融業門檻太高了。

然而，真的是這樣嗎？就業形勢姑且不深入分析（當然二級市場的波動確實可能對金融業就業崗位產生一定影響），從目前金融機構官網公布的名額總數來看，金融崗位招聘名額其實並未顯著地少於往年。

金融業門檻是否真的那麼高？筆者在此重點闡述，以正視聽。首先，何為門檻？門檻最早的定義是「門框下部挨著地面的橫木」，越是大戶人家，門檻定得越高，意思是越難進入。然而，正如本意所指，所有的門檻都是「人為」設置的！比如說很多崗位，是不是真的像招聘要求那樣非北清復交碩士就不能勝任？肯定不是的。之所以定那麼高的門檻，理由無非是，企業的選擇太多，所以設置高標準，人為地限制報名人數。事實上，每所學校都擁有非常優秀的人才，為什麼金融機構不擴大範圍去面試更多學校範圍的人呢？答案就是——其實這些金融機構沒有抱著真正的誠意來進行招聘！他們打出鋪天蓋地的廣告，舉行排場很大的宣講會，更多地只是把校園招聘當作秀場，從而向全國各大核心院校宣傳自己的企業形象。

筆者曾經與一位大型券商的相關部門負責人交流，提到他們去東北的相關院校進行宣講，每次都會收到厚厚的一沓簡歷，但宣講會結束後卻直接丟進垃圾桶。上述院校其實根本不是他們的目標招聘院校，但因為該區域實業企業較多，公司希望維護該券商高大上的形象，為將來發債融資等業務打下基礎。又如，筆者畢業於某政法類院校，在校期間也經歷過很多頂級律所來學校進行高調的宣講，然而最終招聘的人數少得可憐；但是這些律所每年都來，樂此不疲，為的就是給台下未來的檢察官、企業法務人員甚至是其他律所的同行，留下一個他們所很厲害的印象，在將來討論合作的時候，得到特別的青睞。事實也確實是如此，筆者對於當年在學校聽過宣講會的機構，都抱有非常好的印象。

現在你大概能夠理解很多企業和機構進行校園宣講的意圖了，它們中的很多

並沒有足夠的招聘誠意，所以註定了進入門檻很高。因此，即使規模再小的機構，只要拿出足夠吸引人的待遇，制定足夠高的招聘標準，都會讓你覺得門檻很高。

所以很多時候，同學們都是被一些誠意不足的企業傷透了心，甚至開始懷疑自己、懷疑人生，其實大可不必。金融業是人才需求旺盛的行業，不管當年形勢怎樣，最終都會進行大量的招聘。回想一下自己學校每年的就業率，再打聽一下往年師兄師姐的就業情況，求職者心中自不必焦慮。至於就業形勢不好的說法，呵呵，你知道每年畢業季都會有一個「今年是史上最難就業季」的說法麼？！

所以，同學們，不要再焦慮，不要再懷疑自己了。很多時候你的簡歷沒有通過，在面試中被淘汰，並不代表你不夠優秀。你需要做的是，抓緊時間，擦亮眼睛，去找尋真正有誠意招人的機構，並努力爭取！筆者一直認同一句話：校招考驗的是運氣和毅力，運氣無法把控，所以能加強的，只有毅力了。

校招的參與心態和戰略

很多時候，每個人都覺得自己找工作已經非常努力，以至於很多人的日常生活變成了如下情景：每天登錄各種網站搜羅金融業招聘資訊，在各個微信群內四處尋問某個行業怎樣、某個崗位如何，隨時打聽班裡系裡的同學拿下了多少Offer……再後來，求職要求越來越低。當初求職目標是券商、基金核心部門，後來銀行也開始廣投，但仍然未能收穫一份錄取通知，於是便覺得自己毫無競爭力，對求職毫無頭緒，並開始懷疑是否畢業後就要失業、就要啃老等。總結下來，你變得不自信、懷疑自己，曾經自己認為的優點都不再是優點，而缺點開始放大，最終對金融業的嚮往和憧憬不斷動搖……

然而，很多同學把時間耗費在了焦慮上面，錯誤地耗費了精力，但又感覺自己已經很努力。首先，與其無助，不妨靜下來思考自己到底想做什麼樣的工作、適合什麼樣的工作。人貴自知，但多數人都很難做到，因而缺乏努力的方向，漫

無目的地找工作——今天投遞券商各個部門，明天看到基金的招聘啟事又一窩蜂地湧去。在筆者看來，這種求職方式其實也缺乏誠意，一方面耗費了求職者大量的精力，另一方面也無法專注於最想從事的某個領域。比如有些很優秀的小夥伴，非常清楚自己想去的就是券商投行部門，簡歷上的所有關鍵字都是圍繞著投行展開的，求職信、面試中也是如此，實習也非常契合。這樣的簡歷與經歷會讓招聘方覺得他非常用心、非常優秀。並且他在面試中對於該求職方向的問題瞭然於胸，上來就直接談做過什麼項目，這樣會讓人覺得他可以直接展開工作，進而迅速錄用這種類型的人才。這就是專注的力量；沒有人可以精力充沛到面面俱到，想要變得優秀且卓越，必須專注，別無他路。不管能否得到相關的實習經歷，專注一個領域，你都可以有針對性地得到顯著的改進與提高。既然在其他方面（學校或實習經歷）並不出眾，甚至說處於劣勢，你就必須在得到的少數面試機會中，達到令人難忘甚至驚豔的程度。

就像作家李尚龍所言，「在這個世界上，沒有什麼是只要努力就一定能成功的。畢竟努力的人很多，在大城市，最不缺的就是夢想，最不差的就是優秀的人。可是，你優秀又能怎麼樣，每個人對於優秀的評價又不一樣，既然優秀不夠，就讓自己無可替代吧！而做到無可替代的方式有兩種：一是做別人不願意做的事情；二是把別人都能做好的事情做到卓越。這樣的人，才是這個社會真正需要的」。筆者深以為然。做別人不願意做的事情，可以包括很多方面，比如拉下臉皮求師兄師姐推薦，或者勤奮地去宣講會現場幫忙並努力給招聘人員留下好印象，再比如花費大量的時間，細緻地準備某一個方面的知識和技巧等。至於把別人能做好的事情做到卓越，一是需要細心、踏實、肯幹，二是需要在某一方面付出大量心血。

所以筆者認為，即使你現在已經開始參與校招，即使你每天要填大量的網申，跑大量的宣講會，甚至參加大量的筆試和面試，也要時常停下來思考一下自己想要做什麼，又擅長做什麼，這非常重要。舉個例子，我曾經和一個朋友一起給某

高校的同學做在線分享，當時我和他的角度完全不同。我堅定地認為研究所的門檻比投行高，而他卻堅定地認為投行的門檻比研究所高，其實根本原因就在於我是學法律的，而他是學理工的，雙方正好擅長對方覺得門檻高的行業。所以你所喜歡的很多時候並非是你所擅長的，逆向選擇確實會很痛苦。正如選擇你最愛的人還是選擇最愛你的人，這中間面臨著許多權衡，但早一分鐘想清楚，進而對目標傾盡全力，做到專注，很多時候會豁然開朗。即使錯過很多其他方面的機會，但至少你的內心不會動搖。

雜 談

1. 身邊的例子

歷盡千辛，最終得善終。 身邊很多人吃了很多的苦，但絕大多數不放棄不妥協，最終都獲得了較為理想的 Offer。舉兩位女性小夥伴的例子，都很不容易。Y 同學 TOP 4 名校 +CPA+ 超好的實習經歷，求職歷經坎坷，一直到二〇一五年五月才確定 Offer，最終入職某銀行總行投行部。另外一位海歸小夥伴，情系二級市場，被某賣方研究所欺騙，在畢業六個月左右，才最終確定在某公募基金擔任 TMT 研究員。

曲線救國，後來居上。 有的時候不怕目標定得高，只要你夠堅定，機會一定會垂青於你。筆者是學法律的，很多身邊的朋友一開始很難進入很好的券商，但是因為夠有決心，從律所非訴業務入手，後來都陸續被券商挖走，甚至做得非常優秀，迅速成為骨幹。另外，券商研究所也有大量實業出身的人轉行過來，做得非常優秀。唯一擔心的就是你總是動搖、退縮，忘記了自己最初的理想。

不一樣的世界，也很精彩。 其實許多人並不一定適合金融業，在其他行業或許真的可以做到更好。比如有的人喜歡鑽研問題，天生是做學術的料；有的人慧眼獨到，是從商的潛力股。潛伏在金融小夥伴上海校招一群裡的某著名研究所一

位非常令人欽佩的 HR 老師，對一位理工科的小夥伴詢問的實業與金融問題的回答讓人印象深刻：「實業（科研），很多時候做的是從 0 到 1 的事情；而金融，更多做的是從 1 到 1.5 的事情」。

確實，金融業並不直接創造財富，更多的時候是將資金配置在更有效率的地方。所以我們可以說金融業做得好，可以讓我們的生活變得更好，但真正推動社會變革的，是那些致力於「從 0 到 1」的人。雖說其他行業的待遇和發展或許很難比得上金融業，但是仍然值得去追求。筆者出身於法律專業，混跡於金融圈，早已經忘記了當初做律師伸張正義的理想，但是心中由衷地欽佩那些以社會變革為己任的同學。

2. 大平台 VS 小平台

這個問題見仁見智，但是如果有人問我這個問題，或者是類似「小券商能不能去？」這種問題，我一般都會直接回答，其實你更應該考慮你的直屬領導或者團隊怎麼樣。事實證明，一個好的團隊，遠比單純的公司背景對人的影響大。大平台不乏很爛的團隊，小平台也有非常厲害的團隊。如果有選擇，可以考慮的話，優先按照此標準進行篩選。如果確實沒有信息可參考，同等條件下還是建議選擇大平台，一方面可以接觸到更多的資源，如大項目、優質客戶等，另一方面跳槽的時候大平台的名頭可以使你的職場之路更加順暢。小平台是不是就一定不如大平台？其實也不然。一般來說，小平台人才相對沒有那麼溢出，可能更容易盡早深入項目，受到重用的話也可以更快成長，迅速地獨當一面。等到具備若干年工作經驗，在金融業大小平台間切換，並不會很難。

3. 關於金融業的待遇

很多同學都會問這個問題，如果得到的是一個較為模糊的答案，還會繼續追問到底是多少、稅前還是稅後、福利怎麼樣、獎金有多少等，著實有些讓人無語。筆者認為，應屆生其實根本沒必要太看重所謂的待遇問題。當然不是說金融業的待遇不好，或者說喜歡錢不對，而是你的眼光，不能被這些小錢所遮蓋。

　　某位大哥曾經說過這樣一番話，我覺得很有道理。「金融業就是這樣一個『嫌貧愛富』的地方，應屆生一無所有。工作前幾年都需要我來培養你們，所以不管我給多少錢，一堆優質的學生都會搶破頭」。這也解釋了為什麼很多金融業單位的核心崗位給應屆生的待遇都不太高。但是你會發現，只要能力強、有積累，之後的成長會非常迅速。所以說，如果是核心崗位，別管底薪是給 8 000 元還是給 5 000 元，甚至是給 800 元都一定要去，只要是你所喜歡的，又是金融業的核心崗位。等到你成長起來，市場一定會給你一個公道的價格！

寫在最後

　　說這麼多，其實主要是想讓大家不要氣餒。但校招成功的確很難，因為校招本來就是地獄模式，簡易模式都被別人提前選完了。

　　正如前文所說，這段經歷對你心智的磨練，對你人生的成長，都是非常有價值的。還記得你的高三嗎？當時是不是充滿了擔憂和鬱悶？但是如今回想起來，留下的更多是美好而充實的回憶。因為在那時，人生難得有一個確定的方向，所有人都在朝這個方向努力，心無旁騖，永往直前。校招同樣如此，將來的你，很有可能會很懷念這段時光。預祝大家求職成功！

致　謝

CHINA'S FINANCIAL SECTOR: INSIDER'S GUIDE AND CAREERS
Choose China's Finance Sector, Choose Opportunities

這一路走來，要感謝各位的關注與信任。每日推送文章收到的點贊與分享，每次線上活動收到的鼓勵與感謝，每次線下活動現場的歡聲笑語與觥籌交錯，一直都是我們前進的最大動力。

這一路走來，要感謝各路金融職場精英的鼎力相助。你們無私的分享，幫助許多迷茫的同學明晰了前進的方向，也讓平台獲得了更多的關注。感謝你們在繁忙工作之外的付出，你們是值得欽佩的！

這一路走來，要感謝各個運營團隊成員的辛勤耕耘。每天大家都為了更多地提供信息，更好地組織活動、提供服務去努力，分工合作，互相幫助與交流，才共同打造了這個氣氛融洽、能量無限的平台。熬夜寫分享材料，清晨趕著推送，講座錄屏錄到手僵……點點滴滴都令人難忘。感謝大家一直以來的堅持、信任、相濡以沫與擔當！

　　金融小夥伴，成長永相伴。短短十個字簡明扼要，鏗鏘有力，擲地有聲。我們每一步地前行都戰戰兢兢，如履薄冰。從知道到做到，從想要到實現。隔著十萬八千里的西天取經。重要的是，總算上路了。充分的思想準備，空杯的心態，落地的執行力，曲曲折折，永不停步。記不清有多少個夜晚，深夜打電話溝通書稿中的問題，或是因一處引用錯誤，或是因一處表述缺少圖表。幸福嗎？幸福。痛苦嗎？痛苦。值得嗎？當然值得！從小小的遠景，到強烈渴望改變現狀，無論遇到什麼困難和阻礙，我們都抱定信念，要做一件對人、對時代、對生活，有巨大意義的事。編撰團隊剛開始確定編寫本書時，經反覆討論達成共識：一定要提供一本嚴謹的、接地氣的求職指南。大家都還很年輕，是中國未來金融業的中堅力量。這部求職指南是我們送給大家的禮物，也是對我們過去的一個階段式的紀念。

　　這本書到底如何，不是我們判定的，需要大家用心去閱讀和評析。在這裡，真切希望各位翻閱者為我們提出寶貴建議。可以通過郵箱或者微信的方式與我們編撰團隊聯繫。

　　最後，謹向為本書作序的業界前輩管清友先生、張建平先生、周金濤先生、孫剛先生及曹凌松先生表示衷心的感謝，他們在中國金融界資深望重，能為本書寫序實在深感榮幸。特別鳴謝蘇齊憶（杜倫大學）、賀立（南開大學）、蔣奕琳（東華大學）、楊俊豐（南京大學）、陳關武（武漢大學）、郭禕姮（上海財經大學）、蔣麗

（南開大學）、韓育哲（天津大學）、席可欣（南開大學）、劉素雅（同濟大學）、李振江（復旦大學）、袁軍（重慶大學）、王方舟（北京大學）、龔晴（上海財經大學）等同學在初稿撰寫、書稿排版和佈局以及細節校對中做出的貢獻。還要特別感謝出版本書的中國市場出版社，感謝為本書付梓付出辛勤勞動的白瓊、張瑤等編輯。

再次對大家的關注與支持表示誠摯的謝意！金融小夥伴將陪你走更遠的路，看更大、更美的世界。

　　作為金融圈的新人，也曾經懷疑過，我們到底有沒有能力寫出一本無愧於讀者的書。從專業上看，金融行業範圍廣闊，大的方向涵蓋一級市場和二級市場，子行業有銀行、證券、信託、保險、基金、私募等，工作內容涉及財務、法律、投資、研究等。在目前市場上，即使僅想初覽行業全貌，也少有書籍可以做到。

　　經數月努力，集眾人所長，本書最終順利完稿。如前所述，本書是我們共同努力後的階段性成果，囊括了我們在金融領域求職和從業的經驗和教訓，力求讓此前對金融業一無所知的人，通過仔細地研讀本書，能對整個行業有一個大致的瞭解。

　　我本是一名政法院校的法科學子，後「誤入」金融業，在目前不長的職業生涯中跌跌撞撞，卻一發不可收拾。學生時代，礙於法律科班出身，身邊同學多立志從事律師及公檢法行業，故一直缺乏日常可以交流業務、

共同成長的小夥伴。偶然的機會有幸加入「金融小夥伴」這個大家庭，認識了天南地北各個學校、各個學科的精英，也感受到了來自「家庭」非常強烈的幸福感。我們時常被問及日夜堅持運營金融小夥伴的原因，理由簡單而又豐富：和一群優秀的人向一個共同的目標一起前進。在職業生涯的早期，非常幸運地結識了這麼一群志同道合的朋友，大家雖就職於不同的金融機構，業務不甚相同，但彼此心心相念，交流無間。

關於我們一起創立的平台，我覺得如下幾點值得驕傲，能有這樣的團隊，我三生有幸。

不「裝腔作勢」的氛圍。深以為，其實每個人的心中，都有一隻「裝腔作勢」的小怪獸。許多平台最初的做法，可能更多的是以標籤定人，以學校和專業為門檻准入條件。只有「金融小夥伴」一直致力於做最親民、最友善的組織，只要你有一個金融夢，小夥伴們都會歡迎你。在這裡可以愉快地和不同學校、地區的人交流學習，匯聚信息，拓展合作，可以為那些想從事金融業的同學及朋友提供我們力所能及的幫助，這種滿足感和充實感讓我感到愉悅。當然，我之所以如此喜歡這個平台，可能也與自己非名校出身有關。這種沒有標籤的感覺，確實自在。

不求回報的態度。到目前為止，基本上平台運營的所有工作人員都是無償在為平台工作，不喊苦不喊累，經常加班到深夜，很多兼職同學白天也都在繁忙的實習中。無論什麼人有需要，基本上都可以很輕易地找到我

們每一個負責人。讓我印象深刻的一件趣事是，在第一次全國性聚會前，許多工作人員雖素未謀面，卻默契地工作了一年多，彼此成為最熟悉的陌生人。真正在見面時說得最多的話是：「原來你長這樣呀！」不禁讓人感歎，「緣」，妙不可言。

不斷進步的成果。從最早的幾個人搗鼓每天發什麼，到現在有成套的工作流程，總運營工作及線下人員共計上百人，隨著平台的壯大，我們的影響力也在與日俱增。比如在小金窩的籌劃、推廣、宣傳過程中，從細節的字體顏色、宣傳口號擬定，到最終定出方案，大家都全程參與、熱烈討論，於是就有了大家眼前的小金窩APP。我們在職人士都是活躍在金融圈的「民工」，日常的工作和大家想像的一樣，真的很忙，也經常加班，但是看到微信群裡及小金窩網站裡那些問題都會隨手回復一下，一同參與最終選文評審，一起為頭條選題提意見。這樣的生活，著實豐富。

能夠幫助別人，我真的很快樂。同時也衷心感謝每位在金融路上認識的朋友。衷心希望我們的努力能使得你的金融之路走得更順一點。金融歸零，你我都是新人，一起加油吧！

鄒永勝

金融小夥伴創始人之一